中华传统语典

何敏◎主编

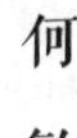

中国纺织出版社

北京·2016

内容提要

本书以“语典”这一概念为统辖，囊括歇后语、俗语谚语、趣联、谜语以及与谜语、对联、幽默诗赋、奇思妙语相关的大量趣味小故事，选材广而精，在注重文化底蕴的前提下，以艺术性、趣味性、实用性为原则。这些精彩语汇，是智者贤人智慧的结晶，颇具艺术感染力。随手翻阅，既能愉悦身心，又能灵活运用于生活中。中小学师生可以将本书作为写作和教学查考之用，一般读者也可将其作为扩充知识、提升语言表达能力、启迪智慧的读物。

图书在版编目（CIP）数据

中华传统语典／何敏主编. —北京：中国纺织出版社，2016.8（2022.8 重印）
ISBN 978-7-5180-2593-0

Ⅰ. ①中… Ⅱ. ①何… Ⅲ. ①汉语—词典 Ⅳ. ① H164

中国版本图书馆 CIP 数据核字（2016）第 100352 号

责任编辑：张永俊　　　　责任印制：储志伟

中国纺织出版社出版发行
地址：北京市朝阳区百子湾东里 A407 号楼 邮政编码：100124
销售电话：010 — 67004422 传真：010 — 87155801
http: //www.c-textilep. com
E-mail: faxing@c-textilep. com
中国纺织出版社天猫旗舰店
官方微博 http://weibo.com/2119887771
佳兴达印刷（天津）有限公司印刷 各地新华书店经销
2016 年 8 月第 1 版 2022 年 8 月第 3 次印刷
开本：710 × 1000 1/16 印张：23
字数：370 千字 定价：58.00 元

前言

博大精深的汉语，是中华民族的文化瑰宝。作为历史的缩影、智慧的结晶，汉语实在是一种非常奇妙而又优美的语言，几千个常用汉字就可以组合成无数种语言形式，表达出各种不同的思想内容和丰富的感情。而流传于民间的精彩经典的语言，就像埋在地下的金子，在拂去泥沙后方显示出其光芒和价值。

作为一种文化的子孙，更应该一窥散落在民间的中华文化那新奇瑰丽的神情、变幻莫测的思维力度，以及朴实而厚重的智慧，只有经过这些最基础的训练和从头开始的学习，我们才能得其神髓，并将它发扬光大……

这是一本有关中华民间传统语言的经典入门读本。它可谓一座妙趣横生的语言储备库：歇后语、俗语谚语、谜语、巧联趣联、语典故事，涵盖哲人慧语、应对妙语、嘲戏绮语、村言野趣、诙谐调侃……活生生的语言文字和故事，都是民间生活的智慧结晶，经过代代相传，流传至今。收录的条目既有“一跤跌在青云里——好云（运）气”“丈母娘看女婿——越看越有趣”这样比较雅的歇后语，也有“没有好牙口，别吃硬豆子”“不种今年竹，哪有来年笋”这类老百姓挂在嘴边的俗话。

这些智慧妙语经过智者高士的巧妙概括，既显得高度精练，又极易触动人的心灵。随手翻过，珠玑遍拾，妙不可言。它不仅可以让我们汲取到鲜活的智慧营养，而且是写作和日常语言运用的好帮手。

另外，不少语言都与一段动人的故事联系在一起，为读者提供了理解中华文化的另一个视角，使读者轻松获取语文知识的同时，获得更广阔的文化视野、审美感受、想象空间和愉快体验。

编者

2016 年 3 月

歇后语

俗语谚语

精彩谜语

巧联趣联

语典故事

中华传统语典

中华传统语典

歇后语

XIEHOUYU

简　述

歇后语是中国人特有的智趣语言，是人们在生活实践中创造的一种特殊语言形式。它一般由两个部分构成，前半截是形象的比喻，像谜面，后半截是解释、说明，像谜底，十分自然贴切。由于通常只要说出前半截，“歇”去后半截，就可以领会和猜出它的本意，所以称它为歇后语。

“歇后”这一名称是在唐代出现的。《旧唐书·郑綮列传》中就已提到过所谓“郑五歇后体”（一种歇后体诗），但它作为一种语言形式和语言表现，远在先秦时期就出现了。如《战国策·楚策四》：“亡羊而补牢，未为迟也。”意思是说，失了羊再去修补羊圈，还不算太晚。这是迄今为止见到最早的歇后语。

歇后语具有鲜明的民间特色和浓郁的生活气息，幽默风趣，耐人寻味，为大众喜闻乐见。

人情交际

○ 得牛还马——礼尚往来
○ 木匠拉锯——有来有往
○ 冰糖熬黄连——同甘共苦
○ 戏台上的鼓槌——谁也离不开谁
○ 俞伯牙的箱子——盛情（琴）
○ 千里送鸿毛——礼轻情意重
○ 一根藤上的瓜——苦甜是一家
○ 一刀子割不断——连襟（筋）
○ 玉皇大帝送礼——天大人情
○ 白娘子哭断桥——想起旧情
○ 白娘子借伞——一见钟情
○ 荷花结子——心连心
○ 卓文君卖酒——夫唱妇随
○ 秤不离砣——公不离婆
○ 鸳鸯一对儿——两相欢
○ 桃园结义——同了心
○ 裁缝搬家——依依（衣衣）不舍
○ 莲蓬杆打人——私（丝）情不断
○ 冬天喝凉水——点点记在心
○ 背靠背睡觉——体贴人
○ 吃了三碗红豆饭——满肚子相思
○ 白娘子盗灵芝草——舍命不舍夫
○ 青菜炒大葱——亲上加亲（青上加青）
○ 爷见孙，猫见荤——亲
○ 关云长守嫂嫂——情义为重
○ 板门上门神——一对
○ 金鸡配凤凰——天生一对
○ 庙门口的石狮子——天生一对
○ 白藕绿叶荷花——原来是一家
○ 西湖里的鸳鸯——成双成对
○ 面粉掺石灰——难分难解
○ 鸳鸯戏水——成双成对
○ 宰相门第元帅府——门当户对
○ 绣球配牡丹——天生的一对
○ 笨蛋骂傻瓜——一对
○ 照相挪机子——对象（像）
○ 牛郎配织女——天生的一对
○ 前脚不离后脚——密切着哩
○ 落地的山梨——熟透了
○ 鸭子的爪爪儿——连（联）着
○ 人行影子走——寸步不离
○ 蛐蛐儿不吃蚂蚱肉——一乡土上人
○ 月亮里的桂花树——高不可攀
○ 雨过了才送伞——不感你的情
○ 东施先发言——丑话说在前

○ 冷锅炒热豆——越吵（炒）越冷淡
○ 矮梯子上高房——搭不上言（檐）
○ 山羊野马在一起——不合群
○ 上天的风筝——靠人牵线
○ 抱着菩萨亲嘴——一头热乎
○ 剃头匠的担子——一头冷一头热
○ 烧火棍子——一头热
○ 炉子靠水缸——你热他不热
○ 半天空中开当铺——难来往
○ 白菜熬豆腐——谁也不沾谁的光
○ 滚水煮饺子——你不靠我，我不靠你
○ 八个歪脖子坐一桌——谁也不正眼看谁
○ 人情一把锯——你不来，我不去
○ 豆腐渣贴门对——两不粘
○ 一脚踢翻煤球炉——散伙（火）
○ 夜猫子上宅——无事不来
○ 吸铁石吸芝麻——沾不起来
○ 戏台底下睡觉——没关系（观戏）
○ 豆油滴在水碗里——和不起来
○ 豆腐渣下水——全散了
○ 豆腐渣包包子——捏不到一起
○ 姐俩找婆家——各走各的路
○ 两个哑巴见面——没得话说
○ 两个哑巴睡一头——没有话讲
○ 快锣配慢鼓——不合拍
○ 树倒猢狲散——各奔前程
○ 两匹马赛跑——各奔前程
○ 岔路上分手——各奔前程
○ 两股道上跑的车——走的不是一条路
○ 井水不犯河水——两不相干
○ 风马牛——不相及
○ 脸蛋上的痤疮——疙疙瘩瘩
○ 棒打鸳鸯——两分离
○ 浪打船头——两边分
○ 拆了东篱补西壁——顾此失彼
○ 穿了鼻子的牛——让人牵着走
○ 虫蛀的扁担——受不了两头压
○ 彩虹和白云谈情——一吹就散
○ 单身汉跑江湖——无牵无挂
○ 鹅卵石跌进刺蓬里——无牵无挂
○ 光棍汉子出家——无牵无挂
○ 庙里的和尚——无牵无挂
○ 木偶做戏——受人牵连
○ 麦草棍儿打鼓——咋都不想（响）
○ 张飞战关公——忘了旧情
○ 林黛玉焚诗稿——断了痴情
○ 兽医阉牛——一刀两断（蛋）
○ 热面孔碰到冷毛巾——无情
○ 雪美人往怀里抱——露水夫妻难久长
○ 周瑜打黄盖——一个愿打，一个愿挨
○ 四面下雨中间晴——好情（晴）难长

欢欣称意

○ 一跤跌在青云里——好云（运）气
○ 丈母娘看女婿——越看越有趣
○ 过年娶媳妇——双喜临门
○ 两个哑巴亲嘴——好得没话说啦
○ 胸口上挂钥匙——开心
○ 怀里揣梳子——梳（舒）心
○ 八月里的石榴——合不上嘴
○ 土地佬的姑娘嫁玉帝——一步登天
○ 小偷娶媳妇——贼高兴
○ 牛郎约织女——喜相逢
○ 玉帝娶亲阎王嫁女——欢天喜地
○ 玉帝下请帖——天大的好事
○ 玉帝娶亲——天大的喜事
○ 打翻了蜜罐子——甜滋滋的
○ 老太太骑驴——乐颠啦
○ 茅坑里放炮——振奋（震粪）
○ 船上开晚会——载歌载舞
○ 喜鹊飞进洞房里——喜上加喜
○ 喜鹊进门——喜盈门
○ 矮子吃水粉——好场（长）面
○ 新科状元招驸马——喜上加喜
○ 大旱天的甘霖——点点喜心头
○ 哑巴讨老婆——喜不待言
○ 喜鹊登枝喳喳叫——无喜心里乐三分
○ 老鼠睡猫窝——送来一口肉
○ 过河碰上摆渡的——巧啦
○ 张嘴飞进白馍馍——天福
○ 鸡啄蚂蚱——正合适（食）
○ 作揖抓脚背——一举两得
○ 挖井碰上自流泉——正合心意
○ 剃头捉虱——一举两得
○ 烧香遇上活菩萨——求之不得
○ 鼓槌打石榴——敲到点子上
○ 许仙碰着白娘子——天降良缘
○ 神仙女下凡——天赐良缘
○ 老虎打瞌睡——难得的机会
○ 小秃子当和尚——正好
○ 瞎猫碰上死老鼠——难得
○ 叫花子打野鸡——来财了（来菜了）
○ 瓜熟蒂落——时机到了
○ 财神爷招手——来福了
○ 肥猪拱门——送肉来了
○ 春分得雨——正逢时
○ 顺风扯篷——正及时
○ 雪中送炭——及时
○ 售货员下乡——送货上门啦
○ 望江亭上度中秋——近水楼台先得月
○ 木匠进山林——尽是材料
○ 架着的锅，点着的火——样样现成
○ 民航局开张——有机可乘
○ 铁树开花——千载难逢
○ 趁热打铁——恰到好处
○ 百灵戏牡丹——鸟语花香
○ 井里的蛤蟆跳上山——开了眼界
○ 童养媳拜天地——熬到时候了
○ 黄连树下吹箫——苦中作乐
○ 叫花子过年——穷欢乐
○ 叫花子唱山歌——穷开心

失意落魄

○ 贾宝玉结婚——不是心上人
○ 半夜开窗户——心（星）挂外头
○ 卖香囊掉泪——睹物伤情
○ 火烧桅杆——长叹（炭）
○ 瞪着眼吹死猪——长吁短叹
○ 船老大带徒弟——从何（河）说起
○ 买个罐子打掉了鼻——别提了
○ 麻绳捆豆腐——不提也罢
○ 天下乌鸦一般黑——到处一样
○ 胡须上的米——吃不饱人
○ 竹篮打水——一场空
○ 阿公吃黄连——苦也（爷）
○ 雨后披毡衫——事过境迁
○ 岳飞屈死风波亭——好人落难
○ 秋后的扇子——无人过问
○ 眼睛一眨，老母鸡变鸭——变化太快
○ 脱了毛的凤凰——不如鸡
○ 阉了的公鸡——没名（鸣）
○ 朝廷的太监——后继无人
○ 鲁肃上了孔明船——后悔莫及
○ 井底里栽花——无出头之日
○ 未婚妻做了望门寡——真冤
○ 老虎离山林——抖不起威风了
○ 猫被老虎撵上树——多亏留了一手
○ 阎王爷好见——小鬼难缠
○ 煮熟的鸭子飞上天——怪事
○ 鞋内跑马——没多大发展
○ 半夜里要饭——到哪儿去讨
○ 打掉的牙往肚里吞——有苦说不出
○ 用水煮石——难熬
○ 大汉盖短被窝——两头顾不着
○ 大姑娘要婆家——嘴里说不出来
○ 大姑娘做媒——有口难开
○ 生了锈的剪刀——口难开
○ 心里撒上了辣椒面——不是滋味
○ 心里塞团麻——乱糟糟
○ 打翻五味瓶——说不上是啥滋味
○ 东吴招亲——弄假成真
○ 屋漏又遭连阴雨——祸不单行
○ 钝刀砍竹——想（响）不开
○ 满口的黄连——说不出的苦
○ 冬天卖醋——寒酸
○ 冰块掉进醋缸里——寒酸
○ 讨饭的搬家——一无所有
○ 出门雨淋头——失（湿）意（衣）得很
○ 老公为老婆扇风——凄（妻）凉
○ 老牛憋气——不吭声
○ 老虎瞅天鹅——瞪着眼干着急
○ 老鸭吞田螺——难言（咽）
○ 老鼠的脑壳——灰头土脸
○ 老鼠爬灯台——好上难下
○ 过了火的猪脑袋——焦头烂额
○ 舌头掉进肚里——吐不出来
○ 孙权定下招亲计——赔了夫人又折兵
○ 孙悟空打猪八戒——倒挨一耙
○ 哑巴吃黄连——有苦说不出
○ 哑巴打官司——有口难辩
○ 没路标的三岔口——左右为难

○ 抱起煤炭亲嘴——碰一鼻子灰
○ 和尚丢腊肉——不好说出口
○ 春蚕作茧——自己束缚自己
○ 药王爷的肚子——苦水多
○ 顺着媳妇得罪娘——两头难
○ 猫头鹰抓耗子——干好事，落骂名
○ 阉猪割耳朵——两头受罪
○ 姜太公做买卖——样样赔本
○ 二八月的庄稼——青黄不接
○ 马高镫短——上下两难
○ 下雨天背稻草——愈背愈重
○ 戈壁滩上找泉水——困难得很
○ 赶鸭子上树——难
○ 泥菩萨过江——自身难保
○ 叫花子请长工——大家挨饿
○ 下雨天打麦子——难收场
○ 小房子里耍扁担——四面碰壁
○ 乌龟进沙锅——丢盔卸甲
○ 凤凰掉鸡窝——落魄了
○ 叫花子打了碗——倾家荡产
○ 老鹰见小鸡—— 一个喜来一个忧
○ 过冬的麻雀——难找食
○ 竹排进浅滩——扎不牢，游不开
○ 关公走麦城——前景不妙
○ 孙悟空闹地府——只想活命
○ 孙猴走路——光翻筋斗
○ 麦子未熟秧未插——青黄不接
○ 穷汉下饭馆——肚子空空袋也空
○ 屁股上吊响铃——穷得叮当响
○ 败家子数元宝——光出不进
○ 泥塘里滚碓臼——越滚越深
○ 姑娘做媒人——自顾不暇
○ 胆汁滴在眉毛上——苦在眼前
○ 胆里掺黄连——苦上加苦
○ 屋漏又遭连阴雨——祸不单行
○ 骆驼打滚儿——翻不过身来
○ 黄连树下喊上帝——叫苦连天
○ 船漏又遇顶头风——祸不单行
○ 脚板上钉钉——寸步难行
○ 喜鹊老鸹同枝叫——悲喜交加
○ 新郎官戴孝——悲喜交集
○ 朝里无人莫做官——无靠山
○ 寒蝉抱枯枝——日暮途穷
○ 樵夫卖柴——两头担心（薪）
○ 一个巴掌拍不响——孤掌难鸣
○ 大风吹倒帅旗——出师不利
○ 四面楚歌——末日临头
○ 青蛙遇田鸡——难兄碰见难弟
○ 紧着裤子数日月——日子难过
○ 寅吃卯粮——预支
○ 骑在老虎背上——难下来
○ 上了羁绊的骡子——踢打不开
○ 上吊的遇上济公——想死死不了
○ 虱子躲在破袄里——有得住，没得吃
○ 背着黑锅做人——直不起腰
○ 八卦阵里骑马——闯不出路子
○ 玻璃罩里的苍蝇——到处碰壁
○ 楚霸王困垓下——四面楚歌
○ 百家姓上少了第二姓——缺钱
○ 一辈子守寡——命里没福（夫）
○ 老竹做笛子——尽受气
○ 夹着尾巴做人——怄尽了气
○ 咬口生姜喝口醋——尝尽辛酸
○ 耗子钻牛角——已至尽头

担惊受怕

○ 老虎上吊——玄乎（悬虎）
○ 一口吞下十两——大吃一惊（斤）
○ 半夜做噩梦——虚惊一场
○ 棺材摆在床头边——大难临头
○ 公鸡给豺狼拜年——凶多吉少
○ 对着镜子挥拳头——自己吓自己
○ 小鬼敲门——要命
○ 老鼠见了猫——怕得很
○ 眉毛上挂炮仗——祸在眼前
○ 鞋里边长草——慌（荒）了脚
○ 胸口长草——心慌（荒）
○ 三伏天打抖——不寒而栗
○ 小鸡看见了鹰——只想躲
○ 老虎进棺材——吓死人
○ 老虎身上的虱子——惹不起

○ 老虎的屁股——谁敢去摸
○ 老虎的尾巴——拉不得
○ 老虎的胡须——捋不得
○ 老虎洞里摆神像——没人敢进（敬）
○ 老虎喂猪——不让人放心
○ 地做琴来路为弦——没人敢谈（弹）
○ 坟头上耍大刀——吓死人
○ 夜走薄冰——战战兢兢
○ 穿木屐上高墙——战战兢兢
○ 猪杂销售店——提心吊胆
○ 小鬼看见钟馗像——望而生畏
○ 听见猫叫身发抖——胆小如鼠
○ 惊弓之鸟——心有余悸
○ 山羊见了老虎皮——望而生畏
○ 扒了墙的庙——慌了神
○ 胆小鬼的眼睛——见啥怕啥
○ 躲在暖房的小偷——不寒而栗
○ 见了蚊子就拔剑——大惊小怪
○ 十五个吊桶打水——七上八下
○ 老虎驾车——谁敢（赶）
○ 老母猪遇屠夫——在劫难逃
○ 林冲到了野猪林——绝处逢生
○ 瞎汉理发店——没人敢理
○ 踩着麻绳当作蛇——大惊小怪
○ 肚皮上磨刀——好险
○ 一根头发系磨盘——千钧一发
○ 老虎闯狼窝——有好看的

失望愤懑

- ○ 阎王老子开饭铺——鬼都不上门
- ○ 秋天剥黄麻——净是扯皮事
- ○ 高价买来低价卖——尽做赔本事
- ○ 儿子不养娘——白疼他一场
- ○ 下贱陀螺——不抽不转
- ○ 手指下的算盘珠——拨一下动一下
- ○ 石狮子的铃铛——摇不动敲不响
- ○ 水池里长草——荒唐（塘）
- ○ 打不着狐狸——惹一身臊
- ○ 打饱嗝放屁——两头没好气
- ○ 打着手电送客——光照别人
- ○ 东家的饭碗——难端
- ○ 瓜地里挑瓜——越挑越差
- ○ 冬天的蟒蛇——有气无力
- ○ 包办婚姻——不由自主
- ○ 半空中的风筝——由不得自己
- ○ 瞎子帮忙——越帮越忙
- ○ 让老狗吃干粪——存心整人
- ○ 圣人庙——供养闲（贤）人
- ○ 对着棺材唱戏——死不听
- ○ 老牛拉稀屎——接连不断
- ○ 嘴里含灯草——说得轻巧
- ○ 扛着渔网进庙堂——劳（捞）神
- ○ 划子赶快艇——老落后
- ○ 卡车的拖斗——老落后
- ○ 当铺里抛出孩子来——拿人不当人
- ○ 羊儿拉屎——一粒一粒
- ○ 江湖佬要猴子——名堂多
- ○ 好心遭雷打——冤枉
- ○ 杨志卖刀——无人识货
- ○ 吹火筒——两头受气
- ○ 老公公背儿媳过河——费力不讨好
- ○ 听评书掉眼泪——瞎操闲心
- ○ 床底下吹喇叭——低声下气
- ○ 鸡子啄米——乱点头
- ○ 卖了儿子招女婿——胡折腾
- ○ 搬石头进山——出的闲劲
- ○ 搬着梯子上天——瞎折腾
- ○ 新媳妇打巴巴——没得必要
- ○ 阿斗的江山——白送
- ○ 对聋子说话——白张嘴
- ○ 骨头打狗——白送
- ○ 麦秆顶门——白费力
- ○ 抽刀断水——枉费功夫
- ○ 绸子揩屁股——不惜代价

○ 一枪打死个苍蝇——不够火药钱
○ 粪叉上镶宝石——不值得
○ 麻线捆虱子——枉费心思
○ 隔山唤羊——白喊
○ 隔河牵牛——枉伸手
○ 檀香木当柴烧——糟蹋
○ 金盆盛泔水——可惜了材料
○ 大白天打灯笼——白搭工
○ 天亮公鸡叫——白提（啼）
○ 井里头打水往河里倒——胡折腾
○ 月亮下晒被子——白搭
○ 为人作嫁——徒劳一场
○ 眉眼做给瞎子看——白搭
○ 因虱子烧袄——不值得
○ 杂烩汤里的豆腐——白搭
○ 灯草架屋——白费力
○ 灯草烧窑——不顾本钱
○ 江心补漏——不济事
○ 两口子拜年——多余
○ 肥料浇到莠草上——劳而无功
○ 夜明珠埋在粪堆里——屈才（财）
○ 鸭背上泼水——劳而无功
○ 拳头打跳蚤——不来事
○ 望风扑影——一场空
○ 对牛弹琴——白费心思
○ 老鼠偷秤砣——倒贴（盗铁）
○ 死人身上贴膏药——白贴
○ 用尽力气吹网兜——白搭
○ 大炮打麻雀——所费甚大，浪费也多
○ 孔夫子教三字经——大材小用
○ 高射炮打蚊子——大材小用
○ 乌龟吃大麦——糟蹋粮食
○ 猪八戒吃人参果——暴殄天物
○ 瞎子点灯——白费蜡
○ 龙袍当蓑衣——白糟蹋
○ 赤膊带领带——穷要好看
○ 赤膊捅马蜂窝——不惜血本
○ 麻袋装面粉——浪费太大
○ 抱泥菩萨洗澡——劳神费力
○ 抱着黄连敲门——苦到家了
○ 和尚拆屋——废事（寺）
○ 药王爷的嘴——吃尽苦头
○ 耍皮影的手——尽捉弄人
○ 牵着不走，打着倒退——死不进步
○ 烧香惹鬼叫——好心没好报
○ 盐店里的老板——闲（咸）人
○ 孔夫子的徒弟——闲（贤）人
○ 上吐下泻——两头儿忙
○ 打发闺女娶媳妇——两头忙
○ 兔子咬起狼来——这还得了
○ 林子大了——什么鸟儿都有
○ 躲过野牛碰上虎——一个更比一个凶
○ 公要馄饨婆要面——众口难调
○ 针尖上削铁——有限得很
○ 茉莉花儿喂骆驼——那得多少
○ 烧粥放盐不就菜——光吃闲（咸）饭
○ 望着高炉发愣——恨铁不成钢
○ 阎王爷审案子——全是鬼事
○ 猴纳鞋底——不是人做的活
○ 媳妇给公公捶背——好心成了恶意
○ 蜘蛛走路——事连事（丝连丝）
○ 木匠手里借斧子——砸人饭碗
○ 吃剩饭长大的——尽出馊主意
○ 买个炮没捻——咋想（响）
○ 灶上的抹布——酸甜苦辣都尝尽了
○ 盲人带路——瞎指挥

○ 蚊子挨人打——全怪那张嘴
○ 懒驴子上磨——屎尿多
○ 石沉大海——一落千丈
○ 六月天吃凉粉——凉心
○ 公鸡下蛋——没指望
○ 肉包子打狗——有去无回
○ 泥牛入海——一去不返
○ 柳树开花——无结果
○ 梦中结婚——好事不成
○ 瞎子打枪——无指望
○ 梦里拾到钱——空欢喜
○ 一盆凉水淋在脑壳上——从头凉到脚
○ 一棵蔫倒的葱——扶不起来
○ 十月里的桑叶——谁来睬（采）你
○ 三个老爷两顶轿——哪有你的份儿
○ 飞了鸭子打了蛋——两头落空
○ 小尼姑看花轿——今世难坐
○ 天津卫的包子——狗不理
○ 云里撑篙子——天差地远
○ 东去的江水——留（流）不住
○ 豆饼充饥——空喜欢
○ 夜壶里泅水——一世不能出头
○ 香炉上打喷嚏——一鼻子灰
○ 金针落海——永无出头之期
○ 四两棉花十张弓——从何谈（弹）起
○ 冬天吃冰棍——凉透心啦
○ 半天云中扭秧歌——空欢喜
○ 台上唱戏，台下打鼾——看不上眼
○ 动物园里的猴子——没一个老实
○ 老和尚盼媳妇——下一辈子的事
○ 老鼠看仓——看个精光
○ 戏台上得子——白欢喜
○ 买牛得羊——大失所望

○ 杨七郎搬兵——一去不回
○ 医生摇头——没希望了
○ 阎王爷招手——没救了
○ 鸡飞蛋打——一场空
○ 卖面粉遇大风——吹啦
○ 虎嘴里讨肉——没指望
○ 烂透的倭瓜——捧不起来了
○ 除夕晚上盼月亮——没有指望
○ 热身子掉进冰窟里——凉了半截
○ 铃铛掉了舌头——没想（响）头了
○ 海底捞月——一场空
○ 麻雀飞到糠箩里——一场欢喜一场空
○ 望风捕影——一场空
○ 断了线的风筝——拉不回来了
○ 镜里观花——空欢喜
○ 下了河滩的鸭子——不回头
○ 竹篮打水网拦风——全落空
○ 屎壳郎遇到放屁的——空喜一场
○ 箩内挑瓜——越挑越差

○ 神仙打架——凡人遭殃
○ 八月十五云遮月——扫兴
○ 病人拍皮球——有气无力
○ 打败的士兵——垂头丧气
○ 吹鼓手坐宴席——顾吃不顾吹
○ 城隍庙里的小鬼——老瞪眼睛不开腔
○ 茶壶里泡豆芽——受不完的勾头罪
○ 初二三的月亮——不明不白
○ 挡风板做锅盖——受了冷气受热气
○ 打靶不中——偏了心
○ 东西耳朵南北听——横竖听不进
○ 半个月绣不出一朵花——真（针）慢
○ 大街得信小街传——道听途说
○ 倒了油瓶不扶——懒到家了
○ 冬瓜熬清汤——乏味
○ 尼姑的脚——难缠
○ 爆米花沏茶——泡汤了
○ 白水煮白菜——淡而无味
○ 冰凌挂胸口——凉透心
○ 冰山上的雪莲——冻了心
○ 财神爷放账——无利可图
○ 成熟的南瓜——黄了
○ 苍蝇叮菩萨——看错人了
○ 痴情碰冷遇——伤心
○ 大风卷小雪——吹了
○ 笛子吹火——到处泄气
○ 饿着肚子出差——空跑一趟
○ 大雾天看山峰——渺茫
○ 上帝的父亲——天知道是谁
○ 暴风雨中的行船——顶风破浪
○ 长工血汗钱——来之不易
○ 炒豆发芽——好事难盼
○ 城隍与玉皇——有天地之别
○ 大风刮倒了帅旗——出师不利
○ 大河漂油花—— 一星半点
○ 短木搭桥——难到岸
○ 三十晚上喂年猪——来不及了
○ 正月十五卖门神——过时了
○ 屎胀挖茅厕——来不及了
○ 口渴打井——来不及
○ 临时抱佛脚——来不及
○ 上有金木，下有水土——还差火
○ 过了霜降割豆子——晚了三秋
○ 夏至插秧——迟了
○ 家雀飞了才放枪——错过良机
○ 进了地府才后悔——来不及了
○ 饭后做客——来晚了
○ 轿子进门再放炮——晚了
○ 贼去关门——晚了一步

愤怒憎恶

○ 老鼠过街——人人喊打
○ 儿子给老爹搽胭脂——要老子好看
○ 大海里扎猛子——有本事尽管使
○ 上坟不带烧纸——惹祖宗生气
○ 屎壳郎搬家——滚蛋
○ 豌豆下坡——滚
○ 茶铺里的水——滚开
○ 木鱼张嘴——等着挨敲
○ 牛皮蒙鼓——等着挨敲
○ 长尾蛆做梦——想死（屎）
○ 斗架的公鸡——横眉竖眼
○ 钟馗嫁妹——鬼讨好
○ 叫花子进茅房——讨死（屎）
○ 茅房打灯笼——找死（照屎）
○ 白菜煮柿子——给点颜色看
○ 发了酵的面粉——气鼓鼓的
○ 公公给儿媳拜年——岂有此理（礼）
○ 老母猪进玉米地——寻着棒子吃
○ 老母猪拱地——嘴巴硬
○ 老驴过冰河——牵着不走，倒退着走
○ 老虎不发威——你当我是病猫
○ 老虎逮耗子——耍的什么威风
○ 扛着扁担进森林——别横行
○ 鸭子死到田坎上——嘴巴还挺硬
○ 吃了生铁拉下钢——越来越硬
○ 大肥猪进屠场——自寻死路
○ 狗咬吕洞宾——不识好人心
○ 老寿星吃砒霜——活得不耐烦
○ 老母猪夜拱屠户门——送死不等天亮
○ 狗咬石匠——想挨锤子了
○ 老鹰不拿兔——吃饱了撑的
○ 孙悟空守桃园——自食其果
○ 花粉喂牲口——不识好料
○ 屁股上吊沙罐——等死（屎）
○ 青蛙鼓肚子——气呼呼的
○ 茅坑里拉风箱——气愤（粪）
○ 茅房里耍秤杆——过分（粪）
○ 板上切西瓜——看你怎么圆
○ 卖麻团的跌筋斗——有多远滚多远
○ 汽车按喇叭——靠边站
○ 买咸鱼放生——不知死活
○ 炉膛冒烟——好大的火气
○ 背着粪篓满街串——找死（屎）
○ 皇帝拍桌子——盛（圣）怒
○ 赶车拉大粪——送死（屎）
○ 烧干的锅炉——气炸了
○ 烟囱里钓鱼——勾（钩）起了火
○ 酒肉和尚菜道士——岂有此理
○ 掂着锣上门——把俺当猴儿耍
○ 阎王爷抽烟——鬼火直冒
○ 骑驴看唱本——走着瞧
○ 棺材铺拜神——想人死
○ 搽胭脂亲嘴——血口喷（碰）人
○ 提上灯笼上吊——寻死等不到天明
○ 蒸笼里的虾——气得鼓眼
○ 锦鸡进铁笼——由不得你了
○ 墙上贴草纸——太不像话（画）
○ 瞎子拜丈人——有眼不识泰山
○ 蝌蚪跟着鸭子转——找死
○ 癞蛤蟆挺肚皮——气还不小

歇后语

○ 虎嘴拔毛——好大胆子
○ 敢在太岁头上动土——胆子不小
○ 小鬼拜见张天师——自投罗网
○ 好马不吃回头草——去了莫来
○ 夜叫鬼门关——自来送死
○ 哑巴挨骂——气不可言
○ 鬼画符——莫名其妙
○ 脑袋系在裤带上——不要命了
○ 凉水倒火炉——气往上冲
○ 野猫子过路——留一尻子骚
○ 猪八戒背媳妇——受了猴儿骗
○ 焊条碰钢板——冒火啦
○ 三斧头砍不入的脸——好厚
○ 公墓上弹吉他——吵死人
○ 冬瓜缠到茄田里——东攀西攀
○ 张飞摆屠案——凶神恶煞
○ 一根笛子八个眼—— 一气相通
○ 一群哑巴在一起——指手画脚
○ 一群麻雀吃食——叽叽喳喳

○ 武大郎跳舞——抱人家的大腿
○ 八哥学舌——人云亦云
○ 公共厕所丢炸弹——激起公粪（愤）
○ 水田里的蚂蟥——你不找他，他找你
○ 龙王爷出海——兴风作浪
○ 蜡烛当箫吹——油嘴光棍
○ 口袋装钉子——个个想出头
○ 叫春的猫——没好声调
○ 白露的雨水——到一处坏一处
○ 司马昭之心——人人皆知
○ 有奶就是娘——不分好歹
○ 死人托梦——阴魂不散
○ 交警的棍子——指东指西
○ 西湖边搭草棚——大煞风景
○ 大圣听到紧箍咒——头痛
○ 纣王造鹿台——劳民伤财
○ 两人奏笙——你吹我捧
○ 两口子唱戏—— 一唱一和
○ 李逵骂宋江——过后赔不是
○ 吴刚砍桂树——没完没了
○ 县太爷放屁——官气熏人
○ 坐山顶上乘凉——老占上风
○ 饭店里的臭虫——倒吃客
○ 鸡食盆里鸭插嘴——没有你的事（食）
○ 雨打棺材——娇（浇）死人
○ 狐狸骑老虎——狐假（驾）虎威
○ 狗皮膏药贴脓疮——揭也揭不掉
○ 狗熊吃竹笋——瞎巴结（扒节）
○ 盐厂的掌柜——尽管闲（咸）事
○ 酒壶打醋——辣味没去酸味又来了
○ 淘稀泥抹光墙——和事佬
○ 裁缝摸尺子——专门衡量别人
○ 喝水塞了牙，放屁扭了腰——该倒霉
○ 黑瞎子掉井——熊到底

○ 寒流过了来暖流——冷嘲（潮）热讽（风）
○ 腰里挂榔头——吊儿郎（榔）当
○ 二流子打鼓——吊儿郎当
○ 墙角上开门——邪（斜）门歪道
○ 箩筐盛石灰——处处留痕迹
○ 鲨鱼上岸——凶得不知死活
○ 螃蟹教子——不走正道
○ 翻潭的老鳖——兴风作浪
○ 警犬的鼻子——真奸（尖）
○ 打足了气的皮球——爱蹦
○ 龙王爷亮相——张牙舞爪
○ 出门逢债主——扫兴
○ 冰窖里打哈哈——冷笑
○ 坟头上的乌鸦——人人都憎
○ 扯着虎尾巴——抖威风
○ 披着虎皮进村——吓唬老百姓
○ 狐狸精放屁——怪气
○ 狗进茅坑——文（闻）进文（闻）出
○ 给了九寸想一尺——得寸进尺
○ 猪八戒的嘴巴——就知道吃喝
○ 挨打的狗去咬鸡——拿别人出气
○ 暴雨前的闪电——大发雷霆
○ 鼻孔里长瘤子——气不顺
○ 鼻涕往上流——反了
○ 拨开竹叶见梅花——分清白
○ 踩着鼻子上脸——欺人太甚
○ 踩着肩头往头上拉屎——硬欺负人
○ 毛驴啃石磨——好硬的嘴
○ 吹胡子瞪眼——气到极点
○ 吹鼓手的肚子——气鼓气胀
○ 吃了鸟枪药——火气冲天
○ 打破嘴巴骂大街——血口喷人
○ 硬牛皮——看你咋吹
○ 尼姑下山——心野了
○ 挨了巴掌赔不是——奴颜媚骨
○ 出锅的大虾——卑躬（背弓）屈膝
○ 上岸的鱼虾——干蹦干跳
○ 白骨精扮新娘——妖里妖气
○ 白骨精说人话——妖言惑众
○ 财神爷戴乌纱帽——钱也有，权也有
○ 鼻子上挂肉——油嘴滑舌
○ 闭了眼和面——瞎掺和
○ 瘪肚臭虫——要叮人
○ 大花脸舞刀——耍威风
○ 池塘里的癞蛤蟆——叫起来没完
○ 臭虫咬人——出嘴不出身
○ 厕所里照镜子——臭美
○ 没有笼头的野牛——到处伸嘴
○ 吃鱼不吐骨头——说话带刺儿
○ 茶里放盐——惹人嫌（咸）
○ 毒蛇吐芯——出口伤人
○ 大海里的水——到哪里哪里嫌（咸）
○ 大嘴乌鸦吃食——一副贪相
○ 对天鸣枪——吓唬人
○ 毒蛇爬行——没正道
○ 二郎爷放屁——神气

焦急盼望

○ 王八肚子上插鸡毛——归（龟）心似箭
○ 上午栽树，下午乘凉——哪有那么快
○ 老头买官米——干瞧着便宜，挤不进去
○ 热锅上的蚂蚁——走投无路
○ 杀猪未死，先谈分汤——未免过早
○ 上不着天，下不着地——两头不着实
○ 口含盐巴望天河——远水不解近渴
○ 登上泰山望运河——远水解不了近渴
○ 马不停蹄，鞭不停挥——老赶
○ 火烧城隍庙——急死鬼
○ 火烧额头——迫在眉睫
○ 伍子胥过昭关—— 一宿头发都白了
○ 兔子想吃灵芝草——都急红了眼
○ 江河涨水——谁（水）能不急
○ 红火炭揣在怀里——心焦
○ 豆萁烧柴火——着急（萁）
○ 报时的雄鸡——不用催
○ 见蛋而求鸡——为时过早
○ 近视眼看告示——迫在眉睫
○ 抽急的陀螺——团团转
○ 兔子上树——赶急了
○ 城隍爷出巡——慌了土地佬
○ 土地老爷扑蚂蚱——慌了神啦
○ 城墙上点烽火——告急
○ 孙悟空大闹天宫——天翻地覆
○ 缸钵里的泥鳅——团团转
○ 说起风便扯篷——太性急
○ 耗子钻米柜——刻（嗑）不容缓
○ 脚生鸡眼腚生疮——坐立不安
○ 一镢头想挖口井——心急办不到
○ 当夜捉贼，当夜送衙——马上行事
○ 关进笼里的狗熊——团团转
○ 听风就是雨——太快了
○ 鸡屁股里掏蛋——等不得了
○ 拉白灰遇上倾盆雨——心急火燎
○ 狗等骨头——急得很
○ 急惊风碰上慢郎中——急煞怨煞
○ 渔网打疙瘩——急（结）上加急（结）
○ 乌龟爬门槛——但看此一番（翻）
○ 老太太摸鸡——终归有一蛋
○ 泥水匠无灰——专（砖）等
○ 做梦娶媳妇——空想好事
○ 旗杆上放爆竹——想（响）得高
○ 九月初八问重阳——不久
○ 大姑娘赶嫁妆——算日子
○ 瞌睡遇着枕头——正好
○ 花果山的日子——猴年猴月
○ 找个姑娘当媒人——不成也有点希望
○ 透过窗缝看落日—— 一线希（西）望
○ 二月的春雷——想（响）得很
○ 按住电铃不离手——老是想（响）
○ 做梦吃黄连——想得好苦
○ 做梦吃仙桃——痴（吃）心妄想
○ 骑着蜗牛奔泰山——等到啥年月
○ 麻雀飞大海——无着落
○ 打柴的下山——担心（薪）

胸有成竹

○ 五十两元宝—— 一定（锭）
○ 天师过河不用船——自有法度（渡）
○ 半夜打雷心不惊——问心无愧
○ 走得了和尚走不了庙——尽管放心
○ 坛子里摸乌龟——手到便拿
○ 笼里抓鸡——手到擒来；十拿九稳
○ 青蛙跳大鼓——懂（咚）
○ 盘里鱼，瓮中鳖——有把握
○ 瓮中之鳖—— 一个也跑不了
○ 比着葫芦画个瓢——走不了样
○ 手里的鸡蛋——十拿九稳
○ 关着门摸瞎子——跑不了
○ 麦田里捉龟——十拿九稳
○ 滚汤泼老鼠—— 一个也跑不了
○ 网里的鱼，笼中的鸟——跑不了
○ 老虎吃豆芽——小菜一盘
○ 老厨师熬粥——难不住
○ 老鼠进粮仓——稳吃
○ 老鼠站锅台——熟路
○ 老鹞子抓兔子——稳拿
○ 老鳖吃泥鳅——有办法了
○ 死胡同里截驴——看你往哪里跑
○ 毯子掉根毛——小意思
○ 刚下轿的新媳妇——不好看也爱看
○ 网中抓鱼——笃定
○ 网套里的山鸡——再扑腾也逃不出去
○ 华佗治病——妙手回春
○ 闭着眼睛哼曲子——心里有谱
○ 灯草买卖——轻巧得很
○ 如来佛的手心——谁也甭想跳出去
○ 如来佛捉孙大圣——易如反掌
○ 豆腐干煮肉——有分数（荤素）
○ 两个手指捏芝麻——稳当拿来
○ 扳倒树掏老鸹——稳当着来
○ 邮递员送信——包在我身上
○ 秃子头上打苍蝇—— 一个也跑不了
○ 秃子头上的虱子——明摆着
○ 佘太君挂帅——马到成功
○ 肚子里长笋子——胸有成竹

○ 张天师捉妖——拿手好戏
○ 驴子拉磨——跑不出这个圈
○ 和尚走了寺院在——尽管放心
○ 单眼儿看老婆—— 一目了然
○ 驼子捡针——伸手就是
○ 娃娃看病——小儿科
○ 老太太坐牛车——稳稳当当
○ 胸口挂邮包——满怀信心

○ 诸葛亮三气周瑜——略使小技
○ 船上喝鱼汤——平常得很
○ 骑着老马闭眼走——热门熟路
○ 煮熟的鸭子——飞不了
○ 棋盘里的老将——出不了格
○ 棺材板上敲钉子——定（钉）死了
○ 厨房里的垃圾——鸡毛蒜皮
○ 蛤蟆扑蚂蚱——稳拿
○ 猴子爬树——拿手戏
○ 蜘蛛摆下八卦阵——专捉飞来将
○ 槽头牵马——稳拿
○ 瘸骡子脱缰——跑不了
○ 大轮船下锚——稳当当
○ 老哥哥拍胸膛——兄弟放心
○ 进了套的黄鼠狼——跑不了
○ 顺沟摸鱼——没有跑的
○ 皇帝的女儿——不愁嫁
○ 洗衣不用搓板——就凭两手
○ 屎壳郎滚粪蛋儿——拿手戏
○ 捏死手中鸟——容易得很
○ 家门口的塘——深浅我知道
○ 崖头缝里逮螃蟹——十拿九稳
○ 断了腿的蚂蚱——跑不了，跳不走
○ 绳子牵羊羔——让它上哪就上哪
○ 装死的狐狸——逃不脱猎人的眼睛
○ 神枪手打靶——十拿九稳
○ 笔杆子吞进肚——胸有成竹
○ 保险柜挂大锁——万无一失
○ 春天的柳树枝——落地生根
○ 兜里的钱，锅里的肉——跑不了

骄横顽固

○ 城楼上亮相——高姿态
○ 动物园里的长颈鹿——身高气傲
○ 大鸡不吃碎米——看不上眼
○ 戴斗笠坐席子——独霸一方
○ 鹅在水中寻食——尾巴翘上天
○ 丈八高的灯台——照远不照近
○ 山水画——没人
○ 关上门做皇帝——自尊自大
○ 空棺材抬出来——目（木）中无人
○ 眼睛生在头顶上——目空一切
○ 瞎子坐上席——目中无人
○ 盲人上街——目中无人
○ 孙悟空照镜子——目中无人
○ 又吹喇叭又打鼓——自吹自擂
○ 土地老儿腾空——神起来了
○ 门里金刚——自高自大
○ 小猫伸懒腰——唬（虎）起来了
○ 王府里做亲——大来大往
○ 斗赢的公鸡——神气极了
○ 孔雀开屏——翘尾巴
○ 土地老儿放屁——神气十足
○ 脚面上长眼睛——自看自高
○ 田螺走上旗杆顶——唯我独尊
○ 叫唤的知了扑棱翅——自鸣得意
○ 仙女下凡——飘飘然
○ 白娘子喝雄黄酒——得意忘形
○ 外国人放屁——洋气
○ 昂首看天——旁若无人
○ 单身汉过日子——独揽一切
○ 皇上的圣旨——个人主义（意）

○ 麻脸婆照镜子——自我观点
○ 疯狗咬月亮——狂妄
○ 慈禧太后听政——独断独行
○ 满口金牙——开口就是黄腔
○ 雕塑匠手里的泥巴——随心所欲
○ 寡妇选郎——随心所欲
○ 霸王做生意——开的是一言堂
○ 元帅升帐——威风凛凛
○ 太公在此——没有你的位置
○ 姜太公在此——诸神退位
○ 吃了豹子胆——天王老子都不管
○ 灯草灰儿——轻狂
○ 乌梢蛇出洞——不咬也吓人
○ 姑娘当大媒——自己作保
○ 野马脱缰——横冲直撞
○ 惊雷疾雨——气势逼人
○ 牙膏脾气——不挤不出
○ 粪缸里练游泳——真不怕死（屎）
○ 乌龟垫床脚——硬撑
○ 茅厕里的石头——又臭又硬
○ 六月里的粪缸——越掏越臭
○ 孔夫子的烟荷包——斯文呆呆（袋袋）
○ 冬瓜撞木钟——想（响）也不想（响）
○ 墙上跑马——转不过弯
○ 算盘珠子——拨一个动一个
○ 一条犁沟走到底——死不回头
○ 一条道儿走到黑——死心眼
○ 二牛打架——角顶角
○ 下塘挖藕——追根
○ 生锈的铁锁——打不开

○ 小卒过河横了心——要和老帅争高低
○ 王八咬人——叮住不放
○ 不到黄河心不甘——死心塌地
○ 牛皮浸水——韧得很
○ 石榴开花——红到底
○ 打破砂锅纹（问到）底——寻根求源
○ 北极的冰川——顽固不化
○ 顶风顶水行船——硬撑
○ 生成的相，做成的酱——变不了
○ 冬天的洋葱头——根焦叶烂心不死
○ 死胡同里赶大车——拐不过弯来
○ 过河的牛尾巴——拉不回头
○ 吃了扁担——横了心
○ 吃石头拉硬屎——顽固到底
○ 王八吃秤砣——铁了心了
○ 孙猴子他妈——死（石）心眼
○ 花岗岩雕的脑袋——死不开化
○ 两个聋子说话——谁都听不进
○ 旱坡上的螺蛳——死眼子
○ 狗走千里吃屎，狼走千里吃人——本性难改
○ 刻舟求剑——心眼太死
○ 背起灵牌上前线——要拼命
○ 皇帝娘娘死男人——不二价（嫁）
○ 疯狗咬人——死不松口
○ 绑到案上的猪——死到眼前还叫唤
○ 耗子钻竹筒——死不回头
○ 饿狼扑兔——按住不放
○ 黄牛打架——死顶
○ 黄鼠狼不出洞门——死守臊窟窿
○ 象棋盘上打仗——没船也要过河
○ 石碾子脑袋——不开窍
○ 锈死的铁锁——难以开窍
○ 榆木脑袋——难开窍
○ 敲不响的木鼓——心太实
○ 鲤鱼下油锅——死不瞑目
○ 檐下滴水——点点不移
○ 藤子缠树——死抱着不放
○ 霸王的鞭——越使越硬
○ 一本通书读到老——食古不化
○ 山里的石头——雷打不烂，风吹不动
○ 不见棺材不落泪——死心眼
○ 鸡窝边的黄鼠狼——不轻易回头
○ 背起棺材跳水——安心寻死
○ 桥桩上的螺蛳——死不丢手
○ 铁豆子下锅——有（油）言（盐）难进
○ 饿猪占木槽——死不放
○ 烧红了的生铁——越打越硬
○ 晒过的麻秆——宁折不弯
○ 生成的牛角——拉不直
○ 抱着葫芦不开瓢——死脑筋
○ 出膛的子弹——不会拐弯
○ 大象的屁股——推不动
○ 吊死鬼瞪眼——死不瞑目
○ 二尺长的吹火筒——只有一个心眼

华而不实

○ 大桅尖上拉二胡——唱高调
○ 水上油——漂在上面
○ 半空里翻筋斗——不着实地
○ 少年郎穿花旗袍——花花公子
○ 绣出来的寿桃——好看不好吃
○ 拿着钥匙满街跑——当家不主事
○ 墙上画大饼——中看不中吃
○ 糟鼻子不喝酒——虚有其表
○ 猪八戒做报告——说大话
○ 上这山看那山高——见异思迁
○ 卫生口罩——嘴上一套
○ 云里贴告示——空话连篇
○ 马吃石灰——一张白嘴
○ 驴头伸进马奶桶——一张白嘴
○ 马谡用兵——言过其实
○ 云头上打靶——放空炮
○ 木匠的锯子——不具实（锯石）
○ 木偶脱睡衣——成了光架子
○ 牙齿缝里插花——嘴上漂亮
○ 公鸡打架——全仗着嘴
○ 玉皇大帝讲天书——空谈
○ 月亮里点灯——空挂名（明）
○ 汤锅里煨鸭——只露一张嘴
○ 绣花枕头——一包草
○ 纸糊灯笼——一戳就穿
○ 牛皮灯笼——不亮
○ 天桥儿的把式——净说不练
○ 叭拉狗掀门帘——全仗一张嘴
○ 羊看菜园——靠不住
○ 半空荡秋千——不落实
○ 头上长嘴——说天话
○ 老母猪打架——光使嘴儿
○ 老母猪耕地——光会使嘴
○ 猪嘴的能耐——光会拱
○ 光打雷不下雨——虚张声势
○ 光说不练——嘴巴子戏
○ 自己的优点像芦笙——到处吹
○ 关上大门演皇帝——自看自的戏
○ 米粉包饺子——只能蒸不能煮
○ 灯草箍水捅——一挑就崩
○ 江湖骗子耍贫嘴——夸夸其谈

○ 豆腐坊里的把式——没有硬货
○ 豆腐身子——不经摔打
○ 抓住头发就织布——自以为是（丝）
○ 灶王爷骑竹马——神上天了
○ 鸡毛上天——轻飘

○ 青蛙的眼睛——长在头顶上
○ 胡子上天——虚（须）飘飘
○ 骆驼跑到羊群里——自高自大
○ 啄木鸟打跟头——卖弄花屁股
○ 笼里的鹦哥——成天耍嘴
○ 猪八戒吃猪肉——忘了自己姓名
○ 猪八戒戴红花——自觉自美
○ 麻袋装菱角——硬出头
○ 棺材上开气孔——死出风头
○ 翘棍子打蛇——没有一头着实
○ 喇叭匠娶媳妇儿——自吹
○ 喇叭匠扬脖子——起高调
○ 喝江水，说海话——没边没沿
○ 满天刷糨糊——沾不着边
○ 蜻蜓点水——东一下，西一下
○ 算命瞎子进村—— 一阵横吹
○ 鼻梁上摆摊子——眼界宽
○ 额角上长眼睛——眼界高
○ 嘴上没把门的——随口出
○ 壁上的地图——江河虽多没有水
○ 麻雀子下鹅蛋——讲大话
○ 一叶障目——不见泰山
○ 月亮当镜子——太把自己看大了
○ 杀狗不会，谈狗有余——会谈不会做
○ 狗尾巴上的露水——经不起摇摆
○ 蚂蚁过垄沟——觉得是一江
○ 蚂蚁爬树梢——好高骛远
○ 穿上航空衣——要飞了

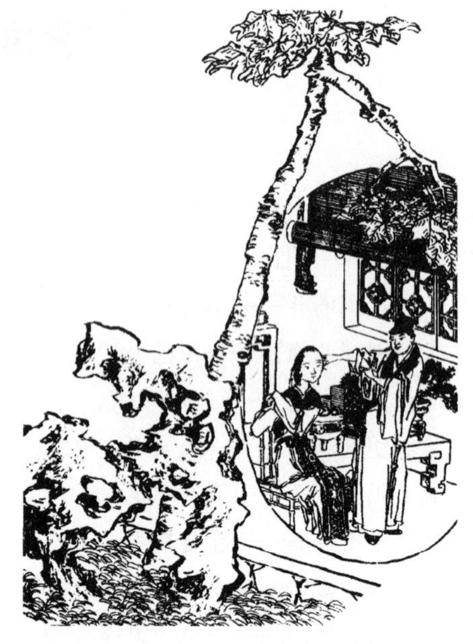

○ 穿背心作揖——光想露两手
○ 屎壳郎上马路——自充黑吉普
○ 拿了秤杆忘秤砣——不知轻重
○ 唐僧念紧箍咒——就此一招
○ 猫儿尾巴——越摸越翘
○ 梁上君子——上不沾天，下不着地
○ 弹琵琶的人——爱抖擞
○ 猴子看镜——得意忘形
○ 沙子筑坝—— 一冲便垮
○ 壁画上的耕牛——不中用
○ 瘪粒儿的麦穗——头扬得高
○ 虫蛀的老槐树——腹内空空
○ 穿绸缎吃粗糠——外光里不光
○ 草原上的百灵鸟——嘴巧

自私贪婪

○ 吃着鸡，抓着鸭——贪得无厌
○ 吊死鬼上银行——死要钱
○ 干丝瓜开膛——满肚子私（丝）
○ 叫花子讨饭——各顾各
○ 两口子锄地——不顾（雇）人
○ 麦秆做吹火筒——小气
○ 爹死娘嫁人——各人顾各人
○ 铁公鸡——一毛不拔
○ 小秃子的脑袋——一毛不拔
○ 一国三公——各自为政
○ 头发胡子一把抓——公私不分
○ 蜗牛盖房子——自己顾自己
○ 老蜘蛛的肚子——都是私（丝）
○ 老蜘蛛跑腿——办私（丝）事
○ 吝啬鬼过日子——一分钱攥出汗来

○ 怀里打算盘——打进不打出
○ 腰里挂算盘——光为自己打算
○ 兔子分家——各逃各的
○ 冷水烫鸡——一毛不拔
○ 蚂蚁觅食——顾自家
○ 屎壳郎进了屠宰场——出不了一滴血
○ 紧口坛子——装得多，倒得少
○ 聋子擂鼓——各打各的
○ 麻雀的内脏——小心肝儿
○ 痨病鬼开药铺——为了方便自己
○ 成天想蚕茧——只顾私（丝）
○ 缺口的镊子——一毛不拔
○ 拿着野鸡祭神——家财难舍
○ 黄牛角，水牛角——各（角）顾各（角）
○ 雀儿的肚子——心眼小
○ 猪八戒吃西瓜——心里想不着大家
○ 鼻涕流进喉咙里——吃亏沾光没外人
○ 八十岁婆婆嫁屠户——只要有吃
○ 刘备借荆州——一借永不还
○ 严嵩庆寿——照单全收
○ 抱着元宝跳井——舍命不舍财
○ 茶壶里下元宝——只进不出
○ 粉球滚芝麻——多少沾点儿
○ 婊子的脸——见钱笑
○ 跌倒还要抓把沙——不落空
○ 一口饮尽四海水——好大胃口
○ 一钱不落虚空地——全有目的
○ 大海里撑篙子——点不到底
○ 上了山顶想上天——不知足
○ 小孩儿拜年——伸手要钱

中华传统语典

○ 无底的提包——装不满
○ 见了苍蝇撕条腿——贪得无厌
○ 见物手痒，见钱眼红——利欲熏心
○ 嘴巴上擦石灰——白吃
○ 棺材里伸手——死要钱
○ 老寿星吃人参果——嫌命短
○ 老虎不嫌山羊瘦——沾荤就行
○ 老虎吃天，蛇吞象——光想弄大的
○ 吃了五谷想六谷——老是不满足
○ 吃着碗里瞧着锅里——贪婪
○ 后背挨了棍子——望钱（往前）扑
○ 行医捎带卖棺材——死活都要钱
○ 杂货铺的掌柜——见钱眼开
○ 苍蝇钻茅房——沾腥惹臭
○ 苍蝇的世界观——哪里臭往哪里钻
○ 豆腐放在杀猪锅里——沾点油水
○ 两块银元做眼镜——睁眼就是钱
○ 铜元做镜子——满眼是钱
○ 县太爷盗金库——财迷心窍
○ 肚皮里的蛔虫——只等着吃
○ 灶台上抹布——专门揩油
○ 屁股上吊算盘——见利就沾
○ 抱着钱罐子打盹——财迷
○ 蚕宝宝吃桑叶——胃口越来越大
○ 剖腹藏珍珠——舍命不舍财
○ 眼睛上贴钞票——见钱不见人
○ 银子拴在肋骨上——动就心疼
○ 做梦抓银元——财迷心窍
○ 得了雨帽又要伞——贪心不足
○ 馆子里的厨师——咸淡都得尝
○ 蓝采和的花篮——装不满
○ 棺材铺的买卖——死活都要钱
○ 雁过拔毛——转眼捞一把
○ 嘴扛在肩上——到处吃人家
○ 篾匠的手艺——不刮就削
○ 土地爷剃头——生刮死刮
○ 米满粮仓人饿倒——爱财不爱命
○ 贪吃不留种——过了今天，不要明天
○ 萧何月下追韩信——爱才如命
○ 饿狗下茅坑——饱餐一顿
○ 得陇望蜀——贪心不足
○ 猫爪伸到鱼池里——想捞一把
○ 寄槽养马——爱便宜
○ 隔墙果子分外甜——别人家的好
○ 蒙着被子放屁——独（毒）吞

阴险狡诈

○ 深山里的饿虎——穷凶极恶
○ 被窝里磨牙——怀恨在心
○ 背后拉弓——暗箭伤人
○ 半空的云彩——变化多端
○ 吃了蝎子——心肠歹毒
○ 吃了海椒啃甘蔗——嘴甜心辣
○ 半夜捅鸡窝——暗中捣蛋
○ 大虫打哈哈——笑面虎
○ 毒蛇出洞——伺机伤人
○ 低头狗——暗下口
○ 恶狼对羊笑——不怀好意
○ 矮子打狼——光喊不上
○ 半路上留客——嘴上热情
○ 半夜弹琴——暗中作乐
○ 扯旗杆放炮——生怕别人不知道
○ 吃斋的恶婆子——口素心不善
○ 打一巴掌揉三揉——假仁假义
○ 后娘打孩子——暗里使劲
○ 晚娘叫心肝——嘴甜心冷
○ 棺材店咬牙——恨人不死
○ 大蚌壳里取珍珠——谋财害命
○ 乌鸦难入凤凰群——太黑了
○ 袖里藏宝剑——杀人不露风
○ 老虎请客——吃人
○ 老鸭子游水——表面老实，暗里使劲
○ 老蝎子撒尿——毒汁四溅
○ 老鹰吃麻雀——连皮带骨一起吞
○ 吃人不吐骨头——黑了心
○ 吃人饭拉狗屎——没人味
○ 朱洪武火烧庆功楼—— 一窝端
○ 医生开刀——尽往人的痛处挑
○ 秀才哭哥——凶（兄）啊
○ 肚皮贴到脊梁骨——恶（饿）得要命
○ 屁股上的疮——阴毒
○ 秋后的蚊子——临死还要咬几口
○ 捉了老虎再烧山——连窝端
○ 家雀扑老鹰——凶得不要命
○ 麻子敲门——坑人到家
○ 猪八戒啃蹄爪——自残（餐）骨肉
○ 惊蛰后的蜈蚣——越来越毒

○ 清水河里倒马桶——损人不利己
○ 朝天辣椒——又尖又辣
○ 崽卖爷田——心不疼
○ 墙角追狗——回头一口
○ 踢寡妇门，挖绝户坟——无恶不作

○ 蝎子翘尾巴——好毒的招子
○ 蝎子敲门——毒到家
○ 嘴巴里藏刀子——出口伤人
○ 凶神扮恶鬼——又凶又恶
○ 好心走一遭，回转被狗咬——以怨报德
○ 砒霜拌大蒜——又毒又辣
○ 送到屋顶抽梯子——断人后路
○ 阎王发令箭——要命
○ 趁水踏沉船——助人为恶
○ 白眼狼戴眼镜——冒充好人
○ 刀切豆腐——两面光
○ 阎王爷的扇子——两面阴
○ 黄鼠狼给鸡拜年——没存好心
○ 翻手为云，覆手为雨——出尔反尔
○ 东吴杀人——移祸于曹
○ 病好打太医——恩将仇报
○ 借东风杀曹操——间接害人
○ 猪八戒败了阵——倒打一耙
○ 一肚子花花肠子——找不到心
○ 大金牙说媒——满口谎（黄）言
○ 大姑娘上花轿——脸上哭，心里笑
○ 丈母娘疼姑爷——为闺女
○ 山羊打架——钩心斗角
○ 王婆子照应武大郎——不是好事
○ 天蓬元帅下凡——尽走邪门
○ 不炸嘴的石榴——一肚子花点子
○ 长虫爬树——专绕弯
○ 长尾巴蝎子——一肚子坏水
○ 月亮底下抡大刀——明刀暗砍
○ 双黄的鸡蛋——两个心
○ 孔明斩魏延——借刀杀人
○ 灭灯打婆娘——暗里下手
○ 申公豹的脑袋——人前一面，人后一面
○ 白骨精化美女——人面鬼心
○ 白糖嘴巴刀子心——口蜜腹剑
○ 半夜洗衣月下晒——明是阳来暗是阴
○ 台上握手，台下踢脚——两面派
○ 地龙回家——弯弯道儿多
○ 朽木搭桥——存心害人
○ 当面诵善佛，背后念死咒——阳奉阴违
○ 米筛子当玩具——耍心眼
○ 阴天望太阳——尽干不露脸的事
○ 走路绕小道——净拐弯
○ 豆腐烩泥鳅——软加滑
○ 豆腐嘴刀子心——口善心恶
○ 邮递员的挎包——心（信）多
○ 坐山观虎斗——想从中渔利
○ 床底下支张弓——暗箭伤人
○ 枇杷叶遮面——一面毛一面光
○ 侦察员破案——暗中活动
○ 刽子手烧香——假装慈悲相
○ 狗舔猫鼻子——存心不良
○ 荆轲献地图——暗藏杀机
○ 指桑骂槐——明人做暗事
○ 哑巴打锤——暗使劲
○ 蚂蟥吸血——上当了才晓得
○ 鸭子凫水——上面静，底下动
○ 借着酒醉说胡话——别有用心
○ 曹操用计——又奸又滑
○ 啃了羊头拿砖砸——转脸无情
○ 铜壶有嘴——无心肠
○ 脚底下使绊子——暗中害人
○ 脸上带笑，肚里藏刀——假充好人
○ 混凝土里的钢筋——暗中使劲
○ 猴子看果园——监守自盗
○ 魔术师演戏——变化多端
○ 魔术师的本领——弄虚作假
○ 一手遮天，一手捂地——上下两瞒

○ 一时猫脸，一时狗脸——变化无常
○ 不叫的狗——暗里咬人
○ 卖布不带尺——存心不良（量）
○ 狐狸做梦——想着投机（偷鸡）
○ 项庄舞剑——意在沛公
○ 药铺里招手——把人往苦处引
○ 烟囱里招手——往黑处引
○ 咬人的狗不露齿——暗伤人
○ 恶人告状——居心不良
○ 阎王爷出主意——尽是诡（鬼）计
○ 墙缝里的蝎子——螫人不显身
○ 又做巫婆又做鬼——两头出面装好人
○ 六月的包子——外面光滑里面臭
○ 戏台上的小旦——装模作样
○ 老虎头上挂佛珠——假慈悲
○ 花被盖鸡笼——外面好看里头空
○ 唱戏哭娘——假泪两行
○ 猴子的舅舅——假惺惺（猩猩）
○ 下雨洒街，刮风扫地——假积极
○ 大年初一见了人——尽说吉利话
○ 不孝媳妇哭婆婆——干打雷不下雨
○ 一拳头打死只蚊子——冒充好汉
○ 火车进站——叫得凶走得慢
○ 孔明哭周瑜——假慈悲
○ 水獭上山——装雄（熊）
○ 鸭子上房檐——装鹰
○ 叶公好龙——口是心非
○ 王八敬神——假装正经
○ 忤逆子讲孝经——假做作
○ 猫儿哭老鼠——假慈悲
○ 对着镜子作揖——自己恭维自己
○ 包子破了皮——露馅
○ 半天云里打靶——放空炮
○ 朝天铳走火——放空炮

○ 写文章怕落笔——肚里没货
○ 南郭先生吹竽——不懂装懂
○ 母鸡打鸣——假逞英雄
○ 老虎坐莲台——假充善人
○ 老狼哭羊羔——虚情假意
○ 吊死鬼搽胭脂——死要面子
○ 吃蜂蜜说好话——甜言蜜语
○ 刘备摔阿斗——收买人心
○ 冰上盖房子——不牢靠
○ 戏台上找对象——早就合计好了
○ 戏台上的朋友——假仁义
○ 戏台上赌咒——口是心非
○ 猢狲扫地——眼前光鲜
○ 泥水匠的瓦刀——光图（涂）表面
○ 李鬼舞双斧——硬充好汉
○ 坐飞机扔炸弹——抬高自己，打击别人
○ 坐飞机讲哲学——空谈理论
○ 尿壶镶金边——图好看
○ 纸糊的岩鹰——有翅难飞
○ 烂茅屋上挂绣球——假漂亮

- ○ 罗汉菩萨——个个都是笑脸
- ○ 歪脖子说话——嘴不对心
- ○ 挂羊头卖狗肉——名不副实
- ○ 养蜂人的嘴巴——甜言蜜语
- ○ 洞房里的悄悄话——甜言蜜语
- ○ 捂着肛门放屁——假装斯文
- ○ 鸭子进鸡群——摆架子
- ○ 借花敬神——假恭敬
- ○ 臭虫钻进花生壳——硬充好人（仁）
- ○ 浸透水的黄金瓜——外面好看里面空
- ○ 唱戏的打转——走过场
- ○ 唱戏的抖威——假神气
- ○ 脸上写字——表面文章
- ○ 猪八戒相亲——怕露嘴脸
- ○ 散黄鸡蛋——里头臭
- ○ 猴子看书——假斯文
- ○ 寒露的螃蟹——净壳儿
- ○ 路边含羞草——见人就低头
- ○ 满口假牙——没个真的
- ○ 狼吃狼——冷不防
- ○ 舞台上亲嘴——逢场作戏
- ○ 稻田里的稗草——看看是稻，其实是草
- ○ 稻草肚子棉花心——虚透了
- ○ 嘴请客，手关门——无真心
- ○ 一棵大树枯了心——外强中干
- ○ 马撩后腿——逞强
- ○ 开弓不放箭——虚张声势
- ○ 吃着菠萝问酸甜——明知故问
- ○ 扯起眉毛哄眼睛——自己骗自己
- ○ 麻雀下鸡蛋——硬逞能

恭维称赞

○ 一丈二加八尺——仰仗（两丈）
○ 十个小钱掉一个——久闻（九文）
○ 山头打虎——高名在外
○ 出嫁的姑娘——满面风光
○ 城头上栽花——高中（种）
○ 眉毛上挂剪刀——高才（裁）
○ 高山上打锣——四方闻名（鸣）
○ 鲤鱼跳龙门——高升了
○ 十字街头开饭店——四方吃得开
○ 九月的高粱——老来红
○ 大师傅下伙房——来了行家
○ 王母娘娘看姑爷——不是凡人
○ 长白山的人参——越老越好
○ 乍出水的芙蓉——一尘不染
○ 白鹤落到鸡群里——高众一头
○ 圣人从军——文武双全
○ 对着窗口吹喇叭——名（鸣）声在外
○ 老将出马——一个顶俩
○ 地里的辣椒——老来红
○ 芝麻开花——节节高
○ 一雷天下响——处处皆知
○ 孙悟空七十二变——神通广大
○ 花绸子上绣牡丹——锦上添花
○ 坐着飞机放声唱——高歌猛进
○ 坐着飞机吹军号——声震远方
○ 肚子里行船——内行（航）
○ 肚子里面好撑船——气量大
○ 武松打虎——一举成名
○ 松树林里挂灯笼——万绿丛中一点红
○ 虎死不倒尸——雄心在
○ 赵云大战长坂坡——大显神威
○ 秋天的柿子——越老越红
○ 秋天的菊花——经得起风霜
○ 重锤敲锣鼓——响当当
○ 棒槌打锣——响当当
○ 姜子牙娶媳妇——老来喜

○ 姜太公八十遇文王——交老运
○ 泰山顶上看日出——高瞻远瞩
○ 高粱结子——一窝红
○ 盛夏的荷花——满堂（塘）红
○ 菜园里的苦瓜——越老心越红
○ 啄木鸟的嘴——硬功夫
○ 麻雀下鸡蛋——个子小贡献大
○ 清晨的太阳——红彤彤
○ 弹花匠上朝——有功（弓）之臣
○ 骑兵队长打冲锋——一马当先

○ 隔山射虎——全凭硬功（弓）
○ 脚踏梯子——步步高升
○ 鞋头上刺花——前程锦绣
○ 糠箩跳到米箩里——有出息
○ 千里投军，志在报国——好汉一个
○ 囤子顶上插旗杆——尖上拔尖
○ 春茶尖儿——又细又嫩
○ 烈马扬蹄儿——嗒嗒响
○ 诸葛亮做丞相——鞠躬尽瘁，死而后已
○ 雪地里的青松——巍然挺立
○ 腊月里的梅花——傲霜斗雪
○ 满园果子——就数（属）你红
○ 瘦死的骆驼——比马大
○ 诸葛亮挥泪斩马谡——执法如山
○ 蜜蜂酿蜜——不为自己
○ 关云长做木匠——大刀阔斧
○ 诸葛亮六出祁山——图谋大业
○ 小葱拌豆腐——一青（清）二白
○ 老鸦站树头——呱呱叫
○ 孤庙里旗杆——独一无二
○ 和尚的房子——妙（庙）
○ 皇帝的祠堂——太妙（庙）
○ 帽子里藏蝉——头名（鸣）
○ 顺风划船——又快又好
○ 鼻子上挂灯笼——高明
○ 猪八戒耍钉耙——有两下子
○ 十月怀胎——肚里有货
○ 土地公公打算盘——神算
○ 大姑娘送郎——老走在前面
○ 孔明借箭——满载而归
○ 鸭子喊伴——呱呱叫
○ 上鞋不用锥子——真（针）好
○ 包老爷的作风——铁面无私
○ 半夜三更放火炮——一鸣惊人

○ 出山的太阳——火红一片
○ 孕妇拍肚子——太（胎）好
○ 刚出山的老虎——有股猛劲
○ 刘伯温的八卦——神机妙算
○ 花果山的美猴王——个小本领强
○ 杏花村的酒——冲劲儿大
○ 豆饼喂猪——是好料
○ 低头见鸡，抬头见雁——顺眼
○ 雨后山洪——冲劲儿大
○ 罗成的回马枪——绝招
○ 侦察机上天——高见
○ 金戒指上镶宝石——锦上添花
○ 赵子龙带兵——一世不打败仗
○ 草帽烂了边——顶好的
○ 俏媳妇戴凤冠——好上加好
○ 姜太公算卦——好准
○ 神像背后的窟窿——妙（庙）透了
○ 桂林风光——山清水秀
○ 桅杆上面打跟头——好本事
○ 破土的春笋——拔尖
○ 海龙王搬家——厉害（离海）

○ 骑马上天山——步步登高
○ 喇叭花开——红在心里
○ 鲁班的手艺——巧夺天工
○ 照相馆里挂相片——好样的
○ 酱油烧豆腐——出色
○ 蜜蜂采花——劳苦功高
○ 墨斗鱼下酒——没刺儿可挑
○ 刚出笼的年糕——炙手可热
○ 高山上的松柏——四季常青
○ 麻雀虽小——五脏俱全
○ 沙漠里的水——点滴都可贵
○ 少林寺的高僧——身手不凡
○ 烧火不旺——天才（添柴）
○ 抱着孩子拜天地——双喜临门
○ 灿烂的朝霞——红红火火
○ 雨后春笋—— 一天一个样
○ 皇帝的闺女——金枝玉叶
○ 家雀变凤凰——越变越俏
○ 被窝里洒香水——能文(闻)能武(捂)
○ 嫦娥跳舞——两袖清风
○ 才子配佳人——十全十美
○ 穿不破的鞋——底子好
○ 吃桑叶吐丝——肚里有货
○ 大鹏展翅——前程万里
○ 大理石做门匾——牌子硬
○ 大厅中央挂字画——堂堂正正
○ 刀剜黄连木——刻苦
○ 丢下犁耙拿扫帚——里里外外一把手
○ 大腿上挂篷帆—— 一路顺风

稳重精明

○ 大佛爷数念珠——心里有数
○ 粉丝炒海带——黑白分明
○ 碟子里盛水——一眼看到底
○ 衙门口的狮子——明摆着
○ 石斧开山——实（石）打实（石）
○ 十字街头告示——众所周知
○ 老牛犁田——实实在在
○ 老道画符——自己明白
○ 当面锣对面鼓——明打明敲
○ 关公开刀铺——货真价实
○ 垒起来的石堆——稳得很
○ 骆驼走沙滩——稳重
○ 耗子出洞——先听动静
○ 臭豆腐——闻着臭，吃着香
○ 脚上绑石头——图稳不图快
○ 脱了鞋跑步——脚踏实地
○ 粗毛绳子打疙瘩——根基结实
○ 骑驴走山道——稳重
○ 裁缝打狗——有尺寸
○ 棒槌里插针——粗中有细
○ 榔头落地——一锤一个坑
○ 晴带雨伞饱存粮——有备无患
○ 摸着石头过河——稳当些
○ 温室里的庄稼——旱涝保收
○ 丁是丁，卯是卯——一点不含糊
○ 火烧房子还瞧唱本——沉得住气
○ 孔明弹琴退仲达——好沉着
○ 半夜敲门心不惊——问心无愧
○ 板上敲钉子——稳扎稳打
○ 穿钉鞋走泥路——步步扎实
○ 穿的没底鞋——脚踏实地
○ 铁匠铺里的买卖——样样过得硬
○ 雪地里走路——一步一个脚印
○ 揭开庐山真面目——心里有数了
○ 半天云里打算盘——算得高
○ 挑水的娶了个卖茶的——婚配得好
○ 一张渔网千只眼——一环扣一环
○ 小菜篮里看形势——以小见大
○ 心里点灯——亮亮堂堂
○ 快刀斩乱麻——干净利落
○ 烧香望和尚——一事两便当
○ 田埂上修猪圈——肥水不流外人田
○ 包老爷审堂——是非分明
○ 立秋的石榴——光点子
○ 老妈妈补衣裳——见缝插针
○ 老鹰捕食——见机（鸡）行事
○ 西瓜地里散步——左右逢源（圆）
○ 扩音器里打喷嚏——想（响）得远
○ 闭着眼睛吃馄饨——肚里有数
○ 米筛挡房门——心眼多
○ 灯笼里的火儿——心里亮
○ 茶馆里的买卖——滴水不漏
○ 响鼓不用重锤——一点就明（鸣）
○ 胸口挂算盘——心中有数
○ 诸葛亮的锦囊——用不完的计
○ 诸葛亮借东风——神机妙算
○ 诸葛亮皱眉头——计上心来
○ 麻子管事——点子多
○ 章鱼的脑壳——辫子多
○ 章鱼的肚子——有墨水

○ 随口唱山歌——心里早有谱
○ 葫芦蜂的窝——心眼多
○ 鲁班皱眉头——别有匠心
○ 媒婆的嘴——能说会道
○ 楚河汉界——一清二楚
○ 管家婆的鸡蛋——有数
○ 藕做的心——净是眼儿
○ 火烧牛皮——自己转弯
○ 豆腐炖骨头——有软有硬
○ 板凳上钻窟窿——有板有眼
○ 一把利剑藏袖筒——不露锋芒
○ 一家子砌墙——两面好
○ 西瓜掉在油桶里——滑头滑脑
○ 脑门上擦猪油——滑头
○ 粪船过江——装屎（死）
○ 老鼠吃高粱——顺杆儿往上爬
○ 木船下水——见风使舵
○ 公鸡跌下油缸里——毛光嘴滑
○ 皮球擦油——又圆又滑
○ 快刀切豆腐——两面光
○ 老艄公撑船——看风使舵
○ 地面上的水——哪里低往哪里流
○ 过河尿尿——随大流
○ 吹了灯瞪眼睛——出了气，人又不得罪
○ 我解缆，你推船——顺水人情
○ 鸡蛋掉在油锅里——滑透了
○ 和尚打赤脚——两头光
○ 货郎的鼓儿——两边摇
○ 哪吒的乾坤圈——能大能小，能方能圆
○ 秋后的枯叶——随风跑
○ 挨鞭抽的陀螺——滴溜溜地转
○ 脚踏瓜皮——真滑
○ 燕子尾巴——两股岔（叉）
○ 三片子嘴——能说会道
○ 水里的泥鳅——滑得很
○ 向日葵的头——跟着太阳转
○ 河里的石头——又圆又滑
○ 没扎的扁担——两头滑
○ 匍倒是鼓，仰转是锣——能讲能说
○ 说书的嘴巴唱戏的腿——有伸有缩
○ 荷叶上的水珠——滚来滚去
○ 倒吊腊鸡——一嘴油
○ 脚板抹猪油——溜之大吉
○ 螺蛳屁股——转弯多
○ 沙坝上写字——要不得就抹
○ 白纸做的灯笼——一点就亮
○ 曹操做事——干干净净
○ 沙滩上走路——一步一个脚印

规劝开导

○ 石头抛上天——总有落脚之处
○ 担百斤行千里——任重道远
○ 月光夜点灯笼——多事
○ 孙二娘开饭店——进不得
○ 老和尚的木鱼——勿敲勿响
○ 哑巴拜年——只作揖少说话
○ 捧着银碗做叫花——何必求人
○ 杀鸡给猴看——做个榜样
○ 鸡蛋碰石头——自己吃亏
○ 二虎相争——必有一伤
○ 十年寒窗中状元——先苦后甜
○ 十字路口造凉台——方便众人
○ 人家的老婆——过不得夜
○ 大肚子走钢丝——铤（挺）而走险
○ 上笼的包子——争（蒸）的就是这口气
○ 门缝里照镜子——把自己给瞧扁了
○ 小火炖蹄筋——慢慢来
○ 车到山前必有路——走着瞧
○ 公园里的跷跷板——此起彼落
○ 面条点灯——犯（饭）不着
○ 捂着屁股过河——多加一分小心
○ 黄鼠狼给鸡拜年——不是好兆头
○ 刀架在心头上——忍吧
○ 让了甜瓜寻酸李——自讨苦吃
○ 考生看榜文——先管自己，再管别人
○ 老虎的儿子——别看他（它）小
○ 老虎嘴里抢肉吃——危险
○ 老和尚看庙——守业
○ 老鹰吃鸡毛——填满肚子算事
○ 吃烧饼掉芝麻——免不了

○ 关门打狗——不留出路
○ 灯草搭浮桥——走不得
○ 江心补漏——无济于事
○ 杀鸡取蛋，干塘打鱼——只图一回
○ 过河拆桥——不留后路
○ 豆腐盘成肉价钱——划不来
○ 两人一条心——黄土变成金
○ 两口子推磨——同心协力
○ 千日管子百日笙——练出来的
○ 冷水泡茶——慢慢来
○ 沙滩上拣小米——不够工夫钱
○ 屁股里插竹筒—— 一气到底
○ 张天师下海——莫（摸）怪
○ 张天师被鬼迷——明白人也有糊涂时
○ 纸扎的老虎——不用怕
○ 纸里包火——瞒不过去
○ 狗夹尾巴——自灭威风
○ 放风筝的撤线——脱手容易收回难
○ 放虎归山——后患无穷
○ 炉外的锤子——趁热打铁
○ 河边洗黄连——何（河）苦
○ 拿着头碰头——何苦
○ 药店里卖棺材——往最坏处打算
○ 临阵磨枪——不快也光
○ 狐狸的尾巴——藏不住
○ 娃儿玩积木——不成重来
○ 给你麦芒——岂能当真（针）
○ 捂着钱包捉贼——多加一分小心
○ 留得青山在——不愁没柴烧
○ 疾风知劲草——日久见人心

○ 船到桥头——自然直
○ 前事不忘——后事之师
○ 麻线穿针眼——过得去就行
○ 程咬金做皇帝——当不得真
○ 楚汉相争——在谋不在勇
○ 才输了当头炮——慌什么呢
○ 亡羊补牢——为时未晚
○ 不入虎穴——焉得虎子
○ 不结网的蜘蛛——逮不住虫儿
○ 牛棚里不要插进马嘴来——少管闲事
○ 打蛇不死——遗留祸害
○ 生气踢石头——只痛自己的脚
○ 老母鸡孵鸡蛋——收收心了

○ 有枣无枣打一棒——试试看
○ 有尺水行尺船——量力而行
○ 杀鸡取蛋——因小失大
○ 烧掉房子捡钉子——因小失大
○ 灯草打圈圈——莫扯
○ 关云长走麦城——吃亏全在大意
○ 关羽失荆州——骄兵必败
○ 粪叉上镶宝石——不值得
○ 青石头上雕花——起头难
○ 拉长线放风筝——慢慢来
○ 拼死吃河豚——犯不着
○ 挖肉补疮——得不偿失
○ 破鼓——甭敲打了
○ 铁杵磨成针——功到自然成
○ 拿舌头磨剃刀——吃亏的是自己
○ 拿着镢头刨黄连——自找（掏）苦吃
○ 站着身子正——哪怕影儿斜
○ 家有梧桐树——凤凰自然来
○ 硬拧的瓜儿——不甜
○ 溪水遇上了挡路石——绕道走
○ 碟子大碗小——总要碰着磕着点儿
○ 慢火煮肉——别性急
○ 生气踢石头——痛自己的脚
○ 伤了皮毛——无伤大体
○ 尚方宝剑在手——可以先斩后奏
○ 巴掌穿鞋——行不通
○ 抱着铁耙子亲嘴——自找钉子碰
○ 比着被子伸腿——量力而行
○ 白天盼月亮——甭想
○ 鞭打快牛——忍辱负重
○ 包公铡皇亲——法不容人
○ 冰上走路——小心在意
○ 丑媳妇见公婆——迟早有一次
○ 床底下关鸡——提（啼）醒你
○ 唱戏的挨刀——不怕
○ 倒吃甘蔗——甜头在后
○ 地头蛇，母老虎——不是好惹的
○ 大人的演出——不是儿戏
○ 电饭锅煮饭——不要火
○ 肚里的孩子自己生——谁也代替不了
○ 打着兔子跑了马——得不偿失
○ 因虱子烧袄——不值得

诅咒痛骂

○ 抱着金砖挨饿——活该
○ 背鼓追槌——自讨打
○ 笨贼偷法官——自投罗网
○ 半山腰倒水——下流
○ 宦官不叫宦官——太贱（监）
○ 曹操下江南——来得凶，败得惨
○ 吃过屎的狗——嘴巴臭
○ 毛驴碰门——来的不是人
○ 财主劫路——为富不仁
○ 吃水不记掘井人——忘本
○ 苍蝇会蜘蛛——自投罗网
○ 臭水坑里的核桃——不是好人（仁）
○ 出头的钉子——想挨砸
○ 城隍老爷剃脑壳——鬼头鬼脑
○ 点了黄豆不出苗——孬种
○ 鲤鱼跳到渔船上——寻着死来
○ 一二三四五六七——王（忘）八
○ 乌龟请客——尽是王八
○ 乌龟吃秤砣——铁心王八
○ 乌龟吃煤炭——黑心王八
○ 公公向孙子磕头——岂有此理（礼）
○ 头顶上长疮，脚底下流脓——坏透了
○ 芝麻地里撒黄豆——杂种
○ 老和尚的木鱼——天生挨揍的货
○ 八哥学话——说人话不办人事
○ 大伏天的粪缸——直翻泡
○ 阎罗王的爷——老鬼
○ 上嘴唇顶天，下嘴唇挨地——不要脸
○ 千层底做腮帮——脸皮厚
○ 开了花的竹子——短命
○ 孝悌忠信礼义廉——无耻
○ 水牛肚子——草包
○ 麦秸装枕头——草包
○ 田间老鼠——嘴尖牙利
○ 比谷子高一节——稗（败）子
○ 扫帚头上戴帽——不算人
○ 吃死人不吐骨头——黑良心
○ 临死挨一嘴巴——死不要脸
○ 白岩石放在鸡窝里——混蛋
○ 老肥猪上屠场——挨刀的货
○ 机器人——没心肝
○ 光屁股上吊——死不要脸

○ 吃了包子开面钱——混账
○ 吃了煤炭——黑了良心
○ 当着阎王告判官——没你的好
○ 年猪不吃食——活到时候了
○ 后主降魏——不知羞耻

○ 多嘴的乌鸦来报喜——充什么好鸟
○ 吃了鸡下巴——爱搭嘴
○ 羊肉里的萝卜——骚货
○ 守着厕所睡觉——离死（屎）不远
○ 出东门，往西拐——糊涂东西
○ 芦花枕头——不是正经货
○ 芦柴花弹棉被——不是正胎子
○ 豆豉口袋——臭东西
○ 抓蜂吃蜜——恬（甜）不知耻（刺）
○ 县太爷斗鸡玩狗——不务正业
○ 邮递员造反——背信弃（起）义
○ 身在曹营心在汉——吃里扒外
○ 坐轿子打瞌睡——不识抬举
○ 判官敲门——催命鬼
○ 尿壶烫酒——不是个家什
○ 陈世美杀妻灭子——忘恩负义
○ 鸡穿大褂狗戴帽——衣冠禽兽
○ 鸡蛋炒鸭蛋——混蛋
○ 卖面的不带秤——居心不良（量）
○ 厕所里吃甘蔗——臭嚼
○ 厕所顶上装烟囱——臭气冲天
○ 厕所题诗——臭秀才
○ 拣块尿布当口罩——肮脏货
○ 鱼儿跟着鳖游——甘充龟儿子
○ 放屁打冷战——臭抖搂（哆嗦）
○ 城隍老爷发神经——鬼迷心窍
○ 背着锣鼓进庙门——一副挨打的相
○ 是非不清随大流——糊涂虫
○ 哈巴狗儿咬月亮——不知高低的东西
○ 蚂蟥的身子——软骨头
○ 哪吒出世——怪胎
○ 看到姑娘喊大嫂——瞎了眼睛
○ 保长的跟班——狗腿子
○ 疤子上长疮——坏到一块去了

○ 疯狗的脾气——见人就咬
○ 举手放火，收拳不认——无赖
○ 祖坟上插香烟——缺德又冒烟
○ 神仙不做做凡人——贱骨头

○ 神像拍胸口——没心没肺
○ 屎壳郎下蛋——坏种
○ 屎壳郎传种——遗臭万年
○ 屎眼里出气——放屁
○ 屎壳郎打喷嚏——满嘴臭气
○ 娃娃鱼上树——左看右看不是人
○ 耗子眼睛——贼溜溜
○ 恶狼生个贼狐狸——不是好种
○ 破袜子做口罩——臭不要脸
○ 热脸孔贴人家冷屁股——奴颜媚骨
○ 袜筒里的东西——臭货
○ 娶了媳妇忘了娘——昧了良心
○ 黄鱼脑袋——笨头笨脑
○ 黄鼠狼串门——到处放臭屁
○ 黄鼠狼的腚——放不出好屁来
○ 脚板底下打火罐——下作

○ 阎王开会——都不是人
○ 清道夫拉货——一堆废物
○ 落雨天打砖——没好的
○ 棕树的一生——千刀万剐
○ 棺材里偷汉子——死不要脸
○ 跛驴配瞎马——一对糟烂货
○ 鹅伸颈项——等着挨刀
○ 猴子戴面具——人面兽心
○ 粪船上吹喇叭——臭名（鸣）远扬
○ 腮帮儿贴膏药——不要脸面
○ 鼻子上挂钉锤——可（磕）耻（齿）
○ 豪猪拱洞——吃里扒外
○ 骡子驮重不驮轻——生得贱
○ 橡胶树——天天挨刮
○ 墨斗鱼（乌贼）的肚子——黑心肝
○ 吃家饭屙野屎——只顾外头
○ 三十晚上要账——催命鬼
○ 王七的兄弟——王八
○ 石匠的钢钎——尽挨锤子
○ 打断的胳膊——往外拐
○ 白萝卜扎刀子——不出血的东西
○ 老太太上鸡窝——笨（奔）蛋
○ 自大一点——臭
○ 米汤淋头——糊涂到顶
○ 没牙的徒弟——无耻（齿）之徒
○ 茅坑里打呵欠——满嘴臭气
○ 看衣裳行事——狗眼看人
○ 胸前害疮，背后冒脓——坏透了心
○ 脑灵盖上流脓——坏到了顶
○ 猪八戒下凡——没个人模样
○ 猴子吃仙桃——不知好歹
○ 眼睛长在脑背后——不向前看

猜疑阻挠

○ 矮子穿高跟鞋——高也有限
○ 豺狼请客——绝无好事
○ 洞里的蛇——不知长短
○ 呆子把脉——摸不着
○ 呆子哼曲子——没谱
○ 打酒只问提壶人——错不了
○ 白天捉鬼——没影儿的事
○ 扁担做桅杆——担风险
○ 鼻孔喝水——够呛
○ 茶壶里开染房——不好摆布
○ 锄头钩月亮——够不着
○ 没骨子的伞——支撑不住
○ 床底下抡大斧——不好使家伙
○ 刺猬在巴掌上打滚——棘手
○ 船后跟朝北——难（南）行
○ 田里的蚯蚓——满肚疑（泥）
○ 包子未动口——不知啥馅
○ 八九不离十——差不多
○ 大闺女的心思——估摸不透
○ 铁拐李的葫芦——不知卖的什么药
○ 水中捞月——拿不稳
○ 和尚寺对着尼姑庵——没事也得有事
○ 邮包掉在水田里——半信半疑（泥）
○ 听见风就是雨——瞎猜
○ 秀才的书箱——内中有文章
○ 兔子转山坡——迟早还得回老窝
○ 庙里的猪头——有主的
○ 法院里的档案——成（盛）问题
○ 空手进衙门——非输不可
○ 耗子出窝——准没好事
○ 耗子滚到米缸里——不偷不可能
○ 大姑娘瞧嫁妆——有日子的人了
○ 胸口挂王八——心里有鬼（龟）
○ 雪里埋死人——早晚现世（尸）
○ 常在河边站——哪有不湿鞋
○ 曹操败走华容道——不出所料
○ 阎王爷叫门——绝没好事儿
○ 屠夫手下的猪——躲不了挨刀
○ 斑鸠不下树——肚里有事（食）
○ 喜鹊落满树，乌鸦漫山飞——吉凶未卜
○ 喝生水，拿赃钱——早晚是病
○ 腊月摇扇子——反常
○ 隔肚皮估崽——难猜
○ 照方抓药——差不多
○ 照葫芦画瓢——不像也有个七八分
○ 二心的夫妻——早晚散伙
○ 干草点灯——十有九空
○ 大鹏飞入网——只怕张不住
○ 大榔头敲豆腐——笃定
○ 子午卯酉——总有一天
○ 天上的星星——没准数
○ 开水泼老鼠——不死也得脱层皮
○ 手里提个秃镐头——没把握
○ 风扫杨花——不知下落
○ 风地里的一盏灯——不知啥时灭
○ 苍蝇不叮没缝的蛋——到底有影儿
○ 沙里淘金——有也不多
○ 补过的碗盏——总有痕儿
○ 狗不吃屎——谁信
○ 渔场上起火——枉（网）然（燃）

○ 泼妇撒野——没好话
○ 空中挂灯笼——悬了
○ 砖窑里失火——谣言（窑烟）
○ 蚂蚁搬家——不是风，就是雨
○ 养在猪圈里的猪——少不了挨一刀
○ 眉毛上打秋千——玄（悬）而又玄（悬）
○ 捕风捉影——有假无真
○ 黄鳝过河滩——不死也要落一身残
○ 骑马见判官——马上见鬼
○ 绿叶着火烤——非黄不可
○ 照猫儿画虎——差不多
○ 穿蓑衣救火——迟早也是烧
○ 丈母娘夸姑爷——好得很
○ 裤裆上沾黄泥——不是屎也是屎
○ 万岁爷的口——说了算
○ 木头人投河——不成（沉）
○ 电灯点火——其实不然（燃）
○ 夫妻俩打架——没有事
○ 泥牛耕田——靠不住
○ 两个书生打架——未必（为笔）
○ 张天师家闹鬼——说也不信
○ 和尚梳辫子——没有
○ 挑雪填井——枉费心
○ 梁山上的军师——无（吴）用
○ 阎罗王嫁女儿——鬼要
○ 三月的绿苔——不能（嫩）
○ 杀人偿命，借债还钱——理所应当
○ 羊儿打架——对头了
○ 买帽子当鞋穿——不对头
○ 关帝庙里找美髯公——保你不扑空
○ 放粮官封仓——不济
○ 穿着靴子搔痒痒——没用
○ 费了灯油亮了家——值得
○ 姥姥疼外孙——自然的事
○ 腊肉上席——不用言（盐）
○ 墙上长草——立不住脚
○ 一只螃蟹八只脚——没有错
○ 一碗水端平——没得说了
○ 一锤子买卖——做不成

○ 金銮殿上打滚——总算值得
○ 狗咬屁股——肯（啃）定（腚）
○ 哑巴找到妈——没话说
○ 顺着磨道找驴印——容易
○ 捆绑的夫妻——成不了对
○ 头发丝穿豆腐——提也不要提
○ 秃子说亲——人家不愿意
○ 姑娘嫁太监——死也不去
○ 婆媳二人双守寡——没工（公）夫
○ 墙上挂胡弦——不谈（弹）
○ 大米粥里放花椒——麻烦（饭）
○ 大拇指挖耳朵——进不去
○ 大厦将倾——一木难支
○ 小孩挑重担——压力太大
○ 小寡妇改嫁——另找对象
○ 甘蔗支危房——顶不住

○ 两个哑子捆在一起——谈也不要谈
○ 一条扁担挑泰山——担当不起
○ 灯草拐杖——做不得主（柱）
○ 没水了渴死人——与我（饿）无关
○ 老寿星骑仙鹤——没路（鹿）
○ 老鼠啃石柱——吃不消
○ 地板上的骨头——没人肯（啃）
○ 冬瓜敲木钟——想（响）也不想（响）
○ 吃了五味想六味——办不到
○ 向死人讨东西——没门
○ 向姑娘讨孩子——难为人
○ 木脑壳咳嗽——没得谈（痰）
○ 关着门炒辣椒——够呛
○ 油锅里炸辣椒——真够呛
○ 灯草掉在水里——不成（沉）
○ 水上的葫芦——不成（沉）

○ 灯笼做枕头——承受不起
○ 好马走不了两条路——主意自己拿
○ 芦柴杆做门闩——顶不住
○ 豆腐做门墩——难负重压
○ 两口子拜年——不必
○ 两座山亲嘴——办（搬）不到（倒）
○ 旱坡上划船——行不通
○ 秃子头上抓小辫——没有把握
○ 秀才推磨——难为圣人
○ 灶王爷看家——作不了主儿
○ 担山填海——心有余而力不足
○ 和尚笑尼姑——大家都无法（发）
○ 按倒牛头喝水——办不到
○ 胖鸭子上天——有那个心，没那个力
○ 荷叶当雨伞——撑不起
○ 铁树开花马长角——办不到
○ 拿根芦苇当扁担——挑不起
○ 做无米之炊——难煞巧妇
○ 猪八戒生孩子——难住了猴哥
○ 棉花店打烊——不谈（弹）了
○ 逼着牯牛下儿——强人所难
○ 登着梯子想上天——没门
○ 嗓门里喷胡椒粉——够呛
○ 鄱阳湖打篱笆——难为（围）
○ 嘴唇上贴膏药——免开尊口
○ 土地爷卖房子——盛（神）不住了
○ 木头人跳河——万万不成（沉）
○ 石臼做帽子——顶当不起
○ 和尚摸头皮——没法（发）了
○ 兔子驾辕——难办
○ 阎王爷招驸马——谁愿去做鬼
○ 地下流出来的水——来路不明

惹是生非

○ 一只筷子吃藕——挑眼
○ 小炉匠戴眼镜——找碴
○ 吹鼓手赶集——无事找事
○ 一张簸筛子——尽是缺点
○ 鸡蛋里挑骨头——没事找事
○ 老鼠逗猫——没事找事
○ 西施脸上出天花——美中不足
○ 过界的蛮牛——想找顶角来的
○ 竹子长杈——节外生枝
○ 会计拿算盘——找仗（账）打
○ 麦子不割砍高粱——专找硬茬
○ 走了和尚捉道士——有辫子抓了
○ 苍蝇飞到鸡蛋上——寻缝儿

○ 豆腐房的磨——道道多
○ 吹鼓手背号筒——专门找事
○ 鸡蛋背篓里盖石头——故意找麻烦
○ 狗儿上锅台——找事（食）
○ 泥匠拿瓦刀——到处找气（砌）
○ 耗子啃草笠——想扣帽子
○ 绣花虽好不闻香——美中不足
○ 小炉匠拉抽屉——找他个错（锉）
○ 打得鸭子上架——有意为难
○ 平地里起坟堆——无中生有
○ 三间屋子两头住——谁还不知道谁
○ 石板上钉钉——硬对硬
○ 针锋对麦芒——尖对尖
○ 张飞杀岳飞——杀得满天飞
○ 梁山上的弟兄——不打不亲
○ 骑驴看唱本——走着瞧
○ 贼娃子偷强盗——一个比一个厉害
○ 一口棺材睡两人——死对头
○ 乌龟找甲鱼——一路货
○ 双胞胎比长相——一个模样
○ 东施笑麻子——不知自己丑
○ 铜盆碰上个铁扫帚——谁也不让谁
○ 半斤对五两——一样的
○ 竹竿打水平平过——不分高低
○ 赤膊上阵——拼命
○ 两个县长比官——大小一样
○ 两只公鸡打架——谁也不让谁
○ 钉头碰着铁头——狠对狠
○ 乱坟堆里找人——都是死硬货
○ 秃子脑袋和尚的头——一样光
○ 龟儿笑鳖爬——彼此一样
○ 驴头马面——一路货色

○ 苦鬼遇饿鬼——都是一号命
○ 英雄遇好汉——有了对手
○ 雨天尿裤子——里外一样
○ 卖了馄饨买饺子——差不多
○ 拐女嫁了瘸郎——谁也不嫌谁
○ 抱着门板去投江——要死就一块死
○ 抬花轿遇上送殡的——你死我活
○ 抬棺材上阵——拼命一回
○ 金瓜配银瓜——两个顶呱呱
○ 狐狸找豺狼——一个刁，一个狠
○ 夜猫子跟着乌鸦飞——谁也别装俊鸟
○ 泥神笑菩萨——你也好不了多少
○ 春三月开桃花——你不让我，我不让你
○ 屎壳郎娶媳妇——小两口一般黑
○ 姨娘还不是外婆的女——一样
○ 秤砣碰铁蛋——硬对硬
○ 隼鸟打架——凶对凶
○ 胳膊扭大腿——拧不过
○ 烧窑的卖瓦的——都是一路货
○ 绣花姑娘打架——针锋相对
○ 黄鼠狼骂狐狸——都不是好货
○ 黄鳝斗泥鳅——滑头对滑头
○ 做贼的碰上偷人的——两个都怕
○ 象牙筷子夹凉粉——滑头对滑头
○ 猪八戒娶亲——一个高兴一个哭
○ 蒜薹炒丸子——光棍儿遇上了浑球
○ 新媳妇煮饭——三日见高低
○ 瘸兔子碰见个瞎眼鹰——谁也不怕
○ 土地难比门神——一高一低
○ 麦田里的韭菜——难分色
○ 彭祖遇寿星——各有千秋
○ 逼公鸡下蛋——有意为难
○ 穿钉鞋踩屋瓦——捅娄子
○ 对着张飞骂刘备——找气惹
○ 逗猫惹狗——无事生非
○ 不共戴天的敌人——有你无我
○ 裁缝铺扯筋——争长论短
○ 楚汉相争——势不两立
○ 穿冰鞋上沙滩——你别想溜
○ 池里的王八，塘里的鳖——一路货
○ 仇人打擂——有你无我

装疯卖傻

○ 葱头不开花——装什么蒜
○ 厕所里的粪缸——装死（屎）
○ 揣着明白说糊涂——装傻
○ 茶壶里喊冤——胡（壶）闹
○ 对着镜子讲假话——自己骗自己
○ 对着镜子亲嘴——自己哄自己
○ 冬天的癞蛤蟆——装死
○ 一排爆竹——连骗（片）带诈（炸）
○ 算命先生的话——一肚子鬼
○ 空中布袋——装疯（风）
○ 光头跑进和尚庙——充数儿
○ 光骨头哄小孩——糊弄人
○ 木鱼敬斋公——哄鬼
○ 白纸上坟——哄鬼
○ 道士吹螺——唬鬼
○ 城隍庙里卖药——哄鬼

○ 对着棺材撒谎——哄死人
○ 对着棺材许愿——哄死人
○ 吃酒陪新娘——装样
○ 舌头上打滚——含糊过去
○ 关上门卖麻布——鬼扯
○ 关上门查户口——抓鬼
○ 戏台上吹胡子——假的
○ 戏台上的夫妻——假的
○ 戏台上打仗——哄人
○ 水仙花不开花——装蒜
○ 小孩子供神佛——你哄我，我哄你
○ 反穿皮袄——装样（羊）
○ 大姑娘不要婆家——假话
○ 口传家书——言而无信
○ 戏台上送诏书——假传圣旨
○ 红纸裱灯笼——装门面
○ 孙二娘开店——坑人
○ 花心萝卜充人参——冒牌货
○ 空肚子打饱嗝——假装
○ 瞎子戴眼镜——装腔
○ 苍蝇采花——装疯（蜂）子
○ 巫婆跳神——故弄玄虚
○ 巫婆打哈欠——装神弄鬼
○ 巫婆的表情——装模作样
○ 巫婆看病——妖言惑众
○ 豆腐渣上供——糊弄神仙
○ 扯起眉毛哄眼睛——自己骗自己
○ 财神爷要饭——装穷
○ 没睡打呼噜——装迷糊
○ 张天师画符——玩的骗人术

○ 纸做斗笠——假冒（帽）
○ 纸糊的棺材——哄弄死人
○ 老鼠住在佛龛上——装神
○ 兔子进磨房——装驴
○ 屎壳郎戴乌纱帽——假充黑老包
○ 给死人烤火——哄（烘）鬼
○ 狸猫换太子——以假充真
○ 阎王办事——尽要鬼
○ 阎王开店——尽是鬼货
○ 阎王爷拉家常——尽是鬼话
○ 阎王爷的画册——鬼话（画）连篇
○ 阎王爷变戏法——鬼把戏
○ 阎王爷说谎——骗鬼
○ 清明节上坟——哄鬼
○ 骡子打滚——撒（耍）驴来
○ 癞子头上戴花——装样子
○ 许不下羊羔许骆驼——巧言哄人
○ 拿着活人当熊耍——愚弄人
○ 半夜叫城门——自找钉子碰
○ 祠堂里敬佛祖——拜错庙门
○ 吃了对门谢隔壁——错了
○ 和尚庙里去借梳子——走错了门
○ 看见和尚喊姐夫——乱认亲人
○ 蚊子咬菩萨——认错了人
○ 裤腰带绕在脖子上——记（系）错了
○ 喝开水，使筷子——多此一举
○ 大锅烙饼子——干贴
○ 不敬东家敬伙计——认错了主
○ 牛拉犁头——上了圈套
○ 伸着嘴巴找笼头——自己上了套
○ 文盲贴对子——上下不分
○ 贾宝玉游魂——误入迷津
○ 丢西瓜捡芝麻——大处不算小处算
○ 丢了黄牛撵兔子——不知哪大哪小
○ 客气碰着老实——虚情当成真意
○ 九曲桥上散步——尽走弯路
○ 草帽子当锣——想（响）不起来
○ 蚕子吐丝——作茧自缚
○ 捉住蝌蚪丢了牛——贪小失大
○ 脑袋里拌糨糊——糊里糊涂
○ 猪八戒遇见了白骨精——处处上当
○ 猪肉汤洗脸——昏（荤）头昏（荤）脑
○ 猪油蒙了心——一世糊涂
○ 黏米煮山芋——糊糊涂涂
○ 骑猪钻篱笆——昏头昏脑
○ 蒋干盗书——上了大当
○ 棒槌为针——粗细不分
○ 楚人夸矛又夸盾——自相矛盾
○ 矮子面前说短话——惹人多心
○ 躲鬼躲进城隍庙——出生入死
○ 新娘子坐在床沿上——还愁睡
○ 满天飞老鸹——一片黑
○ 糊涂官判无头案——审不清，断不明
○ 一个将军一个令——到底听谁的
○ 石灰点眼——自找难看
○ 作茧自缚——自寻烦恼
○ 鱼吞香饵——不知有钩
○ 洋鬼子看京戏——傻瞪眼
○ 铁匠做事——只讲打
○ 拿着狗屎当麻花——香臭不分
○ 唐僧碰见白骨精——敌友不分
○ 送猪肉上砧板——上门挨刀
○ 聋子听话——傻瞪眼
○ 雾里看花——辨不清
○ 大海捞针——不知何处下手
○ 半夜吃黄瓜——不知头尾
○ 刘姥姥进大观园——不知看哪里好
○ 哑子唱戏——莫名其妙

- 瞎子望天窗——不明不白
- 香油倒在水缸里——昏（混）啦
- 闪电娘娘丢了鞋——不知云里雾里
- 色盲眼看花——青红不分
- 豆腐拌腐乳——越拌越糊涂
- 两口子的账——算不清
- 何仙姑走娘家——云里来，雾里去
- 坐南宫守北殿——不分东西
- 狗吃王八——找不到头
- 向瞎子问路——指不出方向
- 浑水里捉鱼儿——大小难分
- 寡妇生孩子——来路不明
- 树大阴凉少——照应（映）不到
- 半路丢斗笠——冒（帽）失
- 出丧忘记抬棺材——太大意
- 百年老松，十年芭蕉——粗枝大叶
- 死人开当铺——活上当
- 吕布戏貂蝉——上了别人的当
- 竹筒里看豹——只见一斑
- 金弹打麻雀——因小失大
- 关帝庙求子——拜错了神
- 阴沟里翻船——没想到的事
- 妈妈的姐——大意（姨）
- 夺下羊羔放走狼——留下后患
- 巡捕抓暗探——误会
- 豆腐渣炒藕片——迷（弥）了眼
- 近视眼走路——光顾眼前
- 岳老爷升天——上了奸臣的当
- 棒槌当蜡烛——好粗的心
- 棺材当马槽——用才（材）不当
- 螳螂捕蝉——不顾后患
- 大蛇过街——莽（蟒）行
- 聋子看戏——只饱眼福
- 水缸里的王八——瞎撞
- 狗熊捉蚂蚱——瞎扑
- 狗舔磨台——瞎转悠
- 醉酒的雷公——胡劈
- 雪人烤火——不顾性命
- 照葫芦画瓢——走了样
- 瞎子打老婆——打着一顿是一顿
- 茶馆店里摆手——胡（壶）来
- 小鸡吃米——老点头
- 小和尚念经——有口无心
- 丈人死了哭爹——跟着瞎哄
- 牛头不对马嘴——胡拉乱扯
- 月黑天打靶——没影
- 没眼的石匠——瞎凿
- 狗脑壳戴沙罐——乱碰乱撞
- 盲人骑瞎马——乱闯
- 半夜里收玉米——瞎掰
- 老鼠钻到烟囱里——两眼一抹黑
- 吹灯念古词——瞎叨叨
- 苍蝇见面——瞎嗡嗡
- 苍蝇跟着屁飞——瞎轰轰
- 鸡拿耗子猫打鸣——乱套
- 胡子眉毛一把抓——无主次
- 矮人看戏——别人道好，他也道好
- 漫天撒网——没目标
- 瞎子跳舞——盲目乐观
- 木偶表演——随着人家的指头转
- 没头的苍蝇——乱钻
- 大腿上把脉——瞎摸

嘲笑讥讽

○ 案板上的擀面杖——光棍一条
○ 山西老乡——爱吃醋
○ 背着哈哈镜走路——不怕后人见笑
○ 鼻子里灌醋——酸溜溜的
○ 不熟的葡萄——酸气十足
○ 包子吃到豆沙边——尝到甜头
○ 财神爷发慈悲——有的是钱
○ 财神爷摸脑壳——好事临头
○ 虫吃沙梨——心里肯（啃）
○ 臭虫爬到拜盒里——抓住理（礼）了
○ 扯起风帆又荡桨——有福不会享
○ 带着老婆出差——公私兼顾
○ 吊死鬼打花脸——色鬼
○ 一个人拜把子——你算老几
○ 丫鬟戴凤冠——有点不配
○ 孔夫子的手巾——包书（输）
○ 叫花子夸祖业——自己没出息
○ 老和尚吹管子——不懂的（笛）
○ 床底下放风筝——飞不高
○ 萤火虫的屁股——没多大的量（亮）
○ 狗尾巴上的露水——经不起摇摆
○ 耗子掉进面缸里——白眼看人
○ 猪八戒的脊背——无能之辈（悟能之背）
○ 程咬金的斧头——头三下子
○ 象棋斗胜——纸上谈兵
○ 碟子里种麦——扎不住根儿
○ 戴斗篷亲嘴——差得远
○ 大雾中行船——看不远
○ 才出壳的鸡子——嫩得很
○ 画蛇添脚——多此一举

画虎不成反类狗——弄巧成拙
偷鸡不着——反蚀一把米
○ 癞蛤蟆想吃天鹅肉——妄想
○ 王八打滚——翻不起大浪来
○ 井底之蛙——见识短浅
○ 井底看天——所见有限
○ 开会请假——没出席（息）
○ 牛屎上插牡丹——不配
○ 草上的露水——不长久
○ 乌鸦鼓噪——什么调子
○ 甘罗拜相——小人得志
○ 母鸡起床——没名（鸣）
○ 吃饭泡汤——喝粥的命
○ 回炉的烧饼——不香甜

○ 四月的青蛙——叫一阵子
○ 屎壳郎放屁——臭上加臭
○ 屎壳郎叫门——臭到家啦

○ 外乡人过河——不知深浅
○ 冬天的雪人——一见太阳就流汗
○ 半瓶水——容易荡
○ 老鸹跟着孔雀飞——冒充俊鸟
○ 老牛吃嫩草——想得美
○ 王婆卖瓜——自卖自夸
○ 戏台里喝彩——自吹自擂
○ 不听梆子听大鼓——说的比唱的好听
○ 老爷坐在粪桶上——赃（脏）官
○ 老虎上磅秤——自称威风
○ 老虎打哈欠——口气真大
○ 老虎出山林——逞威风
○ 老城墙上的土——厚着呢
○ 老鼠扛大枪——窝里逞能
○ 老鼠闹洞房——叽里喳啦
○ 西施上磅秤——自称美女
○ 吃了三天斋就想上西天——功底还浅
○ 刘备的儿——无能之辈
○ 灯芯做琴弦——不值一谈（弹）
○ 灯草灰过大秤——没有分量
○ 灯罩里的蛾子——扑腾不到哪里去
○ 江里洗脸，云里翻身——想得宽绰
○ 半夜鸡叫——不知分晓
○ 包脚布做鞭子——文（闻）也文（闻）不得，武（舞）也武（舞）不得
○ 丑婆娘照镜子——就那个样子
○ 孔子面前卖文章——好不识相
○ 不开花的玫瑰——净是刺儿
○ 太平洋上的警察——管得宽
○ 关云长放屁——不知脸红
○ 大门口挂粪桶——臭名在外
○ 狗拦老鼠——多管闲事
○ 和尚劝架——多事
○ 买干鱼放生——不知死活
○ 麦秆儿当秤——没斤没两
○ 花公鸡的能耐——就会叫那么几声
○ 胸前吊门板——好大的牌子
○ 坟地里浇醋——酸死人
○ 苍蝇叮大粪——臭味相投
○ 托着手鼓捏着笛子——吹吹拍拍
○ 李鬼劫路——盗名欺世
○ 扭着脖子想问题——尽是歪道理
○ 伸手摸月亮——想得高
○ 半天云里打算盘——算得高
○ 佛爷脸上的金子——浅薄
○ 坐在井沿上放屁——臭得不浅
○ 屁股上画眉毛——好大的面子
○ 屁股上抹香水——不值一文（闻）
○ 尿盆里起雾——臊气
○ 尿桶底子——越刷越臭
○ 坐飞机搽胭脂——美上天了
○ 鸡蛋碰石头——自不量力
○ 玩把戏的作揖——没本事了
○ 卖了孩子唱大戏——庆的什么功
○ 卖糖人的手艺——靠吹
○ 披着雨衣戴斗笠——多此一举
○ 脱裤子放屁——多此一举
○ 爬上马背想飞天——好高骛远
○ 兔子拜月亮——妄想成仙
○ 放下笛子拿二胡——能吹会拉
○ 盲人摸象——不识大体
○ 河滩上的鹅卵石——越滚越滑
○ 细娃儿吹喇叭——口气不小
○ 草上露水瓦上霜——不久长
○ 背着唢呐坐飞机——吹上天了
○ 秋天里卖凉粉——不识时务
○ 秋后的蚂蚱——蹦跶不了几天
○ 看着天说话——不知天有多高

○ 蚂蚁搬山——瞎逞强
○ 哈巴狗见主人——摇头摆尾
○ 哈巴狗逮耗子——像猫没猫的本事
○ 哈巴狗撵老虎——不自量
○ 屋里称皇帝——自尊自贵
○ 屎壳郎坐大堂——摆啥臭架子
○ 耗子戴眼镜——鼠目寸光
○ 赶马不拿鞭子——光拍马屁
○ 桌子当舞台——唱不了大戏
○ 铁拐李摆摊——蹩脚货
○ 脑袋上顶尿盆——要多臭有多臭
○ 海马望天——妄想成龙
○ 家鸭子亮翅——飞不起来
○ 铜钱眼里打秋千——小人
○ 猛虎抖毛——使威风
○ 麻秆做扁担——不是那个料
○ 麻茎当秤杆——没个准星
○ 骑着骡腚敲大鼓——马屁拍得震天响
○ 喇叭掉进粪坑——吹死（屎）了
○ 隔着云层望山头——见物（雾）不见人
○ 新官上任——三把火
○ 敲碎的铜锣——名（鸣）声不好
○ 癞蛤蟆梦吃天鹅肉——痴心妄想

○ 上嘴皮挨天，下嘴皮贴地——好大的口
○ 刚出山的猛虎——威风不小
○ 衣角扫死人——好大威风
○ 两狗打架——你咬我，我咬你
○ 拍马屁拍到马嘴上——倒咬一口
○ 拍马屁拍到蹄子上——倒挨一脚
○ 炒熟的黄豆——发不了芽
○ 坟头上耍大刀——吓鬼
○ 蚂蚁挡路——颠不翻车
○ 斗大的字一个不识——大老粗
○ 姨太太当家——小人得志
○ 秤砣掉在大海里——富（浮）不起来
○ 秤钩儿挂在屁股上——自己秤自己
○ 碟子里的豆芽——开不了花，结不了果
○ 螳臂挡车——不自量力
○ 脸盆里扎猛子——不知深浅
○ 灯盏无油——枉费心（芯）
○ 井里捞月亮——枉费心机
○ 无病服药——自讨苦吃
○ 放屁堵耳朵——瞎小心
○ 搬起石头砸脚——自讨苦吃
○ 挨了刀的肥猪——不怕滚水烫
○ 飞蛾扑火——惹火烧身
○ 叫花子起五更——穷忙
○ 叫花子摆堂会——穷作乐
○ 叫花子醉酒——穷开心
○ 老榆树上的喜鹊——净拣高枝攀
○ 老鼠给猫儿拜年——全体奉送
○ 蚂蚁摇大树——不懂事
○ 大老爷坐堂——吆五喝六
○ 小炉匠造高楼——做大活哩
○ 小庙的神——没见过大香火
○ 王八看绿豆——越看越大

○ 风吹墙头草——两边倒
○ 井底之蛙——见识浅小
○ 乌鸦笑猪黑——自己不觉得
○ 牛皮灯笼——照里不照外
○ 自己说话听不见——梦话
○ 泥菩萨洗脸——越洗越难看
○ 武大郎踩高跷——高不成，低不就
○ 十八罗汉请观音——客少主人多
○ 屎壳郎戴花——臭美
○ 花下堆大粪——臭美
○ 眼镜上贴相片——光看见自己
○ 猪八戒照镜子——没个人样
○ 七八月的南瓜——皮老心不死
○ 七仙女下凡——贪恋红尘
○ 望乡台上戏牡丹——死爱贪花
○ 三九天开桃花——动（冻）了春心
○ 挨着火炉吃辣椒——里外发骚（烧）
○ 挨打的乌龟——缩脖子啦
○ 矮子想登天——不知天高地厚
○ 山鸡娶凤凰——不般配
○ 少时衣裳老时穿——过时的货
○ 蛇吃大象——好大的胃口
○ 山中的野猪——嘴巴厉害
○ 背着醋罐子讨饭——穷酸
○ 舌头舔鼻子——差一截儿
○ 背阳坡上的太阳——不长久

○ 白日做梦——胡思乱想
○ 闭着眼睛跳舞——盲目乐观
○ 半斤放在四两上——翘得高
○ 病猫的尾巴——翘不起来
○ 玻璃缸里的金鱼——掀不起大浪
○ 剥葱捣蒜——干的小事
○ 才出窝的麻雀——翅膀不硬
○ 初生的娃娃——小手小脚
○ 穿拖鞋戴礼帽——不伦不类
○ 抽烟不带火——沾光
○ 臭虫咬胖子——沾油水
○ 草里的斑鸠——不知春秋
○ 草绳子拔河——经不住拉
○ 拆袜子补鞋——顾面不顾里
○ 唱戏的点兵——名不副实
○ 灯盏里洗澡——不晓得大小
○ 笛子独奏——自吹
○ 对着镜子竖拇指——自以为了不起
○ 哈巴狗蹲墙头——硬装坐地虎
○ 硬拿乌龟当神供——不识鳖
○ 大年初一串门——见人就作揖
○ 大江里一泡尿——有你不多，无你不少
○ 豆腐挡刀——自不量力
○ 东施照镜子——丑态百出
○ 捉住跳蚤放头上——自作自受
○ 孔夫子挂腰刀——不文不武

进退两难

○ 戴钢盔爬树——硬着头皮上
○ 大风地里吃炒面——开不了嘴
○ 一根香敬两尊佛——左不是右不是
○ 天高皇帝远——管不着
○ 猪八戒照镜子——里外不是人
○ 王婆卖了磨——没得推了
○ 老牛拖破车——走不动
○ 老虎吃天——无处下口
○ 沙滩行船——进退两难
○ 孝堂里看媳妇——哭也不是，笑也不是
○ 秀才遇到兵——有理说不清
○ 半夜里下饭馆——有什么算什么
○ 湿手抓面粉——要甩甩不掉
○ 嫁出的姑娘泼出的水——不由己
○ 瞎子丢了棍——没靠处
○ 一根刺卡嗓子眼——难言（咽）
○ 一口吃包回形针——满肚子委屈
○ 人在屋檐下——不得不低头
○ 木匠锯板——推来推去
○ 山洪冲石子——不滚也得滚
○ 砧板上的鱼——任人宰割
○ 旱地的鱼虾遭天旱——活不下去
○ 一根头发牵牛——力薄势单
○ 张飞穿针——大眼儿瞪小眼儿
○ 井里打扑腾——死不死，活不活
○ 井底撑船——无路可走
○ 大庙不收小庙不留——无路可去
○ 没有根的浮萍——无依无靠
○ 开水洗脸——难下手
○ 开线的口袋——越摸越没底
○ 云雾里面谈恋爱——迟早要散
○ 牛尾巴上拴稻草——想吃吃不到
○ 月亮赶太阳——老是碰不到头
○ 甘蔗地里栽葱——比别人矮一截
○ 一盆水泼地——再也收不回

○ 狗咬粽子——无法解
○ 生米煮成熟饭——改不回来了
○ 两手捧刺猬——拿不起，放不下
○ 晴天霹雳——无法防备
○ 叫花子想公主——一厢情愿
○ 皮球遭脚踢——带着气滚出去
○ 出窑的砖头——定型了
○ 寺里的木鱼——任人敲打
○ 关在栏里的肥猪——等着宰
○ 过年的猪——早晚得杀
○ 吃奶的孩子——扔不下

○ 竹排放鱼鹰——卡着脖子干
○ 自留地里拉屎——泄私愤（粪）
○ 花子咬牙——发穷狠
○ 关上门放屁——偷偷地消气
○ 阴天树旗杆——四下不见影
○ 坛子里和面——使不上劲
○ 两只耳朵——见不到面
○ 豆腐坐班房——平白无故
○ 坐庙里等雨下——依神靠天
○ 没过河的卒子——只好顶撞
○ 张飞死在小卒手里——死了也委屈
○ 驴子赶到磨道里——不转也得转
○ 林冲上梁山——被逼的
○ 林黛玉葬花——自叹命薄

○ 活虾煲莲藕——入窟是死，出窟也是死
○ 黄连酿酒——苦打成招（糟）
○ 黄蜂歇在乌龟背上——你敢伸头
○ 崔莺莺送郎——一片伤心说不出
○ 崇祯上吊——走投无路
○ 猫儿偷食狗挨打——无辜受累
○ 梁山上的好汉——逼出来的
○ 骑牛撵兔子——有劲使不上
○ 新修的马路——没辙
○ 鼻头上挂烧饼——闻香不到嘴
○ 敲下去的钉子——定了
○ 蝎子爬在嘴上——说不得，动不得
○ 箭在弦上——不得不发
○ 癞子的脑袋——实在没法（发）
○ 霸王敬酒——不干也得干
○ 霸王别姬——无可奈何
○ 端别人的碗——服别人管
○ 千里送客——总有一别
○ 为妻骂爱宠——不得已
○ 水过滩头——劝不回
○ 孙猴子遇见如来佛——有法难使
○ 瓮里烧木炭——有火没处发
○ 茶壶里煮饺子——肚里有货倒不出
○ 染坊里的衣料——任人摆布
○ 染缸里落白布——再也洗不清
○ 养蛇咬自己——不怨别人
○ 唐僧的紧箍咒——老得念着
○ 腿肚子拧不过大腿——干受压
○ 大肚罗汉戏观音——睁只眼闭只眼
○ 大道边儿的驴——谁爱骑谁骑
○ 小姑娘梳头——自便（辫）
○ 光头打伞——无发（法）无天
○ 新媳妇坐轿——左右随人摆布
○ 万岁爷剃头——不要王法（发）
○ 马戏团的猴子——随便人耍
○ 天要下雨，娘要嫁人——你管不着
○ 木匠吊线——睁一只眼，闭一只眼
○ 公园的大门——进出自由
○ 叫花子坐火车——到哪儿算哪儿
○ 瞎子放驴——随它去

○ 江中的鲤鱼——油（游）惯了
○ 池塘里的浮萍——随风飘
○ 花篮子装泥鳅——走的走，溜的溜
○ 判官手中笔——生死由你
○ 张三打鸟，李四放生——各有所好
○ 武科场上选将——有本事就上
○ 瓮里的蛤蟆——让他（它）跳去
○ 庙里的鼓——随便敲
○ 茶馆里的板凳——随便坐
○ 姜太公钓鱼——愿者上钩
○ 笼里的鸟——随你逗
○ 猪晃尾巴猴眨眼——习以为常
○ 隔墙扔扁担——横竖由他（它）去
○ 吹牛皮不犯死罪——大话由你说
○ 一张嘴巴两张皮——横说竖说都由你
○ 牛栏里关猫儿——出进由你
○ 古庙里的签筒——大家抽
○ 正月里的龙灯——由人要
○ 出门两条腿——随人走
○ 出笼的小鸟——自由飞
○ 舌头不是宝——好坏由它搅
○ 舌头没骨头——愿怎么说就怎么说
○ 染匠来到粪池边——看他怎样摆布
○ 萝卜青菜——各人所爱
○ 脸盆里的泥鳅——看你滑到哪里去
○ 清水下杂面——看你怎么吃
○ 清晨的云雀——展翅飞翔
○ 膀子一甩——不管啦
○ 瞎子背拐子走——由你指点
○ 出巢的黄蜂——满天飞
○ 把脸装进裤裆里——见不得人
○ 半夜吃黄连——暗中叫苦
○ 呆子求情——有理说不清

个性习惯

○ 生意佬的秤——斤斤计较
○ 豹子进山——浑身是胆
○ 吃了雷公的胆——天不怕地不怕
○ 顶架的牛——好斗
○ 单枪匹马上阵——孤胆英雄
○ 一根肠子通到底——只会说直话
○ 小巷子里拿竹竿——直来直去
○ 嘴对着心——直来直去
○ 土地老爷的五脏——实（石）心肠
○ 知府到县衙——直出直入
○ 钢条针——宁折不弯
○ 人死大夫到——马后炮
○ 大炮性子——一着就轰
○ 导火线——一点就着
○ 吃了爆药——开腔就爆
○ 丈母娘遇亲家母——婆婆妈妈
○ 上了膛的子弹——一触即发
○ 天马行空——独来独往
○ 六月里卖火盆——热心的人
○ 火车头拉磨——不会转弯抹角
○ 三锥子扎不出一点血——老牛筋
○ 说话放炮——痛痛快快
○ 四川的担担面——又麻又辣
○ 冬天的干牛粪——一点就着
○ 包公升堂——尽管直说
○ 包公的铡子——不认人
○ 包公断案——认理不认人
○ 乐山的大佛——老实（石）人
○ 房顶开门——六亲不认
○ 倒米兼拍箩——一点不留情
○ 司马懿的毛病——多疑
○ 老娘们拜把子——多疑（姨）
○ 杀鸡不断喉——欠果断
○ 黄牛咬黄连——吃苦耐劳
○ 孙悟空出世——天不怕，地不怕
○ 麦秆儿吹火——小气
○ 走上步看下步——瞻前顾后
○ 快刀切萝卜——干脆
○ 青油炸麻花——干干脆脆
○ 林黛玉的性子——多愁善感
○ 林黛玉的脾气——爱使小性子
○ 周瑜的脾气——一急就上阵

○ 大冷天吃辣椒——嘴辣心里暖
○ 蚂蚁上炉子——待不住
○ 蚂蚁的腿——勤快
○ 前怕狼，后怕虎——胆小鬼
○ 铁路上的火车——直来直去
○ 胸口烙饼——热心肠

○ 烧虾等不到红——急性子
○ 宰相肚里能行船——心胸开阔
○ 诸葛亮弹琴——临危不乱
○ 萧何荐贤——急人之所急
○ 麻雀打鼓——调（跳）皮
○ 寅时点兵，卯时上阵——说干就干
○ 一口想吃个胖子——性急
○ 刀子嘴豆腐心——嘴硬心软
○ 三棒打不出屁来——老实到家了
○ 木匠的刨子——抱（刨）打不平
○ 王八上岸遇雹打——缩头缩脑
○ 手像蒲扇，脚像钉耙——大手大脚
○ 肉案上的买卖——斤斤计较
○ 关云长单刀赴会——有胆有魄
○ 砂锅里的火药——容不得半点火星
○ 钝刀子割肉——不爽快
○ 举重比赛——计较
○ 唐僧的肚皮——慈悲为怀
○ 烧红的生铁——越打越硬
○ 聋子不怕雷——胆子大
○ 患的软骨症——没点刚劲
○ 火绒子脑袋——沾火就着
○ 孔夫子看书——文里文气
○ 三根屎棍撑住桌子——摆臭架子
○ 理发店关门——不理
○ 二八月的天气——冷热无常
○ 三九天谈心——冷言冷语
○ 三顾茅庐——好难请
○ 木偶吊孝——无动于衷
○ 五月里打摆子——忽冷忽热
○ 五月的麦子——一天变了样
○ 月亮上的兔子——捉摸不到
○ 斗败的老牛——不服气
○ 背着手撒尿——不服（扶）

○ 秋后的大葱——不甘（干）心
○ 铁菩萨过河——不服（浮）
○ 斗败的公鸡——垂头丧气
○ 玉米秸里的虫——专（钻）心
○ 石灰见水——龇牙咧嘴
○ 叫驴拉磨——不等到上套先开腔
○ 头顶痒痒挠脚心——反来
○ 老太太杀鸡——犹豫不决
○ 钟表里的摆——左右不定
○ 耳朵长在膝盖上——懒得听
○ 床上的花枕头——置之脑后
○ 夹着唢呐打盹——拿事不当事
○ 做一天和尚撞一天钟——得过且过
○ 冰上赶鸭子——你滑我也滑
○ 孙悟空吃蟠桃——满不在乎
○ 巡警打老子——公事公办
○ 刘备对孔明——言听计从
○ 死爹哭娘——心不在焉
○ 雨夜观天象——无心（星）
○ 女婿哭丈人——有口无心
○ 沙和尚挑担子——忠心耿耿
○ 玩具店里的娃娃——有口无心
○ 拐子进医院——自（治）觉（脚）
○ 抬着棺材进谏——死尽忠
○ 疙瘩饼子送闺女——实心实意
○ 姑娘绣荷包——专心致志
○ 秀才老爷看易经——一本正经
○ 歪脖子出征——扭头便走
○ 歪着脸瞧人——偏见
○ 看到失火唱山歌——幸灾乐祸
○ 俞伯牙搬家——不留情（琴）
○ 架起锅头等豆子——准备吵（炒）
○ 砸锅卖铁——豁出去了
○ 箭头离了弦——豁出去了

○ 背着棺材上阵——豁上命
○ 破罐子破摔——自暴自弃
○ 捏着鼻子哄眼睛——自欺欺人
○ 捏起鼻子喝水——一声不响
○ 鸳鸯浮水——优哉游哉
○ 瓷器店里捉老鼠——谨小慎微
○ 林黛玉进贾府——谨小慎微
○ 酒缸边搭床铺——醉生梦死
○ 黄忠叫阵——不甘示弱
○ 黄忠出阵——不服老
○ 黄昏时的燕子——不想高飞
○ 掩耳盗铃——自欺欺人
○ 睁着眼睛打呼噜——装腔作势
○ 裁缝师傅戴眼镜——认真（纫针）
○ 棺材铺老板谢财神——幸灾乐祸
○ 剪羊毛换挂面——不图赚钱图方便
○ 麻雀和老鹰斗嘴——拿性命开玩笑
○ 隔岸观火——袖手旁观
○ 隔墙丢簸箕——反复不定
○ 蒸不了馍馍蒸窝窝——有气就要争（蒸）
○ 新媳妇怀孕——暗喜
○ 小和尚念经——有口无心
○ 橡皮擦子——有错就改
○ 瞎子练操——看不起（齐）
○ 瘸子上台——立场不稳
○ 霜打的茄子——蔫了
○ 一双脚踏两只船——三心二意
○ 土地爷过日子——混贡（供）献
○ 丈母娘跺脚——后悔了
○ 小媳妇做事——小心翼翼
○ 开了锁的猴儿——得意忘形
○ 双脚踩在棉絮上——不踏实
○ 怀里揣鸟儿——心里不安
○ 庙里的泥神——不请不出门
○ 泥水匠整耗子——敷衍（眼）了事
○ 南郭先生吹笙——滥竽充数
○ 俘虏兵——没腔（枪）
○ 剃头的罢工——不理他了
○ 挨了棒的狗——气急败坏
○ 高山头上点灯——来明的
○ 曹操吃鸡肋——食之无味，弃之不舍
○ 野马上笼头——服服帖帖
○ 猫儿盖屎——胡应付
○ 到手的肥肉换骨头——心总不甘
○ 打鼓不打面——旁敲侧击
○ 包公斩包勉——正人先正己
○ 不见兔子不放鹰——抓得准
○ 韩信点兵——多多益善
○ 常添灯草满添油——做好准备
○ 外甥打灯笼——照旧（舅）
○ 打磨匠修磨子——依原路
○ 麦场上挂马灯——照常（场）
○ 茶馆搬家——另起炉灶
○ 为虱子烧了旧棉袄——小题大做
○ 杀鸡用牛刀——小题大做
○ 鸡毛当令箭——小题大做
○ 上山钓鱼，下山打猎——路线错了
○ 千个师傅万个法——各有各的法
○ 马笼头给牛戴——生搬硬套
○ 五百罗汉斗观音——兴师动众
○ 太监读圣旨——照本宣科
○ 见人先作揖——礼多人不怪
○ 杨家将上阵——全家上马
○ 打蛇打在七寸上——击中要害
○ 东施效颦——丑上加丑
○ 电话拜年——两头方便
○ 对着靶子射箭——有的放矢

○ 老和尚念经——千篇一律
○ 老僧归古庙——原物配原套
○ 地道里下台阶——步步深入
○ 西面敲鼓东面响——声东击西
○ 当面剥葱——一层一层来
○ 近视眼相媳妇——走一步，瞧一瞧
○ 铜匠挑担——走一步想（响）一想（响）
○ 闭门造车——难求合辙
○ 走着前人的脚印走道道——错不了辙
○ 林冲棒打洪教头——专找破绽下手
○ 拐子拜年——就地一歪
○ 披西装穿草鞋——土洋结合
○ 卒子过河——一步步地攻
○ 春耕夏耘，秋收冬藏——因时制宜
○ 茶馆里摆龙门阵——想到哪里说哪里
○ 顺风撑船——不费力
○ 烂肉喂苍蝇——投其所好
○ 娃儿哭了给娘抱——一推了事
○ 破铜烂铁进高炉——化零为整
○ 诸葛亮用兵——出奇制胜
○ 黄牛犁地——有劲慢慢使
○ 崔莺莺患病——心病还得心药医
○ 猪往前拱，鸡往后刨——各有各的门道
○ 猛张飞挺矛——乱冲一气
○ 韩信伐楚——明修栈道，暗度陈仓
○ 愚公之居——开门见山
○ 矮子踩高跷——取长补短
○ 蝎子刺蜈蚣——以毒攻毒
○ 三十六计——走为上计
○ 山林里烤火——就地取材
○ 开沟挖井——步步深入
○ 打铁匠绣花——干的不是那行
○ 郑人买履——生搬硬套
○ 南辕北辙——越走越远
○ 穿衣戴帽——各有一套
○ 鸭子上架——逼出来的
○ 钻井出油——全靠压力
○ 拿着棍子叫狗——越叫越远
○ 诸葛亮隆中对策——先声夺人
○ 蛇吞鼠，鹰叼蛇——一物降一物
○ 笨鸟先行——早入林
○ 骑马时间少，擦镫时间多——本末颠倒
○ 揪住耳朵擤鼻涕——劲儿没使对
○ 量体裁衣——正合身
○ 厨房里的猫——总不记打
○ 扯乱了的丝线——找不到头
○ 挨鞭子不挨棍子——吃软不吃硬
○ 呆子看戏——光图热闹
○ 踩着西瓜打球——能推就推，能滑就滑
○ 醋坛子打酒——满不在乎（壶）
○ 吃不了兜着走——自担责任
○ 大肚子上班——挺着干
○ 白娘子救许仙——尽心尽力
○ 打更人睡觉——做事不当事
○ 对着聋子打鼓——充耳不闻
○ 冰缝里捞鱼吃——辛苦挣来快活用

言行举止

○ 吃罢黄连劝儿媳——苦口婆心
○ 二两棉花一张弓——细谈（弹）
○ 打开天窗——说亮话
○ 小鬼吹灯——瞎话
○ 山头唱歌——调子太高
○ 老太婆的裹脚布——又臭又长
○ 老鼠落在书箱里——咬文嚼字
○ 冰糖葫芦——一串一串的
○ 寿星唱曲子——老调
○ 寿星弹琵琶——老生常谈（弹）
○ 狗吃苍蝇——乱说（乱嚼）
○ 蚂蚁吹箫——好大的口气
○ 贵州驴子做马叫——南腔北调
○ 聋子玩胡琴——瞎扯
○ 哑巴说话聋子听——胡扯
○ 麦苗当成韭菜割——胡拉胡扯
○ 阎王出告示——鬼话连篇
○ 膝盖上钉掌——离题（蹄）太远
○ 掀开帘子说话——没里间没外间
○ 狗扯羊肠——愈扯愈长
○ 瞎子算命——胡说
○ 猫儿谈情——怪叫
○ 打边鼓——旁敲侧击
○ 半空落大雪——天花乱坠
○ 媒婆夸闺女——天花乱坠
○ 发高烧打摆子——乱讲话
○ 竹林里逮兔子——噼里啪啦
○ 麻雀当家——叽叽喳喳
○ 盐巴撒进火堆里——噼里啪啦
○ 闭眼睛发言——瞎说
○ 阴间秀才——阴阳怪气
○ 知了唱歌——单调
○ 狐狸吵架——一派胡（狐）言
○ 亭子里谈心——全是风凉话
○ 结巴子讲话——吞吞吐吐
○ 结巴郎吵架——张嘴结舌
○ 耕地甩鞭子——吹（催）牛
○ 鸭子开会——无稽（鸡）之谈
○ 铁掌打在马嘴上——文（纹）不对题
○ 酒店里的掌柜——尽说胡话
○ 《聊斋》上的文章——鬼话连篇
○ 斜眼木匠吊歪线——句句（锯锯）错
○ 猫头鹰唱歌——瞎叫唤

○ 麻子跳伞——天花乱坠
○ 苏三上公堂——句句是实话
○ 大海行船——漫无边际

中华传统语典

○ 放了多年的腊肉——干巴无味
○ 王八中解元——规矩（龟举）
○ 太岁头上动土——惹祸
○ 老鼠钻牛角——越钻越紧
○ 寿星老儿插草标儿——倚老卖老
○ 河里的螃蟹——横行
○ 螃蟹过街——横行霸道
○ 拿着酒壶打架——豁（喝）着干
○ 秤砣掉在鸡窝里——捣蛋
○ 腊月里的天气——动（冻）手动（冻）脚的
○ 鞋底抹油——开溜
○ 金蝉脱壳——溜了
○ 干河撒网——瞎张罗
○ 喂饱的猪——死睡
○ 傻子看媳妇——发呆
○ 王母娘娘坐月子——养起神来
○ 犬守夜，鸡司晨——各守本分
○ 方不方，圆不圆——没有规矩
○ 屎壳郎搬家——不守本分（粪）
○ 仙女的裙子——拖拖拉拉
○ 老牛拉破车——慢吞吞
○ 新媳妇上轿——忸忸怩怩
○ 京戏走台步——慢慢挪
○ 出洞的老鼠——东张西望
○ 老太婆进罗汉庙——尊尊都要揖一下
○ 老狗看夜——嘴动身不动
○ 老鼠偷鸡蛋——拖的拖，抱的抱
○ 光屁股坐板凳——有板有眼
○ 红娘牵线——成人之美
○ 花和尚吃酒肉——明知故犯
○ 睁着眼睛尿了床——明知故犯
○ 沙滩上放木排——一拖再拖
○ 张果老倒骑毛驴——背道而驰
○ 撕衣衫补裤子——于事无补
○ 雨后打伞——无济于事

○ 麦秆子顶墙壁——瞎费劲
○ 打蚊子喂象——不顶用
○ 老太太纺线——慢慢拉
○ 盲人看书——慢慢摸
○ 李闯王进北京——杀富济贫
○ 看见和尚骂秃驴——当面开销
○ 酒壶里翻筋斗——胡（壶）闹
○ 黄牛拉磨——慢工出细活
○ 乾隆下江南——游山玩水
○ 曹操割须——以己律人
○ 聋子拉胡琴——瞎扯
○ 脚板抹油——溜之大吉
○ 猪八戒进屠场——自己贡献自己
○ 猪八戒摔耙子——不干啦
○ 猪食盆里鸡伸头——乱插嘴
○ 猛虎跳山涧——往上一蹿
○ 麻子打哈哈——全面动（洞）员（圆）
○ 麻媳妇相亲——不露面

○ 阎王过生日——鬼闹
○ 葛藤上树——慢慢缠
○ 景阳冈上贴告示——胡（虎）闹
○ 鲁智深买肉——挑肥拣瘦
○ 童养媳当婆婆——慢慢熬
○ 隔山打炮——瞎轰一气
○ 雷公打架——闹翻了天
○ 廉颇拜蔺相如——负荆请罪
○ 鼻涕流到嘴里——吃现成的
○ 打铁不看火色——傻干
○ 老牛吃青草——两边扫
○ 刚买来的马——不合群
○ 俩哑巴说话——比比划划
○ 穿着孝衣去道喜——瞎胡闹
○ 曹刿论战——一鼓作气
○ 雪花飘下河——不声不响
○ 脱线鸢子——东飘西荡
○ 傻子打泥巴——闲着无事干
○ 杀猪割耳朵——不是要害
○ 杀猪捅屁股——各有各的刀路
○ 抱着黄连做生意——苦心经营
○ 白娘子水漫金山——大动干戈
○ 柏油烫猪头——连根拔
○ 吃稀饭泡米汤——多余
○ 船到竹篙撑——随机应变
○ 吃了冰糖吃豆腐——先硬后软
○ 池中捞藕——拖泥带水
○ 晴天带伞——有备无患
○ 带了秤杆忘了砣——丢三落四
○ 长衫子改夹袄——取长补短
○ 长坂坡上的赵子龙——单枪匹马
○ 洞门边捉黄鳝——出来就抓
○ 打灯笼走亲戚——明去明来
○ 打伞披雨衣——多此一举
○ 大口啃住包子馅——抓重点
○ 锻工的榔头——趁热打铁
○ 二郎神斗孙悟空——以变应变
○ 抱着琵琶跳井——越谈（弹）越深
○ 白开水画画——轻（清）描淡写
○ 冰天雪地发牢骚——冷言冷语
○ 长江流水——滔滔不绝
○ 从小没娘——说来话长
○ 貂蝉唱歌——有声有色
○ 东扯葫芦西扯瓢——胡拉乱扯
○ 百家姓里的老四——说的是理（李）
○ 地窖里聊天——说黑话
○ 挨了打的鸭子——乱窜
○ 崩了群的马——四处逃散
○ 比赛场上的运动员——争先恐后
○ 不着窝的兔子——东跑西颠
○ 膀子一甩——不干了
○ 吃完饭就砸锅——不干了
○ 出家人娶媳妇——不守规矩
○ 大自然的风——来去匆匆
○ 断藤的西瓜——满地乱滚
○ 下雨天出太阳——假情（晴）
○ 雨过送伞——虚情假意
○ 问客杀鸡——虚情假意

丢人现眼

○ 白猫钻灶坑——自己给自己抹黑
○ 顶风放屁——自己搞臭自己
○ 逗哑巴挨口水——自讨没趣
○ 门牌上画个鼻子——好大的脸面
○ 卖茶汤的回家——没面了
○ 歪嘴媳妇照镜子——当面出丑
○ 搽粉进棺材——死要面子
○ 麻子照镜子——当面难堪
○ 隔墙甩孩子——丢人
○ 光屁股打灯笼——自己献丑
○ 县太爷洗澡——不怕失（湿）官体
○ 邮递员丢邮包——失信了
○ 闲着没事摸锅底——往自己脸上抹黑
○ 屁股坐到尿盆里——失（湿）大脸啦
○ 抬棺材掉裤子——羞死人
○ 和尚抬木头——羞死（修寺）了
○ 背着油墨去扫墓——给祖宗抹黑
○ 炭堆里打喷嚏——净往脸上抹黑
○ 桌子光剩四条腿——失面子
○ 胭脂水粉雪花膏——全挨面子
○ 蚯蚓翻跟斗——直不起腰
○ 猪八戒进水帘洞——光赔不是
○ 马打架用嘴碰——顾不了脸面
○ 老虎没了皮——威风扫地
○ 后脖子抽了筋——抬不起头来
○ 把鼻涕往脸上抹——寻着难看
○ 落汤鸡——抬不起头来
○ 蛟龙困在沙滩上——威风扫地
○ 就坡骑驴——好下台阶
○ 楚霸王逼死乌江——没脸回江东

○ 床底下拜年——抬不起头来
○ 弄着煤炭当粉搽——自找难看
○ 胖子触电——肉麻
○ 五更天唱曲子——高兴得太早了
○ 瓦匠干活——拖泥带水
○ 乌鸦身上插花翎——自以为美
○ 东施上坟——丑死人
○ 老虎进山洞——顾前不顾后
○ 叫花子打官司——没吃的，倒有说的
○ 代别人写情书——乱表心意
○ 老鼠给猫祝寿——送货上门
○ 老鼠给猫捋胡子——溜须不顾命
○ 老鼠偷吃——鬼鬼祟祟
○ 老鳖下蛋——瞅着瞅着变了样
○ 灰堆里放屁——乌烟瘴气
○ 死囚牢里看《西厢》——做个风流鬼
○ 过冬的咸菜缸——泡着吧
○ 吊死鬼找牡丹——色鬼
○ 刚出水的胖头鱼——干张个嘴
○ 刚孵出的小鸡——嘴硬脚软
○ 肉骨头打锣——想昏（响荤）了
○ 讲话没人听，下令没人信——光杆司令
○ 许仙找老婆——白忙（蟒）
○ 许褚战马超——赤膊上阵
○ 戏子教徒弟——幕后指点
○ 戏台下掉眼泪——替古人担忧
○ 买个老驴不吃草——毛病不少
○ 红漆粪桶——臭讲究
○ 寿星娶小——人老心不老
○ 寿星跳舞——老天真

○ 走道捡喇叭——这回有吹的了
○ 苍蝇嘴巴狗鼻子——真灵
○ 尿罐里泡茶——色道正味道不正
○ 厕所里起波浪——奋（粪）勇（涌）前进
○ 厕所里照镜子——臭美
○ 拆掉屋子放纸鹞——只图风流不顾家
○ 和尚瞧媳妇——眼红
○ 周瑜打瞌睡——梦想荆州
○ 油条泡汤——浑身发软
○ 城隍老爷献计——出鬼点子
○ 虾米吞礁石——好大的胃口
○ 蚂蚁吞象——野心不小
○ 哪壶不开单提那壶——没眼力
○ 染坊里的搅杠——好色的光棍
○ 染坊里拜师博——好色之徒
○ 桅杆上挂灯笼——有名（明）的光棍
○ 高山上建凉亭——图风流
○ 烧香刮蜡油——你好意思
○ 黄连拌陈醋——又苦又酸
○ 黄鳝爆泥鳅——勾勾搭搭

○ 菩萨庙里的娘娘——迷（泥）人
○ 银样镴枪头——上阵就软
○ 做梦变蝴蝶——想入非（飞）非（飞）
○ 做梦看牡丹——心里想的一朵花
○ 做梦娶媳妇——想偏了心
○ 猪八戒进了女儿国——看花了眼
○ 猪八戒舞钉耙——有两下子
○ 猎狗追狐狸——盯梢（骚）
○ 阎王爷生天花——净出鬼点子
○ 深山里的坟堆——久慕（墓）
○ 蛋黄都没干——卖啥老
○ 绿皮南瓜——嫩着哩
○ 越王献西施——美人计
○ 裁缝做嫁衣——替别人喜欢
○ 棺材上画美人——逗死人
○ 腊月天的梧桐——光棍
○ 箩箕装土地——阔神
○ 一网打尽天下鱼——想得太美
○ 八面找九面——没见过世（十）面
○ 土地爷喊城隍——神乎（呼）其神
○ 天上掉馅饼——想得美
○ 肥皂泡儿——起得快，灭得快
○ 放了气的皮球——硬不起来
○ 看人挑担——不知吃力
○ 酱油泡稀饭——图的姿（糍）色
○ 螳螂落油锅——全身都酥了
○ 万丈悬崖折牡丹——贪花不要命

俗语谚语

SUYU YANYU

简 述

俗语是通俗并广泛流行的定型语句，具有源远流长的历史，自汉唐起就有人开始研究。

俗语反映了人民的生活经验和愿望，是历代群众创造的口头语汇，题材广泛，思想活泼，风格幽默，形式凝练，是民众在世代传承中集体经验和智慧的结晶。

俗语追求通俗平易的语言风格，在俗语中凝聚着丰富多彩的修辞艺术，俗语在文学语言中的运用，增强了作品的生动性和趣味性，不失为语言学领域的一颗璀璨明珠。

历代流传下来的俗语为现代生活提供了丰富、生动的语言材料，现代人尤其是戏曲小说家们无不从中汲取养分，用以滋润自己的语言和文字。

从古至今，林林总总的俗语难以数计。这些门类齐全、长短不一的人生浓缩之箴言警句，给人们的精神世界带来程度不同的冲击，从而在心灵深处或深或浅地留下印记。好的俗语不但能冲击视觉，而且在行动上给人以正确的指引，避免在前人走过的道路上再走弯路甚或走上歧途。

谚语是一种相对固定的熟语，它也是民间经验积累的形象而富有意义的概括，所以在内容上充满了哲理和智慧色彩。

谚语流传在人们的口头上，主要靠在日常运用中口耳相传逐渐固定下来，所以语言形象简练，朴实自然，通俗易懂，便于记忆。它能使语言变得形象生动，意趣横生，使深刻的哲理变得通俗明晓，充满说服力。

珍惜光阴

○ 流水源泉千年在，光阴一去不回来。
○ 光阴好似东流水，只能流去不能回。
○ 光阴似箭催人老，日月如梭赶少年。
○ 光阴一去难再见，水流东海不复回。
○ 一寸光阴一寸金，寸金难买寸光阴。
○ 水泼地上难捧回，时间流逝难挽回。
○ 枯木逢春犹再发，人无两度再青春。
○ 一年之计在于春，一日之计在于晨。
○ 宁可今天抢一秒，不可明日等一分。
○ 一人不会活两世，一天没有两个晨。
○ 好药难医心头病，黄金难买少年时。
○ 赶路赶早不赶晚，时间能挤不能放。
○ 一天能误一个春，十年能误一代人。
○ 时光脚步轻，年岁不饶人。
○ 愁人苦夜长，志士惜日短。
○ 时光容易过，岁月莫蹉跎。
○ 光阴似箭射，日月如织梭。
○ 早不忙，晚必荒。
○ 过去未来，不如现在。
○ 长江一去无回浪，人老何曾再少年。
○ 人在青春，花在盛夏。
○ 时间无私，历史无情。
○ 失落寸金容易找，失落光阴无处寻。
○ 百年随时过，万事转头空。
○ 花有重开日，人无常少年。
○ 万金买爵禄，何处买青春？
○ 樱花犹怕春光老，岂可教人枉度春。
○ 百年三万六千日，光阴只有瞬息间。
○ 错过银钱犹之可，错过光阴无处寻。

○ 不贵尺璧，而贵光阴。
○ 道路依然还照旧，时光更改不似先。
○ 花开花谢年年有，人老何曾再少年。
○ 急急光阴似流水，等闲白了少年头。
○ 季节不等人，一刻值千金。

○ 节气不饶苗，岁月不饶人。
○ 年过中秋月过半，人老不能转少年。
○ 日月莫闲过，青春不再来。
○ 若使年华虚度过，到老空留悔恨心。
○ 三更灯火五更鸡，正是男儿读书时。
○ 少年辛苦终身事，莫向光阴惰寸功。
○ 水流东海不回头，误了青春枉发愁。
○ 一日无二晨，时间不重临。
○ 有钱难买二八月，黄金难买少年时。
○ 月过十五光明少，人过三十不少年。
○ 日子切莫白过，青春切忌虚度。

教子育人

○ 种花须知百花异，育人要懂百人心。
○ 一人难合百人意，一厨难调百味羹。
○ 言教不如身教，动口不如动手。
○ 进行言教千句，不如身教一回。
○ 爱子当先训子，起家应念保家。
○ 身教胜于言教，蛮教不如不教。
○ 智者顺时而谋，愚者逆理而动。
○ 赏不论冤仇，罚不论骨肉。
○ 未种瓜，先搭棚。
○ 春耕不好害一年，教子不好害一生。
○ 传家出世皆宜忍，教子千方莫若勤。
○ 好花不浇不盛开，子女不教不成才。
○ 树木砍了不成林，人不教育不成人。
○ 种田不好一年荒，养子不好一世荒。
○ 养不教，父之过，教不严，师之惰。
○ 积钱不如教子女，死宝不如活宝好。
○ 养鱼不能让水干，养子不能任其性。
○ 花朵要用水浇，儿童要用书教。
○ 子女在于引导，树木在于修剪。
○ 从小不成器，到老无出息。
○ 寒门出英雄，严师出高徒。
○ 赐子千金，不如赐子一艺。
○ 绳木趁幼小，育人趁年少。
○ 要教子成龙，莫纵子成虫。
○ 溺爱多败儿，严明出孝子。
○ 棍头出孝子，娇养是逆郎。
○ 师生如父子，同学如兄弟。
○ 宠狗上灶，宠子不孝。
○ 苗怕虫咬，儿怕娘娇。
○ 枕边教妻，当众教子。
○ 严是爱，纵是害。
○ 不厚其栋，不能任重。
○ 刀子不磨快难砍柴,孩子不教育难成才。
○ 衣服要从新时爱惜,孩子要从幼时教育。
○ 宁可养育愚笨的孩,莫要养育说谎的孩。
○ 父母是孩子的样子,子女是父母的镜子。
○ 穿娘鞋子描娘相，跟娘脚步照娘行。
○ 根柴莫烧，独子莫娇。
○ 教子教孩须教艺，栽桑栽桐少栽花。
○ 爱在心里，狠在面皮。
○ 树不掰不弯，人不教无知。
○ 宝刀不磨不放光，孩子不教不成才。
○ 棒头出孝子，箸头出忤逆。
○ 不求金玉重重贵，只愿儿孙个个贤。
○ 打也惜，骂也惜，儿子大了泪直滴。
○ 宠子未有不娇的，娇子未有不败的。
○ 富人养娇子，穷儿当牛使。
○ 人从小时教，马从驹时驯。
○ 事虽小，不做不成；子虽贤，不教不明。
○ 至乐莫如读书，至要莫如教子。
○ 养不教父母过，教不学儿之错。
○ 玉不琢不成器，人不学不知理。

励志进取

○ 训教不严师之惰，学问无成子之罪。
○ 心中有了大目标，泰山压顶不弯腰。
○ 愿做高山迎风草，莫做金屋一枝花。
○ 打鱼不怕狂风巨浪，打猎不怕虎豹豺狼。
○ 微石能铺千里路，努力能攀万丈峰。
○ 怕摔跤爬不上山，怕失败干不成事。
○ 只有上不去的天，没有做不成的事。
○ 爬山不要叹山高，过河不要等水消。
○ 志大才疏事难成，志坚勤学虎添翼。
○ 道是人走出来的，辙是车轧出来的。
○ 车无轮子路难行，依赖他人事难成。
○ 骏马扬蹄嫌路短，雄鹰展翅恨天低。
○ 岩石可裂不可卷，钢刀可断不可弯。
○ 险山不绝行路客，恶水仍有摆渡人。
○ 山高自有客行路，水深自有渡船人。
○ 天高也有驾云路，海深也有驶船人。

○ 有心大海能捞针，无心小事也难成。
○ 行船不怕顶风浪，走路不怕路不平。
○ 走路不怕上高山，撑船不怕过险滩。
○ 刀无钢刃不锋利，人无意志不坚定。
○ 强暴面前不下跪，困难面前不弯腰。
○ 远路从脚下起步，伟业从小事做起。
○ 要采灵芝攀高岭，要取珍珠入海寻。
○ 射虎不成重练箭，斩龙不断重磨刀。
○ 生铁不炼不成钢，人不摔打不坚强。
○ 有心不怕千里远，无心寸步也难移。
○ 莫学池中浮萍草，终日漂浮不生根。
○ 弓箭弯了不变质，月亮缺了不改色。
○ 不登高山之巅，难尝无限风光。
○ 不登高山不知天高，不临深谷不知地厚。
○ 路是人开的，树是人栽的。
○ 路在人走，事在人为。
○ 海阔凭鱼跃，天高任鸟飞。
○ 与其流眼泪，不如攥拳头。
○ 擒龙要下海，打虎要上山。
○ 欲求伟业成，功夫须下深。
○ 不经风雪寒，哪来满园春。
○ 百尺竿头，更进一步。
○ 千里之行，始于足下。
○ 秤砣虽小，能压千斤。
○ 冰冻三尺，非一日之寒。
○ 不顶千里浪，哪来万斤鱼。
○ 宁为蛇头，不为龙尾。
○ 星星之火，可以燎原。
○ 树从根发，人从心发。
○ 没有过不去的大河，没有爬不过的高山。

○ 激湍之下必有深潭,高丘之下必有峻谷。
○ 道路虽近不行不至,事情虽小不做不成。
○ 人有恒心万事成，人无决心万事崩。
○ 顶峰属有志之人，困难欺无能之辈。
○ 草若无根不发芽，人若无志不奋发。
○ 人靠志气虎靠威，鸟无翅膀不能飞。
○ 好马不吃回头草，好蜂不采落地花。
○ 苦心人天不负，有志者事竟成。
○ 三军不可无帅，匹夫不可无志。
○ 有志不在年高，无志空活百岁。
○ 只向良言低头，不向刀枪弯腰。
○ 鸟凭翅膀高飞，人凭志气成事。
○ 知事必须虚心，成事须有恒心。
○ 好马全凭体壮，好汉全凭志强。
○ 人心坚不怕天，人心专山石穿。
○ 鸡瘦尾不倒，人穷志不穷。
○ 胸有凌云志，无高不可攀。
○ 只要功夫深，铁杵磨成针。
○ 人穷可致富，志高能成事。
○ 马瘦腿不软，人穷志不短。
○ 断粮不卖磨，断炊不卖锅。
○ 月凭日光亮，人凭志气壮。
○ 任凭风浪起，稳坐钓鱼台。
○ 宁死不背理，宁贫不丧志。
○ 树怕烂根，人怕无志。
○ 竹贵有节，人贵有志。
○ 人贵有志，学贵有恒。
○ 虎瘦雄心在，人穷志不穷。
○ 宁向直中取，不向曲中求。
○ 宁可站着死，决不跪着生。
○ 冻死迎风站，饿死不弯腰。
○ 心如磐石固，志比松柏坚。
○ 有志之人志不移，无志之人常立志。
○ 山高高不过意志，石硬硬不过决心。
○ 打狼不死不收棒，捕鱼不着不收网。
○ 与其坐而言，不如起而行。
○ 山高才有攀头，路遥才有奔头。
○ 骑马莫怕山，行船莫怕滩。
○ 路是走熟的，事是做顺的。
○ 人要闯，马要放。
○ 好汉立志达目的，好马登程达千里。
○ 船不到岸，决不松桨。
○ 不撞南墙，决不回头。
○ 宝剑锋从磨砺出，梅花香自苦寒来。
○ 翅膀长硬靠飞翔，钢铁炼成靠锤煅。
○ 黄河尚有澄清日，岂可人无得运时。
○ 经过火烧木成炭，经过挫折人成才。
○ 雪中要学山上松，风里不做墙头草。
○ 鹰遇风雨练翅膀，人逢艰险练胆略。
○ 山虽高总会有顶，海虽深总会有底。
○ 天下没有无刺花，世上没有容易事。
○ 火旺不怕柴草湿，好汉不怕困难多。
○ 困难是懦夫的负担,英雄是困难的对头。
○ 没有过不去的河，没有爬不上的山。
○ 高山挡不住太阳，困难吓不倒硬汉。
○ 别因水深不渡河，别因困难不进取。
○ 真金不怕烈火炼，磐石不怕暴雨淋。
○ 船高不怕劈头浪，船正不怕船道弯。
○ 力气都是压大的，胆子都是吓大的。
○ 执掌事物须谨慎，克服困难须坚韧。
○ 大雪压不矮高山，乌云遮不住太阳。
○ 人才常出贫寒家，莲花开在污泥中。
○ 狂风吹不落太阳，乌云锁不住春光。
○ 雨不会下一年，人不会穷一世。
○ 风吹不动泰山，雨打不动青松。
○ 怕走崎岖路，莫想攀高峰。
○ 车到山前必有路，水到船头自然直。
○ 木不钻不透，人不激不发。

○ 不怕无能，就怕无恒。
○ 花盆里长不出苍松,鸟笼里飞不出雄鹰。
○ 暴雨能穿通屋顶，细雨能凿通岩石。
○ 不施万丈深潭计，怎得骊龙项下珠。
○ 不经一番寒彻骨，哪得梅花扑鼻香。
○ 常攀高山腿不软，常过险滩不怕礁。
○ 成名每在穷困日，败事多在得意时。
○ 吃得苦中苦，方为人上人。
○ 尺有所短，寸有所长。
○ 不吃苦中苦，难得甜上甜。
○ 从古英豪成大器，须知都从苦中来。
○ 从来好事多风险，自古瓜儿苦后甜。
○ 从来好事多折磨，都是九苦一分甜。
○ 滴水尚可穿石，愚公志能移山。
○ 多年山道走成河，多年媳妇熬成婆。
○ 放着一星火，能烧万仞山。
○ 飞蛾扑火，非死不止。
○ 风吹不动泰山，雨打不弯青松。
○ 富贵必从勤苦得，男儿须读五车书。
○ 弓开如满月，箭发似流星。
○ 公鸡越叫越明，大路越走越平。
○ 寒蝉抱枯木，泣尽不回头。
○ 好事多磨，善行多难。
○ 合抱之木，生于毫末。
○ 涓涓之流，积成江河。
○ 立下凌云志，敢去摘星星。
○ 樯橹虽大随人转，秤锤虽小压千金。
○ 男儿三十不立名，枉作堂堂大丈夫。
○ 嫩竹长成材，能挑千斤担。
○ 青云有路终须到，金榜无名誓不归。
○ 秋到自然山有色，春来那个树无花。
○ 人无千日计，老至一场空。
○ 山高挡不住南来雁,墙高挡不住北来风。
○ 泉不怕小，只要水长流。
○ 世上无难事，只怕有心人。
○ 是土都能成菜园，是地都能变良田。
○ 水浸千年松，日晒万年樟。
○ 檀木越老身越硬，苏木越老心越红。
○ 天大的事，由地上的人做。
○ 陷之死地而后生，置之亡地而后存。
○ 要为天下奇男子，须历人间万里程。
○ 野火烧不尽，春风吹又生。
○ 夜越黑珍珠越亮，天越冷梅花越香。
○ 欲穷千里目，更上一层楼。
○ 只有不快的斧，没有劈不开的柴。
○ 状元本是人间子，宰相亦非天上儿。
○ 走尽崎岖路，自有平坦途。
○ 路不走长草，斧不磨生锈。

谆谆教诲

○ 有事但近君子说，是非休听小人言。
○ 人生常会量人短，何不回头把自量。
○ 马踏软地易失蹄，人听甜言易上当。
○ 心专才能织得麻，心静才能绣得花。
○ 莫在人前自夸口，强中自有强中手。
○ 有窗户的屋亮堂，有修养的人稳当。
○ 吃蜜不忘黄连苦，富时别忘穷时难。
○ 在家莫做贪酒人，出外莫做贪财人。
○ 有钱须念无钱苦，得意还防失意时。
○ 百心不能得一人，一心可以得百人。
○ 要想不做谄媚人，先要去掉贪婪心。
○ 和气好比修条路，伤人等于筑堵墙。
○ 麦场要修在高处，胸怀要放得宽广。
○ 脚不要踏两只船，心不要向着两面。
○ 听到坏话莫生气，听到好话莫发昏。
○ 待人肚量要大，骑马缰绳要长。
○ 要得人敬你，你得先敬人。
○ 根深不怕狂风吹，树正何愁月影斜。
○ 童心如明镜，能映九天云。
○ 怒来理智失，疑生信任消。
○ 君子有容人之量，小人存忌人之心。
○ 忍一朝气免百日忧,省半夜思养百年寿。
○ 天气阴了总会晴，名誉脏了洗不净。
○ 敢干是英雄，能忍是贤哲。
○ 礼多人不怪，话多人不爱。
○ 气多了会伤神，食多了易伤身。
○ 私心用事，反乱自身。
○ 早知今日，何必当初。
○ 苦海无边，回头是岸。
○ 说话要算数，做事要彻底。
○ 牛吃亏在角上，人吃亏在嘴上。
○ 话要当众说，肉要当天吃。
○ 心正意诚思虑除，顺理修身去烦恼。
○ 须求无愧于天地，要留好样与儿孙。
○ 鞋小了脚要受苦，心窄了人要受罪。
○ 棉衣可以暖人身，好言可以驱人忧。
○ 能耐苦方为志士，肯吃亏并非痴人。
○ 树皮要从小保养，名誉要自幼珍惜。

○ 将军额上可跑马，宰相肚里能行船。
○ 别在人前夸自己，别在背地论人非。
○ 各人自扫门前雪，莫管他人瓦上霜。
○ 青山只会明今古，绿水何曾洗是非。
○ 人不能荣华一世，树不能常绿一年。
○ 不虚心不知事，不实心不成事。
○ 云彩厚了要下雨，闲言多了惹是非。
○ 莫学杨树半年绿，要学松柏万年青。
○ 真话一句值千金，谎话千句如粪土。
○ 破衣里面有圣人，破鞍底下有骏马。
○ 好话一句三冬暖，冷言半句六月寒。
○ 良言使人三九暖，恶语使人三伏寒。
○ 朋友面前别昂首，敌人面前别低头。

○ 鸟是三顾而后飞，人是三思而后行。
○ 平生莫做皱眉事，世上应免切齿人。
○ 用心计较般般错，退步思量事事宽。
○ 利刀割体疮犹合，恶语伤人恨不消。
○ 谋人妻子不养家，谋人田地水推沙。
○ 当路莫栽荆棘草，他年免挂子孙衣。
○ 是事让人非我弱，平生守己任他强。
○ 下棋不语真君子，落子无悔大丈夫。
○ 好胜逞强是祸胎，谦和谨慎一身安。
○ 好说己长便是短，自知自短便是长。
○ 花言巧语非智慧，真诚耿直是高尚。
○ 身在福中要知福，承业要知创业难。
○ 欲望不能无止境，要求不能无限度。
○ 一人不说两人话，人前不讨两面光。
○ 老鹰不抓树下鸡，好男不恋邻里妻。
○ 有话不在肚里藏，有智要在脑里装。
○ 别因富有而得意，别为贫穷而丧气。
○ 君不正不能正臣，己不正不能正人。
○ 忍一句，息一怒，饶一着，赢一步。
○ 黄金丢失易找回，名誉丧失难挽回。
○ 黄河尚有澄清日，好人岂无得运时。
○ 鸟惜羽毛虎惜皮，为人处世惜名誉。
○ 毛毛细雨湿衣衫，流言蜚语伤好汉。
○ 闲传之言不信为好,咬耳之言不听为高。
○ 竹笋不裂雨水不进,人心不坏恶习难侵。
○ 过量的酒对己有害,过头的话对人有害。
○ 不要把善良当懦弱,不要把谦虚当胆怯。
○ 穷途潦倒时不灰心,灾难临头时有信心。
○ 屈己者好处众，好胜者难处身。
○ 怒气从争吵来，智慧从商讨来。
○ 莫为财产争功，要为廉耻争气。
○ 以怨报怨是愚，以德报德是情。
○ 勿以身富骄人，勿以身贵贱人。
○ 今日要想明天，春暖要思冬寒。
○ 热不挡人风头，冷不占人火炉。
○ 忍得一时之气，免得百日之忧。
○ 息却雷霆之怒，罢却虎狼之威。
○ 君子以功报德，小人记仇忘恩。
○ 别向敌人祈求，别对朋友吝啬。
○ 大着肚皮容物，立定脚跟做人。
○ 吃饭不剩颗粒，说话须留余地。
○ 有福不可享尽，有话不可说绝。
○ 路不要走绝，话不能说死。
○ 穷别垂头丧气，富别骄奢淫逸。
○ 宁可当众亮丑，不可脸上贴金。
○ 宁可穷而有志，不可富而失节。
○ 不要取笑他人，留神自己出丑。
○ 船正不怕浪大，脚正不怕鞋歪。
○ 谨言不会出错，慎行不会跌跤。
○ 静坐常思己过，闲谈莫论人非。
○ 别看人的衣裳，要看人的心肠。
○ 衣服长了绊腿，心眼多了受累。
○ 与其修饰面容，不如充实心胸。
○ 过了河莫拆桥，上了楼莫断梯。
○ 能舍当官父，不舍讨饭娘。
○ 傲不可长，志不可满，乐不可极，欲不可纵。
○ 悲伤忧愁，不如握紧拳头。
○ 责人之心责己，恕己之心恕人。
○ 穷人休争恶气，富豪莫压乡愚。
○ 自重不可自大，自谦不可自卑。
○ 言之有物，言之有理，言之有度。
○ 未言先带笑，问路先致礼。
○ 谨防怒时性，慢发喜中言。
○ 人不食誓言，狗不吃生铁。
○ 若要无烦恼，唯有知足好。
○ 耐得心头气，方为有志人。
○ 铁生锈则坏，人生妒则败。

○ 能让终有益，忍气免伤财。
○ 好事须相让，恶事莫相推。
○ 船多江不碍，礼多人不怪。
○ 弓硬弦常断，人强祸必随。
○ 事前不思量，事后必后悔。
○ 真实者寡言，虚伪者多辩。
○ 过头话少说，便宜事少做。
○ 要打当面锣，莫敲背后鼓。
○ 人敬我一尺，我敬人一丈。
○ 好汉不失言，好马不择鞍。
○ 人前莫自夸，人后莫找茬。
○ 饮水要思源，为人不忘本。
○ 闲言未必真，听言听三分。
○ 知足得安宁，贪心易招祸。
○ 宁可身骨苦，不叫面皮羞。
○ 留得青山在，不怕没柴烧。
○ 嘴乱易惹祸，树大易招风。

○ 是非终日有，不听自然无。
○ 好事不出门，恶事传千里。
○ 不怕人不敬，就怕己不正。
○ 老实人常在，欺诈人常败。
○ 芳草变荒野，只因不自爱。
○ 万恶淫为首，百行孝当先。
○ 气是无明火，忍是敌灾星。
○ 有过不包庇，有功不奉承。
○ 不做亏心事，不怕鬼叫门。
○ 逢人莫乱讲，遇事莫乱闯。
○ 莫说人家短，莫道自己长。
○ 失道无人助，得道众心归。
○ 宁可说不透，不可夸大口。
○ 强者不必怕，弱者不可欺。
○ 宁食开心粥，不吃皱眉饭。
○ 贪他一斗米，失却半年粮。
○ 人过留名，雁过留声。
○ 二虎相斗，必有一伤。
○ 人活要脸，树活要皮。
○ 知人者智，自知者明。
○ 肩挑五岳，胸罗百川。
○ 来如风雨，去似微尘。
○ 人爱己，先爱人。
○ 三思有益，一忍为高。
○ 大话莫听，大恩莫忘。
○ 人狂有祸，风狂有雨。
○ 人美在心，话美在真。
○ 屋怕不稳，人怕忘本。
○ 让人一寸，得理一尺。
○ 指有长短，人无高低。
○ 人怕话刚，马怕人骑。
○ 火要空心，人要实心。
○ 人若无信，百事皆虚。
○ 莫馋人富，莫嫌人穷。
○ 善事可做，恶事莫为。
○ 疑人误友，疑事误功。
○ 既来之，则安之。

○ 人招祸因嘴巴不牢,狐毙命因一身皮毛。
○ 伸手容易缩手难，张嘴容易闭嘴难。
○ 天不从人愿，事不由己望。
○ 月无常圆，花无常开。
○ 耗子拱不翻石磨盘,猛虎敌不过地头蛇。
○ 人心不足，欲海难填。
○ 兼听则明，偏听则暗。
○ 不犯错误的人，是什么也不做的人。
○ 客大了压主，虎大了伤人。
○ 人逢喜事精神爽，船到滩头水路开。
○ 买卖好做，伙计难当。
○ 人道谁无烦恼，风来浪也白头。
○ 有钱便使用，死后一场空。
○ 善若施于人，祸不便于己。
○ 施恩莫望报，望报莫施恩。
○ 莫嫌本少利钱小，赚进总比花出好。
○ 要知盘中餐，粒粒皆辛苦。
○ 走正道前程似锦，走斜路进入陷阱。
○ 不要忧来不要愁，自有晴天对日头。
○ 吃不尽的苦，学不尽的乖。
○ 慈悲胜念千声佛，造恶空烧万炷香。
○ 此处不留人，自有留人处。
○ 从虎者应无善兽，好斗者必遇强敌。
○ 从来作恶天昭报，事到头来不自由。
○ 打莫打人痛处，骂莫骂人羞处。
○ 打蛇不死，后患无穷。
○ 打鱼不在急滩上，退后一步自然宽。
○ 大话莫夸早了，豆腐莫打老了。
○ 但得五湖明月在，春来依旧百花香。
○ 欺骗别人的时候，也是在欺骗自己。
○ 吃饭应知牛马苦，穿丝应记养蚕人。
○ 得福者未必非祸，得祸者未必非福。
○ 得忍且忍，得耐且耐；不忍不耐，小事成大。
○ 德备才全人共仰，损人利己人不容。
○ 东方不亮走西方，除了星星有月亮。
○ 多下及时雨，少放马后炮。
○ 多行不义必自毙。
○ 发财不曾发上天，贫穷未曾断火烟。
○ 法网恢恢，疏而不漏。
○ 凡事劝人休着意，拳头三尺有神祇。
○ 防人之心不可无，害人之心不可有。
○ 放着快活不会享，何苦自己寻烦恼。
○ 飞蛾扑火无头面，惹火烧身反受灾。
○ 非理之财君莫取，非理之事君莫为。
○ 焚林而猎明年无兽,竭泽而渔明年无鱼。
○ 风无常顺，兵无常胜。
○ 逢人莫乱讲，逢事莫乱闯。
○ 若要人不知，除非己莫为。
○ 挤疮不留脓，免受二回疼。
○ 心软不能治事，面慈不能治家。
○ 天外有天，人上有人。
○ 言多必失，久赌必输。
○ 福祸无门，为人自招。
○ 来者不善，善者不来。
○ 富在知足，贵在知退。
○ 改错是聪明，瞒错是蠢人。
○ 高不在绝顶,乐不在天堂,苦不在地狱。
○ 姑息适足以养奸，养痈适足以贻患。
○ 关门养虎，虎大伤人。
○ 寡不敌众，弱不敌强。
○ 过了这个村儿，没这个店儿。
○ 糊涂须到底，聪明莫过头。
○ 今日事今日毕，留到明天便着急。
○ 靠亲戚，望知己，不如自己立志气。
○ 力微休负重，言轻莫劝人。
○ 临渊羡鱼，不如退而结网。
○ 莫道君行早，还有早行人。

○ 莫瞒天地莫瞒心，心不瞒人祸不侵。
○ 千靠万靠，不如自靠。
○ 且存方寸地，留与子孙耕。
○ 穷则变，变则通。
○ 人能克己身无患，事不欺心睡自安。
○ 人情冷淡何足怪，世态炎凉莫认真。
○ 塞翁失马，安知非福。
○ 伤其十指，不如断其一指。
○ 身在福中要知福，承业要知创业难。
○ 生于忧患，死于安乐。
○ 失之东隅，收之桑榆。
○ 时运未来君且守，困龙也有上天时。
○ 是福不是祸，是祸躲不过。
○ 水至清则无鱼，人至察则无徒。
○ 贪如火不遏则燎原，欲如水不遏则滔天。
○ 偷个鸡蛋吃不饱，一个臭名背到老。
○ 蝎子毒人亦毒病，黄连苦口不苦心。
○ 笑脏笑破不笑补，笑馋笑懒不笑苦。
○ 心口如一终究好，口是心非难为人。
○ 心去意难留，留着结冤仇。
○ 性急嫌路远，心闲路自平。
○ 休争三寸气，白了少年头。
○ 修身如执玉，积德如遗金。
○ 虚心使人进步，骄傲使人落后。
○ 言多变则失信，步频改则难从。
○ 言过其实，终无大用。
○ 药苦能治病，甜言总误人。
○ 要足何时足，知足便是足。
○ 一般树上两般花，五百年前是一家。
○ 一次说了谎，到老人不信。
○ 一年之计在春，一日之计在晨。
○ 一日动干戈，十年不太平。
○ 一日结成冤，千日解不彻。
○ 一失足成千古恨，再回头是百年身。
○ 千言能惹塌天祸，话不三思休启口。
○ 宜未雨而绸缪，毋临渴而掘井。
○ 义理之勇不可无，血气之勇不可有。
○ 银河纵隔断，自有鹊桥通。
○ 营生道路有千余，若无算计也徒功。
○ 有了红皮袄，莫忘破蓑衣。

○ 雨后始知山色翠，事难方见丈夫心。
○ 云走了天还在，水走了河还在。
○ 栽树忙一天，利益得百年。
○ 责人则明，恕己则昏。
○ 湛湛青天不可欺，未曾起意早先知。
○ 只要自家上进，哪怕人家看轻。
○ 只有大意吃亏，没有小心上当。
○ 只有千里人情，没有千里威风。
○ 只有扯皮的人，没有扯皮的事。
○ 志不可满，乐不可极。
○ 治家忌宽又忌严，居家忌奢又忌啬。
○ 智者顺时而谋，愚者逆理而动。
○ 忠义之人虽死犹生，作奸之徒虽生犹死。

○ 忠于诺言是好人，不讲信用是小人。

○ 终身让路不枉百步，终身让畔不失一段。

○ 种瓜得瓜，种豆得豆。

○ 做事不依众，累死也无功。

○ 往者不可谏，来得犹可追。

○ 智者千虑必有一失，愚者千思必有一得。

○ 心正不怕人说，脚稳不怕路滑。

○ 露水经不起太阳晒，雪堆经不住大火烧。

○ 火无终日旺，花无千日红。

○ 心正不怕邪，路正不怕鬼。

○ 小洞能沉万吨船，小隙能透刺骨风。

○ 脚上的泡自己走的，身上的疮自己惹的。

○ 鱼失水则亡，人失道则丧。

○ 小雨下久会成灾，防微杜渐祸不来。

○ 没有拉不直的绳，没有改不了的错。

○ 为人不怕有错误，就怕至死不改过。

○ 知过不难改过难，言善不难行善难。

○ 庭院里跑不出千里马，花盆里栽不出万年松。

○ 心要热情，头要冷清。

○ 当断不断，反受其乱。

○ 莫做亏心侥幸事，灾难祸患自不来。

○ 不义之财君莫取，忍气饶人祸自消。

○ 酒色财气四把刀，迷了心窍自己倒。

○ 刀上蜜糖不能尝，贪食鱼儿易上当。

○ 不让灯红迷慧眼，莫为酒绿醉洁身。

○ 为人何必争高下，一旦无命万事休。

○ 人到公门正好修，留写阴德在后头。

○ 受恩深处宜先退，得意浓时便可休。

○ 无求到处人情好，不饮任他酒价高。

○ 谗言败坏真君子，美色消磨枉少年。

严于律己

○ 以人之长，补己之短。
○ 处事为人，信义为本。
○ 船头坐得稳，不怕浪来颠。
○ 常思己过，免于招祸。
○ 马要快当，人要稳当。
○ 不能正己，焉能正人。
○ 瓜田不纳履，李下不正冠。
○ 前人蹶后人戒，前车覆后车鉴。
○ 不要人夸颜色好，只留清气满乾坤。
○ 有钱不乱花，有功不自夸。
○ 饱谷穗实往下垂，疵谷穗空朝天锥。
○ 不隐藏自己的短处,不炫耀自己的长处。
○ 人家跌倒不伸拳，人家落井不抛石。
○ 改人之恶毋太严，教人之善毋过高。
○ 天上下雨地下滑，自己跌倒自己爬。
○ 各人吃饭各人饱，汉子做事汉子当。
○ 响鼓不用重槌，有理不用声高。
○ 账要短结，人要长交。
○ 好面耐水，好人耐心。
○ 宁可认错，不可说谎。
○ 富在知足，贵在知退。
○ 大海不讥笑水滴，高山不嘲讥小石。
○ 良药苦口利于病，忠言逆耳利于行。
○ 谦虚受益众人，自满被人抛弃。
○ 跑马摇头要落后，英雄骄傲要跌跤。
○ 人誉我谦增一美，自吹自擂增一丑。
○ 虚心好学受人赞，自命不凡讨人嫌。
○ 叫声大的鸟无肉，傲气足的人无才。
○ 失败是成功之母，骄傲为失败之因。
○ 强中更有强中手，这山更比那山高。
○ 山高还有天更高，河深还有海更深。
○ 贤者不炫己之长，君子不夺人所好。
○ 饶人不是痴呆汉，痴呆汉子不饶人。
○ 自命不凡讨人嫌，虚心才能添智慧。
○ 愚蠢者鼻子朝上，聪明者胸怀宽广。
○ 自私者总说别人，骄傲者只见己长。
○ 要得会，人前累；要得精，人前听。
○ 雷声大雨点小，傲气足成绩小。
○ 谦逊者常思己过，骄傲者常说人短。
○ 小心天下能去得，大意寸步都难行。
○ 泰山不是垒起的，牛皮不是吹大的。
○ 巾帼丛中有豪杰，冠带之下有懦夫。
○ 胆欲大而心欲细，志欲圆而行欲方。
○ 箭搭上后再拉弓，事准备好再行动。
○ 好胜逞强是祸胎，谦和谨慎一身安。
○ 良工必有不巧，美玉必有瑕瑜。
○ 骄傲来自浅薄，狂妄出于无知。
○ 骄傲使人无知，贪婪使人无耻。
○ 虚心万事能成，自满十事九空。
○ 不虚心不知事，不忠实不成事。
○ 屈己者易处众，好胜者难处身。
○ 是非之地莫踏，灾祸临头莫怕。
○ 学问漫漫无期，做人谦虚为好。
○ 进村别入园圃，进家别入内屋。
○ 智者爱好思考，傻子爱凑热闹。
○ 成事要有恒心，知事要能虚心。
○ 要取百家之长，以补自家之短。
○ 善说不如善做，善始更要善终。
○ 天不言自高，地不言自厚。
○ 满壶全不响，半壶响叮当。

○ 大意失荆州，骄傲失街亭。
○ 小心没大错，忙中必有错。
○ 自大不值钱，骄傲讨人厌。
○ 行行出状元，处处有能人。
○ 水满会自流，人满好自夸。
○ 行为有分寸，说话有轻重。
○ 山高泉水清，树高根须深。
○ 知之为知之，不知为不知。
○ 三人同行，必有我师。
○ 知己知彼，将心比心。
○ 千年古树靠根深，万丈高楼平地起。
○ 吃水不忘挖井人，吃饭不忘种田人。
○ 与人方便，自己方便。
○ 前人栽树，后人乘凉。
○ 求人须求大丈夫，济人须济急难时。
○ 好事一做到底，坏事一次莫为。
○ 救人救出头，杀猪杀断喉。
○ 施惠无念，受恩莫忘。
○ 残花没人戴，自骄没人爱。
○ 常把一心行正道，自然天地不相亏。
○ 成大事者不拘小节。
○ 慈悲为本，方便为门。
○ 吃鱼要想青丝网，喝水要记挖井人。
○ 打人要忍，打蛇要狠。
○ 大丈夫千金一诺，驷马难追。
○ 大智若愚，大巧若拙。
○ 风吹云动星不动，水涨船高岸不移。
○ 隔夜的菜汤不香，后悔的话儿不说。
○ 弓太满则折，月太满则缺。
○ 瓜田李下，各避嫌疑。
○ 观棋不语真君子，举手无悔大丈夫。
○ 好马不吃回头草，好汉不夸旧功劳。
○ 鹤非染而自白，鸦非染而自黑。
○ 祸从天上来，但求心无愧。
○ 骄傲来自浅薄，狂妄出乎无知。
○ 静坐常思己过，闲谈莫论人非。
○ 君子爱财，取之有道。
○ 廉者不受嗟来食，志士不饮盗之泉。
○ 宁教人绝义，不可我无情。
○ 宁可家贫受人敬，不可贪富有臭名。
○ 宁可荤口念佛，莫将素口骂人。
○ 宁可人负我，不可我负人。
○ 让人非我弱，守己任他强。
○ 仁不怨君，智不重困，勇不逃死。
○ 上梁不正下梁歪，下梁不正塌下来。
○ 施人勿念，受施勿忘。
○ 十年河东转河西，莫笑穷人穿破衣。
○ 说归说，笑归笑，动手动脚没家教。
○ 莫让灯红迷慧眼，不为酒绿醉洁身。
○ 惟英雄能本色，是名士自风流。
○ 一缸不酿两种酒，一树不开两样花。
○ 有恩必报，有德必酬。
○ 宁可明枪交战，不可暗箭伤人。

劝学求知

○ 财富装潢门面，学识充实头脑。
○ 智慧是穿不破的袄，学识是取不尽的宝。
○ 高楼靠一砖一瓦垒，知识靠一点一滴积。
○ 学问再深也别满足，过失再小也别忽视。
○ 枪经常擦油不生锈，人经常学习不落后。
○ 进山才能找到泉水，学习才能得到知识。
○ 日日走能行千里路，时时学能读万卷书。
○ 爱财者视金钱为命，好学者视时间为命。
○ 早晨忙碌晚上安闲，少时勤奋晚年安乐。
○ 早不起能误一天事，少不学要误一生事。
○ 九层之台起于垒土，千里之行始于足下。
○ 要想飞就得有翅膀，要想学就得有毅力。
○ 常修剪的树长得直，抓紧学的人进步快。
○ 不上树摘不到果子，不流汗学不到本领。
○ 挖多少土得多少水，读多少书知多少事。
○ 只怕不勤不怕不精，只怕不恒不怕不成。
○ 有知识心胸宽广，有远见路途亮堂。
○ 读不尽世间书，走不尽天下路。
○ 泰山不让土，故能成其大。
○ 病重始知求医晚，年老方悔读书迟。
○ 聪明靠努力学习，学识靠平时积累。
○ 涓涓之水聚成海，孜孜不倦学成才。
○ 学习不怕根基浅，只要迈步总不迟。
○ 书山有路勤为径，学海无涯苦作舟。
○ 细线常锯木必断，檐水久滴石必穿。
○ 冰生于水寒于水，青出于蓝胜于蓝。
○ 书到用时方恨少，事非经过不知难。
○ 好铁要经三回炉，好书要经百回读。
○ 苦读书胸中有宝，勤作文笔下出花。
○ 蚂蚁爬树不怕高，有心学习不怕老。
○ 刀子越磨越锋利，学问越学越精细。
○ 广学细琢得知识，细嚼慢咽得滋味。
○ 只要脑筋动得好，不怕窍门找不到。
○ 有田不耕仓廪虚，有书不读一生愚。
○ 吃饭不嚼不知味，读书不想不知意。
○ 黑发不知勤学早，白首方悔读书迟。
○ 笨鸟先飞早入林，笨人勤学早入门。
○ 不经风霜难成才，不闯难关难成将。
○ 书中自有千钟粟，书中自有颜如玉。
○ 做到老，学到老，还有七分学不到。
○ 德积百年元气厚，书经三代雅人多。
○ 欲高门第须行善，要好儿孙必读书。
○ 欲昌和顺行为善，想振家声在读书。
○ 两耳不闻窗外事，一心只读圣贤书。
○ 阳光照亮世界，知识照亮人生。
○ 穗高不结果实，眼高不长智慧。
○ 海有边山有路，学无涯不停步。
○ 三天不做手生，三天不念口生。
○ 不为不知而羞，要为不学而愧。
○ 与其博爱万物，不如精通一事。
○ 愚昧来自懒惰，聪明来自勤奋。
○ 数不尽的沙粒，渡不尽的学海。
○ 非学无以广才，非静无以成学。
○ 读书有味千回少，对客无情一语多。
○ 操千曲而后知音，观千剑而后识器。
○ 读书种田，早起迟眠。
○ 读万卷书，行万里路。
○ 读未见书如得良友；读已见书如逢故人。
○ 士者国之宝，儒为席上珍。

○ 胸有千秋业，腹藏万卷书。
○ 道院迎仙客，书堂隐相儒。
○ 为学始知道，不学亦枉然。
○ 惜钱莫教子，护短莫从师。
○ 欲得真学问，须下苦功夫。
○ 学在苦中求，艺在勤中练。
○ 富裕俭中来，学问勤中得。
○ 才华如快刀，勤奋是磨石。
○ 学习如赶路，不能慢一步。
○ 少壮不努力，老大徒伤悲。
○ 师傅领进门，学艺在个人。
○ 学如逆水行舟，不进则退。
○ 花开按时令，读书趁年轻。
○ 笔杆没多重，无志拿不动。
○ 人穷在智上，花红在枝上。
○ 火越烧越旺，人越学越棒。
○ 滴水穿透石，非一日之功。
○ 薄技在身，胜握千金。
○ 从小不使弩，长大难射虎。
○ 积少可成多，积雨可没舟。
○ 不经一事，不长一智。
○ 千日造船，一日过江。
○ 精益求精，艺无止境。
○ 才出于学，器出于养。
○ 读一书，增一智。
○ 卷不离手，曲不离口。
○ 熟能生巧，巧能生精。
○ 学无前后贤者师，学无老少能者师。
○ 读书千遍，其意自见。
○ 读书不想，隔靴搔痒。
○ 冬练三九，夏练三伏。
○ 见者易，做者难，不学会更是难。
○ 不怕笨，就怕混。
○ 好记性不如烂笔头。
○ 贪多嚼不烂。
○ 读会唐诗三百首，不会作诗也会吟。
○ 买卖中有学问，经营里有文章。
○ 种田不离地头，读书不离案头。
○ 不怕人不精，只怕艺不精。
○ 不自满者受益，不自是者博闻。
○ 常说口里顺，常做手不笨。
○ 刀在石上磨，人在苦中练。
○ 多从一家师，多懂一家艺。
○ 处处留心皆学问，问遍千家事必明。
○ 好铁要经三回炉，好书要经百回读。
○ 花是绣出来的，药是试出来的。
○ 见不尽者天下事，读不尽者天下书。
○ 勤学又勤问，不怕头脑笨。
○ 日出唤醒大地，读书改变愚昧。
○ 三天不拿针，熟手也变生。
○ 手艺是活宝，走遍天下饿不倒。
○ 山有泉水才美，人有技能才好。
○ 泰山不是垒的，学问不是吹的。
○ 头道生，二道熟，三道四道成师傅。
○ 小小本领学在身，赛过祖业千万金。
○ 学到知羞处，才知艺不精。
○ 学无前后，达者为先。
○ 学习如赶路，不能慢一步。
○ 要学好多动脑，要学深须认真。
○ 业精于勤荒于嬉，行成于思毁于随。
○ 一日读书一日功，十日不读腹中空。
○ 纸上得来终觉浅，绝知此事要躬行。
○ 马不练蹄跑不快，羊不上山长不肥。
○ 秀才是考出来的，功夫是练出来的。
○ 百战可以成勇士，苦练就能出精兵。
○ 骏马不骑就要瘦，好刀不磨会生锈。

求真务实

○ 光说不干事事落空，又说又干马到成功。
○ 两头尖的针难缝衣，三心二意人事难成。
○ 与其仰头把雨盼，不如远足把水找。
○ 与其幻想十个，不如成就一个。
○ 要向别人传道，先要自己懂经。
○ 空话无结果，空喊不成事。
○ 言不能乱发，笔不能妄动。
○ 良言一句值千金，空话千句如粪土。
○ 今日事情今日完，留到明天事更繁。
○ 花香不如果子甜，空话不如实干好。
○ 除草不除根，明年依旧生。
○ 一口气不成胖子，一步跨不到天边。
○ 急躁是成功之敌，轻率是失败近亲。
○ 人急办不了好事，猫急逮不到老鼠。
○ 竹子一节节生长，事情一件件完成。
○ 要捕鱼，先织网，要搭桥，先打桩。
○ 掌船的心不慌，坐船的才稳当。
○ 欲速则不达，功到自然成。
○ 忙时要斟酌，可迟不可错。
○ 做活有头尾，裁衣有尺寸。
○ 马上不知马下苦，饱汉不知饿汉饥。
○ 天不严寒水不冻，人不伤心泪不流。
○ 亲身下河知深浅，亲口尝梨知酸甜。
○ 吃过黄连才知苦，走过雪地才知寒。
○ 雪化方知松高洁，云开始见月清新。
○ 看人挑担不吃力，事不经历不知难。
○ 估量臂力再造箭，探明水深再过河。
○ 没经思考莫言语，未经量体别裁衣。
○ 没辨清楚别裁决，不知实情莫指责。
○ 不行路不知远近，不涉水不知深浅。
○ 吃过苦头变谨慎，游过四方变老练。
○ 不举步难游五洲，不积滴水难成海。
○ 燕子无梁难做窝，巧妇无米难为炊。
○ 不上山不知山高，不入水不知水深。
○ 赛马途中知骏马，摔跤场上识好汉。
○ 识别英雄在战场，识别射手在猎场。
○ 打铁要自己把钳，种地要自己下田。
○ 口说不如身逢好，耳闻不如眼见实。
○ 水暖水寒鱼自知，花开花谢春不管。

○ 当时若不登高望，谁识东流海洋深。
○ 常下河方知水深浅，细调查才有发言权。
○ 不当家不知柴米贵，不生子不知爹娘亲。
○ 不入深谷不知地厚，不上高山不见平川。
○ 不积跬步难至千里，不积细流难成江海。
○ 重载识别马的力气，困难检验人的意志。

○ 猎人熟悉山路，渔民熟悉水情。
○ 药是试出来的，花是绣出来的。
○ 百闻不如一见，百见不如一干。
○ 耳闻不如目睹，口说不如身到。
○ 听过不如见过，见过不如做过。
○ 不吃不知苦，不做不知难。
○ 不作异乡人，不知故土亲。
○ 干旱识好泉，艰难认好汉。
○ 买马要试骑，买牛要试犁。
○ 不理家务事，不知理家难。
○ 眼过千遍，不如手过一遍。
○ 依水知鱼性，靠山识鸟音。
○ 事不经不懂，路不走不平。
○ 人不可貌相，海水不可斗量。
○ 不怕不识货，就怕货比货。
○ 不经冬寒，不知春暖。
○ 不当其事，不知其情。
○ 耳听为虚，眼见为实。
○ 节令不到不知冷暖，人不相处不知厚薄。
○ 驰骋识骏马，患难见真情。
○ 高飞的鸟见得多，远走的人懂得多。
○ 不会瞄准别放枪，不会买卖莫经商。
○ 不动笤帚地不光，不动锅铲饭不香。
○ 不读一家书，不识一家字。
○ 不图一时乱拍手，只求他人暗点头。
○ 不知民情难为相，不知地形难为将。
○ 尝试总有益，多问不吃亏。
○ 当家才知盐米贵，处世方识世情艰。
○ 登山始觉天高广，到海方知浪渺茫。
○ 东山看着西山高，看着容易做着难。
○ 耳听千遍，不如手过一遍。
○ 繁枝茂叶参天树，自有根在土中埋。
○ 肥要见肉，瘦要见骨。
○ 喊破嗓子，不如做出样子。
○ 还没打着狗熊，先别说分皮的话。
○ 空话不结果，空喊不成事。
○ 泥人经不起雨淋，假话经不起对证。
○ 祈求山路缩短，不如拔腿快走。
○ 千鸟在树，不如一鸟在手。
○ 人在山外觉山小，人在山中觉山深。
○ 试玉要烧三日满，辨才须待七年期。
○ 说到做到，不放空炮。
○ 说一千，道一万，两横一竖就靠干。
○ 天上月镜中花，看得见摘不下。
○ 秀才不到田里来，见了麦子当韭菜。
○ 一千个嘴把式，顶不上一个手把式。
○ 雨里孤村雪里山，看时容易画时难。
○ 欲知对岸事，须得过河去。
○ 知之为知之，不知为不知。
○ 别只信你的耳朵，要相信你的眼睛。

生活真理

○ 无风不会起尘埃，无故不会起事端。
○ 树大成荫鸟来宿，虚怀若谷人来聚。
○ 没有土打不成墙，没有苗长不出粮。
○ 要吃鲜鱼先结网，要吃白米先插秧。
○ 要想吃鱼勤下水，要想吃米勤下田。
○ 没有不冒烟的火，没有无缺点的人。
○ 望梅止渴渴难止，画饼充饥人更饥。
○ 葫芦无水莫说凉，锅里无饭休说香。
○ 一壶难装两样酒，一树难开两样花。
○ 刀不会永远锋利，人不会永远年轻。
○ 太阳虽暖不当衣，画饼虽圆不充饥。
○ 无饵不能钓住鱼，无米不能引来鸡。
○ 壶里没酒难留客，池里无水难养鱼。
○ 入门休问荣枯事，观看容颜便知情。
○ 积善三年人不知，作恶一时传千里。
○ 借衣打扮不好看，讨食充饥没味道。
○ 云彩经不住风吹，朝露经不住日晒。
○ 天上星多月不明，地上人多心不平。
○ 牡丹虽俏难当饭，茅草虽丑能盖房。
○ 好话说尽不充饥，墙上画马不能骑。
○ 没有无刺的玫瑰，没有易学的手艺。
○ 云遮不黑天边月，风吹不落满天星。
○ 没有不凋谢的花，没有无过失的人。
○ 干活不在多和少，全在干得好不好。
○ 流水下滩非有意，白云出山本无心。
○ 饥饿者不择食，诚实者不说谎。
○ 不要饥极而食，不要渴极而饮。
○ 不食山珍海味，不图荣华富贵。
○ 不要向猴求枣，不要向虎讨皮。
○ 双拳难敌四手，两眼难顾八方。
○ 山峰不会倒塌，江水不会倒流。
○ 话怕当面对正，事怕追根究底。
○ 莫用竹竿量天，莫用皮尺测海。
○ 好女不在打扮，好马不在加鞭。
○ 没有锯不倒的树，没有敲不响的钟。
○ 好茶不怕细品，好事不怕细论。
○ 云走了天还在，水走了河还在。
○ 茄子不开虚花，君子不说假话。
○ 黑猫白猫，抓住耗子就是好猫。
○ 烂泥糊不成墙，朽木当不了梁。
○ 无针不能引线，无水不能行船。
○ 不要赶鸭上架，不要赶鸡下湖。
○ 兜里装不得针，纸里包不住火。
○ 穷人不攀高亲，落雨不爬高坡。
○ 鸡毛不宜试火，远水难解近渴。
○ 真金不怕火炼，真理不怕谗言。
○ 拿鱼先拿头，刨树要刨根。
○ 观其外知其内，观其友知其人。
○ 没菜莫请客，没粪莫种麦。
○ 人到弯腰处，不得不低头。
○ 真的假不了，假的真不了。
○ 人穷怕来客，富人怕来贼。
○ 没有好牙口，别吃硬豆子。
○ 没有金刚钻，别揽瓷器活。
○ 无云不下雨，无水难行船。
○ 不种今年竹，哪有来年笋。
○ 没有擒龙手，不敢闯东海。
○ 没有梧桐树，难招凤凰来。
○ 人美不在衣，马骏不在鞍。
○ 好花开不败，好事说不坏。

○ 鼻塞不闻香，眼痛不受光。
○ 绳子拴不住清风，石头挡不住江水。
○ 画水无风空作浪，绣花虽好不闻香。
○ 没有高山，不显平地。
○ 江山易改，禀性难移。
○ 不吃一堑，不长一智。
○ 拿弓的人忘不了箭，骑马的人丢不了鞭。
○ 不吃酒脸不红，不做贼心不惊。
○ 绳锯木断，水滴石穿。
○ 不吃鱼虾嘴不腥，不做坏事心不惊。
○ 不摸锅底手不黑，不拿油瓶手不腻。
○ 看菜吃饭，量体裁衣。
○ 要想过河，要先搭桥。
○ 物有本末，事有终始。
○ 风无常顺，兵无常胜。
○ 海深有底，洋阔有边。
○ 众擎易举，孤掌难鸣。
○ 云海有浪不能行船，彩霞虽艳不能裁衣。
○ 芳香的花不定好看，会说的人不定能干。
○ 丑人打花伞也丑陋，美人戴斗笠也漂亮。
○ 人各有志，物各有主。
○ 莫以成败论英雄。
○ 磨刀不误砍柴工。
○ 水火不留情，时刻要小心。
○ 山不在高有仙则名，水不在深有龙则灵。
○ 纸剪金鸡不是凤，烂铜入火不成金。
○ 当用则万金不惜，不当用一文不费。
○ 不识马性勿骑马，不懂水性莫下河。
○ 人总奔向乐园，鱼总游往深水。
○ 懒鸟不筑窝，漏桶不存水。
○ 打架不能劝一边，看人不能看一面。
○ 骏马是骑出来的，能人是干出来的。
○ 一林竹子有高低，一树果子有酸甜。
○ 猛虎尚有打盹时，骏马也会偶失蹄。
○ 十个指头有长短，荷花出水有高低。
○ 渴时一滴如甘露，醉后一杯如毒酒。
○ 世事有成必有败，为人有兴必有衰。
○ 林中总有弯弯树，世上绝无完备人。
○ 小塘也能养大鱼，小鼠也能断粗绳。
○ 室雅何须大，花香不在多。
○ 花无月月红，月无夜夜圆。
○ 有兴必有废，有盛必有衰。
○ 花有凋落时，人有衰老日。
○ 一芽知春，一叶知秋。
○ 花无常开，人无常好。
○ 金无足赤，人无完人。
○ 人有失足，马有失蹄。
○ 众星朗朗，不如孤月独明。
○ 名驹难免有斑，美玉难免有瑕。
○ 有一利，必有一弊。
○ 能行者必定能言，能言者未必能行。
○ 人到难处莫加言，马到险处莫扬鞭。
○ 要想马儿跑得好，就让马儿多吃草。
○ 莫要见人就交友，莫要见钱就伸手。
○ 羊随大群不挨打，人随大流不挨罚。
○ 会戴花的戴一朵，不会戴的戴满头。
○ 杀鸡杀在喉头上，花钱花在刀刃上。
○ 大有大的好处，小有小的用处。
○ 有多大的锅，配多大的勺。
○ 出门看天色，炒菜看火色。
○ 射箭看靶子，弹琴看听众。
○ 拿衣要提领，张网要抓纲。
○ 补漏趁天晴，未渴先掘井。
○ 行船趁顺风，打铁趁火红。
○ 路湿早脱鞋，遇事早安排。
○ 人马未动，粮草先行。
○ 机不可失，时不再来。
○ 当局者迷，旁观者清。

○ 青山只能明今古，绿水何曾洗是非。

○ 扬汤止沸，不如釜底抽薪。

○ 龙生龙，凤生凤，老鼠生来会打洞。

○ 大海无风不起浪，大树无风枝不摇。

○ 花儿不开蜂不来，灶头无油蚁不来。

○ 有风云起浪，无潮水自平。

○ 稗草开不出稻花，狗嘴吐不出象牙。

○ 人好心也好，富贵直到老。

○ 兵不在多而在精，将不在勇而在谋。

○ 不求有功，但求无过。

○ 不做风波在世上，自无冰炭在胸中。

○ 寸丝既定，千金不移。

○ 打倒大树有柴烧，抱住粗腿有饭吃。

○ 大难不死，必有后福。

○ 大门关得紧，歪风吹不进。

○ 德胜才为君子，才胜德为小人。

○ 地下没有根，地上不长草。

○ 毒蛇总要出洞口，毒草总要露出头。

○ 毒药苦口利于病，忠言逆耳利于行。

○ 舵正不怕浪大，脚正不怕鞋歪。

○ 二脚站得牢，不怕大风摇。

○ 饿死事小，失节事大。

○ 非因报应方行善，岂为功名始读书。

○ 妇人水傍，好丑自彰。

○ 甘瓜苦蒂，物不全美。

○ 好说己长便是短，自知己短便是长。

○ 精诚所至，金石为开。

○ 成事唯有多谋虑，败事都因少思考。

○ 根基不正房梁歪，立志不正心眼坏。

○ 什么藤结什么瓜，什么树开什么花。

○ 能工无梭难织布，巧匠无钻难雕花。

○ 有海不愁缺食盐，有山不愁没柴烧。

○ 刀子不磨要生锈，水不流动要发臭。

○ 刀快不怕韧牛皮，火烈不怕生柴枝。

○ 刀快还要钢材好，马壮还要草料强。

○ 盖房离不了梁，安窝离不了墙。

○ 拉弓需要膀子，唱曲要好嗓子。

○ 有水才有鱼，有山就有柴。

○ 刀快铡草细，人勤喂马肥。

○ 没有修成佛，受不了一炉香。

○ 没有个规矩，就不成方圆。

○ 看地种庄稼，看路把车驾。

○ 有了老婆不愁孩，有了木匠不愁柴。

○ 媳妇好了屋里亮，水草好了牛羊壮。

○ 功夫不到事不成，火候不到饭不熟。

○ 人是衣服马是鞍，天时人事两相扶。

○ 要过河，先搭桥。

○ 遇事多商量，赛过诸葛亮。

○ 苦酒难喝，寡妇难当。

○ 百事宜早不宜迟。

○ 遇事不怕迷，就怕没人提。

○ 水有源头树有根，好坏结果都有因。

○ 守着大河有水喝，守着青山有柴烧。

○ 什么葫芦什么瓢，什么根儿什么苗。

○ 鸡不吃食不下蛋，事不动手不成功。

○ 想吃甜糖要种蔗，想穿绸缎要种桑。

○ 无桥过不了河，没梯上不了楼。
○ 脸不洗生油垢，地不扫起灰尘。
○ 不费心血花不开，不下苦功甜不来。
○ 不耕不耙不成田，不播不种不长苗。
○ 小事须细心，大事要谨慎。
○ 你对人无情，人对你义薄。
○ 不下百粒籽，难打千斤粮。
○ 理不直气不壮，行不正话不硬。
○ 没有下种哪能长芽，没有耕耘哪有庄稼。
○ 纸张虽薄不捅不破，人虽聪明不学不懂。
○ 没扎根的草随风飘，没主意的人随人跑。
○ 逆风点火，自己烧身。
○ 不听指点，多绕弯弯。
○ 小时偷针，大时偷金。
○ 酒虽养性还乱性，水能载舟亦覆舟。
○ 平路也会跌死马，浅水也会淹死人。
○ 栽一个跟头，学了一个乖。
○ 安逸生懒汉，逆境出英雄。
○ 旧的不去，新的不来。
○ 聪明一世，糊涂一时。
○ 小怨不赦，大怨必生。
○ 器满则溢，人满则丧。
○ 聪明愚笨不怪生辰，富贵贫穷不怪命运。
○ 逢桥须下马，有路莫登舟。
○ 急吃易烫嘴，急行易跌跤。
○ 靠人终是假，跌倒自己爬。
○ 欲得亨通，日日做工。
○ 近朱者赤，近墨者黑。
○ 工欲善其事，必先利其器。
○ 蜜蜂不恋凋落花，野兽不入焦土林。
○ 有麝自然香，何必当风立。
○ 求人须求大丈夫，济人须济急难时。
○ 百日不休，万里易到。
○ 不到西天，取不到真经。
○ 不怕山高，就怕脚软。
○ 不怕西天远，就怕日子延。
○ 不用霹雳手段，显不出菩萨心肠。
○ 到什么庙烧什么香，吃什么斋念什么佛。
○ 废一善则众善衰，赏一恶则众恶盛。
○ 风疾而波兴，木茂而鸟集。
○ 风势不顺，不能张帆。
○ 遇文王说礼义，遇桀纣动干戈。
○ 敢战方能言和，言和必须敢战。
○ 隔重门户隔重山，隔层楼板隔层天。
○ 跟到好人成君子，跟到歹人惹祸殃。
○ 跟着好人学好人，跟着狐狸学妖精。
○ 功夫不到事不成，火候不到饭不熟。
○ 孤峰无宿客，滩峻不留船。
○ 鼓破乱人捶，墙倒众人推。
○ 瓜熟蒂落，水到渠成。
○ 官尊者忧深，禄重者责大。
○ 瓜果失地则不荣，鱼龙失水则不灵。
○ 果有勤劳与才能，世间何事不能成。
○ 虎项金铃谁去解，解铃还得系铃人。
○ 祸兮福所倚，福兮祸所伏。
○ 既食君禄，当尽君事。
○ 记住山河好走路，记住波涛好行船。
○ 近水楼台先得月，向阳花木易为春。
○ 亏了田地不结子，亏了朋友不相交。
○ 天上无云不下雨，地下无人事不成。
○ 无风草尖不动，无云雪花不飘。
○ 物必自腐而后虫生，人必自侮而后人侮之。
○ 惜花春起早，爱月夜眠迟。
○ 先发制人，后发制于人。
○ 先下手为强，后下手遭殃。
○ 现在人栽树，来日树养人。
○ 牙不剔不稀，耳不掏不聋。

品性修养

○ 廉官不酌贪泉水，志士不受嗟来食。
○ 要为众人做好事，莫为金钱误此身。
○ 有源之水水常清，有根之木木常青。
○ 吃人家的嘴短，欠人家的理短。
○ 廉者常乐无求，贪者虚度不足。
○ 君子当权积福，小人仗势欺人。
○ 不贪意外之财，勿饮过量之酒。
○ 一马不备双鞍，忠臣不择二主。
○ 致富不忘勤俭，为官切记廉洁。
○ 人欺不是辱，人怕不是福。
○ 家贫知孝子，国乱显忠臣。
○ 贪是诸恶源，诚是万善本。
○ 贪得一时嘴，受了一身累。
○ 是病不背医，是官不违民。
○ 说话要诚实，办事要公道。
○ 两脚站得牢，不怕大风摇。
○ 君子坦荡荡，小人长戚戚。
○ 士气不可辱，民意不可诲。
○ 能依本分，终须无烦恼。
○ 休别有鱼处，莫恋浅滩头。
○ 行为不正经，舌头短三分。
○ 仁能善断，满能有容。
○ 谦恭待人，忠孝传家。
○ 不贪为宝，两不相伤。
○ 素位而行，不忧不怨。
○ 君子爱财，取之有道。
○ 朴能镇浮，静能御躁。
○ 贪得小利，失了大节。
○ 官前少跑，马后少绕。
○ 无私者公，无我者明。
○ 要求太平，处事公平。
○ 得民者昌，失民者亡。
○ 横草不动，竖草不拿。
○ 无功受禄，寝食不安。
○ 寸心不昧，万法皆明。
○ 礼下于人，必有所求。
○ 浮云经不住狂风吹，晨雾经不起烈日晒。
○ 清清之水为土所防，济济之士为酒所伤。

○ 毋私小惠而伤大体，毋借公论而快私情。
○ 欲信人者必先自信，欲知人者必先自知。
○ 富贵不能淫，贫贱不能移，威武不能屈。
○ 官以民为本，民以食为天。
○ 守法朝朝乐，违法日日愁。
○ 常怀克己心，谨守法度门。
○ 先天下之忧而忧，后天下之乐而乐。
○ 横眉冷对千夫指，俯首甘为孺子牛。

中华传统语典

○ 粉身碎骨浑不怕，要留清白在人间。

○ 火不烧山地不肥，人不为人身不贵。

○ 要学老牛勤耕田，莫学鹦哥尽练嘴。

○ 君子成人之美，决不成人之恶。

○ 爱民以德，齐民以礼。

○ 采得百花成蜜后，为谁辛苦为谁甜。

○ 得不足喜，失不足忧。

○ 得宠思辱，安居虑危。

○ 得之不为喜，失之不为忧。

○ 敌不可纵，友不可欺。

○ 言必信，行必果。

○ 好汉一言，快马一鞭。

○ 伐倒的檀香不记怨，反把馨香留斧头。

○ 富贵不忘贫贱友，身荣休弃糟糠妻。

○ 富贵人间梦，功名水上沤。

○ 功不独居，过不推诿。

○ 果实累累的树枝，总是低俯下身子。

○ 君子宁可杀身成仁，不为求生而害人。

○ 兰生幽谷，不以无人而不芳。

○ 男儿自有守，可杀不可苟。

○ 宁可吃亏，不可食言。

○ 宁可清贫，不可浊富。

○ 宁可直中取，不向曲中求。

○ 宁求死以成仁，毋求生以害义。

○ 宁为短命全贞鬼，不作偷生失节人。

○ 人生留得丹青在，纵死犹闻侠骨香。

无畏无惧

○ 莫学冬天坪上草，要学松柏万年青。
○ 雄鹰敢飞掠山崖，男儿四海皆为家。
○ 打虎的人吃虎肉，怕虎的人进虎口。
○ 下河不怕漩涡多，打铁不怕火焰高。
○ 上山不怕虎伤人，下海不怕龙缠身。
○ 老实的牛人人骑，老实的人个个欺。
○ 怕虎成不了猎手，怕浪当不了渔民。
○ 胆大骑龙骑虎，胆小骑猫屁股。
○ 好汉死在战场，懒汉死在炕上。
○ 鱼儿不怕深水，勇士不怕顽敌。
○ 你不用猎枪，赶不走豺狼。
○ 马善被人骑，人善被人欺。
○ 明知山有虎，偏向虎山行。
○ 勇将不怯死，壮士不毁节。
○ 好汉护三村，好狗护三邻。
○ 人若不打虎，虎就要伤人。
○ 雄鹰不怕风，好汉不怕死。
○ 山鹰不怕强豹，猎人不怕猛虎。
○ 怕狼别养羊，怕狗别出门。
○ 见强不怕，遇弱不欺。
○ 宁吃明亏，不上暗当。
○ 金不怕火，钢不怕锤。
○ 不磨不练，不成好汉。
○ 初生牛犊不怕虎。
○ 好骑手爱骑烈马，好猎手爱打虎豹。
○ 不是鱼死，就是网破。
○ 对强盗只能用刀子,对恶狗只能用棍子。
○ 恩仇不报非豪杰，黑白分明是丈夫。
○ 对于恶人善不得，对于好人恶不得。
○ 莠草不除苗难发，豺狼不灭羊难放。
○ 莫听信狐狸的忏悔,莫相信敌人的眼泪。
○ 量小非君子，无毒不丈夫。
○ 虎死不改形，狼死不改性。
○ 宁让亲人嗔，不让敌人亲。
○ 打得一拳去，免得百拳来。
○ 逢恶不怕，逢善不欺。
○ 兴一利，不如除一害。
○ 不担三分险，难练一身胆。
○ 不到黄河心不死，不到乌江不回头。
○ 不怕人欺负，就怕不丈夫。
○ 大虫口中夺脆骨，骊龙颔下取明珠。
○ 大风吹倒梧桐树，自有旁人说短长。
○ 胆小没得将军做，怕死不得做王侯。
○ 刀对刀，枪对枪，针尖对麦芒。
○ 敢把老虎当马骑，敢把豺狼当狗牵。
○ 敢在虎背备鞍，敢用绳子套豹。
○ 宁可上前一尺，不可退后一寸。
○ 拼着一身剐，敢把皇帝拉下马。
○ 准备玉龙擒彩凤，安排金锁困蛟龙。
○ 量小非君子，无毒不丈夫。

戏讽世事

○ 说尽黄河只为水，磨破口舌尽为财。
○ 司马昭之心，路人所知。
○ 死人不知抬丧苦，做官哪管百姓穷。
○ 四两鸭子半斤嘴。
○ 送肉上砧板，等着挨刀砍。
○ 吃着碗的，看着锅的。
○ 堂有路无人走，地狱无门偏要钻。
○ 天下本无事，庸人自扰之。
○ 听说鸡好卖，连夜磨得鸭嘴尖。
○ 兔子转山坡，转来转去回老窝。
○ 闲时不烧香，急来抱佛脚。
○ 现烧香现捏佛，烧了香毁了佛。
○ 想吃核桃肉，又怕崩了牙。
○ 削尖脑袋戴斗笠，砍掉脚趾穿绣鞋。
○ 小人口如蜜，转眼是仇人。
○ 心比天高，命如纸薄。
○ 衙门八字开，有理无钱莫进来。
○ 阎王叫你三更死，谁敢留人到五更。
○ 羊肉不曾吃，空惹一身膻。
○ 羊质虎皮，见草则悦，见豺则颤。
○ 杨树开花结不成梨,石头蛋子孵不出鸡。
○ 夜里想得千条路，明朝依旧卖豆腐。
○ 一朝权在手，便把令来行。
○ 一粒老鼠屎，搞坏一锅粥。
○ 一人说话全有理，两人说话见高低。
○ 一只烂梨烂整筐，一条死鱼臭一塘。
○ 有了千钱想万钱，当了皇帝想成仙。
○ 有事叫公公，无事脸朝东。
○ 有眼不识宝，灵芝当蓬草。
○ 有眼不识金和玉，直把黄金当碎铜。
○ 有嘴说别人，无嘴说自己。
○ 又要马儿好，又要马儿不吃草。
○ 再狡猾的狐狸，也洗不掉一身臊。
○ 站着讲话腰不痛，坐着听讲反而累。
○ 招牌挂的百家姓，只认钞票不认人。
○ 只管自己锅满，不管别人屋漏。
○ 只会直着看，不会横着瞧。
○ 只见别人眉毛短，不见自己头发长。
○ 只许州官放火，不许百姓点灯。
○ 纸扎的鲜花，好看不芳香。
○ 纸做花儿不结果，蜡做心儿见不得火。
○ 终日打雁，叫雁啄了眼。
○ 猪爪煮千滚，总是朝里弯。
○ 自家骨肉尚如此，何况区区陌路人。
○ 嘴巴两张皮，随说随改意。
○ 嘴里吐出糖来，腰里拔出刀来。
○ 做官做府起高楼，民脂民膏在里头。
○ 爱叫的母鸡不下蛋。
○ 明是一盆火，暗是一把刀。
○ 狗嘴长不出象牙，狐狸藏不住尾巴。
○ 别人夸一枝花，自己夸烂冬瓜。
○ 人若不知足，得陇复望蜀。

家庭生活

○ 有柴有米好夫妻，无柴无米瞪眼鸡。
○ 选婿莫只选金钱，选女莫只选容颜。
○ 少年夫妻老来伴，老年情比少年浓。
○ 父子同心土变金，兄弟协力石成玉。
○ 兄弟和睦猎物多，妯娌和睦衣食多。
○ 兄弟同心金不换，妯娌齐心家不散。
○ 男子勤劳家才富，女子节俭纱成布。
○ 梳头不好一日过，嫁夫不好一生错。
○ 百年眷属三生定，千里姻缘一线牵。
○ 选偶爱德莫爱色，结亲爱勤莫爱金。
○ 天不能没有太阳，家不能没有笑声。
○ 人生似鸟同林宿，大难来时各自飞。
○ 家中不和邻里欺，邻里不和说是非。
○ 倾家二字淫与赌，宁家二字勤与俭。

○ 岂无远道思亲泪，不及高堂念子心。
○ 爱情不是强扭的，幸福不是天赐的。
○ 娶妻娶德不娶色，交友交心不交财。
○ 丈夫能干妻子贵，丈夫无能妻受罪。
○ 女人美在心肠，男人美在强壮。
○ 最亲莫过母子，最爱莫如夫妻。
○ 娇子不能立业，娇妻不能治家。
○ 恋人莫恋金钱，爱人莫爱容颜。
○ 羊有跪乳之恩，鸦有反哺之义。
○ 分家切莫相争，养亲切莫推躲。
○ 不是一家人，不入一家门。
○ 金家银家，不如自己的家。
○ 娶妻要看娘，买房要看梁。
○ 女怕选错郎，男怕选错行。
○ 夫妻一条心，胜过千万金。
○ 夫勤无懒地，妇勤无脏衣。
○ 易得无价宝，难寻有情郎。
○ 要想家庭好，事事多商讨。
○ 男勤吃得饱，女勤穿得好。
○ 雀大要远飞，女大当出嫁。
○ 妻财之念重，兄弟之情疏。
○ 儿女好坏父母难评,父母好意儿女难解。
○ 痴人畏妇，贤女敬夫。
○ 一日夫妻，百日姻缘。
○ 秤不离砣，鼓不离锣。
○ 家有好汉，内助一半。
○ 儿的生日，娘的苦日。
○ 骨肉相残，煮豆燃萁。
○ 粪多庄稼旺，儿多娘受穷。
○ 儿大不由父，女大不由娘。
○ 飞得高的是山鹰，爱得深的是母亲。
○ 男子三十一枝花，女子三十老人家。
○ 一儿一女一枝花，多儿多女成冤家。

○ 子多母苦，盐多菜苦。
○ 人老骨头硬，树老根子深。
○ 树老果不老，人老心不老。
○ 姜是老的辣，酒是陈的香。
○ 不听老人言，吃苦在眼前。
○ 生前不把父母敬，死后何必哭灵魂。
○ 天高不能压太阳，儿大不能压爹娘。
○ 孝顺公婆自有福，勤种庄稼自有谷。
○ 堂上二老是活佛，何用灵山朝世尊。
○ 要求子孝，先敬爹娘。
○ 千经万典，孝顺为先。
○ 老年夫妻长相伴，生活幸福身体健。
○ 两命相依几十春，同甘共苦度光阴。
○ 少年夫妻老来伴，一天不见问三遍。
○ 吃得好来穿得好，不如夫妻相伴好。
○ 树高千丈总有根，水流千里总有源。
○ 养儿方知娘辛苦，养女方知谢娘恩。
○ 不记当初娘养我，但看今朝自养儿。
○ 吃得好，穿得好，不如夫妻白头老。
○ 宠妻别母子不孝，替儿嫌妻母不贤。
○ 儿是娘的连心肉，儿行千里母担忧。
○ 女父母爱，猫狗主人亲。
○ 蜂蚁也有君臣，虎狼也有父子。
○ 夫妻和，家务兴，夫妻不和睡不宁。
○ 家有一老，赛似活宝。
○ 金窝银窝，比不上家乡的土窝窝。

○ 冷热夫妻长流水，激烈夫妻难到头。
○ 满眼荣华何足贵，一家和睦胜千金。
○ 哪有舌头不碰牙，哪有夫妻不吵架。
○ 娘想儿，长江水；儿想娘，哭一场。
○ 妻是枕边人，十事商量九事成。
○ 少年夫妻一枝花，人在外面心在家。
○ 天上下雨地下流，夫妻吵架不记仇。
○ 一娘生九子，连娘十条心。
○ 易求无价宝，难得有情郎。
○ 殷勤过日灾须少，侥幸成家祸必多。
○ 至亲不伤百日和，夫妻不生隔夜气。
○ 姊妹连肝胆，弟兄同骨肉。

与人之交

○ 善与人交，久而敬之。
○ 金凭烈火炼，人凭实心交。
○ 一日朋友，百日相助。
○ 是亲必顾，是邻必护。
○ 肝胆相照，相见以诚。
○ 黄金有价，情义无价。
○ 居必择邻，交必良友。
○ 交友择人，切莫交财。
○ 路遥知马力，日久见人心。
○ 交人看心，识马看蹄。
○ 情人易找，知己难求。
○ 畜寻草地，人找知己。
○ 衣不如新，人不如故。
○ 过则相规，言而有信。
○ 有了新友，莫弃旧交。
○ 久住令人贱，频来亲也疏。
○ 造屋要有地，做人要有情。
○ 同船须共命，同路须共心。
○ 驰骋识骏马，患难见真情。
○ 酒逢知己饮，诗向会人吟。
○ 人看一颗心，鼓打两张皮。
○ 邻居不可断，朋友不可疏。
○ 一日结成仇，千日解不透。
○ 交人不交财，交财不往来。
○ 朋友千个少，冤家一个多。
○ 相识满天下，知心能几人。
○ 在家靠父母，在外靠朋友。
○ 遇难思亲戚，临危托故人。
○ 君子喻于义，小人喻于利。
○ 疾风知劲草，困难显真情。
○ 贫病知朋友，离乱识爱情。
○ 钱财如粪土，仁义值千金。
○ 岁寒知松柏，危难见人心。
○ 远水难救近火，远亲不如近邻。
○ 相马要看前胸，看人要看行动。
○ 报晓的是雄鸡，相帮的是知己。
○ 炼铁需要硬火，交友需要诚心。
○ 酒肉朋友好找，患难之交难求。

○ 金钱可以抛弃，朋友不可忘记。
○ 熔炉中炼真金，诺言上看人心。
○ 豹子文采在表皮，人的本色在内心。
○ 画龙画虎难画骨，知人知面不知心。
○ 一回相见一回老，能得几时为兄弟。
○ 与其在朋友眼里，不如在朋友心里。
○ 留得人情千日在，人生何处不相逢。
○ 有好马不怕路远，有好友不怕事难。

○ 糟糠之妻不下堂，贫贱之交不可忘。

○ 结交要像长水流，莫学杨柳一时青。

○ 酒逢知己千杯少，话不投机半句多。

○ 流汗才能得果实，真心才会得知己。

○ 与其找蠢人交朋友，不如找智者作对手。

○ 看其面不如听其言，听其言不如察其行。

○ 破箩烂筐可以扔掉，贫穷朋友不可抛弃。

○ 寒霜冻死独根草，狂风难毁大森林。

○ 挚友背后赞扬你，仇人当面奉承你。

○ 遇旱知泉甘，遇难知友真。

○ 甘泉知于渴时，良友识于患难日。

○ 金银用一时，友谊存一世。

○ 漫游天下景，广识天下人。

○ 本钱易出，伙伴难求。

○ 不鉴于镜，而鉴于人。

○ 得意客来情不厌，知心人到话相投。

○ 非亲没义须当敬，是友无情不可交。

○ 鸟择良木而栖，臣择明主而佐。

○ 海内存知己，天涯若比邻。

○ 酒朋饭友，没钱分手。

○ 君子之交淡如水，小人之交甜如蜜。

○ 难将我语同他语，未必他心似我心。

○ 鸟随鸾凤飞腾远，人伴贤良志气高。

○ 石看纹理山看脉，人看志气树看材。

○ 物以类聚，人以群分。

○ 要想朋友好，银钱少打扰。

○ 珍珠挂在颈上，友谊嵌在心上。

待人接物

○ 两利相权取其重，两害相权取其轻。
○ 可放手时须放手，得饶人处且饶人。
○ 见人先说三句话，不可抛尽一片心。
○ 过桥莫丢手中棍，过路莫忘修路人。
○ 凉风吹得身心爽，恶语伤人伤难愈。
○ 恩不可忘得太净，仇不可记得太深。
○ 有酒大家喝才香，有话当面说才亲。
○ 不要看脚怎么样，要看走路正不正。
○ 货有高低三等价，客无远近一般春。
○ 猛虎不在堂边卧，困龙也有上天时。
○ 但能依理求生计，何必欺心作恶人。
○ 明人不用多言，好马只需扬鞭。
○ 人不可以貌相，海水不可斗量。
○ 只给君子看门，不给小人当家。
○ 处世让步为高，待人以宽是福。
○ 对恶人善不得，对好人恶不得。
○ 君子矜人之厄，小人幸人之危。
○ 不看人亲不亲，要看理顺不顺。
○ 让路不是痴汉，躲避不是呆人。
○ 量大福也大，心宽屋也宽。
○ 宁欠君子债，莫少小人钱。
○ 吃亏不算傻，让人不算歹。
○ 礼多人不怪，话多人不爱。
○ 欺硬不欺软，怕理不怕刀。
○ 若要人敬我，我必先敬人。
○ 口是伤人斧，舌是割肉刀。
○ 你敬我一尺，我敬你一丈。
○ 和事不丧理，让人不为低。
○ 以诚感人者，人亦诚而应。
○ 行善在心，办事在慎。
○ 人靠心好，树靠根牢。
○ 在家不理人，在外无人理。
○ 仰不愧于天，俯不怍于人。
○ 用人不疑，疑人不用。
○ 入乡问俗，入门问讳。
○ 莫憎人富，莫厌人穷。
○ 赏以劝善，罚以惩恶。
○ 逢恶不怕，逢弱莫欺。
○ 得人一牛，还人一马。
○ 吃果尝味，说话听音。
○ 客无亲疏，来者当敬。
○ 穷勿信命，病勿信鬼。
○ 当着真人不说假话，当着瘸子不说短话。
○ 将心比心，便是好心。
○ 萝卜白菜，各有所爱。
○ 吃饭时别看他人嘴，走路时别看他人腿。
○ 孔雀是森林的装饰，客人是家中的宝贝。
○ 帮人帮到底，送佛送到西。
○ 菜里放盐才香，人相互关心才亲。
○ 行路常开口，天下随便走。
○ 宝剑赠与烈士，红粉赠与佳人。
○ 别将自己当柱石，休将人家比茅草。
○ 趁我十年运，有病早来医。
○ 吃人一口，报人一斗。
○ 打人不打脸，吃饭不夺碗。
○ 大道朝天，各走一边。
○ 大人不责小人过，哪个小人没罪过。
○ 但将冷眼观螃蟹，看你横行到几时。
○ 刀不斩无罪之汉，虎不食无肉之人。
○ 刀斧虽利，不加无罪之人。

○ 道不同不相为谋。
○ 得放手时须方手，得饶人处且饶人。
○ 得人滴水之恩，须当涌泉相报。
○ 得人恩义千年记，得人花戴万年香。
○ 灯草打人虽不痛，惹得旁人心里恨。
○ 登山观虎斗，坐桥看水流。
○ 斗米买枚针，试试你个心。
○ 对着先生就讲书，对着屠夫便讲猪。
○ 多个朋友多条路，多个冤家多堵墙。
○ 多唤一声哥，少上十里坡。
○ 多栽花，少栽刺，留着人情好办事。
○ 富贵者送人以财，仁人者送人以言。
○ 干活要有头尾，裁衣要有尺寸。
○ 蛤蟆蜗牛屎壳郎，各人觉得各人强。
○ 恭可平人怒，让可息人讼。
○ 昏官断案，各打五十板。
○ 记人之功，忘人之过。
○ 剑诛无义汉，金赠有恩人。
○ 今生已受前生福，再结来生不了缘。
○ 金钱如粪土，仁义值千金。
○ 举手不打无娘子，开口不骂赔礼人。
○ 君使臣以礼，臣事君以忠。
○ 客来茶当酒，意好水也甜。
○ 老吾老以及人之老,幼吾幼以及人之幼。
○ 理还理，情还情，黑白要分明。
○ 两国相争，不斩来使。
○ 莫看身体高矮，要看品行高低。
○ 你哄人，人哄你，哄来哄去哄自己。
○ 你对人无情，人对你薄意。
○ 宁可一不是，不可两无情。
○ 得义如泰山，轻利如鸿毛。

○ 清水才能装进竹心,真话才能装进人心。
○ 去时留人情，转来好相见。
○ 人来求我三春雨，我去求人六月霜。
○ 人若吝啬朋友远，马若懒惰路程远。
○ 人在难处拉一把，强去远道烧高香。
○ 女为悦己者容，士为知己者死。
○ 以其人之道，还治其人之身。
○ 遇方便时行方便，得饶人处且饶人。

知情达理

○ 出言顺人心，做事循天理。
○ 话顺着理走，水顺着沟流。
○ 吃的盐和米，讲的情和理。
○ 理字没多重，无志挑不动。
○ 吃食要讲味，说话要讲理。
○ 菜没盐无味，话没理无力。
○ 理正不怕官，心正不怕天。
○ 理字没多大，无理就害怕。
○ 数不尽的星，道不尽的理。
○ 人美有智慧，话美在有理。
○ 说话要在理，煮饭要有米。
○ 有理斗得过君王，无理见不得婆娘。
○ 碾谷要碾出米来，说话要说出理来。
○ 有理走遍天下，无理寸步难行。
○ 话未说前先思考，鸟未飞前先展翅。
○ 话要考虑好再说，食要嚼细后再咽。
○ 嚼过的甘蔗不甜，重复的话语生厌。
○ 别靠拳头取胜，要靠道理取胜。
○ 牛无力气拉横耙，人无道理说横话。
○ 以势只能服人口，以理才能服人心。
○ 言之无文，行而不远。
○ 不怕不说理，光怕反过来比。
○ 不要有理三扁担，无理扁担三。
○ 道理不明，怒死旁人。
○ 得理不让人，无理搅三分。
○ 灯不拨不亮，理不辩不明。
○ 割倒庄稼显出粮，拨开云雾见太阳。
○ 公土打公墙，有理走四方。
○ 劈柴看纹理，讲话凭道理。
○ 千金难买心，万金难买理。
○ 杀人可恕，情理难容。
○ 赏于无功则众离，罚加无罪则众怒。
○ 天大的本事，飞不过理去。
○ 一时强胜在于力，千古胜负在于理。

谨慎处世

○ 害人之心不可有，防人之心不可无。
○ 敌人本性若能改，箩筐也能扣住海。
○ 把敌人引进厅堂,等于把毒蛇放在胸膛。
○ 强盗贪财的心不变,豺狼吃人的心不改。
○ 莫等蛇走了才拿棍,别让贼走了才闩门。
○ 夜夜防贼不受害，天天防虫不受灾。
○ 家里篱笆打得紧，外头野狗钻不进。
○ 洪水未到先筑坝，豺狼未来先磨刀。
○ 宁可千日备，不可一日松。
○ 小心百事可做，大意万事吃亏。
○ 忽视卫生得病，忽视敌人丧命。
○ 人无害虎心，虎有伤人意。
○ 枪不可离身，马不能离鞍。
○ 事前没计划，临时没办法。
○ 前门拒了虎，后门可进狼。
○ 知己知彼，百战百胜。
○ 哀兵必胜，骄兵必败。
○ 明枪易躲，暗箭难防。
○ 得荣思辱，处安思危。
○ 会钓鱼的看水流，会打猎的选地形。
○ 备而不战不是不战,战而无备会有大患。
○ 路逢侠客须呈剑，不是才人莫献诗。
○ 只知口中有剑，不知袖里藏刀。
○ 外盗易阻，家贼难防。
○ 虎不离山，兵不离阵。
○ 慎之于始，则无败事。
○ 蝼孔崩城，蚁穴溃堤。
○ 战而无备，必有大患。
○ 凡预则立，不预则废。
○ 常备不懈，有备无患。
○ 兵贵神速，人贵思索。
○ 下错一着棋，满盘皆是输。
○ 不打落水狗，提防咬一口。
○ 不卷裤角不过河，不摸底细不开腔。
○ 不怕红脸关公，就怕抿嘴菩萨。
○ 不怕虎狼当面坐，只怕人前两面刀。
○ 不怕虎生三只眼，只怕人有麻痹心。

○ 不怕虎生双翼，只怕人起坏心。
○ 不怕明处枪和棍，只怕阴阳两面刀。
○ 不怕头子打得恶，就怕东家来一脚。
○ 不以一言举人，不以一言废人。
○ 差之毫厘，谬以千里。
○ 聪者听于无声，明者见于未形。
○ 大国有征伐之兵，小国有预备之固。
○ 大江大海过多少，小河沟里把船翻。

○ 大将军用谋不在勇，贤臣折节不轻骄。
○ 胆欲大而心欲细，志欲圆而行欲方。
○ 船到江心牢把棹，箭安弦上慢张弓。
○ 不要见风就是雨，大事小事自作主。
○ 打仗先要摸敌情，伏虎先要知虎性。
○ 防在前头，少吃苦头。
○ 分明指出平川路，莫把忠言当恶言。
○ 隔山隔海不知深，知人知面不知心。
○ 公听则明，偏听则暗。
○ 花枝叶下犹藏刺，人心怎保不怀毒。
○ 患生于所忽，祸发于细微。
○ 酒杯虽小淹死人，筷子不粗打断腰。
○ 老虎吃人易躲，人要吃人难防。
○ 宁走十步远，不走一步险。
○ 平地跌死马，浅水淹死人。
○ 心急等不得人，性急钓不得鱼。
○ 小心天下都去得，鲁莽寸步都难行。
○ 前车之覆，后车之鉴。
○ 人见利而不见害，鱼见食而不见钩。
○ 营生道路有千余，若无算计也徒功。
○ 运筹帷幄之中，决胜千里之外。
○ 走平地，防摔跤；顺水船，防暗礁。
○ 过河要知渡口，捕鱼要知鱼情。
○ 箭搭上之后再拉弓，事准备好了再行动。
○ 大处着眼，小处着手。

团结互助

○ 亲邻互助能翻江，兄弟合作把山平。
○ 一人挑土不显眼，众人挑土堆成山。
○ 三兄四弟一条心，家中黄土变成金。
○ 一人有难大家帮，一家有事百家忙。
○ 兄弟同心家必兴，妯娌和睦孝双亲。
○ 细流汇集成大海，蚂蚁聚拢能搬山。
○ 树多成林不怕风，草线搓绳挑千斤。
○ 一个篱笆三个桩，一个好汉三个帮。
○ 鞋底少不了鞋帮，秤杆离不开秤砣。
○ 黄麻搓绳拉不断，毛竹成捆压不弯。
○ 一根木柴不起火，一沟清水不成河。
○ 打虎还得亲兄弟，上阵须教父子兵。
○ 人多做事胜过天，一人难撑两只船。

○ 屋里兄弟各条心，千万家财化灰尘。
○ 一锤打不出好刀，一木搭不成好桥。
○ 一人做事不顺手，众人能拖泰山走。
○ 协力石成玉，同心土变金。
○ 弟兄不和邻里欺，将相不和邻国欺。
○ 一人难顺百人意，一墙难挡八面风。
○ 一人能挑千斤担，众人能移一座山。
○ 要学蜜蜂齐采花，莫学蜘蛛各织网。
○ 独木搭桥人难走，众木成桥好渡江。
○ 一根木头盖不成房，单枪匹马成不了王。
○ 一只眼看不远，千只眼看透天。
○ 草无露珠不鲜，花无绿叶不艳。
○ 天时不如地利，地利不如人和。
○ 人多出正理，谷多出好米。
○ 人多好办事，柴多好取暖。
○ 不怕风浪大，就怕桨不齐。
○ 人多事早完，水多好撑船。
○ 一人一条心，穷断骨头筋。
○ 唇亡则齿寒，户破则堂危。
○ 风大天就凉，人多力就强。
○ 一芽不是春，独木不成林。
○ 虎怕离山，人怕孤单。
○ 合则两利，离则两伤。
○ 人怕单行，雁怕离群。
○ 人心齐，泰山移。
○ 二人同心，其利断金。
○ 集思广益，众志成城。
○ 独弦不成音，独木不成林。
○ 树木成林不怕风，滴水汇海不怕晒。
○ 鱼帮水，水帮鱼；马和套，人和心。
○ 不怕虎长三张嘴，就怕人怀两条心。
○ 城墙高万丈，内外要人帮。
○ 船靠舵，帆靠风，利箭还要靠强弓。
○ 大河里有小河宽，大河没有小河干。

○ 大家的事大家办，大家的田大家盘。
○ 大树成材不怕风，十根细线拧成绳。
○ 大雁离群难过关，独条鲤鱼难出湾。
○ 单脚独手难做事，互助干活事不难。
○ 单条树木能成材，独草顶石难转身。
○ 一人不敌二人计，三人合伙唱台戏。
○ 杂花开处草药多，人手多时智慧多。
○ 一人说话常有理，二人说话有对比，三人说话见高低，众人说话显真理。
○ 独脚难行，孤掌难鸣。
○ 一个人作的主张，不如两人来商量。
○ 三个臭皮匠，合成诸葛亮。
○ 离群的雁飞不远，一人干活力不足。
○ 独虎不敌群狼，蚁多咬死螳螂。
○ 独砖不成墙，独花不是春。
○ 多个铃铛多声响，多支蜡烛多份亮。
○ 恶狼难敌众犬，好手难打双拳。
○ 狗多不怕狼，人多不怕虎。
○ 孤独的骏马，难行万里。
○ 古今的事理无穷，一人的智慧有限。
○ 积羽沉舟，群经折轴。
○ 事成于和睦，力生于团结。
○ 笋子靠竹竹靠山，禾苗靠水水靠潭。
○ 一个势孤俩力大，三人能叫河搬家。
○ 一根草搓不成索，一片篾编不成箩。
○ 一根木头盖不成房，一块砖头砌不成墙。
○ 一花独放不是春，万紫千红才是春。
○ 一人进山难打虎，万人下海能擒龙。
○ 一人踏不倒地上草，众人踩出阳关道。
○ 只要人手多，牌楼搬过河。
○ 众擎易举，独力难成。
○ 众人扶船能过山，众人齐喊山也摇。
○ 一匹马扬不起尘土，一个人成不了英雄。
○ 鱼靠河水，人靠集体。
○ 一人拾柴火不旺，众人拾柴火焰高。
○ 一人难驾大帆船，双手难遮众人眼。

农时农事

○ 清明谷雨两相连，浸种耕田莫迟延。
○ 龙口夺粮麦登场，芒种节里大家忙。
○ 阳春三月不做工，十冬腊月喝北风。
○ 五月初五过端阳，吃罢粽子忙插秧。
○ 夏至进入伏天里，耕地赛过园浇水。
○ 伏水淋淋农民喜，小暑防洪莫忘记。
○ 小满插秧苗茁壮，早把庄稼病虫防。
○ 贮青打草又管锄，立秋不能挂锄钩。
○ 春耕莫等东方明，插秧莫等鸡开口。
○ 今冬麦盖三层被，来年头枕馒头睡。
○ 麦子稠了一扇墙，谷子稠了一把糠。
○ 谷黄怕虫豆怕荚，芝麻怕的正开花。
○ 有虫早治无虫防，庄稼一定长得强。
○ 立冬要把土地耕，能把土里养分增。
○ 谷子早种三天好，迟了三天要成草。
○ 要想庄稼长得好，一年四季起得早。
○ 山怕无木地怕荒，人怕有病花怕霜。
○ 天冷不冻织女手，荒年不饿苦耕人。
○ 六月背脊晒起泡，秋后田地出珠宝。
○ 只与人家比种田，莫与人家比过年。
○ 晴暖在家不下田，饥寒交迫莫怨天。
○ 靠天不能吃饱饭，靠手万事都能干。
○ 五黄六月不出工，十冬腊月喝北风。
○ 秋后深耕一寸，害虫无处存身。
○ 棉花不打杈，光长叶子不长花。
○ 只能怪人不勤，不能怪地不长。
○ 春动一锨土，秋增一斗粮。
○ 秋后不深耕，来年害虫生。
○ 人误地一时，地误人一年。
○ 春耕不着忙，秋后脸饿黄。
○ 春来不下种，一年把手拱。
○ 春分麦起身，一刻值千金。
○ 九九加一九，耕牛遍地走。
○ 夏至东风摇，麦子水中捞。
○ 庄稼一枝花，全靠肥当家。
○ 积肥如积粮，粮在肥中藏。
○ 要想害虫少，除尽田边草。
○ 棉花不打尖，长来顶破天。
○ 小雪雪满天，来岁必丰年。
○ 人把地种好，地把人喂饱。
○ 无事田中走，粮食多几斗。
○ 人懒杂草壮，人勤庄稼旺。
○ 打井如修仓，积水为积粮。
○ 庄稼不治虫，秋收一场空。
○ 汗水洒满地，秋后笑嘻嘻。
○ 农时不能误，失去没法补。
○ 夏天多锄草，子粒自然饱。
○ 犁锄不离手，吃穿样样有。
○ 忙时站一站，寒冬少顿饭。
○ 只要谋划好，沙地也是宝。
○ 要想禾苗好，除虫要赶早。
○ 春天蓄满塘，秋天多打粮。
○ 秋收有四忙，割打晒和藏。
○ 霜降要抢秋，不收就要丢。
○ 一分耕耘，一分收获。
○ 人黄有病，苗黄缺肥。
○ 敬人得福，敬地得谷。
○ 迟睡早起，有谷有米。
○ 点灯爱油，种田爱牛。
○ 人瘦脸皮黄，地瘦少产粮。

○ 地向阳，果树强；旱锄田，涝浇园。
○ 国以民为本，民以食为天。
○ 稻香只怕风来摆，麦香只怕雨来淋。
○ 种棉才有衣穿，种田才有饭吃。
○ 使一份力量，见一分口粮。
○ 要想收成好，精耕勤除草。
○ 砍树是吃祖宗饭，植树是造儿孙福。
○ 饱不宰母鸡，饿不食谷种。
○ 一年栽树，百年歇凉。
○ 一家打墙两家得用，前人栽树后人乘凉。
○ 庄稼不认爹和娘，精耕细作多打粮。
○ 春雪草、冬雪宝，腊月三日年成好。
○ 先下牛毛没大雨，后下牛毛不开天。
○ 日晕三更雨，月晕午时风。
○ 朝霞不出门，晚霞行千里。
○ 雷公先唱歌，有雨也不多。
○ 鸟儿不入笼，大雨必来行。
○ 七九河开，八九燕来。
○ 冷在三九，热在三伏。
○ 春分秋分，昼夜平分。
○ 太阳颜色黄，明日大风狂。
○ 火烧云，晒死人；楼梯天，晒破砖。
○ 东虹日头西虹雨。
○ 冬无雪，麦不结。
○ 蚯蚓若打滚，大雨靠得稳。
○ 蚂蚁搬家，有雨不差。
○ 地返潮，有雨到。
○ 春雾花香夏雾热，秋雾凉风冬雾雪。
○ 燕子高飞晴天告，燕子低飞雨天报。
○ 蜻蜓千百绕低空，不过三日雨蒙蒙。
○ 寒水枯，春水铺；春水铺，夏水枯。
○ 干净冬至邋遢年，邋遢冬至干净年。
○ 地里无神鬼，全靠肥和水。
○ 地里有根草，赛如毒蛇咬。
○ 地弱长不出大萝卜，土薄长不出壮麦子。
○ 地是铁，粪是钢，粪堆就是粮食仓。
○ 谷子要好，犁深粪饱。
○ 河坝不修，田就沙洲。
○ 七十二行农为首，百亩之田肥当先。
○ 清明播种顶呱呱，秋手棉田遍银花。
○ 清明谷雨两相逢，浸种耕田莫迟延。
○ 清明前后，种瓜种豆。
○ 若要来年害虫少，今年铲尽田边草。
○ 三分造，七分管，十分收成才保险。
○ 山坡朝阳地发暖，春栽宜早不宜晚。
○ 水满塘，谷满仓，塘里无水仓无粮。
○ 水是铁，肥是钢，少了一样田着慌。
○ 天上钩钩云，地上雨淋淋。
○ 天上云像羽毛，地上风狂雨暴。
○ 田间管理如绣花，功夫越细越到家。
○ 田是主人水是客，不留就不得。
○ 歪嘴葫芦拐把瓢，品种不好莫怪苗。
○ 晚霞烧过天，明朝起青烟（晴）。
○ 虾子成群水面游，有雨跟着在后头。
○ 燕低飞，穿蓑衣；蛙屡鸣，难望晴。
○ 羊儿吃草不下山，明天出门带把伞。
○ 要得花果长得好，还得养蜂把花咬。
○ 一场春雨一场暖，一场秋雨一场寒。
○ 云朝东，一阵风；云朝西，披蓑衣。
○ 早风有雨夜风晴，半夜吹风雨淋淋。
○ 早刮东风水长流，夜刮东风晒死牛。
○ 早上南来疙瘩云，不出三天雨淋淋。
○ 种田有个巧，一肥二耘三除草。
○ 种菜如绣花，一针一线不能差。
○ 稗子不拔，水稻不发。

勤劳致富

○ 只有冻死的苍蝇，没有累死的蜜蜂。
○ 劳动是幸福之本，浪费是贫困之苗。
○ 人不可有的是病，人不可无的是勤。
○ 要想天天吃得好，就得勤俭打算好。
○ 力气是用不完的，汗水是流不尽的。
○ 秋天地里弯弯腰，来年有吃又有烧。
○ 手勤人俭一世有，好吃懒惰一生穷。
○ 不费心血花不开，不下苦功甜不来。
○ 鸟凭翅膀飞千里，人凭双手创家业。
○ 花香要靠勤浇水，果甜要靠勤修剪。
○ 人不劳动没饭吃，鸟不觅食饿肚皮。
○ 田多不勤没有谷，猪多不养没有肉。
○ 金在烈火中熔炼，人在劳动中考验。

○ 今日事情今日完，留到明天事更繁。
○ 皮绳套不住流水，空想得不到幸福。
○ 狩猎才能有肉吃，勤劳才能有钱使。
○ 勤劳动的谷满仓，不劳动的心发慌。
○ 裤脚上湿漉漉，餐桌上才丰富。
○ 对懒汉应当逼，对公事应当急。
○ 贪财使人烦恼，劳动使人温饱。
○ 闲逸磨损意志，勤奋增添智慧。
○ 居家不可不俭，创业不可不勤。
○ 宁没雨而修屋，不临渴而挖井。
○ 劳动引来富裕，收获带来喜悦。
○ 宁可自食其力，不可坐吃山空。
○ 名利二字莫争，懒馋二字莫沾。
○ 家有千金，不如日进分文。
○ 人不缺地的工，地不缺人的粮。
○ 宁做蚂蚁腿，不做麻雀嘴。
○ 要吃称心饭，自己下手干。
○ 不怕家里穷，只怕出懒虫。
○ 人为万物灵，全靠双手勤。
○ 一勤生百巧，一懒生百病。
○ 天晴不砍柴，雨天断炊烟。
○ 好田靠人做，船快靠人划。
○ 唯勤能补拙，省俭可成廉。
○ 力气用不尽，井水挑不干。
○ 一年四季忙，年年谷满仓。
○ 当家要节俭，做事要勤快。
○ 勤为无价宝，慎为护身符。
○ 事情不怕烦，只怕遇懒汉。
○ 克勤又克俭，有吃又有穿。
○ 金银到处有，勤劳就到手。
○ 要想长久富，不怕吃大苦。
○ 不怕干活慢，就怕吃闲饭。
○ 手闲成懒汉，身懒成病夫。

○ 花开红满树，勤俭全家富。
○ 茶要人烧，水要人挑。
○ 晚睡早起，缸里有米。
○ 早睡晚起，拖棍讨米。
○ 勤走先到，勤问先知。
○ 人要勤劳，地要常刨。
○ 不拿锄镰吃不上饭，不动针线穿不上衣。
○ 不羞于问人知道多，不吝啬体力收获多。
○ 勤劳的人想工作，懒惰的人想吃喝。
○ 嘴勤不走冤枉路，手勤不吃饥饿苦。
○ 靠天不能吃饱饭，靠手万事都能干。
○ 伸手只有一碗饭，动手能产千斤粮。
○ 凿不休则沟深，斧不止则薪多。
○ 坐求人家办事，不如自己动手。
○ 惰而侈则贫，勤而俭则富。
○ 富时不浪费，贫时不丧气。
○ 富从勤俭起，贫因手头松。
○ 勤人嫌日短，懒人想夜长。
○ 勤不难富有，懒极易贫穷。
○ 手越用越巧，脑越用越灵。
○ 等人家帮忙，越等会越忙。
○ 功无枉费，力不白出。
○ 锄头响，庄稼长。
○ 消忧莫若酒，救贫莫若勤。
○ 遍有黄金，单等勤劳人。
○ 不怕吃饭拣大碗，就怕干活爱偷懒。
○ 不怕难字挡道，就怕懒字缠身。
○ 不怕天寒地冻，就怕手脚不动。
○ 不是靠天吃饭，全靠双手动弹。
○ 地下有窖银，也要锄头勤。
○ 地是刮金板，全靠人动弹。
○ 冬季早耕田，功夫在来年。
○ 动手成功，伸手落空。
○ 多难多干多劳碌，不能浮生半日闲。
○ 房子不扫灰尘满，大路不走变荒地。
○ 男也懒，女也懒，三餐茶饭叫艰难。
○ 勤耕苦作般般有，好吃懒做样样无。
○ 一滴汗珠万粒粮，万粒汗珠谷满仓。
○ 有了勤劳两只手，走遍天下不愁无。
○ 锄头锄得勤，棉花如白银。

勤俭节约

○ 节约好比燕衔泥，浪费就像河决堤。
○ 积累如同针挑土，浪费就像水推沙。
○ 丰年要当荒年过，免得荒年挨饥饿。
○ 算了再用常有余，用了再算悔已迟。
○ 只有勤来没有俭，好比有针没有线。
○ 一滴汗水一粒粮，来之不易不能忘。
○ 细水长流年年有，大吃大喝不长久。
○ 人情莫道春光好，只怕秋过又是冬。
○ 当用则万金不惜，不当用一文不费。
○ 近山不可枉烧柴，近河不可乱用水。
○ 不笑补，不笑破，只笑日子不会过。
○ 笑脏笑拙不笑补，笑馋笑懒不笑苦。
○ 饱带干粮晴带伞，丰年应该防荒年。
○ 大吃大喝顾眼前，省吃俭用度荒年。
○ 夏天莫扔寒时衣，饱时莫忘饥时碗。
○ 铺张浪费无底洞，大吃大喝山也空。
○ 走远路要带盘缠，过日子要打算盘。
○ 节约勤快日日有，大手大脚天天愁。
○ 一天节约一粒粮，十年堆得高过墙。
○ 有柴不可做一灶，有米不可做一锅。
○ 守得紧千日够用，放得松一日用空。
○ 浪费就是支出，节约就是收入。
○ 泰山不却微尘，积小叠成高山。
○ 有势不可使尽，有富不可享尽。
○ 宁在满缸时省，不在缸底下拣。
○ 吃饭看粮仓，穿衣看家当。
○ 宁叫顿顿稀，不叫一顿饥。
○ 一户省一两，万户堆成仓。
○ 一天吃顿粥，一年省担谷。
○ 从俭到奢易，从奢到俭难。
○ 奢者富不足，俭者富有余。
○ 少年不积钱，老来叫可怜。
○ 滴水汇成河，粒米凑成箩。
○ 饿了糠也甜，饱了蜜也咸。
○ 提防急中语，爱惜有钱时。
○ 要想富得长，须得细算账。
○ 宁可无了有，不可有了无。
○ 家大业大，浪费也垮。
○ 越有越算，越算越有。
○ 积少成多，积水成河。
○ 春天种下秋天收，平时积下急时用。
○ 算算用用一世不穷，只用不算海干山空。
○ 食不过佳充饥即可，衣不过华遮身即可。
○ 先甜后苦犹如割股，先苦后甜犹如过年。
○ 一粒粮食一滴汗，粒粒粮食劳动换。
○ 紧紧双手年年会有，浪子当家饿死全家。
○ 富家一席酒，穷汉半年粮。
○ 黄金本无种，出自勤俭家。
○ 粮食打进仓，莫忘灾和荒。
○ 日储一勺米，千日一石粮。
○ 新三年旧三年，缝缝补补又三年。

延年益寿

○ 恼一恼，老一老；笑一笑，少一少。
○ 吃酒不过七八分，健身活血养精神。
○ 笑笑说说散散心，不说不笑好生病。
○ 饭后向右躺一躺，不长半斤长一两。
○ 人生知足何时足，到老偷闲且是闲。
○ 少而寡欲颜常好，老不求官梦亦闲。
○ 不要气来不要恼，气气恼恼人易老。
○ 衣要看天穿，饭要按时吃。
○ 吃饭先喝汤，老了不受伤。
○ 要想身体壮，饭菜嚼成酱。
○ 睡前开开窗，一夜睡得香。
○ 生活有规律，必能活百岁。

○ 处事莫烦恼，烦恼容易老。
○ 天天不发愁，活到百出头。
○ 有病不瞒医，瞒医害自己。
○ 会吃千顿香，乱吃一顿伤。
○ 酒多伤人，色多伤身。
○ 能忘烟酒，活到九九。
○ 年老不存心底事，尽倾挚友解忧愁。
○ 万事不恼，长生不老。
○ 知足常乐终身不辱，知止常止终身不耻。
○ 一笑解百丑，二笑解百愁，三笑活白头。
○ 早饭要好，午饭要饱，晚饭要少。
○ 善会长寿，恶必早亡。
○ 运动好比灵芝草，何必苦把仙方找。
○ 多动锄头能壮筋，多流汗水能治病。
○ 高高兴兴精神好，烦烦恼恼人病倒。
○ 好人老睡成病人，病人老睡成死人。
○ 脑子不怕用，身体不怕动。
○ 饭食贵在节，锻炼贵在恒。
○ 坐卧不迎风，走路要挺胸。
○ 早起活活腰，一天精神好。
○ 夏练三伏，冬练三九。
○ 不经风雨不长大树，不受百炼难成好钢。
○ 想要身体健，必须天天练。
○ 日光不照门，医生便上门。
○ 阳光是个宝，晒晒身体好。
○ 早睡早起，无病惹你。
○ 户外风光无限好，随心漫步不可少。
○ 心宽体胖，手勤体壮。
○ 干干净净，一生无病。
○ 经常洗澡，虱子不咬。
○ 饭前洗手，防菌入口。

○ 讲究卫生，百病不生。

○ 有病早治，无病早防。

○ 赌气伤财，怄气伤肝。

○ 节食去病，寡欲延年。

○ 粗饭养人，粗活益身。

○ 不干不净，吃了生病。

○ 医早不医迟，预防重于治。

○ 有钱万事易，无病一身轻。

○ 饭后一支烟，害处大无边。

○ 无事勤扫屋，强于上药铺。

○ 病来如山倒，病去如抽丝。

○ 与其得病请医生，不如没病讲卫生。

○ 病急不要乱投医，逢庙不要乱烧香。

○ 桃养人，杏伤人，李子树下埋死人。

○ 多愁添病，多笑减病。

○ 天怕乌云地怕荒，人怕疾病草怕霜。

○ 冬吃萝卜夏吃姜，不劳医生开药方。

○ 常开窗，透阳光；防疾病，保健康。

○ 喝水别着急，吃饭别生气。

○ 少食少饮香，大吃大喝伤。

○ 多吃开胃果，犹如常进补。

○ 多吃五谷杂粮，少生疮疡杂病。

○ 酒不醉人人自醉，色不迷人人自迷。

○ 酒是穿肠的毒药，色是刮骨的钢刀。

○ 饮酒不过量，玩笑要适当。

○ 饭后百步走，不把郎中求。

○ 断送一生唯有酒，借酒消愁愁更愁。

○ 饭前一碗汤，胜过好药方。

○ 热不马上脱衣，寒不马上穿棉。

○ 若要小儿安，须带三分饥和寒。

○ 三伏不离绿豆汤，头顶火盆身无恙。

○ 少吃多滋味，多吃活受罪。

○ 身体锻炼好，八十不服老。

○ 爽口食多终作疾，快心事过必为殃。

○ 睡前热热脚，胜服催眠药。

生活写真

○ 在官三日人问我，离官三日我问人。
○ 好搞溜须拍马，必有弄虚作假。
○ 一家饱暖千家怨，半世功名万世冤。
○ 天天待客不会穷，常去赌场准败家。
○ 偷吃不会肥，赌博不会富。
○ 恶人纠纷多，赌钱受穷多。
○ 钱到了赌场，人到了法场。
○ 言多必失，久赌必输。
○ 十个赌者，九个输钱。
○ 藤萝绕树生，树倒藤萝死。
○ 吸毒没有好下场，飞蛾扑火自灭亡。
○ 开水不响，响水不开。
○ 好梦易醒，好事多磨。
○ 一指受伤，九指都疼。
○ 狗咬丑的，人敬有的。
○ 河长多滩，路长多弯。
○ 穷有穷愁，富有富忧。
○ 一山不容二虎，一海不藏二龙。
○ 一福能压百祸，一正能压百邪。
○ 一客不犯二主，双拳难敌四手。
○ 人情似水分高下，世事如云任卷舒。
○ 人情似纸张张薄，世事如棋局局新。
○ 人逢喜事精神爽，闷上心来瞌睡多。
○ 有心栽花花不发，无意插柳柳成荫。
○ 春前有雨花开早，秋后无霜叶落迟。
○ 今朝有酒今朝醉，明日愁来明日愁。
○ 人生一世，草木一秋。
○ 天上众星皆拱北，世间无水不朝东。
○ 一将成名，万人丧命。
○ 饱暖思淫逸，饥寒起盗心。
○ 天雨不养无根树，地阔不容作恶人。
○ 世事洞明皆学问，人情练达即文章。
○ 臣怕君不正，父怕子不良。
○ 龙遇浅水遭虾戏，虎到平原被犬欺。
○ 娘勤女不懒，爹懒儿好闲。
○ 溪壑易填，人心难满。
○ 时到天亮方好睡，人到老来才学乖。
○ 一叶遮目不见泰山，两豆塞耳不闻雷鸣。
○ 农夫怜蛇被蛇咬，纵虎归山虎伤人。
○ 饭来张口，衣来伸手。
○ 漫天要价，就地还钱。
○ 爱人者人恒爱之，敬人者人恒敬之。
○ 爱屋及乌，打狗欺主。
○ 拔了萝卜地头宽，嫁了姑娘嫂喜欢。
○ 百里不同俗，十里改规矩。
○ 败为寇，成为王。
○ 办酒容易请客难，请客容易款客难。
○ 伴君如同羊伴虎，一点不到有损伤。
○ 比上不足，比下有余。
○ 伯乐一顾，马价十倍。
○ 不看鱼面看水面，不念僧面念佛面。
○ 不怕隔山离海，就怕隔情离心。
○ 不在其位，不谋其政。
○ 才脱了阎王，又撞着小鬼。
○ 财压奴婢，艺压同行。
○ 槽内无食猪拱猪，分赃不匀狗咬狗。
○ 拆东墙，补西墙，结果还是住破房。
○ 馋老婆盼过年，过了大年盼小年。
○ 长城万里今犹在，不见当年秦始皇。
○ 长工难做苦难言，媳妇难做真可怜。

○ 长江后浪推前浪，一代新人胜旧人。
○ 芳林新叶催陈叶，流水前波让后波。

○ 朝里有人好做官，家里有狗好看门。
○ 扯耳难遮雨，张手不挡风。
○ 城门失火，殃及池鱼。
○ 愁人莫向愁人说，说起愁来愁煞人。
○ 丑脸夫人样，漂亮婊子相。
○ 丑陋夫人闺中宝，美貌佳人惹烦恼。
○ 出家三天佛在面前，出家三年佛在西天。
○ 出门三步远，又是一层天。
○ 春风满面皆朋友，急难之时无一人。
○ 春思浓如画，离心乱似绵。
○ 慈父不爱无益之子，明君不蓄无益之臣。
○ 此辈只堪林下见，不宜引到画堂前。
○ 从来为富难为仁，自古尽忠难尽孝。
○ 从前多少事，过去一场空。
○ 粗布衣来家常饭，吃不俗来穿不烂。
○ 打酒卖砂糖，做一行怨一行。
○ 打起来没好拳，骂起来没好言。
○ 大路有草行人踩，心事不正旁人说。
○ 大鸟缄默寡言，小鸟最爱叫唤。
○ 大树底下乘阴凉，快活一时是一时。
○ 当官动动嘴，当兵跑折腿。
○ 稻怕午时风，人怕老来穷。
○ 得便宜处且便宜，得快活处且快活。
○ 灯里无油盏盏灭，手里无钱难为人。
○ 爹有娘有不如己有，哥有嫂有不敢伸手。
○ 顶天立地男儿汉，遭逢不遇也枉然。
○ 肚内无食无人知，衣服褴褛被人欺。
○ 儿女情长，英雄气短。
○ 耳不听不烦，眼不见为净。
○ 人怕出名，猪怕壮。
○ 落花有意，流水无情。
○ 法无三日严，草是年年长。
○ 凡事非财难着手，一朝无粮不驻兵。
○ 防民之口，甚于防川。
○ 放牛小鬼望插田，烧锅丫头望过年。
○ 飞鸟尽，良弓藏；狡兔死，走犬烹。
○ 风送人，雨留客。
○ 蜂多出王，人多出将。
○ 佛靠一层皮，人凭一身衣。
○ 浮生梦一场，世事云千变。
○ 浮云世态纷纷变，秋草人情日日疏。
○ 富贵人求合，贫穷亲不睦。
○ 富贵相交朋友易，贫穷倚靠兄弟难。
○ 富家山野有人瞅，贫居闹市无人问。
○ 腹中晓尽世间事，命里不如天下人。
○ 高飞之鸟死于美食，深泉之鱼死于芳饵。
○ 各处各乡俗，一处一规矩。
○ 狗眼看人低，人穷狗也欺。
○ 古古今今多更改，贫贫富富有循环。
○ 古人不见今时月，今月曾经照古人。
○ 故人长望贵人厚，几个贵人怜故人。

○ 国乱思良将，家贫思贤妻。
○ 过后才知事前错，老来方觉少时非。
○ 海枯终见底，人死不知心。
○ 海之宽填不下爱，天之大装不满情。
○ 好茶一杯动心凉，好花一朵满园香。
○ 侯门深似海，人恨人也爱。
○ 黄牛过河各顾各，斑鸠上树各叫各。
○ 黄泉路上无老少，黄叶不落青叶落。
○ 见识洛阳花似锦，偏我来时不遇春。
○ 蛟龙岂是池中物，未遇风云不得升。
○ 今朝不保明朝事，上床难保下床事。
○ 倦鸟思林，人老思家。
○ 看得中是个宝，看不中是颗草。
○ 看透世事金能语，看透人情冷透心。
○ 烂锅自有烂锅盖，丑人自有丑人爱。
○ 利刃难断东流水，天涯难隔家乡情。
○ 利之所在，无所不趋。
○ 美不美，乡中水；亲不亲，故乡人。
○ 门难进，脸难看，话难听，事难办。
○ 门前有了讨饭棍，骨肉之亲不上门。
○ 哪个人前不说好，哪个人后不说人。
○ 男人以才为貌，女人以貌为才。
○ 鸟之将死其鸣也哀，人之将死其言也善。
○ 千般易学，一窍难通。
○ 情深恭敬少，知己笑谈多。
○ 情太切伤心，欲太烈伤身。
○ 求人不如求己，使人不如使腿。
○ 人不到死事不完，马不到死不解鞍。
○ 人不求人一般高，水不下滩一层平。
○ 人当贫贱语声低，马瘦毛长不显肥。
○ 人多没好汤，猪多没好糠。
○ 人贫志短，马瘦毛长。
○ 人事有代谢，往来成古今。
○ 人是三截草，不知哪截好。
○ 人往高处走，水往低处流。
○ 人为财死，鸟为食亡。
○ 人无千日好，花无百日红。
○ 人有悲欢离合，月有阴晴圆缺。
○ 人有旦夕祸福，天有不测风云。
○ 人在人情在，人走茶就凉。
○ 柔软是立身之本，刚强是惹祸之胎。
○ 三十年河东，四十年河西。
○ 纱帽底下无穷汉，情人眼里出西施。
○ 十年窗下无人问，一举成名天下知。
○ 时来铁也争光，运去黄金失色。
○ 世财红粉歌酒楼，谁为三般事不迷。
○ 世事短如春梦，人情薄似秋云。
○ 事不关己，高高挂起。
○ 势败奴欺主，时乖鬼弄人。
○ 是非吹入凡人耳，万丈江河洗不清。
○ 手里有了权，到处都是钱。
○ 水浮不起石子，人担不起闲话。
○ 三杯和万事，一醉解千愁。
○ 三人误大事，六耳不通谋。
○ 三十年寡妇碧波清，泥船摇过一时浑。
○ 善战者不败，善败者不乱。
○ 死寡易守，活寡难熬。
○ 踏破铁鞋无觅处，得来全不费工夫。
○ 天地者万物之逆旅，光阴者百代之过客。
○ 天可度，地可量，唯有人心最难防。
○ 投亲不如访友，访友不如落店。
○ 土地长粮就好看，牲口长膘就值钱。
○ 万事不如杯在手，一年几见月当头。
○ 闻钟始觉山藏寺，到岸方知水隔村。
○ 无钱君子受熬煎，有钱村汉显英豪。
○ 梧桐一叶落，天下尽皆秋。
○ 闲中觅伴书为先，身外无求睡最安。
○ 献玉要逢知玉主，卖金须遇买金人。

○ 向阳石榴红似火，背阴李子酸透心。

○ 心病要用心法医，解铃还须系铃人。

○ 行家伸伸手，便知有没有。

○ 哑巴吃黄连，有苦口难言。

○ 哑子慢尝黄柏味，难将苦口向人言。

○ 一朝人死黄金尽，亲者如同陌路人。

○ 一朝天子一朝臣，这朝不用那朝人。

○ 一举首登龙虎榜，十年身到凤凰池。

○ 一心忙似箭，两脚走如飞。

○ 一叶浮萍归大海，为人何处不相逢。

○ 英雄造时势，时势造英雄。

○ 营于利者多患，轻于诺者寡信。

○ 有花方酌酒，无月不登楼。

○ 有钱不是万能，无钱万万不能。

○ 有钱到处是杭州，无钱杭州凉飕飕。

○ 有钱的王八大三分，没钱的秀才门角蹲。

○ 有钱高三辈，无钱公变孙。

○ 有钱就是天堂路，没钱就是地狱门。

○ 有钱能使得鬼推磨，没钱鬼也不上门。

○ 有钱千里通，无钱隔壁聋。

○ 有钱一条龙，无钱一条虫。

○ 债是一根无头绳，解不开它捆死人。

○ 种菜的老婆吃菜脚，做鞋的老婆打赤脚。

○ 自古英雄惜好汉，从来才子惜佳人。

○ 昨日花开满树红，今朝花落一场空。

○ 官小被人欺，树老风吹倒。

○ 有酒有肉皆朋友，无柴无米不夫妻。

○ 狗急跳墙，人急悬梁。

精彩谜语

JINGCAI MIYU

简述

谜语是我国特有的一种的文字游戏，也是民间语言花园里一枝色彩诱人、异香扑鼻的山野奇葩。它曲折别致，变化多端，寓意奥妙，耐人寻味，不仅有其独特的思想艺术价值与社会文化功能，而且源远流长，凝聚着民族的丰富智慧和美好情趣。

谜语最早起源于古时的隐语。它在古人的生活中应用的广泛程度，几乎令人难以想象。在外交场合，它是智力测验的尺度，国家治理靠它甄别贤才，个人靠它选择配偶，甚至敌国间还靠它试探对方的实力。在曹魏时代，才正式形成今天通常所说的谜语。

到了宋代，因元宵节要悬挂彩灯，为了招徕观众，人们将谜语写成纸条，贴挂于灯上供人品猜，于是又有了“灯谜”之称。

宋代以后，猜谜语一直是春节晚上的娱乐项目，直至今天仍然如此。

由于猜谜十分不容易，费尽心机，好像射虎一般，因而，猜谜又被戏称为“射虎”，灯谜则被称为“灯虎”。

一条谜语包含谜面、谜目和谜底三个部分。

谜面是谜语的喻体，又叫“表”。它是巧妙地隐喻着谜底（本体）的单字、多字、成语、古今诗词文句或作者自拟的句子，也可以是图形或其他符号和公式，但多数采用短语、韵语或诗词句子形式。

谜目，是指谜面要求猜射的事物的范围，如不规定猜射的事物的范围，猜谜者无所适从，难以猜测。

谜底是指谜面隐喻的实际要猜射的事物，即谜语的本体和“里”。猜谜者要通过谜面的暗示，在谜目规定的范围内，找出它所指的实际事物，达到猜中的目的。

谜语是将智力游戏、知识教育和诗情画意融为一体，以短小精悍的语言形式来包容大千世界与人类智慧的一种特殊载体。猜谜不但能增长知识、开发智力、陶冶情操、锻炼和培养观察能力、思维能力、认识能力和审美能力，激发想象力和创造力，而且可以为家庭创造生活情趣，因而历来深受人们的喜爱。

自然谜

说它多大有多大，日月星球全容纳，
无人知它始和终，也无左右和上下。

宇宙

乍看白茫茫，细看一条江，
没有鱼儿游，不见船来往。

银河

有个毛公公，天亮就出工，
有朝一日不见它，不是下雨就刮风。

太阳

东边点窝瓜，牵藤到西家，
花开人吵闹，花落人归家。

太阳

一只球，热烘烘，
落在西，出在东。

太阳

上一半，下一半，中间有线看不见，
两头寒，中间热，一天一夜转一圈。

地球

有时落在山腰，有时挂在树梢，
有时像面圆镜，有时像把镰刀。

月亮

小时两只角，长大没有角，
到了二十多，又生两只角。

月亮

三四五，像把弓，十五十六正威风，
人人说我三十寿，二十八、九便送终。

月亮

棋子多，棋盘大，
只能看，不能下。

星星

青石板儿石板青，青石板上挂明灯，
若问明灯有多少，天下无人数得清。

星星

千颗星，万颗星，满天星星数它明，
有它给你指方向，夜里航行不用灯。

北斗星

一道光，亮闪闪，划过天空像支箭，
一下跑了千万里，眨眨眼睛看不见。

流星

摸不着，看不到，无颜色，没味道，
生命世界当个宝，一时一刻少不了。

空气

忽然不见忽然有，像虎像龙又像狗，
太阳出来它不怕，大风一吹它就走。

云

像是烟来没有火，说是雨来又不落，
有时能遮半边天，有时只见一朵朵。

云

身体多轻柔，逍遥漫天游，
风来它就躲，雨来它带头。

云

千条线，万条线，
落在水里看不见。

雨

一片白线半天高，可惜布机织不了，
剪刀裁它不会断，只有风吹能折腰。

雨

脚踏千江水，手扬满天沙，
惊起林中鸟，折断园里花。

风

看不见来摸不到，四面八方到处跑，
跑过江河水生波，穿过森林树呼啸。

风

水皱眉，树摇头，
草弯腰，云逃走。

风

生来本无形，走动便有声，
夏天无它热，冬天有它冷。

风

天冷它出来，白毛到处盖，
不怕风来吹，只怕太阳晒。

霜

像花花园不种它，花儿刚开就落下，
春夏秋季它不长，寒冬腊月开白花。

雪

白色花，无人栽，一夜北风遍地天，
无根无枝又无叶，此花原从天上来。

雪

一夜北风万花开，我从天宫降下来，
今宵人间借一宿，明朝日出升天台。

雪

像糖不甜，像盐不咸，
冬天飞满天，夏天看不见。

雪

又像轻纱又像烟，飘飘荡荡在眼前。
要想抓它抓不住，太阳一出就不见。

雾

像云不是云，像烟不是烟，
风吹轻轻飘，日出慢慢散。

雾

赤橙黄绿青蓝紫，犹如彩练当空舞，
夏日雨后常常见，太阳在西它在东。

虹

一座弯大桥，造在青天里，
七色呈异彩，都夸好手艺。

虹

弯弯一座桥，挂在半天腰，

七色排得巧，一会不见了。

虹

天上有面鼓，藏在云深处，
响时先冒火，声音震山谷。

雷

箭射没有洞，刀砍不留痕，
雨来成碎锦，风起现花纹。

水

双手抓不起，一刀劈不开，
煮饭和洗衣，都要请它来。

水

生在水中，却怕水冲，
放在水里，无影无踪。

冰

左看两点水，右看水两点，
细看不是水，敲敲邦邦硬。

冰

山上有株草，珍珠结不少，
我去没拿来，你去也白跑。

露珠

人物谜

汉朝文书。

打一名著人物。（刘表）

事事齐全说汉高。

打一名著人物。（刘备）

孔雀收屏。

打一名著人物。（关羽）

凿壁借光。

打一名著人物。（孔明）

四面囤粮。

打一名著人物。（周仓）

的卢飞跃过澶溪。

打一名著人物。（马腾）

正是寒风凛冽时。

打一名著人物。（方腊）

疏于练功。

打一名著人物。（武松）

春秋半部，日月同辉。

打一名著人物。（秦明）

五颜六色红为尊。

打一名著人物。（朱贵）

普降甘霖。

打一名著人物绰号。（及时雨）

僧穿彩衣。

打一名著人物绰号。（花和尚）

单刀赴会。

打一名著人物。（关胜）

替爷爷站岗。

打一名著人物。（孙立）

绿化北京。

打一名著人物。（燕青）

黑棋输了。

打一名著人物。（白胜）

不是真正的奇珍。

打一名著人物。（贾宝玉）

踏雪寻梅。

打一名著人物。（探春）

辞岁之后。

打一名著人物。（迎春）

询问年龄。

打一历史人物。（盘庚）

劳动竞赛。

打一历史人物。（比干）

忽然痊愈。

打一历史人物。（霍去病）

爷爷打先锋。

打一历史人物。（祖冲之）

看秤。

打一历史人物。（张衡）

和尚代表团。

打一历史人物。（僧一行）

禁止放羊。

打一历史人物。（杜牧）

读完小学进中学。

打一中国古代科学家。（毕昇）

凿壁偷光

打一中国古代历史人物。（孔明）

定期上工

打一中国古代历史人物。（班固）

报捷

打一中国古代历史人物。（陈胜）

唐代通宝

打一中国古代历史人物。（李时珍）

原来很牢固。

打一历史人物。（曾巩）

挟泰山以超北海。

打一历史人物。（岳飞）

大地旅行。

打一历史人物。（陆游）

住屋不交租。

打一古代作家。（白居易）

千里驹长跑。

打一古代词作家。（马致远）

川币。

打一现代名人。（巴金）

大热天吃雪糕。

打一现代名人。（冰心）

百年古屋。

打一现代名人。（老舍）

字词谜

○ 四点树下埋。 杰
○ 主见差一点。 现
○ 林字多一半。 梦
○ 五口人说话。 语
○ 江水往下流。 汞
○ 木字多一撇。 移
○ 由下面转弯。 电
○ 砍掉了石头。 欠
○ 多心就不好。 恶
○ 良又少一点。 艰
○ 加倍才算多。 夕
○ 大框加小框。 固
○ 三个“十八盘”。 森
○ 开门日正中。 间
○ 日光照首都。 景
○ 擦去汗水。 干
○ 没有鬼魂。 云
○ 沾水就活。 舌
○ 空中飞人。 会
○ 我在山东。 峨
○ 半价出售。 倠
○ 猜错一半。 猎
○ 多出一半。 岁
○ 衰柳残荷。 柯
○ 巴蜀乡音。 训
○ 如出一口。 女
○ 木乃伊。 居
○ 红娘子。 姝
○ 将相和。 斌
○ 共二斤。 斯

○ 十五日。 胖
○ 不出头。 木
○ 九十九。 白
○ 宝中宝。 玉
○ 一撇划了三寸长。 寿
○ 夺去一半留一半。 奋
○ 有吃有穿生活好。 裕
○ 放眼唯有一孤帆。 舰
○ 牛角上边来一刀。 解
○ 一边有水一边干。 汗
○ 大火烧到耳朵边。 耿
○ 一口咬掉牛尾巴。 告
○ 有人无人都是你。 尔
○ 三人骑头无角牛。 奉
○ 一口咬去多半截。 名
○ 为熊猫储备饲料。 筏
○ 两人力大冲破天。 夫
○ 加减乘除少一点。 坟
○ 只有姐姐妹妹和弟弟。 歌
○ 加了四点只有一点。 占
○ 闭着嘴，却在笑。 哈
○ 甜一半，辣一半。 辞
○ 取一半，送一半。 联
○ 记一半，忘一半。 忌
○ 要一半，扔一半。 奶
○ 十一点，点十一。 幸
○ 心和年少紧相连。 憧
○ 少小离家老大回。 夭
○ 不要太阳并不难。 易
○ 修竹成荫暑日无。 箸

○ 星出太阳落。　生
○ 两代人。　姆
○ 原始森林。　枯
○ 灭火。　一
○ 窝窝头。　穴
○ 空头。　穴
○ 尖端。　小
○ 有板有眼。　相
○ 金木水火。　坎
○ 鼻头。　自

○ 思想不集中。　忩
○ 没事的姑娘。　娴
○ 剪去一刀。　前
○ 大火烧到耳朵边。　耿
○ 李时珍所著。　苯
○ 北齐。　文
○ 尽头。　尺
○ 斧头。　父
○ 二姑娘。　姿
○ 几口水。　沿
○ 一千零一夜。　歼
○ 挖掉穷根巧安排。　窍
○ 儿子出世。　甥

○ 向下看。　睡
○ 有人无人都是你。　尔
○ 熄火。　息
○ 先人后己。　俄
○ 瓜熟蒂落。　爪
○ 华北。　化
○ 奶奶有儿无女。　孕
○ 傍晚。　晒
○ 台南。　口
○ 左联。　耳
○ 把手松开。　巴
○ 东坡。　皮
○ 台上长草。　苔
○ 西域。　土
○ 极左。　木
○ 极右。　及
○ 西施。　方
○ 一来就有徒弟。　帅
○ 内因。　大
○ 一步登天。　大
○ 南宁。　丁
○ 厅内。　丁
○ 抛弃两边。　九
○ 古代女英雄。　栏
○ 十八门。　闲
○ 嫁女。　家
○ 承先启后。　告
○ 走运。　云
○ 大弓。　夷
○ 东欧。　欠
○ 通力合作。　边
○ 傻子。　保
○ 文言文。　故
○ 半把斧头。　爸

○ 伸手不见掌。 撑
○ 软硬兼施。 砍
○ 十八寸。 村
○ 枯泉。 白
○ 砍树木。 对
○ 西欧。 区
○ 故人相会。 做
○ 十八点。 术
○ 上交。 六

○ 拾草。 搭
○ 济济一堂。 侈
○ 报销一半。 捎
○ 北京土话。 谅
○ 滤除水分。 虑
○ 右倾。 页
○ 走了。 辽
○ 干涉。 步
○ 大口加小口，不作回字猜。 固
○ 十字在当中，四面炮弹轰。 米
○ 头戴一顶帽，忠诚又可靠。 实
○ 一只小虫生得怪，嘴巴长在天顶盖。 虽
○ 王大娘和白大娘，挨肩坐在石头上。 碧
○ 三横又三竖，三撇又三捺。 森

○ 一人生得丑，一耳八张口。 职
○ 明明有人陪同，却还不够一人。 伴
○ 是船不叫船，只因缺半边。 舟
○ 两只狗，草底走。 获
○ 日月一起来，不做明字猜。 胆
○ 去一人还有一口，去一口还有一人。 合
○ 记一半，忘一半。 忌
○ 三面是墙一面空，一条毛巾挂当中。 匝
○ 两人走在耳朵上，立在云上高千丈。 耸
○ 叔叔一只眼，大事小事都爱管。 督
○ 宋字去宝盖，不当木字猜。 李

一点一横长，方砖顶房梁，
大口张着嘴，小口里面藏。 高

一对明月，毫不残缺，
躲在山下，左右分裂。 崩

上八是倒八，下八是正八，
十字当中架，人人需要它。 米

有间房子不寻常，建在一条小溪旁，
门外下着倾盆雨，门里藏着小太阳。 涧

有水可种荷花，有土可栽桑麻，
有人非你非我，有马可走天下。

也

老大老二和小三，弟兄三个逗着玩，
老大踩着老二头，剩下小三在下边。

奈

一点一横长，一撇到南洋，
城内有个人，只有一寸长。

府

左放光，右面亮，
一边热，一边凉，
两者同时不露面，
合并起来亮堂堂。

明

一点一横长，一甩去南洋，
南洋两棵树，长在石头上。

磨

巧了不空，空了不巧，
既空又巧，办法真好。

窍

左边管听，右边管说，
左右相连，吵闹不停。

聒

一木口中栽，非困也非呆，
你若猜作杏，还没猜出来。

束

一字生得真古怪，
太阳偏在土下埋，
土上青草刚出头，
单刀斜着劈下来。

著

早有，晚也有，
阳有，阴没有；
黑夜没有白天有，
晋鲁豫赣全都有。

日

一个姑娘，一个老汉，
两人一起，给哥做饭。

嫂

一字难猜着，
头长两只角，
身上六个口，
嘴下八只脚。

典

长脚一瘸一拐，
加水一起一伏，
添土倾斜不平，
遇石粉身碎骨。

皮

有水能浇灌，
有火可燃着，
有日天将晓，
有足显得高。

戈

看文字，一半是春秋，
论年代，一半在春秋。

秦

上头去下头，下头去上头，
两头去中间，中间去两头。

至

左边不出头，右边不出头，
不是不出头，就是不出头。

林

上下都是草，狗在中间跑，
忽见一大虫，叫人吓一跳。

蟒

一个懒学生，睡到日当头，
鸡在旁边叫，他才把眼睁。

醒

我家有只狗，时时跟人走，
此字要猜着，等到黄梅后。

伏

一个嘴巴叫，两个嘴巴哭，
如果没嘴巴，半夜去守屋。

犬

因为自大一点，人人都要讨厌。

臭

田里种水稻，田外长野草。

菌

兔遁吴刚走，嫦娥下凡尘。

腔

你没有他有，天没有地有。

也

立在两日旁，反而没有光。

暗

分开是三人，合起来无数。

众

三人同日见，百花齐争艳。

春

哥哥一半大，莫作可字猜。

奇

一物有千口，我有你也有。

舌

门外长流水，门里出太阳。

涧

左边加一是一千，左边减一是一千。

任

小山上，落大鸟，神枪手，打掉脚。

岛

左十八，右十八，建设需要它。

林

大门开，有客来，先脱帽，再进来。

阁

高山被风吹倒，小村树木刮跑。

寻

一只虫，生得轻，嘴巴长在天灵盖。

虽

两个上字肩并肩，一正一反底相连。

业

你一半，我一半；同心干，把树砍。

伐

走了一口还有一人，走了一人还有一口。

因

有个牛，个头低，站着只有一尺一。

特

火烤日晒继续干，消除裂缝团结紧。

焊

存心不让出大门，你说烦人不烦人。

闷

有位叔叔一只眼，大事小事都爱管。

督

一月又一月，两月共半边，
上有可耕之田，下有长流之川，
一家有六口，两口不团圆。

用

四个山字山靠山，四个川字川套川，
四个口字口对口，四个十字颠倒颠。

田

头是一，腰是一，
尾是一，其实不是一。

三

说起旧社会，两眼泪淋淋，
我家十口人，只有草盖身。

苦

一个大，一个小，
一个跑，一个跳，
一个吸血，一个吃草。

骚

千字不像千，八字排两边，
有个风流女，却被鬼来缠。

魏

一点一横长，一甩去南阳，
南阳两棵树，长在石头上。

磨

遇水立成河，同伴就称哥，
头顶大得奇，傍人又如何。

可

某字生来横，老是躺着困，
若要问本事，样样是头名。

一

一堵大围墙，墙外水汪汪，
水从左边来，冲走右边墙。

汇

去头是字，去尾是字，
去头去尾还是字。

中

两个动物并排站，
一个游泳，一个吃草。

鲜

上头在水里，下头在天空，
要问家在哪，老家在山东。

鲁

十个哥哥，体重真轻，
重一千倍，才一公斤。

克

有耳能听到，有口能请教，
有手能摸索，有心就烦恼。

门

外面会说话，里面飘雪花，
里外合起来，大家爱看它。

图

砍去左边是树，砍去右边是树，
砍去中间是树，只有不砍不是树。

彬

没有鼻子没有眼，牙齿长在耳朵边，
一看就知不正派，及时改正还不晚。

邪

上边十一口，下边二十口，
上下合起来，遇事总不愁。

喜

一只牛，没有头，
天天来，天天走，
要想见它也容易，
等到十二点左右。

午

南字反方向，口字在中央，
上下二十四点，大家猜猜看。

燕

有一有二又有三，中间一笔连成串，
笔画虽少分量重，仓库粮棉堆成山。

丰

四面有山不显，二日碰头相连，
居家一十四口，两王横行中原。

田

虽有十张口，只有一颗心，
要想猜出来，必须动脑筋。

思

人体谜

高高山上一蓬麻，月月割来月月长，
要是天长没人管，人人见了都笑煞。

头发

一个葫芦七个眼，
听的听来喊的喊。

头

两间房子一样宽，大门常开也常关，
房里可容千万人，难容沙粒在里边。

眼睛

日日开窗子，夜夜关窗子，
窗里一面小镜子，镜里一个小影子。

眼睛

上边草，下边草，
当中一颗黑葡萄。

眼睛

黑线球，白线球，
猜不着，看看我。

眼睛

平地一座山，望去看不见，
手可摸到山顶，脚踏不到山边。

鼻子

左一孔，右一孔，
是香是臭它最懂。

鼻子

红门楼，白门槛，
锁不住，关不严。

嘴

小石碑，几十块，竖在门口分两排，
日夜三次大门开，十人两桨划进来。

嘴

红门楼，白院墙，
里头坐个红衣郎。

舌头

白石洞里架红桥，
一头不动一头摇。

舌头

四面不见天，长得很新鲜，
虽然不下雨，总是湿绵绵。

舌头

兄弟生来三十多，先生弟弟后生哥，
平常事情弟弟办，大事一来请哥哥。

牙齿

上下两对兵，把守在洞门，
哪个进城去，打得碎粉粉。

牙齿

三十二个老头，做事一起动手，
切菜不用菜刀，舂米不用石臼。

牙齿

一堵红墙两头窄，能够拦腰两分开，
红墙启合话声起，你说奇怪不奇怪。

嘴唇

韭菜种在红塍坝，根儿朝上叶朝下，
颜色有黑也有白，天天浇水不开花。

胡子

左一片，右一片，
说话能听见，隔个山头不见面。

耳朵

兄弟二人分两家，隔山隔水不隔音，
无冤无仇也无恨，就是老死不见面。

耳朵

高山上一蓬草；草底下一队宝；
宝底下一个墩；墩底下开大门。

头、眼睛、鼻子、嘴

一棵树，五个杈，不长叶子不开花，
五杈生来常碰头，团结合作本领大。

手

五个弟兄，住在一起，
名字不同，高矮不齐。

手指

大的分两段，小的分三段，
总共算一算，四七二八段。

手指

十条田塍八条沟，
条条田塍瓦盖头。

手指

十个兄弟一母生，算算五对是孪生，
高矮不齐两边站，仔细一看真对称。

手指

全村共有廿个娃，五个搭伙做一家，
两家灵巧会做事，两家蠢笨地上爬。

手指、脚趾

十个秃头小孩，分开站在两旁，
同床同被同睡，合穿两件衣裳。

脚趾

一对孩子并排走，脊背朝前肚朝后，
头上顶着擎天柱，同心合力抬高楼。

小腿

动物谜

嘴阔脸长大尾巴，古代打仗都用它，
铁板鞋垫呱嗒嗒，驰骋千里本领大。

马

头戴尖角帽，身穿黄皮袄，
做工出大力，从不怕疲劳。

牛

吃进去是草，
挤出来是宝。

奶牛

年纪不算大，胡子一大把，
不管见到谁，总爱叫妈妈。

山羊

一个白胡老头，
带了一袋黑豆，
一面走，一面漏。

羊

长着两只角，翻穿大皮袄，
吃的绿草草，拉的黑枣枣。

羊

身披一件大皮袄，山坡上面吃青草，
为了别人穿得暖，甘心脱下自己毛。

绵羊

又肥又胖一身膘，不爱清洁不洗澡，
人人说它懒东西，吃饱喝足就睡觉。

猪

个子不高耳朵长，四蹄圆圆有力量，
能骑能驮能拉车，像马和马不一样。

驴

一物生来力量强，又有爹来又有娘，
有爹不和爹一姓，有娘和娘不一样。

骡子

有种动物长得棒，拉车善走有力量，
一辈不生儿和女，不像爹来不像娘。

骡子

耳朵长，尾巴短，红眼睛，白毛衫，
三瓣嘴儿胆子小，蹦蹦跳跳人喜欢。

白兔

芙蓉冠头上戴，锦衣不用剪刀裁，
果然是个英雄汉，一唱千户万门开。

公鸡

脚像小扇子，嘴像小铲子，
下水捉虾子，不湿花褂子。

鸭子

一只顺风船，白篷红船头，
划起两只桨，湖上四处游。

鹅

身穿白袍子，头戴红帽子，
走路像公了，说话高嗓子。

鹅

小小年纪胡子翘，看见小鱼咪咪叫，
爱洗脸呀爱理毛，老鼠一见连忙逃。

猫

八字须，往上翘，说话好像娃娃叫，
只洗脸，不梳头，夜行不用灯光照。

猫

胡子不多两边翘，开口总是妙妙妙，
晚上巡逻眼似灯，厨房粮库它放哨。

猫

脚穿钉鞋行无声，不爱吃素专吃腥，
白天无事打瞌睡，夜晚捕鼠逞英雄。

猫

粽子头，梅花脚，屁股挂把弯镰刀，
看见主人尾巴摇，看见生人汪汪叫。

狗

屁股挂把指挥刀，
坐着反比立着高。

狗

老家住在弯里弯，前门后门都不关。
不怕狮子豺狼，只怕猫咪下山。

老鼠

两撇小胡子，尖嘴尖牙齿，
贼头又贼脑，夜晚干坏事。

老鼠

背上背高山，脖中藏水袋，
常在沙漠走，运货不发愁。

骆驼

身穿皮袄黄又黄，呼啸一声众兽慌。
虽然不带兵和将，自称山中一大王。

老虎

生来性暴躁，身穿黄皮袄，
自称山中王，别猜它是猫。

虎

头发乱蓬蓬，样子很威风，
开口吼一声，百兽躲进洞。

狮子

说它是马猜错了，穿的衣服净道道，
把它放进动物园，大人小孩都爱瞧。

斑马

尖尖长嘴，细细小腿，
拖条大尾，疑神疑鬼。

狐狸

不是狐，不是狗，
前面架铡刀，后面拖扫帚。

狼

毛皮大衣风雪帽，屁股挎着指挥刀。
东郭老人曾相救，遇到小羊它不饶。

狼

有个妈妈真奇怪，身上带个大口袋，
不放萝卜不放菜，里面放个小乖乖。

袋鼠

脸上长鼻子，头上挂扇子，
四根粗柱子，一条小辫子。

大象

鼻子粗又长，两牙赛门杠，
双耳如薄扇，身子似面墙。

大象

生来粗笨黑又大，长个狗样爱玩耍，
吃的浑身肥又壮，家家户户不喂它。

熊

有个胖子，傻头傻脑，
爱吃蜂蜜，不怕蜂咬。

狗熊

脖子长长似吊塔，穿着一身花斑挂，
跑起路来有本领，奔驰赛过千里马。

长颈鹿

头长两棵树，身开白梅花，
性情最温顺，跑路赛过马。

梅花鹿

叫马不像马，嘴巴宽又大，
天天下河塘，从不捉鱼虾。

河马

一条牛，真厉害，猛兽见它也避开，
它的皮厚毛稀少，长出角来当药材。

犀牛

名字叫牛不像牛，犄角长在鼻上头，
虽然力气不算小，从不见它拉犁头。

犀牛

上肢下肢都是手，有时爬来有时走，
走时很像一个人，爬时又像一条狗。

猴子

脑袋聪明，手脚灵巧，
坐着像人，走着像狗。

猴子

样子像耗子，尾巴当被子，
爬在树枝上，忙着摘果子。

松鼠

叫狼不是狼，吃鸡不吃羊。
毛毛金灿灿，制笔销四方。

黄鼠狼

身体虽不大，钢针满身插，
遇敌蜷一团，老虎也无法。

刺猬

生在田野中，昼藏夜里行，
背了一身刺，遇敌呈球形。

刺猬

会飞不是鸟，有翅不长毛，
白天倒挂睡，夜里捉虫忙。

蝙蝠

虽有翅膀飞不起，非洲沙漠多足迹，
快步如飞真稀罕，鸟中体重数第一。

鸵鸟

一只鸟儿真奇怪，不会飞来跑得快，
遇事总把脑袋藏，却把屁股露在外。

鸵鸟

白衬衣，黑大褂，
走起路来左右摆，
冰天雪地也不怕。

企鹅

头戴花冠鸟中少，身穿锦袍好夸耀，
尾巴似扇能收展，展开尾巴却爱瞧。

孔雀

头戴红缨帽，身穿小绿袍，
学习人说话，小嘴真乖巧。

鹦鹉

铁嘴弯弯眼雪亮，海阔天空任飞翔，
捕捉鼠蛇除虫害，不怕虎豹和豺狼。

鹰

脑袋像猫不是猫，身穿一件豹花袄，
白天睡觉夜里叫，看到田鼠就吃掉。

猫头鹰

空中排队飞行，组织纪律严明，
初春来到北方，深秋南方过冬。

雁

空中排队飞，个个守纪律，
不用纸和笔，会写“人”和“一”。

大雁

夏前它来到，秋后没处找，
催咱快播种，年年来一遭。

布谷鸟

一张尖嘴巴，长得像乌鸦，
生来嘴儿巧，能学人说话。

八哥

绿树林中一歌手，歌声婉转云中游，
能学百鸟放声唱，人人夸它好歌喉。

百灵鸟

头顶金冠穿白衫，双双游在湖中央，
弯着长脖左右看，有时高飞蓝天上。

天鹅

嘴长颈长脚也长，爱穿一身白衣裳。
常在水边结成伴，田野沟渠寻食粮。

白鹭

像鸭水里游，像鸟天上飞，
成双又成对，恩爱不分离。

鸳鸯

有种鸟，本领高，尖嘴爱给树开刀，
大树要是有了病，只要它到病就好。

啄木鸟

身穿黑缎袍，尾马像剪刀，
冬天向南去，春天回来早。

燕子

嘴巴小，尾巴翘，
不会走路只会跳，
飞到树上喳喳叫。

麻雀

黑褂子，白前襟，
站在枝头报喜讯。

喜鹊

这种鸟儿好记性，千里迢迢能送信，
不怕狂风和暴雨，飞来飞去响铃铃。

鸽子

身上乌又乌，赤脚走江湖。
别看天天吃鲜鱼，其实常常要饿肚。

鸬鹚

一生勤劳忙，专去百花乡，
回来献一物，香甜胜过糖。

蜜蜂

团结劳动是能手，家家住着小门楼，
个个开着糖坊铺，日日夜夜忙不休。

蜜蜂

眼如铜铃，身像铁钉，
有翅无毛，有脚难行。

蜻蜓

一位小姑娘，身穿花衣裳，
春天探亲忙，来到百花庄。

蝴蝶

小飞虫，尾巴明，夜黑闪闪像盏灯，
古代有人曾借用，刻苦读书当灯明。

萤火虫

夏家姑娘，夜晚乘凉，
身带灯笼，一暗一亮。

萤火虫

脱掉外套，爬上树梢，
不懂装懂，硬说知道。

知了

说鸟不是鸟，躲在树上叫，
自称啥都知，其实全不晓。

知了

能飞能蹦穿绿袄，爱吃禾苗和青草。
要是你想捉到它，快去草丛里面找。

蚂蚱

腿长胳膊短，眉毛盖住眼，
有人不吱声，无人大声喊。

蝈蝈

身穿翠绿袍，头插雉鸡毛，
说我年纪小，哥哥有人叫。

蝈蝈

头戴绿帽，身穿绿袍，
腰细肚大，手拿双刀。

螳螂

头插两根雉鸡毛，身穿一件大青袍，
手里拿着两把刀，小虫见了拼命逃。

螳螂

肚大眼明头儿小，胸前有对大砍刀，
别看样子有点笨，捕杀害虫可灵巧。

螳螂

有位纺织娘，每天忙又忙，
会纺银丝线，能造丝棉房。

蚕

一个姑娘，实在荒唐，
造间房子，不留门窗。

蚕

小时穿黑衣，大时换白袍，
造一间小屋，在里面睡觉。

蚕

身体半球形，背上七颗星，
蚜虫怕见它，棉花最欢迎。

七星瓢虫

一个小虫它会飞，嘴含毒汁细长腿，
专喝人血传疾病，快来消灭吸血鬼。

蚊子

一位古怪老公公，渔网撒在半空。
早晨网得水珠子，晚上网得小飞虫。

蜘蛛

一个英雄汉，设下天罗网，
整天打埋伏，专捉飞来将。

蜘蛛

锥子尾巴爪子嘴，
身上贴着四条腿。

壁虎

远看芝麻满地，近看黑驴运米，
不怕山高路远，都要运到家里。

蚂蚁

说它是条牛，不能拉犁头，
说它力气小，能背屋子走。

蜗牛

红船头，黑棚子，二十四把快篙子，
撑到人家大门前，吓坏多少小孩子。

蜈蚣

身体花绿，走路弯曲，
洞里进出，开口恶毒。

蛇

没腿它会走，干活不用手，
住在泥土里，犁地是能手。

蚯蚓

细细长长一条龙，天天躲在沃土中，
没手没脚会劳动，钻来钻去把土松。

蚯蚓

大眼睛，阔嘴巴，
说起话来呱呱呱，
会捉害虫人人夸。

青蛙

一位游泳家，说话呱呱呱，
小时有尾没有脚，大时有脚没尾巴。

青蛙

小时着黑衣，长大穿绿袍，
水里过日子，岸上来睡觉。

青蛙

小眼睛，大嘴巴，
排排利齿像钢叉，
海里称霸鱼儿怕。

鲨鱼

身上雪雪白，肚里墨墨黑，
从不偷东西，硬说它是贼。

乌贼

头插雉尾毛，身穿铁青袍，
走进汤家庄，改换大红袍。

虾

小小一条龙，胡须硬似粽，
活着没有血，死了满身红。

虾

八只脚，抬面鼓，两把剪刀鼓前舞，
生来横行又霸道，嘴里常把泡沫吐。

螃蟹

尖刀四对，钳子两把，
身披铠甲，横行天下。

螃蟹

胖子大娘，背个大筐，
剪刀两把，筷子四双。

螃蟹

穿件硬壳袍，缩头又缩脑，
水面四脚划，岸上慢慢跑。

乌龟

小小瓶，小小盖，
小小瓶里盛荤菜。

田螺

圆圆房屋，弯弯门楼，
姑娘出门，扇子遮头。

田螺

凸眼睛，阔嘴巴，
尾巴要比身体大，
碧绿水草衬着它，
好像一朵大红花。

金鱼

身穿紫花白战袍，海里将军只一招，
每遇敌人来袭击，急放墨汁当法宝。

墨鱼

身上滑溜溜，爱钻泥里头，
雨前露一招，帮你测气候。

泥鳅

一条大船不靠岸，海里沉浮随心愿，
不烧煤来不用油，烟筒冒水不见烟。

鲸鱼

叫鱼不是鱼，终生海里居，
远看像喷泉，近看似岛屿。

鲸鱼

植物谜

黄布袋，包银珠，
秋天一到满地铺。

稻谷

秋天撒下粒粒种，冬天苗儿雪里藏，
春天返青节节长，夏天成熟翻金浪。

小麦

奇怪奇怪真奇怪，头顶长出胡子来，
解开衣服看一看，颗颗珍珠露出来。

玉米

绿叶叶，红蔓蔓，
地下有窝红蛋蛋。

红薯

紫红藤，地上爬，
藤上长绿叶，地下结红瓜。

红薯

远看一朵花，近瞧满脸麻，
围着太阳转，整天笑哈哈。

向日葵

麻屋子，红帐子，
里头睡着白胖子。

花生

梧桐树，梧桐花，
梧桐树上结喇叭，
喇叭结蛋蛋，蛋蛋又开花。

棉花

红树枝，结绿桃，
开了花，长了毛。

棉花

从小精心培养，长大绳捆索绑，
临老千刀万剁，最后把它火葬。

烟草

一只公鸡，不吃不啼，
只有脑袋，没有身体。

鸡冠花

一个小姑娘，坐在水中央，
身穿红衣裳，撑船不用桨。

荷花

四季青，巴掌大，
用手摸，毛虫扎。

仙人掌

一棵树，扁枝丫，
先结果，后开花。

仙人掌

寒冬腊月一片白，花儿跃枝冒雪来，
为报岁寒春来早，不惧严寒傲霜开。

梅花

头上长着千条辫，爱在水旁舞翩跹，
生性安家无着落，插在哪里都生根。

垂柳

小时层层包，大时节节高，
初生当菜吃. 长大成材料。

竹子

空心苗，叶儿长，挺直腰杆两三丈。
老时头发白花花，光长穗子不打粮。

芦苇

一个小姑娘，身穿绿衣裳，
碰碰就低头，一副害羞样。

含羞草

有根不着地，有叶不开花，
日里随水漂，夜里不归家。

浮萍

果蔬谜

小刺猬，毛外套，脱去外套露红袍，
红袍裹着毛绒袄，袄里睡着黄宝宝。

栗子

红木盒儿圆，四面封得严，
打开木盒看，装个黄蜡丸。

栗子

一株竹，节节长，
不做柱子不做梁，
尝一尝呀像蜜糖。

甘蔗

身上有节不是竹，粗的能有锄把粗，
小孩抓住啃不够，老人没牙干叫苦。

甘蔗

长得像竹不是竹，周身有节不太粗，
又是紫来又是绿，只吃生来不吃熟。

甘蔗

黄金布，包银条，
中间弯，两头翘。

香蕉

胖娃娃，没手脚，
红尖嘴，一身毛，
背上一道沟，肚里好味道。

桃子

小小红坛子，装满红饺子，
吃了红饺子，吐出白珠子。

橘子

兄弟七八个，抱起围缸坐，
说声打平伙，衣裳一脱肚子破。

橘子

青树结青瓜，青瓜包棉花，
棉花包梳子，梳子包豆芽。

柚子

披着鱼鳞铠甲，长着公鸡尾巴，
动物家族无名，水果店里有它。

菠萝

黄皮包着红珍珠，颗颗珍珠有骨头，
不能穿来不能戴，甜滋滋来酸溜溜。

石榴

金格橱，银格橱，
格格橱里放珍珠。

石榴

黄瓷瓶，口儿小，
打破瓷瓶口，挖出红珠宝。

石榴

冬天蟠龙卧，夏天枝叶开，
龙须往上长，珍珠往下排。

葡萄

壳儿硬，壳儿脆，
四个姐妹隔房睡。
从小到大背靠背，
盖着一床疙瘩被。

核桃

像柿子，没有盖，
好当水果，好当菜。

番茄

头戴绿帽子，身穿紫袍子，
小小芝麻籽，装满一肚子。

茄子

青藤挂满棚，小龙上面挂。
小时当菜吃，老了把锅刷。

丝瓜

有根不落地，有叶不开花，
都说它是菜，园里不种它。

豆芽

生根不落地，有叶不开花，
街上有人卖，园里不种它。

豆芽菜

一头空，一头实，
一头青，一头白。

葱

不是葱，不是蒜，
一层一层裹紫缎，
说葱长得矮，像蒜不分瓣。

洋葱

样子像青草，想吃割一刀，
今天割一捆，几天又长高。

韭菜

弟兄七八个，围着圆柱坐，
大家一分手，衣服都扯破。

大蒜

架上藤藤结绿瓜，瓜头顶上开黄花，
生吃清凉又解毒，炒熟味道也不差。

黄瓜

绿藤绿叶满地爬，笑开朵朵大黄花，
结出个个大甜瓜，两个娃娃扛回家。

南瓜

水中撑绿伞，水下瓜弯弯，
掰开瓜看看，千丝万缕连。

藕

用品谜

四角方方，跟在身旁，
擦手揩汗，数它最忙。

手帕

千只脚，万只脚，
立不住，靠墙角。

扫帚

不怕身上脏，墙角把身藏，
出来走一走，地面光又光。

扫帚

披头散发，地上乱爬，
若要用它，前推后拉。

拖把

个子不高，全身长毛，
站着不走，躺下就跑。

鸡毛掸子

又圆又扁腹中空，有面镜子在当中，
老少用它都低头，搓手摸脸又鞠躬。

脸盆

长脖子，小小口，
一肚清水坐高楼。
数它会打扮，红绿插满头。

花瓶

圆圆身子莲蓬头，有人带我上花楼，
花儿见我开眼笑，我见花儿泪水流。

喷壶

驼背哥，牙齿多，
爬毛山，慢慢过。

梳子

你哭他也哭，你笑他也笑，
正面看得见，背后找不到。

镜子

兄弟全是瘦长个，长着一色小脑壳，
平时挤着不吭声，出门办事就发火。

火柴

满屋娃娃，圆圆脑瓜，
出门一滑，开朵红花。

火柴

汽油肚里喝，铁袍身上裹，
捻它一指头，红花开一朵。

打火机

一物生来真稀奇，身穿三百多件衣，
每天给它脱一件，年底剩下一张皮。

日历

有朵花，人喜爱，有时闭来有时开，
雨天开在大街上，花根就在手中栽。

雨伞

铁打心肠一枝花，我是主人好管家，
主人一来我开心，不是主人不理他。

锁

墙上一条河，刮风不扬波，
夏天河水涨，冬天河水落。

温度计

肩挑担子坐台中，待人接物出以公，
偏心事情不会做，大家夸它最公平。

台秤

一物脾气怪，专把钢铁爱，
遇到就粘上，不扯分不开。

磁铁

楼台接楼台，层层接起来，
上面白气起，下面红花开。

蒸笼

两兄弟，一样长，
做好菜，它先尝。

筷子

哥俩一般高，每天三出操，
人人都需要，团结互助好。

筷子

左手十个，右手十个，
拿去十个，还有十个。

手套

一条龙，盘颈中。
爱它性温和，陪我过一冬。

围巾

两只小船无桨篷，十个小孩坐其中。
白天来来又去去，晚上人去船儿空。

鞋子

一对小小船，载客各五员，
无水走天下，有水不开船。

布鞋

一户几口人，各有各的门，
谁要进错屋，就会笑死人。

纽扣

像表不是表，不报分和秒，
航海与野营，它是好向导。

指南针

一个冬瓜两个洞，瓜里开花瓜外红。
逢年过节高高挂，千家万户乐融融。

灯笼

文体谜

有山没石头，有城没有楼，
有路没人走，有河没鱼游。

地图

两个好朋友，过年站门旁，
爱说喜庆话，都穿红衣裳。

春联

这种花儿真奇怪，平时不开节日开，
哧的一下送上天，万紫千红放光彩。

礼花

有个小孩脾气暴，发起火来不得了，
嘭啪一声蹦上天，身上衣服全撕掉。

爆竹

一个小娃娃，生来没爹妈，
专找小孩玩，儿童喜欢他。

布娃娃

说你呆，你很呆，
胡子一大把，样子像小孩。
推你一下你一歪，
要你睡下去，你又站起来。

不倒翁

面皮厚，肚子空，
打它三锤子，它叫痛痛痛。

鼓

一个矮胖子，天天挨鞭子。
鞭子抽一遍，胖子转圈子。

陀螺

一匹马儿好，生来不会跑，
你若骑上去，只能前后摇。

木马

一匹马儿两人骑，这边高来那边低。
虽然马儿不走路，两人骑得笑嘻嘻。

跷跷板

蹬得稳稳，抓得牢牢，
前进就输，后退就赢。

拔河

三毛三毛，身体轻巧，
爱蹦爱跳，一蹦老高。

毽子

是鹞不会叫，是鹰没羽毛，
迎着风儿上，展翅飞得高。

风筝

两把刀，不切菜，
脚一蹬，跑得快。

冰刀

有眼看不见，有口不会张，
长得白又胖，最怕见阳光。

雪人

十九乘十九，黑白两对手，
有眼看不见，无眼难活久。

围棋

会吃没有嘴，会走没有腿，
过河没有水，胜了不骄傲，
败了气不馁。

象棋

两国交战，兵强马壮，
马不吃草，兵不吃粮。

象棋

木制架子空中悬，两条辫子接上天，
小小主人来驾驭，来回动荡画弧圈。

秋千

地名谜

○ 船出长江口。 上海
○ 江淮河汉。 四川
○ 春水碧如蓝。 青海
○ 宝树丛丛。 吉林
○ 东南北。 西藏
○ 黄河解冻。 江苏
○ 一路平安。 旅顺
○ 倾盆大雨。 天水
○ 银河渡口。 天津
○ 四季温暖。 长春
○ 带枪的男人。 武汉
○ 风平浪静。 宁波
○ 两个胖子。 合肥
○ 双喜临门。 重庆
○ 相差无几。 大同
○ 重男轻女。 贵阳
○ 红山。 赤峰
○ 大家都笑你。 齐齐哈尔
○ 永不动乱。 长治
○ 日近黄昏。 洛阳
○ 拆信。 开封
○ 刚建成的村庄。 新乡
○ 东、西、北三面堵塞。 南通
○ 八月飘香香满园。 桂林
○ 觉醒了的土地。 苏州
○ 春城无处不飞花。 锦州
○ 夸夸其谈。 海口
○ 不冷不热的地方。 温州
○ 千里戈壁。 长沙
○ 空中码头。 连云港
○ 快乐之地。 福州
○ 泰山之南。 岳阳
○ 珍珠港。 蚌埠
○ 烽火哨。 烟台
○ 花满海湾。 香港
○ 两个山头。 双峰
○ 水陆要塞。 山海关
○ 食盐增产。 咸丰
○ 持久和平。 长安

中华传统语典

巧联趣联

QIAOLIAN QULIAN

简　述

对联雅称“楹联”，俗称对子。它言简意深，对仗工整，平仄协调，是一字一音的汉语言独特的艺术形式，可以说，对联艺术是中华民族的文化瑰宝。

早在秦汉以前，我国民间每逢过年，有在大门左右悬挂桃符的习俗。桃符就是用桃木做的两块大板，上面分别书写上传说中的降鬼大神“神荼”和“郁垒”的名字，用以驱鬼压邪。这种习俗延续了一千多年。

到了五代，人们才开始把联语题在桃木板上代替降鬼大神的名字。据历史记载，后蜀之主孟昶在公元964年除夕题于卧室门上的对联“新年纳余庆，嘉节号长春”是我国最早的一副春联。

宋代以后，民间新年悬挂春联已经相当普遍了。王安石的《元日》诗中写的“千门万户曈曈日，总把新桃换旧符”就是当时春联盛况的真实写照。

到了明代，明太祖朱元璋大力提倡对联，当时的文人也把题联作对当成文雅的乐事，写对联成为当时的社会风尚。

入清以后，乾隆、嘉庆、道光三朝，对联犹如盛唐的律诗一样兴盛，出现了不少脍炙人口的名联佳对。

对联长短不一，形式多样，但不管哪一类对联，都必须具备以下特点：

一要字数相等，断句一致。除有意空出某字的位置以达到某种效果外，上下联字数必须相同，不多不少。

二要平仄相合，音调和谐。传统习惯是“仄起平落”，即上联末句尾字用仄声，下联末句尾字用平声。

三要词性相对，位置相同。一般称为“虚对虚，实对实”，就是名词对名词，动词对动词，形容词对形容词，数量词对数量词，副词对副词，而且相对的词必须在相同的位置上。

四要内容相关，上下衔接。上下联的含义必须相互衔接，但又不能重复。

此外，张挂的对联，传统做法是还必须直写竖贴，自右而左，由上而下，不能颠倒。

与对联紧密相关的横批，可以说是对联的题目，也是对联的中心。好的横批在对联中可以起到画龙点睛、相互补充的作用。

古往今来，佳联妙对何止万千！本书以独特的视角，取其巧趣。巧对不是投“奇”取巧，而是布巧阵，出奇兵制胜，以诗词曲的灵活和完美，展示巧联的独特魅力和汉语言的魔力。

人名联

李花开太白
苏木长东坡
——注：上联关唐代李白（字太白），下联关宋代苏轼（号东坡）。

厕中秦宰相
胯下汉将军
——注：出句隐指战国范雎。范在魏受诬陷，被打昏置于厕所中，后复姓，逃入秦国，更名张禄而为丞相。对句隐指汉韩信胯下受辱之事。

一弯西子臂
七窍比干心
——注：上联为朱元璋所作，下联为一商贩所对。联中嵌入人名西子、比干。西子就是指西施，春秋时期的美女；比干为商末大臣，据说有七窍玲珑之心。

赵马温关四帅
禹汤文武三王
——注：该联为金圣叹所作。上联指“四大元帅”：赵公明（财神）、马天君（华光大帝）、温琼（泰山神）、关羽（关圣帝君），下联指夏禹王、商汤王、周文王、周武王，意为三代之王。

精卫岂可填海
介石焉能补天
——注：此联影射汪精卫、蒋介石。精卫，出自《山海经·北山经》；介石，指女娲石，出自《淮南子·览冥训》。

叔旦辅国，周公瑾
孔明出世，卧龙生
——注：叔旦，即周公（旦），孔明，号卧龙。周公瑾，即三国吴都督周瑜，卧龙生，当代武侠小说作家。

赵中贵指鹿为马
齐尚书以羊易牛
——注：一姓赵的太监在齐尚书家园中饮酒，一只鹿跑过，齐戏出上联，赵对下联。“指鹿为马”，典出《史记·秦始皇本纪》。“以羊易牛”，变用成语“齐王舍牛”，指齐宣王不忍杀牛而以羊代，典出《孟子·梁惠王上》。

苏武牧羊犹奉节
昭君出塞可怀柔
——注：嵌地名奉节（在重庆）、怀柔（在北京）。嵌人名苏武、王昭君。

郭子仪平乱，安顺
杨家将守关，辽宁
——注：安，此指唐代安史之乱；辽，此指辽国。嵌入人名郭子仪、杨家将。

水军都督陆逊
车骑将军马超
——注：水陆相对，车马相对，逊、超二字双关。

露花倒影柳三变
桂子飘香张九成
——注：此联为南宋李清照所做，柳三变指宋代词人柳永，张九成为唐朝诗人。

一门父子三词客
千古文章八大家
——注：三词客指宋代著名文学家苏洵、苏轼、苏辙，八大家指唐宋散文八大家。

关羽可知红颜薄命
曹操却是白面无常
——注：联中嵌有关羽、曹操；红颜薄命、白面无常双关。

七步诗才曹子建
八门兵法武乡侯
——注：曹子建即曹植，曾在七步之内作成一首诗。武乡侯即诸葛亮，曾推演兵法作“八阵图”。

世上岂无千里马
人间难得九方皋
——注：九方皋，古之善相马者。

左丘明两眼无珠
赵子龙一身是胆
——注：左丘明为春秋时期人，眼瞎，相传《左传》为其所著；赵子龙为三国时期武将。

投水屈原真是屈
杀人曾子又何曾
——注：曾子，即曾参。下联曾子之“曾”音 zēng，何曾之“曾”，音 céng。

韩信千金酬漂母
卞和一璞献明君
——注：汉将韩信穷困时，曾得漂母舍饭之恩。卞和觅得玉璞两次献于楚王，被疑为假而受刑。楚文王即位后，他抱璞泣献，使文王得美玉。

恩施韩信，一饭竟成大业
孝感天仙，百年相许良缘
——注：人名有韩信、七仙女；恩施、孝感双关，也是湖北省的地名。

孔融文举建安骨
苏轼子瞻赤壁书
——注：孔融字文举，为建安诗人，又关文才；苏轼字子瞻，写前后赤壁赋，又关“儿子瞻望”之意。

太白全集李鸿章也
板桥精选郑秀文哉
——注：鸿章，鸿篇巨制。秀文，秀美文章。李鸿章，清朝大臣；郑秀文，香港歌手。

海无波涛，海瑞之功不浅
林有梁栋，林润之泽居多
——注：联中海瑞、林润皆为人名。

翠屏山有巧云方显石秀
清风寨逢时雨立现花荣
——注：联有《水浒》人名潘巧云、石秀、及时雨（宋江绰号）、花荣。

立湖石于江心，岂非假岛——徐昌谷
蒙虎皮于马背，谓是斑彪——文衡山
——注：假岛，假的岛屿，此处又关唐代诗人贾岛。斑彪，又关班彪。

顺风帆逆风帆，帆迟帆快——某友
长潮橹落潮橹，橹直橹搬——祝允明
——注：上下联又谐关古人樊迟、樊哙、鲁直（宋黄庭坚字）、鲁班。

伏羲抖乱神农草，伯夷叔齐——刘珏
钟离失却吕公绦，寒山拾得——徐有贞
——注：明代徐有贞一日与刘珏出行，见路上有担药材者，刘出句，徐对句。联以古代伏羲、神农、伯夷、叔齐、钟离、吕公、寒山、拾得等人之名连缀得句。叔齐，又关“束齐”（捆齐）；拾得，又关“拾到”之意。

史笔流芳，虽未成名终可法
洪恩浩荡，不能报国反成仇
——注：此联为黄石斋回绝洪承畴劝降所做对联，联中巧妙用谐音嵌入史可法、洪承畴的名字。

海瑞重责严嵩，汝贤否？
杜甫轻问玉环，子美乎？
——注：海瑞，字汝贤：杜甫，字子美。

兄玄德，弟翼德，德兄德弟
友子龙，师卧龙，龙友龙师
——注：联中嵌有刘备（字玄德）、张飞（字翼德）、赵云（子龙）、诸葛亮（号卧龙），此联大多为关羽祠堂对联。

昭君出塞，毛画师未能延寿
貂蝉嫁身，吕将军焉可奉先
——注：联中嵌入昭君、毛延寿、貂婵、吕奉先。

路人皆知，野心司马昭天下
邦国尽仰，大星诸葛亮人间

黄道婆衣被天下，原为织女
朱元璋牧放林中，本是牛郎
——注：联中嵌入黄道婆、织女、朱元璋、牛郎。

关夫子，孔夫子，二位夫子
作春秋，看春秋，一部春秋
——注：关夫子指关羽，孔夫子即孔子。

苏氏一门，是父是兄是弟
眉山千古，立德立功立言
——注：苏氏一门指宋代父子文学家“三苏”。

两舟竞渡，橹速不如帆快
百管争鸣，笛清难比萧和
——注：此联中有鲁肃、樊哙、狄青、萧何四人的谐音。

骑青牛，过函谷，老子姓李
斩白蛇，入武关，高祖是刘
——注：老子姓李名耳，高祖是指汉高祖刘邦。

刚正不阿留得正气冲霄汉
幽愁发愤著成信史照尘寰
——注：此联为后人缅怀司马迁所做。

心在汉室，原无分先主后主
名扬天下，何必辩襄阳南阳
——注：先主指刘备，后主指刘禅，对联为诸葛亮祠堂联。

一骑红尘妃子笑，马腾，杨乐
两朝开济老臣心，王平，孔融
——注：联中有马腾、王平、孔融及杨贵妃。

桓温一世之雄，尚有枋头之败
项羽万人之敌，难逃垓下之诛
——注：桓温，东晋人，在枋头因粮草不济致作战失败。项羽，秦末农民起义军领袖，与刘邦争夺统治权，被围于垓下。

一枝带雨桃花，昭君马上啼红颊
几树含烟柳叶，西子宫中蹙翠眉

陶潜善饮，易牙善烹，烹饮有度
陶侃惜寸，夏禹惜分，分寸无遗
——注：陶潜，东晋诗人，好酒；易牙，春秋时齐国之臣，长于烹饪；陶侃，东晋武将，曾说：“大禹圣者，乃惜分阴；至于众人，当惜寸阴。”

长坂坡翼德智勇退曹军，张良也
甘露寺子龙忠诚护刘主，赵高哉
——注：联中嵌入张飞、张良、赵云、刘备、赵高，其中张良、赵高又双关。

唐王选玉环，汉帝钟飞燕，挑肥拣瘦

包公审世美，祖光敬凤霞，推陈出新

魏无忌，长孙无忌，彼无忌，此亦无忌
蔺相如，司马相如，名相如，实不相如
——注：魏无忌是战国魏公子无忌，长孙无忌为唐时人。蔺相如，战国时期赵国宰相，司马相如为西汉著名文学家。

身居宝塔，眼望孔明，怨江围实难旅步
鸟处笼中，心思槽巢，恨关羽不得张飞
——注：联中有孔明、关羽、张飞，谐音有曹操、吕布、姜维人名。

红面关，黑面张，白面子龙，面面护着刘先生
奸心曹，雄心瑜，阴心董卓，心心夺取汉江山
——注：联中有张飞、关羽、赵云、刘备、曹操、周瑜、董卓。

孔门传道诸贤：曾子、子思、孟子
周室开基列圣：太王、王季、文王
——注：太王，又称古公亶父，周文王的祖父，相传为后稷第十二代孙，古代周族领袖。王季，文王之父。

笼中鸟，望孔明，想张飞，无奈关羽
钩上鱼，遭童贯，念宋江，求其施恩
——注：贯，谐音“掼”，宋，谐音“送”。出句有《三国演义》人物孔明、张飞、关羽对句有《水浒》人物童贯、宋江、施恩。

平生最喜说东坡，日啖荔枝三百颗
天下几人学杜甫，安得广厦千万间
——注：东坡即苏轼。

九州既别，冀、兖、青、徐、扬、荆、豫、雍、梁
一道相传，尧、舜、禹、汤、文、武、周、孔、孟
——注：“一道”指儒家一脉相承的思想观念。

生蒲州，事豫州，守徐州，战荆州，万古神州有赫
兄玄德，弟翼德，释孟德，擒庞德，千秋至德无双
——注：上联串四地名，写关羽一生勋业。下联巧缀四个人名，写关羽的人际关系及声誉。

地名联

听鸟说甚
问花笑谁

——注：昆明华亭寺联。

净地何须扫
空门不用关

——注：此为福州鼓山对联。

楼观沧海日
门对浙江潮

——注：此为杭州西湖一对联。

诗写梅花月
茶煎谷雨春

——注：此联写杭州龙井。

不雨山常润
无云水自阴

——注：杭州西湖孤山寺对联。

世间无此酒
天下有名楼

——注：九江浔阳酒楼对联。

海上生明月
山中有白云

——注：广州白云山对联。

水天一色
风月无边

——注：湖南岳阳岳阳楼对联。

户外一峰秀
窗前万木低

——注：广西桂林独秀峰五咏堂对联。

桂林无杂木
山水有清音

——注：桂林桂山书院联。

秋云留远寺
明月照深林

——注：四川乐山凌云寺前联。

泉自几时冷起
峰从何处飞来
——注：题杭州西湖冷泉亭。冷泉，在飞来峰与灵隐寺之间，飞来峰，又名灵鹫峰，在西湖西北。

万顷湖平长似镜
四时月好最宜秋
——注：西湖平湖秋月联。

三千里外一条水
十二时中两度潮
——注：契盈题杭州碧波亭。

一溪萍藻千秋泽
万点桃花百仞冈
——注：题湖南常穗桃冈精舍（为明代理学家蒋信讲学处）。

一诗二表三分鼎
万古千秋五丈原
——注：孙墨佛题成都武侯祠。

欲把西湖比西子
从来佳茗似佳人
——注：杭州藕香居茶室联。

春风阆苑三千客
明月扬州第一楼
——注：赵孟錫题扬州迎月楼。

八千余年上下古
七十二家文字奇
——注：顾槐题河南南阳武侯祠。

世无遗草真能隐
山有梅花转不孤
——注：孤山放鹤亭联。

中隐春深飞野鹤
岩泉石瘦响寒林
——注：厦门中岩对联。

喜无樵子复观弈
怕有渔郎来问津
——注：武夷山小桃源对联。

青山有幸埋忠骨
白铁无辜铸佞臣
——注：杭州西湖岳飞坟前对联。

人从宋后羞名桧
我至墓前愧姓秦
——注：清代秦涧泉题西湖岳坟。

春水船如天上坐
秋山人在画中行
——注：杭州刘庄对联。

水向石边流出冷
风从花里过来香
——注：杭州云栖一联。

四面青山三面水
一城绿柳满城花
——注：张元俊题吉林抚杜县镇江楼。

云间树色千花满
竹里泉声百道飞
——注：杭州净慈寺联。

鱼有化机参活泼
人无俗虑悟清凉
——注：明书法家董其昌题杭州灵隐寺小方池。

水青石出鱼可数
人去山空鹤不归
——注：杭州放鹤亭前联。

枫叶荻花秋瑟瑟
闲云潭影日悠悠
——注：某题于南昌百花洲。

野烟千叠石在水
渔唱一声人过桥
——注：上海豫园湖心亭联。

楼高但任云飞过
池小能将月送来
——注：上海豫园得月楼联。

数点梅花亡国泪
二分明月老臣心
——注：扬州史可法祠联。

短艇得鱼撑月去
小轩临水为花开
——注：苏州沧浪亭联。

千朵红莲三尺水
一弯明月半亭风
——注：苏州闲吟亭联。

烟雨湖山六朝梦
英雄儿女一枰棋
——注：南京莫愁湖胜棋楼联。

六朝金粉微风后
一味清凉上月时
——注：南京清凉山联。

六前学种先生柳
岭上长留处士坟
——注：湖南桃源县陶渊明祠联。

洞庭西下八百里
淮海南来第一楼
——注：湖南岳阳楼联。

云带钟声穿树出
风摇塔影过江来
——注：湖南宝庆双清亭联。

四面云山都到眼
万家灯火最关心
——注：长沙城心阁联。

大江东去千峰翠
爽气西来两袖青
——注：黄鹤楼一览亭联。

吾辈此中惟饮酒
先生在上莫题诗
——注：安徽采石矶太白楼短联。

金石文章空八代
江山姓氏著千秋
——注：北京韩愈祠联。

烟笼古寺无人到
树倚深堂有月来
——注：北京陶然亭联。

绕阶苔痕初染碧
隔帘花气静闻香
——注：北京颐和园宜芸馆联。

十年幕府悲秦泪
一卷唐诗补蜀风
——注：四川成都杜甫草堂联。

意静不随流水转
心闲还笑白云飞
——注：峨眉洪椿寺门联。

华岳三峰凭槛立
黄河九曲抱关来
——注：陕西潼关一联。

高山仰止疑无路
曲径通幽别有天
——注：云南昆明西山一亭联。

一幅湖山来眼底
万家忧乐注心头
——注：昆明太华寺联。

千秋怀抱三杯酒
万里云山一水楼
——注：昆明大观楼联。

花笺茗碗香千载
云影波光活一楼
——注：清代何绍基题成都望江楼。

四面荷花三面柳
一城山色半城湖
——注：清代刘金门题济南大明湖。

长空有月明两岸
秋水不波行一舟
——注：林则徐题福州西湖宛在堂。

万山不隔中秋月
千年复见黄河清
——注：左宗棠题兰州望河楼。

清风明月本无价
近水遥山皆有情
——注：清代梁章钜题苏州沧浪亭。

长啸一声山鸣谷应
举头四顾海阔天空
——注：清代范池世题支云塔山门。

漫空竹翠扶山住
数点梅花补屋疏
——注：沈钧儒题杭州西湖补梅庵。

莺花尚恋霓裳影
环佩空归月夜魂
——注：马嵬坡联。

五老此间惟独对
孤亭之外有朋来
——注：江西庐山白鹿洞书院联。

蓬莱弱水三千里
灯火楼台一万家
——注：甘肃兰州小蓬莱联。

藏书何止三万卷
种树须教四十围
——注：江苏无锡梅园联。

东西岛影含楼影
上下天光透水光
——注：刘子善题安徽合肥浮庄临水回廊。

不教白发催人老
自有黄花晚节香
——注：任桐题湖北武昌琴园菊花日。

白云白鸟飞来去
青史青山自古今
——注：香港青山禅院海月亭联。

世上疮痍诗中圣哲
民间疾苦笔底波澜
——注：杜甫草堂联。

似洞非洞造成仙洞
无门有门是为佛门
——注：青田石门洞联。

一树梅花数竿修竹
几行古帖万卷藏书
——注：徐退题江苏南京愚园。

翠湖喷水日水喷湖翠
春城飞花时花飞城春
——注：昆明翠湖公园联，此联也为回文联。

远挹七十二峰之岳色
近临八百余里之湖波
——注：湖南沅江镇江塔联。

山清尘清，水参如是观
天高云浮，月喻本来心
——注：河北承德水月庵联。

绕寺千嶂，松苍竹翠
出门一笑，海阔天空
——注：昆明华亭寺钟楼联。

三字蒙冤，千秋湛血
一生忠勇，万古纲常
——注：浙江杭州西湖岳庙墓联。

写鬼写妖，高人一等
刺贪刺虐，入木三分
——注：郭沫若题蒲松龄故居。

怪石四隅，危亭一角
平桥六曲，浅水三篙
——注：郑孝胥题江苏南京愚园。

清耶，浊耶，世风日下
来者，往者，楼阁空中
——注：张鹿初题四川合江蓉镜园。

一镇同居，何分乎南北
八音齐奏，这才是东西
——注：湖北云梦义堂镇古戏台联。

是君子非君子到此便现
有天良无天良临阶可知
——注：山西五台山龙泉联。

王孙不归，芳草何曾歇
城郭犹是，白云无尽时
——注：安徽凤阳谯楼联。

绿绿红红处处莺莺燕燕
花花草草年年暮暮朝朝
——注：杭州西湖联。

在山本清泉自源头冷起
入世皆幻峰从天外飞来
——注：灵隐寺飞来峰联。

门辟九霄，仰步三天胜迹
阶崇万级，俯临千嶂奇观
——注：泰山南天门门联。

成大事以小心，一生谨慎
仰宗臣之遗像，万古清高
——注：成都武侯祠联。

托钵归来，不为钟鸣鼓响
结斋便去，也知盐尽炭无
——注：普荷禅师题昆明筇竹寺。

三百本海棠花，老于乔木
四十年梁苑客，今作主人
——注：河南开封宋园联。

似入万重山，不离三亩地
欲穷千里目，更上一层楼
——注：俞樾题浙江杭州适园。

立德立言立功，士先立志
有猷有为有守，学必有师
——注：康基田题南京尊经书院。

万石峰中月色泉声千古趣
八方池里天光云影四时春
——注：福建晋江县草庵一联。

并未成翁，到此无须杖履
不能一醉，常来辜负山林
——注：安徽滁县琅琊山麓的醉翁亭联。

怀抱顿开，且喜故人促膝
乡山在望，何妨此地谈心
——注：福建东山岛岵嵝山怀乡亭联。

世外凭临一面峰峦三面海
云中结构二分人力九分天
——注：海州一霄台山寺联。

灵泉浩浩万顷琉璃穷地脉
圣水溶溶九涯珠玉荡天光
——注：晋祠圣母殿联。

修自新，养自性，果然自在
守清规，说清话，真是清闲
——注：湖北松滋灵济寺联。

曙色晴明，残星几点雁横塞
晨曦初朗，斜月孤伶门上关
——注：山西雁门关联。

园林豪放，说我乐时真个乐
诗酒陶情，不知愁处怎生愁
——注：山东日照市南花园联。

宜雅宜风，竹径之中无俗客
有泉有石，松关以外尽劳人
——注：李良康题江苏武进聊园。

莫说茶水淡，须知淡中有味
修言菜根苦，要在苦中求甜
——注：题山东崂山道院。

有月即登台，无论春秋冬夏
是风皆入座，不分南北东西
——注：李渔题江苏南京芥子园月榭。

爽气西来，云雾扫开天地憾
大江东去，波涛洗尽古今愁
——注：苏轼题武昌黄鹤楼。

地位清高，日月每从肩上过
门庭开豁，江山常在掌中看
——注：漳州白云岩书院联。

何鉴乎，以古为鉴，以今为鉴
是心也，谁有此心，谁无此心
——注：湖北仙桃青林山鉴心亭联。

相耶，将耶，千古利名成泡影
师也，友也，共邀风月访神仙
——注：湖北通城相师山相师寺联。

赤手挽银河，公自大名垂宇宙
青山埋白骨，我从何处哭英雄
——注：王守仁题浙江杭州于谦祠。

松声竹声、钟磬声，声声自应
山色水色、烟霞色，色色皆空
——注：武夷山石湖洞联。

海气凝云，云气结成罗汉泪
月光映水，水光返照菩提心
——注：福建漳浦县海月岩石佛联。

龙涧风迴，万壑松涛连海气
鹫峰云敛，千年桂月印湖光
——注：杭州西湖灵隐山联。

八百里源山，知是何年图画
十万家烟火，尽归此处楼台
——注：杭州吴山城隍庙联。

长与流芳，一片当年干净土
宛宛浮玉，千秋此地妙高台
——注：浙江温州江心寺联。

何处招魂，香草还生三间地
当年呵壁，湘流应识九歌心
——注：湖南长沙屈原祠联。

大肚能容，容天下难容之事
慈颜便笑，笑世间可笑之人
——注：北京潭柘寺题弥勒佛。

秋色横眉，桂树丛中招隐士
湖光照面，荷花香里坐诗人
——注：四川新都桂湖联。

秦皇安在哉，万里长城筑怨
姜女未亡也，千秋片石铭贞
——注：河北山海关孟姜女庙联。

有亭翼然，占绿水十分之一
何时闲了，与明月对饮而三
——注：黄奎光题云南昆明碧漪亭。对

饮而三，取李白《月下独酌》“对影成三人”意。

文风启东南，群山围列成三景
秀气终西北，一水常流贯九江
——注：湖北南漳水镜庄联。

费一番苦心，摩尽经史千百卷
磨三尺短剑，划开云霄九万程
——注：葛步云题湖北通城划云阀。

青山埋忠骨，岂肯折腰事权贵
白发怀丹心，甘愿低头为庶民
——注：安徽采石矶太白楼联。

奇祸陷风波，南宋山河才半壁
精忠贯日月，西湖俎豆足千秋
——注：浙江杭州西湖岳坟联。

峰峦或再有飞秋，坐山门老等
泉水已渐生暖意，放笑脸相迎
——注：杭州西湖灵隐天王殿联。

明月自来去，绕廓荷花三十里
空潭无古今，拂城杨柳一千株
——注：杭州西湖三潭印月联。

面壁拓幽居，一角永嘉好山水
筑楼存古意，千秋康乐旧池塘
——注：浙江永嘉东山张园池楼联。

小楼容我静，万壑烟云留槛外
大地任人忙，半天风竹拂窗来
——注：广东罗浮山酥醪观对联。

客游图画里，到此处才进一步
僧语水去间，愿诸君勿废半途
——注：肇庆鼎湖山半山亭联。

痛饮读离骚，放开今古才子胆
狂歌吊湘水，照见江潭渔父心
——注：湖南长沙屈原祠联。

诗史数千言，秋天一鹄先生骨
草堂三五里，春水群鸥野老心
——注：四川成都杜甫草堂联

绝境此何来，版图原非刘氏土
避秦且休问，世家本属晋时人
——注：湖南桃源县桃花源山联。

三峰三霄通宝掌千秋留藓迹
一岳一石作金天万里矗莲花
——注：华山玉泉院联。

石室云开，现大地山河三千世界
珠帘雾卷，露半天楼阁十二栏杆
——注：福建永泰方广岩联。

四面亭虚，看万壑交流，千岩竞秀
二分春到，正小桃开后，双燕来时
——注：李彦章题广西宜山燕子岩燕来亭。

石骨金身何处来，无始无终自在
慈云法雨从空下，亘天亘地悠然
——注：漳州南山寺联。

风风雨雨暖暖寒寒处处寻寻觅觅
莺莺燕燕花花叶叶卿卿暮暮朝朝
——注：苏州网师园联。

客为坝上寓公，到此好吟千树雪
我是江南驿使，折来聊寄一枝春
——注：无锡梅园联。

月色如故，铜琶铁板，大江东去
江流有声，月明星稀，乌鹊南飞
——注：黄州赤壁联。

如何邀月问天，想是平生知己少
只可以诗下酒，懒开醉眼看人忙
——注：安徽采石矶太白楼联。

下笔千言，正桂子香时，槐花黄后
出门一笑，看西湖月满，东浙潮来
——注：清代阮元题浙江贡院。

霞蔚云蒸这便是圣贤仙佛真境界
风清月白敢莫非天地鬼神大经论
——注：四川资阳大佛门镌联。

铜板铁琶，继东坡高唱大江东去
采芹悲黍，冀南宋莫随鸿雁南飞
——注：济南辛弃疾祠联。

咳！仆本丧心，有贤妻何至若此？
啐！妾虽长舌，非老贼不到如今！
——注：浙江杭州西湖岳坟秦桧跪像联。

书忧时恤民之怀，三吏三行三别曲
为茅屋破被所苦，一琴一榻一草堂
——注：湖宙衡阳思杜亭联。亭系明代某太守为思念杜甫而建。

草庐三顾，鼎足三分，不朽当年三义
君臣一德，兄弟一心，无双后汉一人
——注：湖北襄樊古隆中（诸葛亮出山前的居处）联。

公昔登临，想诗境满怀，酒杯在手
我来依旧，见青山对面，明月当头
——注：安徽采石矶太白楼联。

绝妙朋游，有明月一杯，好山四座
是何意态，看大江东去，秋色西来
——注：成多禄题吉林北山玉皇阁吟秋阁。

倘他日蜡屐重来，须记取山中松径
携一片红云归去，莫错认世外桃源
——注：杭州西湖烟霞洞联。

足下起祥云，到此者应带几分仙气
眼前无俗障，坐定后宜生一点禅心
——注：江西庐山联。

十里松杉围古寺，白云白鸟飞来去
百重云水线青山，青史青山自古今
——注：九龙青山禅院联。

一楼萃三楚精神，云鹤俱空横笛在
二水汇百川支派，古今无尽大江流
——注：黄鹤楼联。

窗虚五月六月寒，人在冰壶中酌酒
檐植三竿两竿竹，客从图画里敲诗
——注：汪炳墩题贵州贵阳宏福寺。

衔远山，吞长江，其西南诸峰岭壑尤美
送夕阳，迎素月，当春夏之交草木际天
——注：江苏扬州平山堂联。

临曲水，赏仙境二重，水之上，水之下
倚中亭，如小星三点，亭又西，亭又东
——注：台湾新竹南园中亭联。

百千日月，百千须弥，卢不出莲花藏里
八万人天，八万贤圣，众同游香水海中
——注：鲍俊题广东广州大佛寺。

唐代诗人，李杜以外，惟有几篇新乐府
苏州刺史，湖山之曲，尚留三亩旧祠堂
——注：苏州虎丘白居易祠联。

千载此楼，芳草晴川，曾见仙人骑鹤去
卅年作客，黄沙远塞，又吟乡思落梅中
——注：左宗棠题汉口湖南会馆。

异代景前修，想石榻摊书，竹林怀友
新堂还旧观，对半潭秋水，一柱奇峰
——注：四川灌县青城山联。

两汉五代六朝十国，古古今今多变局
一末二净三生四旦，重重叠叠上瑶台
——注：程道衡题湖北黄梅孔垅万年台戏台。

桥跨虎溪，三教三源流，三人三笑语
莲开僧舍，一花一世界，一叶一如来
——注：唐英题江西庐山虎溪旁三笑亭。相传东晋名僧慧远专心修行，送客从不过虎溪桥。一次，送陶渊明及山南道士出来，边谈边走，不觉过了桥，三人相视而笑。后人于溪旁建此亭。

高阁高悬，低阁低悬，僧在画中看画
远峰远刊，近峰近刊，人来山上观山
——注：杨慎题云南弥渡圆觉寺。

春鲢夏鲤秋鲫冬鳊，武昌鱼名驰全国
东苔西菱南蔬北藕，鄂郡菜御用皇宫
——注：武汉水陆街清代御用菜园联。

为名忙，为利忙，忙里偷闲，吃杯茶去
劳力苦，劳心苦，苦中作乐，拿碗酒来
——注：湖南隆回茅亭子界茶亭联。

十年河东，十年河西，切莫放年年虚度
一脚门里，一脚门外，可晓得脚步留神
——注：某方丈题山东奉州光孝寺。

百鸟忘机，任林间云去云来，云来云去
青山无语，看世上花开花落，花落花开
——注：兰州五泉山浚潭寺拈花坞联。

到此闲游，莫放过北岭奇岩，南国宝树
来人毋躁，且静现西山暮霭，东海朝晖
——注：林渭访题台湾垦丁公园。

南人归南，北人归北，小朝廷岂求活耶
孝子死孝，忠臣死忠，大丈夫当如是矣
——注：董其昌题浙江杭州西湖岳庙。

青山横郭，白水绕城，孤屿大江双塔院
初日芙蓉，晓风杨柳，一楼千古两诗人
——注：李芝龄题浙江温州浩然楼。两诗人指孟浩然、文天祥。

修到神仙，看三醉归来，也要几杯绿酒
托生人世，算万般好处，都成一枕黄粱
——注：河北邯郸吕仙祠联。

乃圣乃神乃武乃文，扶四百载承尧之运
自西自东自南自北，如七十子服孔之心
——注：赵翼题北京前门月城关帝庙。四百载，指从刘邦到刘备，约400年汉室天下；七十子，指孔子有贤徒72人。

明是明自家，行是行自家，学问只求诸己
明是自家明，行是自家行，功夫不靠他人
——注：耿桔题江苏常熟虞山书院

佛地本无边，看排闼层层紫塞千峰平槛立
清泉不能浊，笑出山滚滚黄河九曲抱城来
——注：兰州五泉山联。

哼！贱妇愚哉，非吾直上青云，何来彩电
嗤！莽夫谬矣，是我亲缝绿帽，始得乌纱
——注：今人戏题浙江杭州西湖岳坟秦桧跪像。

湖本莫愁，笑南朝迭起群雄，不及佳人独步
棋何能胜，为北道误投一子，致教此局全输
——注：莫愁湖胜棋楼联。

异代不同时，问如此江山，友蜷虎卧几诗客
先生亦流寓，有长留天地，月白风清一草堂
——注：清代顾复初题杜甫草堂。

挂角何进，偶为岭上主人，犹想象千秋风度

举杯欲问，可许山中置我，试管领万树梅花

——注：江西大庚挂角寺联。

请看世事如棋，天演竞争，万国人情同剧里

好向湖亭举酒，烟波浩渺，双峰剑影落樽前

——注：九江烟水亭联。

一水抱城西，烟霭有无，拄杖僧归苍茫心

群峰朝阁下，雨晴浓淡，倚栏人在画图中

——注：杨慎题昆明华庭寺。

金风大地吹，看燕去雁采，人间冷暖分南北

玉辂前边促，怅山遥水远，世路崎岖遍西东

——注：湖南邵东金玉亭联。

东塔高，北塔矮，高高矮矮，居山傍市相对立

邵水短，资水长，短短长长，过坝穿桥汇同流

——注：湖南邵阳水府庙联。

铜雀锁春风，可怜歌舞楼台，千古不传奸相冢

杜鹃啼落月，也为英雄夫婿，三更犹吊美人魂

——注：湖南岳阳小乔墓联。

殉社稷在江北孤城，剩水残山尚留得风中劲草

葬衣冠有淮南餓土，冰心铁骨好伴取岭上梅花

——注：扬州史可法墓联。

二李读书看白鹿，书中得几分，白鹿中得几分

三贤讲道对青山，道外无一事，青山外无一事

——注：周相题江西庐山白鹿洞书院。二李，指唐代李渤、李涉兄弟。

醉倒万山中，可怜南郭先生，闭眼缩头空抱笛

卧看千载上，曾见东鲁夫子，咬牙切齿要烧书

——注：安徽宿松醉卧轩联。

三千里持节孤臣，雪窖冰天，半世妆来羸属国

十九年托身异域，韦鞴毳幕，几人到此悔封侯

——注：陕西苏武庙联。

十八年古井无波，为从来烈妇贞媛，别开生面

千余载寒窑向日，看此处曲江流沙，想见冰心

——注：西安古寒窑联。

不生不灭，不垢净，不增减，度十方苦是名诸佛

无我无人，无众生，无寿者，离一切相方见如来

——注：浙江绍兴戒珠寺联。

记故乡亦有仙潭，看一样湖光，添得石桥长九曲

至此地宜邀明月，问谁家秋思，吹来玉笛到三更

——注：清代俞樾题杭州三潭印月。

非仙苑，真如仙苑，作恶逢殃，击鼓千声皆冒昧

是人间，不是人间，存仁得福，焚香一炷即虔诚

——注：山西太原晋祠吕仙阁联。

人言为信，我始欲愁，仔细思量，风吹皱一池春水

胜固欣然，败亦可喜，如何结局，浪淘尽千古英雄

——注：南京莫愁湖联。

五转汞，七转铅，九转丹，万象皆清，洪炉中有真人诀

一分屋，二分竹，三分水，纤尘不染，蜀国南来小洞天

——注：李汇川题四川叙永灶神庙。

烟水老渔情，任凭人事沧桑，且消受物外田园，眼前风景

湖山故乡好，占得天然图画，更近傍旧卢门巷，黉舍弦歌

——注：无锡蠡园景宜楼联。

由秀才封王，主持半壁旧江山，为天下读书人顿增颜色

驱外夷出境，自辟千秋新事业，语中国有志者再鼓雄风

——注：福建郑成功祠联。

兴废总关情，看落霞孤鹜，秋水长天，幸此地湖山无恙

古今才一瞬，问江上才人，阁中帝子，比当年风景何如

——注：江西南昌滕王阁联。

放开眼孔，看晓日才上，夜月正圆，山雨欲来，溪云初起

洗净耳根，听林鸟争啼，寺钟击响，渔歌唱晚，牧笛催归

——注：邵武熙春山对联。

二十从军，三十出宰，五十作牧，七十巡方，倦游嵩洛归田去

怡园梦草，陶园栽花，葵园锄莠，宋园种药，小筑楼台近水居

——注：黄碌题河南开封黄园。

予唯命，夺唯命，进退唯命，三字冤狱摧坏长城，堪恨枢廷无切谏

歌于斯，哭于斯，聚族于斯，一角残山尚留旧第，应知柏树有余馨

——注：杨昌浚题浙江杭州启忠祠（祀岳飞父母）。

荐汾阳再造唐家，并无尺土酬功，只落得采石青山，供当日神仙啸傲

喜妃子能谗学士，不是七言感恕，怎脱去名缰利锁，让先生诗酒逍遥

——注：安徽采石矶太白楼联。

花即是禅，鸟即是禅，山耶云耶亦即是禅，钟磬声中随你自寻禅意去

男可成佛，女可成佛，老者少者都可成佛，松杉影里何人不抱佛心来

——注：刘尔炘题兰州五泉山浚源寺。

笑呵呵坐山门外，觑着去的去，来的来，皱眼愁眉，都是他自寻烦恼

坦荡荡载布袋中，休论空不空，有不有，含哺鼓腹，与斯世同庆升平

——注：王仙溪、齐学裘题扬州兴教寺。

风声、水声、虫声、鸟声、梵呗声，总和三百六十击钟鼓声，无声不寂

月色、山色、草色、树色、云霞色，更兼四万八千文峰峦色，有色皆空

——注：浙江天台山方广寺联。

自在观，观自在，无人在，无我在，问此时自家安在，知所在，自然自在

如来佛，佛如来，有将来，有未来，究这生如何得来，已过来，如见如来

——注：四川江津石门大佛寺联。

日日携空布袋，少米无钱，却剩得大肚宽肠，不知众檀越信心时，用何物供养

年年坐冷山门，接张待李，总见他欢天喜地，请问这头陀得意处，是甚私来由

——注：福州鼓山联。

史笔炳丹书，真耶，伪耶，莫问那十二金牌，七百年志士仁人，更何等悲歌泣血

墓门凄碧草，是也，非也，看跪此一双顽铁，亿万世奸臣贼妇，受几多恶报阴诛

——注：浙江杭州西湖岳坟联。

洛水灵龟两呈祥，阴得九，阳得九，九九八十一数，数数归于道，道称天尊

百神领袖

岐山彩凤双献瑞，雄鸣六，雌鸣六，六六三十六声，声声闻于天，天生皇帝万象题纲

——注：陕西博山白云观联。

山沿十八里，门临七二峰，于三竺六桥外别具奇观，喜此间梅竹万重福，自几生修到

风经廿四番，木垂数百载，从一气两仪中推求化理，卜他日子孙千亿兆，占五世其昌

——注：王同伯题浙江杭州风木庵。

那堪吟白傅诗，琵琶人老，枫荻秋深，叹几辈迁谪飘零，相逢处且休说故里繁华，他乡沦落

此便是邯郸道，午梦初醒，黄粱久熟，觉毕生功名富贵，霎时间都付与微茫烟水，缥缈江波

——注：九江烟水亭联。

此巴蜀巨观，只一层楼，通八方气，撑半壁天，巫峡十二峰，嘉陵三百里，好山好水，都从眼底逢迎，洵可乐也，洵可乐也

当风日清美，携几壶酒，约数友人，论两件事，纵横廿四史，上下五千年，大嚼大啖，浇尽胸中垒块，岂不快哉，岂不快哉

——注：重庆五福宫楼外楼联。

半壁起危楼，岭如屏，海如镜，舟如叶，城郭村落如画，况四时风月，朝暮晴阴，试问古今游人，谁领略万千气象

九天临绝顶，洞有云，崖有泉，松有涛，花鸟林壑有情，忆八载星霜，关河奔走，难得栖迟故里，来啸傲金碧湖山

——注：昆明西山飞云阁联。

几层楼，独撑东面峰，统近水遥山，供张画谱，聚葱岭雪，散白河烟，烘丹景霞，染青衣雾。时而诗人吊古，时而猛士筹边。只可怜花蕊飘零，早埋了春闺宝镜，枇杷寂寞，空留着绿墅香坟。对此茫茫，百感交集。笑憨蝴蝶，总贪迷醉梦乡中。试从绝顶高呼：问问问，这半江月谁家之物？

千年事，屡换西川局，尽鸿篇巨制，装演英雄，跃岗上龙，殒坡前凤，卧关下虎，鸣井底蛙。忽然铁马金戈，忽然银笙玉笛，倒不若长歌短赋，抛撒些闲恨闲愁，曲槛回廊，消受得好风好雨。嗟余蹙蹙，四海无归。跳死猢狲，终落在乾坤套里。且向危梯频首：看看看，那一块云是我的天？

——注：成都望江楼崇丽阁联。

勉励联

勤能补拙
俭可助廉

事理通达
心气和平

一轮明月
四壁清风

德从宽处积
福向俭中求

清风挺松柏
逸气上烟霞

为人尚正直
处事贵公平

云卷千峰集
风驰万壑开

以教人者教己
在劳力上劳心
——注：陶行知勉联。

宁与凤凰比翼
不随鸡鹜争鸣
——注：章炳麟所作。

板凳要坐十年冷
文章不写半句空
——注：范文澜勉联。

人重官非官重人
德胜才毋才胜德

涧雪压多松偃蹇
岩泉滴久石玲珑
——注：明代史可法所作。

苟利国家生死以
岂因祸福避趋之
——注：林则徐勉联。

良药苦口利于病
忠言逆耳利于行

发愤识遍天下字
立志读尽人间书
——注：苏东坡自勉联。

与有肝胆人共事
从无字句处读书
——注：周恩来自勉联。

难事开始于简易
大事发端于细微

随时尽录古今事
尽日放怀天地间

栽竹尽成双凤尾
种松皆作老龙鳞

松窗翠绕凌云久
兰畹香清得露多

风度鹤声闻远谷
山横雨色卷浮岚

清风无私雅自爱
修竹有节长呼君

修身岂为名传世
作事惟思利及人

无欲常教心似水
有言自觉气如霜

怀若竹虚临江水
气同兰静在春风

欲论古来兴废事
须平自己是非心

不求金玉重重贵
但愿子孙个个贤

能受苦方为志士
肯吃亏不是痴人

为爱鸟声多种树
因留花气久垂帘

一帘花影云拖地
半户书声月在天

宝剑锋从磨砺出
梅花香自苦寒来

动心忍性反求诸己
深思没察薄责于人

美言不信，信言不美
疑人莫用，用人莫疑

种十里名花何如种德
修万间广厦不若修身

海纳百川，有容乃大
壁立千仞，无欲则刚
——注：林则徐勉联。

咬定一两句，终身得力
裁成六七竿，四壁皆清
——注：板桥道人题北京白云观华室。上联言经（或道训、格言），下联言竹。

心似平原驰马，易纵难收
学如逆水行舟，不进则退

天下无易境，天下无难境
终身有乐处，终身有忧处
——注：曾国藩所作。

竹笋出墙，一节须高一节
梅花逊雪，三分只是三分

竹本无心，外生许多枝节
藕虽有窍，内中不染污尘

汗血名驹，起足已存千里志
圃吭仙鹤，抬头便彻九皋声
——注：汗血，骏马名。九皋，深泽。《诗经·鹤鸣》：“鹤鸣于九皋，声闻于天。”

操一曲琴，顷有余音生指上
饮三杯酒，更无闲事恼心头

贵有恒，何必三更起五更睡
最无益，只怕一日曝十日寒

成由勤俭败由奢，都有先兆
幼当教养老当敬，便是文明

咬定几句有用书，可充饮食
养成数竿新生竹，直似儿孙

大本领人当时不见有奇异处
敏学问者终身无所谓满足时

遗失慕庄周，睡去能为蝴蝶梦
学诗类高适，老来始作凤凰鸣
——注：清代吴步韩联。

读不尽架上古书，却要时时努力
做不完世间好事，必须刻刻存心

有志者，事竟成，破釜沉舟，百二秦关终属楚

苦心人，天不负，卧薪尝胆，三千越甲可吞吴

——注：蒲松龄自勉联。

立品如岩上松，必历千百载风霜，方可柱明堂而成大厦

俭身若璞中玉，经磨数十番沙石，及堪琢玉玺而宝庙廊

常如作客，何问康宁。但使囊有余钱，瓮有余酿，釜有余粮，取数页赏心旧纸，放浪吟哦。兴要阔，皮要顽，五官灵动胜千官，过到六旬犹少

定欲成仙，空生烦恼。只令耳无俗声，眼无俗物，胸无俗事，将几枝随意新花，纵横穿插。睡得迟，起得早，一日清闲似两日，算来百岁已多

中华传统语典

数字联

半夜二更半
中秋八月中

一扇千须动
三梳万发齐

双手劈开生死路
一刀割掉是非根
——注：朱元璋题某劁猪匠。

七岁能书七字对
五年可读五车书

千古忠贞千古柳
一生清醒一生忧

十八年前不谋面
二三更后便知心
——注：某新娘巧对新郎。

一福二命三风水
百响千尊万圣人

一面楼台三面柳
二分池沼八分田
——注：郑燮所作对联。

三人三姓三兄弟
一君一臣一圣人
——注：关帝庙通用联。

四十九年穷不死
三百六日醉如泥
——注：蔡鸿逵自述联。

两树梅花一潭水
四时烟雨半山云

三千里外一条水
十二时中两度潮

一粒米中藏世界
半边锅内煮乾坤
——注：佛寺食堂通用联。

金炉两耳三只脚
铁矛四瓣一条心
——注：铁矛四瓣，指矛尖、刃、柄挎、柄四部分。

一弹流水一弹月
半入江风半入云

洞门云锁三冬暖
石室风生九夏寒
——注：九夏，指夏季的九十天。

十年宦比梅花冷
一夜春随爆竹来
——注：写联的是位受冷落的老进士。

一回酒渴思吞海
几度诗狂欲上天

一月二十九日醉
百年三万六千场

一对二表三分鼎
六出七纵八阵图

十岁儿童守马驿
万年天子坐龙亭
——注：此联为朱元璋私访时和某童所对，“亭”与“廷”谐音。

绿云十里三春草
黄土一堆万卷书

人间化鹤三千岁
海上看羊十九年
——注：出句据《神仙传》中苏仙升天化白鹤归来事。对句指汉朝苏武于北海（今俄罗斯贝加尔湖）牧羊事。

两头是路穿心店
三面临江吊脚楼
——注：穿心店、吊脚楼为四川有特色的民俗建筑。

五六月间无暑气
二三更里有渔歌
——注：湖南长沙水陆洲联。

三寸喉咙深似海
一重皮肉隔如山

写鬼写妖高人一等
刺贪刺虐入木三分

一抹夕阳，半堤芳草
几堆竹素，二顷梅花

下棋饮酒，一着一酌
弹琴赋诗，七弦七言

三五人可作千军万马
六七步能行四海五洲
——注：此为戏台联。

一年种谷，十年种木
百万买宅，千万买邻

三人道好，十人道丑
一犬吠影，百犬吠声

冰冷酒，一点两点三点
丁香花，百头千头万头

事有十长，不无一日短
生不满百，常怀千岁忧

孤塔巍巍七级四面八方
只手摆摆五指三长两短

一苇渡江，达源溯六祖
九年面壁，妙理悟三乘
——注：六祖，指初祖达摩，二祖慧可，三祖僧灿，四祖道信，五祖弘忍，六祖慧能。三乘，佛教指引导众生解脱的三种方法。

一药一性，岂能指鹿为马
百病百方，何敢以羊易牛
——注：某药店门联。

一夜五更，半夜五更之半
三秋八月，中秋八月之中

万瓦千砖百人修成十佛寺
一舟二橹三人摇过四仙桥

花甲重开外加三七岁月
古稀双庆内多一个春秋

二女二男，合成三个子
半赊半现，共作百年人
——注：林奎五戏贺友五十初度。俗话“一个女婿半个儿”，二女已出嫁，故有上联。下联指五十岁之人，距百岁尚欠一半。

五老只余二人，悲君又去
九泉若逢三友，说我就来

云台二十八将，将将成功
孙武一十三篇，篇篇破敌
——注：出句指东汉开国28位功臣，洛阳南宫云台绘有他们的画像，故称“云台二十八将”。对句指《孙子兵法》。

孤舟双桨片帆，五湖四海
一塔七层八面，万佛千灯

净土莲开，一花一佛一世界
牟尼珠现，三摩三藐三菩提
——注：台湾台中慈善寺联。

一里书斋，半里烟村半里市
十年心学，五年炼气五年神
——注：程含章所作。

二柳当门，家计逊陶潜之半
双桃钥户，人谋虑方朔之三
——注：陶潜宅边有五棵柳树，故自号五柳先生。方朔乃东方朔，传说他曾三次偷西王母之桃。

吏户礼兵刑工，尚书六部
欧苏曾王韩柳，文字八家
——注：八家，指唐宋八大家，即韩（愈）、柳（宗元）、欧（阳修）、苏（洵、轼、辙）、曾（巩）、王（安石）。其中，苏门父子三人。

二月莺花，声色动人耳目
九秋蟾桂，影香惹我身心

十月小阳，梅一两技春尚浅
九秋佳景，雁三五字日初斜

万瓦千砖，百匠修成十佛寺
一舟二橹，三人摇过四通桥
——注：上联用遵减等比级数，下联为连续自然数。

一生二，二生三，三生万物
地法天，天法道，道法自然
——注：四川青城山天师洞联。

夜舞翩跹，千金买度千金夜
珠喉婉转，一曲歌成一曲珠

地在天中，四海名山为第一
心传言外，十方法教是初元
——注：题河南少林寺石坊。

苍松翠竹带梅花，岁寒三友
白李碧桃兼杏萼，春风一家

尺蛇入谷，量量九寸零十分
七鸭浮江，数数三双多一只

双镜悬台，一女梳妆三对面
孤灯挂壁，两人作揖四低头
——注：联以人影、灯影为趣，进行数学乘法运算。

北斗七星，水底连天十四点
南方孤雁，月中带影一双飞

一百八记钟声，唤起万家春梦
二十四番风信，吹香七里山塘
——注：佛教认为人生烦恼有108种，击钟108下，佛珠108颗……为消除烦恼。二十四番风信，古人认为风应花期而来，小寒至谷雨，8个节气，120天，每5天一候，计24候，每候应一花信。

何物动人，二月杏花八月桂
有谁催我，三更灯火五更鸡

七里山塘，行到半塘三里半
九溪峦洞，经过中洞五溪中

孤山独庙，一将军单枪匹马
两河夹岸，二渔叟对钓双钩
——注：上联官“一”，用孤、独、一、单、匹，下联官“二”，用两、夹、二、对、双。

映水便成双，兔魄定然三五满
衔山刚吐半，蟾辉尚觉二分多
——注：马福祥题甘肃兰州小蓬莱半月亭。兔、蟾，均指月亮。

一叶欲凋时，乳燕流莺都是客
百花已过了，蜜蜂蝴蝶也无情

孤舟两桨片帆，游遍五湖四海
一塔七层八面，观尽万水千山

武夷曲水三三，信是闽邦襟带
巫峡奇峰六六，果然蜀国藩城
——注：三三，乘而为九，武夷山有九曲。六六，加而为十二，巫山有十二峰。

举手摘星辰，仰攀云汉三千丈
罗胸有丘壑，横览烟村十八滩
——注：慕寿棋题甘肃兰州拱星墩，旧名空心墩。

课演六爻，内卦三爻，外卦三爻
棒长八尺，随身四尺，离身四尺

去六欲，得六通，悟七心之尽妄
焚五香，清五浊，扫八垢而皆空

六旬花甲再周天，世上重逢甲子
一岁二春双八月，人间两度春秋
——注：闰八月即有两度中秋。此年正月“立春”，腊月又逢“立春”。

一尺去掉九寸，还剩十分（一寸）
七个减去三双（六），还剩两半

公一碗婆一碗，姑姑嫂嫂合一碗
新三年旧三年，补补衲衲又三年

五百罗汉渡江，岸边波心千佛子
一个美女对月，人间天上两婵娟。

恼人无物比离愁，恰似一川梅雨
快意有谁同爽气，浑如万壑松风

巩固帝子舆图，蜀国列巫山十二
环绕仙人门户，蓬莱隔弱水三千

童子看像，一二三四五六七八九十
先生讲命，甲乙丙丁戊己庚辛壬癸

二月春分，八月秋分，昼夜不长不短
三年一闰，五年再闰，阴阳无错无差

持三字帖，见一品官，儒生妄敢称兄弟——张之洞

行千里路，读万卷书，布衣亦可傲王侯——孙中山

——注：传孙中山年轻时拜访张之洞，二人的出句、对句，留下一段佳话。

生平自号牌仙，猛回头，跨凳不来，想是天上三缺一

此去若逢敌手，好本领，和盘托出，要学人间一吃三

——注：挽牌友谐联。

一品太夫人，备三从四德，五世同堂，恭值二官齐介寿

六旬都御史，统七宾八师，九畴献寿，欣逢十月好称觞

——注：为贺寿巧联，嵌入十个自然数。

佛门大养济，收鳏寡孤独为僧尼，亿万千人遍受十方供给

世界小梨园，牵帝王将相作傀儡，二十四史演成一部传奇

——注：尤侗题戏台。

二十射策，三十典军，四十暂归田，捧檄为高堂，莫怪北山笑我

有宅一区，有田数亩，有书五万卷，携琴成旧约，曾从东海移情

——注：龚方伯题福州双骖园。

一生惟谨慎，七擒南渡，六出北征，何期五丈崩摧，九代志能遵教受

十倍荷褒荣，八阵名成，两川福被，所合四方精锐，三分功定属元勋

——注：四川成都武侯祠联。

一大乔，二小乔，三寸金莲四寸腰，五匣六盒七彩纷，八分九分十信娇

十九月，八分圆，七个进士六个还，五更四鼓三声响，二乔大乔一人占

收二州，排八阵，七擒六出，五丈原头点四十九盏星灯，一心只望酬三顾

取西蜀，立南蛮，东和北拒，中军帐里变金木土革爻卦，水面偏能用火攻

——注：武侯祠联。

收二州，排八阵，七擒六出，五丈原前点四十九盏明灯，一心只为酬三顾

抱孤子，出重围，匹马单枪，长坂坡中战数百千员上将，独我犹能保两全

——注：诸葛亮与赵云合庙联。

邀得全班子弟，从一末二净，到九夫十杂，粉墨共登场，喜剧不兼悲剧演

试看历代兴亡，尽五霸七雄，或三唐两宋，风云频际会，上台终有下台时

——注：李景芳题湖北汉口古戏楼。三唐，指唐代之初唐、盛唐、晚唐。两宋，指北宋、南宋。

一孤舟，二商客，三四五六水手，扯起七八叶风篷，下九江，还有十里——船夫

十里运，九里香，八七六五号轮，虽走四三年旧道，只二日，胜似一年——李戒翎

——注：明代罗洪先，嘉靖八年（1529）状元，一次乘舟游九江，船夫出上联，罗未能对上。直到 1957 年夏，佛山市装修工人李戒翎找“九里香”木材，8765 号轮船自十里外，二日运到。而 1943 年也有人找此木材，用了一年时间才到货。李有感而得奇对。

一叶孤舟，坐着两三位骚客，启动四桨五帆，经过六滩七湾，历尽八颠九簸，可叹十分来迟

十年寒窗，进过九八家书院，抛卸七情六欲，苦读五经四书，考了三番两次，今年一定要中

——注：此为一考官出联考一来迟的考生，考生从容对答。

中华传统语典

戏答联

鞭打黄牛背
棍戳黑狗牙

咦，哪里放炮？
哦，他们过年。

螃蟹浑身甲胄
蜘蛛满腹经纶

小犬入门嫌路窄
大鹏展翅恨天低
——注：此为一乡绅嘲笑解缙，解缙巧妙对答。

一群鸿雁天边过
半只烧鹅地上爬

炭黑火红灰似雪
谷黄米白饭如霜

何草不黄秋以后
伊人宛在水之湄
——注：何草不黄，为《诗经》篇名。下联见《诗经·蒹葭》："所谓伊人，在水之湄。"

出井蛤蟆穿绿袄
落锅虾公着红袍

马过木桥蹄打鼓
鸡啄铜盆嘴敲锣

鸡蛋无盐真淡蛋
猪肠未切好长肠

白店白鸡啼白昼
黄村黄犬吠黄昏

地冻马蹄声得得
天寒驴嘴气腾腾
——注：冬寒，李东阳屡屡以足顿地，杨邃犯喘病，二人遂有此联之戏。

绿水本无忧，因风皱面
青山原不老，为雪白头

三尖笔架山，内无虎豹
一勺砚池水，中有蛟龙
——注：此联以文房器具（笔架、砚池）巧妙入联。

童子六七人，无如尔狡
太守二千石，莫若公贪
——注：此为一太守与一孩童的戏答。

鲈鱼四鳃独占松江一府
螃蟹八足横行天下九州

三竺六桥，九溪十八涧
一茶四碟，二粉五千文
——注：上联为浙江杭州西湖风景，下联用茶馆堂馆报账时所说的话，此为作家郁达夫即兴应对作品。

进此门不许尔七颠八倒
到这里哪管他五眼六通

竹本无心遇节岂能空过
雪非有意他年又是自来

晚浴池塘涌动一天星斗
早登台阁挽回三代乾坤

八岁儿童，岂有登科之志
三年经历，料无报国之心
——注：明代彭辂幼时应童子试，有位经历（掌管出纳文书）出身的县官见其小小年纪便来应考，便出上联试之。彭辂以为对方小看自己，于是出下联讥之。

黑白难分，教我怎知南北
青黄不接，向你借点东西
——注：正值夜间，房主摸索着点灯，邻人来借粮。

松下围棋松子每随棋子落
柳旁垂钓柳丝常伴钓丝悬

一支烛尽，烧残举子之心
三幅文成，惊破试官之胆

云锁高山，哪个尖峰敢出
月穿漏壁，这条光棍难拿

穿破许多草鞋，不为行脚
见过什么道理，便住此山

独立小桥人影不流河水去
孤眠旅馆梦魂曾逐故乡来

水中冻冰冰种雪雪上加霜
空中腾雾雾成云云开见日

和尚头光，光似琉璃光佛
道官身老，老如太上老君

眼前一簇园林，谁家庄子
壁上几行文字，哪个汉书

何方野鸟，敢从梅树借栖身
有志蛟龙，偏向海门来现爪

坐北朝南吃西瓜，皮往东放
自上而下看左传，书向右翻

岭上孤松，春夏秋冬风债主
海中独石，东南西北浪冤家

塔顶葫芦，尖捏拳头捶白日
城头箭垛，倒生牙齿咬青天

醉汉骑驴，颠头颠脑算混账
艄公摇橹，打躬作揖讨船钱

四大皆空，坐片刻，无分你我
两头是路，吃一盏，各自东西

到南天门歇歇脚，喝杯茶去
登祝融顶看看山，携朵云来

寄语游人，莫谓此山移得去
请看活佛，尽从彼岸跳将来

愿天下有情人，都成了眷属
是前生注定事，莫错过姻缘

褐鼠有情，小姐耳边呼姊姊
斑鸠无礼，老僧头上叫姑姑

天当棋盘星当子，谁人敢下
地作琵琶路作弦，哪个能弹

昨日偷桃钻狗洞，不知是谁
他年攀桂步蟾宫，必定有我

路旁麻叶伸青手，讨甚东西
江上芦花点白头，问谁南北

大肚能容，了却人间多少事
满腔欢喜，笑开天下古今愁

读红楼看宝黛钗调情大观园
看西厢有张孙杜斗法普济寺

穷鬼哥快出去，莫要纠缠小弟
财神爷请进来，何妨照看晚生

既住一巷两街，彼此何分南北
再要七嘴八舌，那就不是东西
——注：沿海某镇章一巷分南北两街，一年中秋节搭台唱戏，两街人争执不下。两位老人分别撰上下联，平息争端。

手执夏扇，身着冬衣，不识春秋
——某大监
口食南禄，心怀北阙，少件东西
——某秀才

我具一片婆心，抱个孩子送汝
你做百般好事，留些阴骘与他
——注：题某送子观音庙。

小子，重叠两山该是重，何以读出
——金圣叹
老师，出走千里应为出，为啥念重
——牧童

莫笑我老朽无能，许个愿试试
哪怕你多财善贾，不烧香瞧瞧

将众山移开，东海在前，昆仑在后
让一阁独立，清风有主，明月有家

蚕作茧茧抽丝，织就绫罗绸缎暖人间
狼生毫毫扎笔，写出锦绣文章传天下

这回来得忙，名心利心，毕竟糊涂到底
此番去甚好，诗债酒债，何曾亏负着谁

鸡狼毫写红鸾笺，雁足传书，南来北往

——小姐

马蹄刀割黄牛皮，猪鬃引线，东扯西拉

——鞋匠

东启明，西长庚，南箕北斗，朕乃摘星手

——乾隆帝

春牡丹，夏芍药，秋菊冬梅，臣为探花郎

——刘凤诰

处处通途，何去何从，求两餐，分清邪正
头头是道，谁宾谁主，吃一碗，各自东西

只这几文钱，你也求，他也求，给谁是好
不做半点事，朝也拜，夕也拜，令我为难

——注：一财神庙联。

为人须凭良心，初一十五，何用你烧香点烛

做事若昧天理，半夜三更，谨防我铁链钢叉

——注：某城隍庙联。

百善孝为先，论心不论事，论事寒门无孝子

万恶淫为首，论事不论心，论心千古少完人

我若有灵，也不至灰土处处堆，筋骨块块落

汝休妄想，须知道勤俭般般有，懒惰件件无

——注：某土地庙联。

四面灯，单层纸，辉辉煌煌，照遍东西南北

——郑燮

一年学，八吊钱，辛辛苦苦，历尽春夏秋冬

——塾师

开大山，砌小石，修拱桥，铺平路，通南通北

——石匠

破长竹，划短篾，挽圆圈，箍扁桶，装东装西

——篾匠

懒人抓背，上些上些再上些，真痛痒全凭自己

对客猜拳，着了着了又着了，好消息总在他家

任凭你无法无天，到此间孽镜台前，还有胆否

须知我能宽能恕，何不把屠刀放下，回转头来

伤心夜雨，蕉窗点寒灯半盏，替诸生改之乎者也

回首秋风，桂院剩秃笔一枝，为举家谋柴米油盐

——注：民国私塾联。

既死莫伤心，好料理身后事宜，莫弄得七颠八倒

再来还是我，且撇下生前眷属，重去寻三党六亲

洞庭湖，八百里，波滚滚浪涛涛，大宗师从何而来

巫山峡，十二峰，云霭霭雾腾腾，本主考从天而降

先生大得便宜，只弄了一张琴，把千古湖山尽行买去

我辈适当闲暇，聊凭这三杯酒，将二人心迹仔细评来

女无不爱，媳无不憎，劝天下家婆，减三分爱女之心而爱媳

妻何以顺，母何以逆，愿尔辈人子，将一点顺妻之意以顺母

你眉头着什么急，但能守分安贫，便收得和气一团，常向众人开笑口

我肚皮这般样大，总不愁穿虑吃，只讲个包罗万物，自然百事放宽心

——注：题笑佛。

讽喻联

有钱常买醉
无事惯生风

——注：嘲流氓。

只许州官放火
不准百姓点灯

——注：有一州官名田登，忌讳人说灯字，全州人只得把“灯”念为“火”。元宵节放灯，衙门出布告：“本州依例放火三日。”有人以此联讽之。

之字路偏要你走
洞中怪且奈我何

——注：嘲张之洞。

大丞相借花献佛
小女子为国捐躯

——注：清光绪年间，某中丞以增加国库收入为名筹办妓捐。有人以此联讽之。“花”，为妓业之称，佛，指慈禧太后（人称“老佛爷”）。

三间东倒西歪屋
一个南腔北调人

六秀才只通六窍
万景楼遗臭万年——王畏岩

——注：人有七窍，上联隐切“一窍不通”。清末嘉定中学堂有六位不学无术的秀才教师。一日同游万景楼，凑成一副对联“六秀才同游一日，万景楼从此千秋”，贴在楼上。当地名士王畏岩作联讽之。

早死一时天有眼
再留三日地无皮

母鸭无鞋空洗脚
公鸡有髻不梳头

头上有情飘翠羽
胸中无策退红毛

——注：嘲因国难捐得花翎者。红毛，清时对英人的称呼。

命即是钱钱是命
人不害我我害人

——注：刘师亮嘲某富翁。

学士家移和尚寺
尚书妻卧老僧房

——注：嘲某尚书占寺营宅。

充无罪之军三百里
守有夫之寡二十天

——注：某生应试自题，嘲旧时科举制度。

王好货，不论金银铜铁
寅属虎，全需鸡犬牛羊

——注：嘲县令王寅。

中华传统语典

红白相兼，醉后不知南北
青黄不接，贫来尽卖东西
——注：嘲醉汉喝穷。

山竹无心空生几对枝叶
河藕有眼不沾半点污泥

发售各项功名，九品起码
检选道地顶子，五色俱全
——注：讽清代纳资捐官的制度。

梅蕊未放，光棍先生白嘴
椒实既熟，夹壳长老黑心

牛头喜得生龙角
狗嘴何曾出象牙

东鸟西飞，满地凤凰难下足
南龙北跃，一江鱼鳖尽低头

墙上芦苇，头重脚轻根底浅
山间竹笋，嘴尖皮厚腹中空

耀武扬威，得意须防失意日
粉白黛绿，上台终有下台时

乌不如鸟，只少胸中一点墨
军无斗志，都因偏了半边心
——注：清代某年乌阁学（甲内阁学士）、恽大史（翰林）到浙江当正副主考官。某人撰此联讽之。

从明从顺从清，三朝之俊杰
纵子纵孙纵仆，一代岂凡人
——注：讽明末官僚金之俊，字岂凡。顺，李自成称大顺皇帝。

民房已拆尽，问将军何时才滚
马路全筑成，愿督办早日开车

家有万亩良田，任尔摆来摆去
胸无半点墨水，到底左难右难

熟视无睹，诸君尽管贪污作弊
有口难言，我辈何须民主自由

一色水天秋，却难洗三字污秽
双清风月夜，正好分两世精忠

井底孤蛙，小天小地，自高自大
厕中怪石，不中不正，又臭又硬

是是非非，非非是是，是非不分
正正反反，反反正正，正反一样。

妖道恶僧三令牌，击退风云雷雨
贪官污吏九叩首，拜出日月星辰
——注：嘲祈雨不验。

官大，权大，肚子大，口袋更大
手长，舌长，裙带长，好景不长

季子自命为高，与吾意见大相左
藩侯以身许国，笑他功烈亦何曾
——注：拟曾国藩、左宗棠（字季高）龃龉互嘲联。季子，指苏秦。

油蘸蜡烛，烛内一心，心中有火
纸糊灯笼，笼边多眼，眼里无珠

冬迁南国，夏选北疆，会不背时令
彼避严寒，此消酷暑，风正合人心

贤婿枉顾，路途坎坷，高一步低一步
泰山错看，世态炎凉，睁只眼闭只眼
——注：独眼岳父、跛脚女婿互嘲。

似者像也，像虎像豹像豺狼，不像州主
慈者爱也，爱金爱银爱钱财，不爱黎民
——注：此联横批“不成汤水”。清代邓州（今河南邓州市）知州汤似慈暴虐贪婪。汤50寿辰时，贡生庞振坤写此联讽之。

吃老子的饭，穿老子的衣，一生到老，全靠老子
叫天尊不应，喊地尊不灵，两脚朝天，莫怪天尊
——注：讽一道士去世。

看不见姑且听之，何须四处钻营，极力排开前面者
站得高弗能久也，莫仗一时得意，挺前遮住后来人
——注：戏台联。又嘲讽了现实生活中的丑恶现象。

大老爷过生，金也要，银也要，铜钱也要，红白一把抓，不分南北
小百姓该死，稻未熟，麦未熟，高粱未熟，青黄两不接，送甚东西。

南南北北，文文武武，斗斗争争，时时杀杀砍砍，搜搜刮刮，看看干干净净
户户家家，女女男男，孤孤寡寡，处处惊惊慌慌，哭哭啼啼，真真惨惨凄凄
——注：旧时讽世联。

南管北关，北管南关，一过手、再过手，受尽四方八面商商贾贾，辛苦东西——某太监
前掌后门，后掌前门，千叩头、万叩头，叫了几声万岁爷爷娘娘，站立左右——某守关吏
——注：出句为太监嘲守关吏，对句为守关吏反嘲太监。

见州县则吐气，见道台则低眉，见督抚大人茶话须臾，只解道说几个“是是是”
有差役为爪牙，有书吏为羽翼，有地方绅豪袖金赠贿，不觉得笑一声“哈哈哈”

回忆去岁，饥荒五、六、七月间，柴米尽焦枯，贫无一寸铁，赊不得，欠不得，虽有近亲远戚，谁肯雪中送炭
侥幸今年，科举头、二、三场内，文章皆合适，中了五经魁，名也香，姓也香，不拘张三李四，都来锦上添花

歇后联

未必逢凶化——吉
何曾起死回——生

稻草扎秧——父抱子
竹篮提笋——母怀儿

君子之交淡如——水
醉翁之意不在——酒

马过木桥——蹄打鼓
鸡啄铜盆——嘴敲锣

开花芝麻——步步高
出土甘蔗——节节甜

聋子放爆竹——没想（响）
外甥打灯笼——照旧

洋人看京戏——傻瞪眼
乞丐唱山歌——穷开心

瞎猫拖鸡——死活不放
哑巴打架——是非难分

老寿星吃砒霜——活厌了
阎罗王开饭店——鬼不来

秀才抹围裙——斯文扫地
屠户戴顶子——杀气冲天

盐罐里生蛆——背时晦气
肉包子打狗——有去无回

强盗画喜容——贼形难看
阎王出告示——鬼话连篇

和尚撑船——篙打江心罗汉
佳人汲水——绳牵井底观音

醉汉骑驴——颠头簸脑算酒账
艄公捋橹——打躬作揖讨船钱

打肿脸充胖子——敷衍门面
指秃驴骂和尚——刻薄嘴唇

叫花子吃死蟹——只只好的
老道士放急屁——句句真言

碧纱帐内坐佳人——烟笼芍药
清水池中洗和尚——水浸葫芦

鸡犬过霜桥——一路竹叶梅花
牛马行雪地——两行蚌壳团鱼

老妻画纸为棋局——黑白来分
稚子敲针作钓钩——曲直所在

女娲炼石补穹苍——拨开烟雾
博望乘槎泛河汉——摇动星辰
——注：博望，汉张骞封博望侯，出使西域。

丰韭若稚童头发——刈去还生
嫩姜如美女指尖——浣来未损

乌鸦飞入鹭鸶群——雪里送炭
凤凰立在鸳鸯畔——锦上添花
——注：乌鸦与炭、鹭鸶与雪，凤凰与花、鸳鸯与锦，各相照应。

乌纱帽罩象牙梳——烟笼淡月
红锦袍缠鹤顶戴——霞映长虹

东风吹倒玉梅瓶——落花流水
朔雪压翻苍径竹——带叶拖泥

江边骏马过危桥——足下打点
门外蜘蛛结小网——肚里寻思
——注：思与“丝”相关。

杜鹃花里杜鹃啼——有声有色
蝴蝶梦中蝴蝶舞——无影无形

鸡脚猫蹄行雪路——竹叶梅花
蛇驰马迹印沙泥——树根木影
——注：鸡足三瓣而尖，猫足五瓣而圆，如竹叶梅花。蛇遗弯而细长，马迹圆而清晰，各似根须、树桩。

绣鞋低罩绿罗裙——鸳鸯戏水
金钗斜插银丝鬓——鸾凤穿云

莺入榴花似火炼——黄金数点
鹭栖荷叶如盘堆——白玉一团

谐音联

贾岛醉来非假倒
刘伶饮酒不留零

无山得似巫山好
何水能如河水清

鸡盗稻子童筒打
暑鼠凉梁客咳惊

移椅倚桐同观月
等灯登阁各攻书

嫂扫乱柴呼叔束
姨移破桶令姑箍

面上荷花和尚面
书临汉帖翰林书

焦山洞里住椒山
扬子江头渡杨子

盗者莫来道者来
闲人免进贤人进

莲子心中苦
梨儿腹内酸

狗啃河上（和尚）骨
水流东坡诗（尸）

孔子生于舟（周）末
光舞（武）起自汉中

师姑田上担禾上（和尚）
美女堂前抱绣裁（秀才）

因荷而得藕（因何而得偶）
有杏不须梅（有幸不须媒）

鹰立树梢月照斜影鹰不斜
猫伏墙角风吹毛动猫未动

鸡饥吃食呼童拾石逐饥鸡
鹤渴抢浆命仆响枪惊渴鹤

妈妈骑马，马慢妈妈骂马
妞妞轰牛，牛拧妞妞扭牛

姥姥喝酪，酪落姥姥捞酪
舅舅架鸠，鸠飞舅舅揪鸠

峰上栽枫，风吹枫动峰不动
路边宿鹭，露落鹭惊路未惊

黄黍地中走黄鼠，鼠拖黍穗
白杨树下卧白羊，羊啃杨枝

牧童伐木，木打牧童双目木
梅香烧煤，煤抹梅香两眉煤

空中一朵白莲花，风捧奉佛——王彝
峡里几枝黄栗树，月远怨猿——杜黄

南监北监，久坐方知监似监
兄长弟长，乍见都说长者长

指挥烧纸，纸灰飞上指挥头——李东阳
修撰进馐，馐馔饱充修撰腹——某指挥
——注：修撰，官名，当时李东阳任修撰。馐馔，美味饮食。

蒲叶桃叶葡萄叶，草本木本
梅花桂花玫瑰花，春香秋香

李打鲤，鲤沉底，李沉鲤浮
风吹蜂，蜂扑地，风息蜂飞

黄黍地中走黄鼠，鼠拖黍穗
白杨树下卧白羊，羊啃杨枝

风吹豆角，豆角与豆角斗角
水冲石头，石头跟石头实头

侍郎游市，眼前柿树是谁栽
和尚过河，手扯荷花何处插

密云不雨，通州无水不通舟
巨野皆田，即墨有秋皆即麦

姑娘栽谷，谷秧掉姑娘脚前
指挥烧纸，纸灰飞指挥头上

书童磨墨，墨抹书童一脉墨
梅香添煤，煤爆梅香两眉煤

冰冻兵船，兵打冰，冰开兵去
泥泞尼鞋，尼洗泥，泥尽尼归

峰上栽枫，风吹枫动，峰不动
路边宿鹭，露落鹭惊，路难惊

水陆洲，洲停舟，舟行洲不行
天心阁，阁落鸽，鸽飞阁未飞

麻姑吃蘑菇，蘑菇藓，麻姑仙
童子打桐子，桐子落，童子乐

红荷花，白荷花，何荷花更好
紫椹子，青椹子，甚椹子最甜

丫头吃鸭头，鸭头咸，丫头嫌
秀才做绣裁，绣裁难，秀才能

湖水涟漪，满怀情意，怎不生莲——男青年

秋波含笑，一双秀目，何可无眉——女青年
——注："莲"谐"怜"，"眉"谐"媒"。

童子执桐木、撞铜钟，同声相应——唐寅

妃嫔着绯衣、叩扉户，非礼勿言——徐昌谷

童子打桐子，桐子落，童子乐
和尚立河上，河上崩，和尚奔

鸡站箕沿上，鸡压箕，翻箕扑鸡
驴系梨树下，驴挨梨，落梨打驴

尼姑沽酒，酒美价廉，尼姑宜沽
和尚上楼，楼高梯短，和尚何上

天上星，地下薪，人中心，字义各别——某客

云间雁，风前燕，篱边鹁，物类相同——王彝

白云峰，峰上枫，风吹枫动峰不动
青丝路，路边鹭，露打鹭飞路未飞

客来醉，客去睡，老无所事吁可愧
论学粗，论政疏，诗不成家聊自娱
——注：为押韵对联。

有立柜平柜高低柜，爱情才可贵
无春衣夏衣秋冬衣，姑娘就不依

洛阳桥，桥上荞，风吹荞动桥不动
鹦鹉洲，洲下舟，水使舟流洲不流。

二猿断木深山中，小猴子也敢对锯（句）
一马陷足污泥内，老畜生怎能出题（蹄）

渔夫余年守腴洲，打鱼不打鱼，连年有余——渔夫

书生疏地闯殊途，背书又背书，数载不疏——书生

和尚法正，提汤上塔，大意失手，汤淌烫塔

裁缝老徐，与妻下棋，不觉漏眼，妻起弃棋

树上桐子、树下童子，童子打桐子，桐子落、童子乐

屋前园外、屋内员外，员外扫园外，园外净、员外静

回文联

豆大为大豆
人小非小人

废物非物废
能人即人能

人过大佛寺
寺佛大过人

郎中王若俪
俪若王中郎

客上天然居
居然天上客

贤出多福地
地福多出贤

僧游云隐寺
寺隐云游僧

人中柳如是
是如柳中人

油灯少灯油
火柴当柴火

水帮船，船帮水
人防虎，虎防人

女爱郎才郎爱女
花添锦上锦添花

见山乐山水乐水
似隐非隐仙非仙

斗鸡山上山斗鸡
龙隐岩中岩隐龙

处处飞花飞处处
潺潺碧水碧潺潺

处处红花红处处
重重绿树绿重重

雨滋春树碧连天
天连碧树春滋雨

风送花香红满地
地满红香花送风

艳艳红花随落雨
雨落随花红艳艳

雾锁山头山锁雾
天连水尾水连天

雪岭吹风吹岭雪
龙潭活水活潭龙

凤落梧桐梧落凤
珠联璧合璧联珠

静泉山上山泉静
清水塘里塘水清

海上飞燕飞上海
江内行船行内江

暮天遥对寒窗雾
雾窗寒对遥天暮

地满红花红满地
天连碧水碧连天

我醉诗词诗醉我
人迷对句对迷人

秀山青雨青山秀
香柏古风古柏香

响水池中池水响
黄金谷里谷金黄

请君更看戏中戏
对影休推身外身

雪映梅花梅映雪
莺宜柳絮柳宜莺

脸映桃红桃映脸
风摇柳绿柳摇风

敬佛敬心心敬佛
焚香焚意意焚香

蝶抱花须花抱蝶
莺藏柳树柳藏莺

燕子飞山，山飞子燕
天洞流泉，泉流洞天

众人舞龙灯龙舞人众
群星伴月夜月伴星群

香山碧云寺云碧山香
黄山落叶松叶落山黄

水水山山处处明明秀秀
秀秀明明处处山山水水

晴晴雨雨时时好好奇奇
奇奇好好时时雨雨晴晴

虎豹关中不是关中虎豹
麒麟阁上皆非阁上麒麟

叠字联

冷冷清清雪
茫茫渺渺峰
——注：福建南安杨梅山雪峰寺联。

是是非非地
冥冥晓晓天
——注：福建泉州城隍庙联。

是是非非地
明明白白天
——注：江苏连云港天启庙联。

玲玲珑珑窍
孔孔洞洞山
——注：郑燮题某景。

蜿蜿蜒蜒路
晶晶铃铃泉
——注：山东邹县半山亭联。

大大方方做事
简简单单过年

公公十分公道
婆婆一片婆心
——注：某土地庙联。

莫叹风尘仆仆
且看杨柳依依

楼望海海望楼
水连天天连水

大大肚能容万物
微微笑看破群生

手抱屋柱团团转
脚踏楼梯步步高

处处无非菩提海
山山尽是普陀崖
——注：王予望题甘肃天水罗汉堂。

痴心做处人人爱
冷眼观时个个嫌

年年失望年年望
事事难成事事成

行行行行行且止
坐坐坐坐坐何妨
——注：浙江皋化漠口休休亭联。

片片晚霞迎落日
行行倦鸟盼归巢

挺胸流盼层层远
昂首攀登步步高
——注：湖南邵阳东塔山联。

莫光光磕磕头去
要细细问问心来
——注：某城隍庙联。

晓日樵歌邀坐坐
夕阳蝉噪劝行行

祥云霭霭来南海
甘露湛湛润炎方

望望世态摇摇手
看看人心点点头

长发长发长长发
发长发长发发长

常德德山山有德
长沙沙水水无沙

无锡锡山山无锡
平湖湖水水平湖

假作真时真即假
无为有处有亦无

鱼钓钓鱼鱼骇钓
马鞭鞭马马惊鞭

乐乐乐乐乐乐乐
朝朝朝朝朝朝朝
——注：读音如“骆曰骆曰骆骆曰，招潮招潮招招潮”。

松叶竹叶叶叶翠
秋声雁声声声寒

龙怒卷风风卷浪
月光射水水射天

身轻担重轻挑重
脚短路长短走长

船漏漏满锅漏干
灯吹吹灭火吹燃

木匠戴枷枷木匠
翰林监斩斩翰林

动中有静静中妙
忙里独闲闲里参

桥外烟村村外树
洞边云水水边楼

景中有景景之绝
洞中有洞洞之奇

一池金玉如如化
满眼青黄色色真
——注：明代徐渭故居自题联。故居名“青藤书屋”，在浙江绍兴前观巷大乘弄10号。

落花有意随流水
流水无情恋落花

即色即空即心即佛
亦诗亦酒亦儒亦仙

东不管西不管，酒管
兴也罢衰也罢，喝罢
——注：清末江苏苏州一家酒店联。上联讽时政，下联写百姓借酒浇愁。

立雪堂前，歌歌白雪
沐春台上，谱谱阳春
——程雄题湖北通山船埠村程氏祖祠众台。

上海自来水来自海上
北京输油管油输京北

泉出乎地，地久泉俱久
水生于天，天长水也长

野外黄花好似金钉钉地
城内白塔犹如玉钻钻天

高高下下树叮叮咚咚泉
重重叠叠山曲曲环环路

不生事不怕事自然无事
能爱人能恶人方是正人

钟钟杯杯，都是灵符水
来来往往，无非敬神人
——注：戴襄麟题某古刹。

佛云：不可说，不可说
子曰：如之何，如之何
——注：四川峨眉山患心所联。

小小书生，袖内暗藏春色——太守
堂堂太守，眼前明察秋毫——童子
——注：明代四川一神童应府试，太守见他衣袖中有朵红花，因出上联，童子对下联。

今日过断桥，断桥何日断
明朝奔明月，明月几时明

天道人道圣道，谓之大道
善缘结缘福缘，佛之妙缘

船载石头石重船轻轻载重
尺量地面地长尺短短量长

天近山头行到山腰天更远
月浮水面捞到水底月还沉

天垂天边走近天边天还远
水浮水面拨开水面水又深

清清闲闲，处处安安静静
说说笑笑，人人喜喜欢欢

书生沐浴，日新日新日日新
学者藏修，时习时习时时习

月月月明，八月月明明分外
山山山秀，巫山山秀秀非常

风声雨声读书声，声声入耳
家事国事天下事，事事关心

一盏清茶，解解解解元之渴
五言绝诗，施施施施主之才

千里为重，重山重水重庆府
一人成大，大邦大国大明君

分水桥边分水吃，分分分开
看花亭下看花回，看看看到

未见其人，先传出鸳鸯曲曲
不如归去，终难留马脚匆匆

曲名大城，曲大城大神亦大
山流长水，山长水长寿更长

多福自求，唯造福方能得福
昊天可问，缘顺天乃复胜天

如砥湖平，湖镜映天湖有月
似绵柳软，柳荫垂地柳藏莺

红烛蟠龙，水里龙由火里出
花鞋绣凤，天边凤自地边飞

杖上刻鸠，扶起杖来鸠始动
鼓中画鹤，击将鼓响鹤才鸣

是理是情，何妨幻境成实境
尽忠尽孝，但愿今人效古人

主敬存诚，坦荡荡天空地阔
穷理尽性，活泼泼鱼跃鸢飞
——注：某书院对联。

名平利乎，道路奔波休碌碌
来者往者，溪山清静且停停

芸芸众生，善善恶恶一餓土
茫茫大地，真真假假总成空

面面有情，环水抱山山抱水
心心相印，田人传地地传人

烈烈人心怒火，须自家按住
辉辉天眼朱雀，岂无故飞来
——注：湖北大悟火神庙联。

妙手空空，一弹流水一弹月
余音袅袅，半入江风半入云

往事昭昭，亿万世长传宇内
精忠耿耿，千百年犹在人间
——注：江苏吴县伍子胥祠联。

中华传统语典

雪里白梅，雪映白梅梅映雪
风中绿竹，风翻绿竹竹翻风

四面荒芜，权向此间来坐坐
一肩行李，果缘何处去匆匆

白鹤园中，白发老人割白菜
洪家山下，红裙女子采红花
——注：洪，借音“红”，与“白”对仗。

吉祥草伴忘忧草，吉忧相兼
龙爪花连金凤花，龙凤双现
——注：忘忧草，即萱草。金凤花，即凤仙花。

烟水亭，吸水烟，烟从水起
风浪井，搏浪风，风自浪兴

青草塘，青草鱼，口含青草
红花树，红花女，头插红花

十方善，十方缘，十方结果
同修道，同修德，同修成仙

上盘山，走盘路，盘桓数日
游热河，饮热酒，热闹几天

无多事，无废事，庶几无事
不徇情，不矫情，乃能得情

惜食惜衣，非为惜财缘惜福
求名求利，但须求己莫求人

穿牖而来，夏日清风冬日日
卷帘相见，前山明月后山山
——注：骆成骧题杭州西湖“平湖秋月”。

谁教人只管好高，上上上上
我替你从容定喘，来来来来
——注：甘肃兰州五泉山凉亭联。

深深深院，院中夜夜夜香香
小小小楼，楼上更更更漏漏

磨圆眼大齿棱棱，纳粗出细
秤直钩弯星朗朗，识重知轻

若不回头，谁替你救苦救难
如能转念，何须我大慈大悲

松矮墙高，来岁松高墙又矮
月明日暗，去朝月暗日还明

松涛声，海涛声，声声相应
天中月，水中月，月月齐明

风竹绿竹，风翻绿竹竹翻风
雪里白梅，雪映白梅梅映雪

父戊子，子戊子，父子戊子
师司徒，徒司徒，师徒司徒

山羊上山，山碰山羊角，咩
水牛喝水，水淹水牛鼻，哞

数尺地方，可家可国可天下
千秋人物，有贤有愚有神仙

碧天连水水连天，水天一色
明月伴星星伴月，星月交辉

一心守道道无穷，穷中有乐
万事随缘缘有分，分外无求

松声竹声钟磬声，声声自在
山色水色烟霞色，色色皆空

画扇画鱼鱼跃浪，扇动鱼游
绣鞋绣凤凤穿花，鞋行凤舞

水车车水水随车，车停水止
风扇扇风风出扇，扇动风生

烈火煎茶，茶滚釜中喧雀舌
清泉濯笋，笋沉涧底走龙孙

开关早，关关迟，放过客过关
出对易，对对难，请先生先对

船载橹，橹摇船，橹动而船行
线穿针，针引线，针缝而线缀

兀兀醉翁情，欲借斗杓共酌酒
田田词客句，闲倾荷露试烹茶

山山海海山海关，雄关镇山海
日日月月日月潭，秀水映日月

云卷楚山头，出翠翠青青图画
风吹湘水面，成重重叠叠文章

进来摸摸心头，不妨悔过迁善
出去行行好事，何用点烛烧香
——注：某城隍庙联。

恨恨恨，可怜孤陋寡闻少见识
羞羞羞，空读四书五经中翰林
——注：题四川泸州东岩壁。

硬剥剥瘦棱棱，真是一条冷铁
清寥寥孤回回，别有几点青山

鲤鱼寨鲤鱼跃龙门，年年有鱼
观音阁观音赐祥地，岁岁福音

前路赤炎炎日，试问能行几步
这里凉飕飕风，何妨暂住片刻
——注：河南洛阳古道凉亭联。

报应莫嫌迟，开场即是收场日
施为休弄巧，看戏无非做戏人
——注：某戏台联。

听涧底泉声呼天地，是歌是哭
看阶前月色问英雄，还死还生

举念时明明白白，毋欺了自己
到头处是是非非，曾放过谁人

冬至冬冬至，每冬先寒节而至
月明月月明，按月以圆时愈明

尘外不相关，几阅桑田几沧海
胸中无所碍，半是青山半是云

古今来，色色形形，无非是戏
天地间，奇奇怪怪，何必认真
——注：某戏台联。

吃蟹不足吃蟹足，蟹足也不足
骑驴咯腚骑驴腚，驴腚还咯腚

山径晓行，岚气似烟，烟似雾
江楼夜坐，月光如水，水如天

阴报阳报，迟报速报，终须有报
天知地知，人知鬼知，何谓无知

公修公得，婆修婆得，不修没得
东风东倒，西风西倒，无风直倒

至勇至刚，能文能武，无上将军
大慈大悲，救苦救难，观音菩萨

金水河边金线柳，金线柳穿金鱼口
玉栏杆外玉簪花，玉簪花插玉人头

佛脚清泉，飘飘飘飘飘下两条玉带
源头活水，冒冒冒冒冒出一串珍珠

东当铺，西当铺，东西当铺当东西
春读书，秋读书，春秋读书读春秋

上苑催春，花乎花乎，莫负韶光好
南楼爱月，子兮子兮，如此良夜何

山好好，水好好，开门一笑无烦恼
来匆匆，去匆匆，下马相逢各西东

天官、地官、水官，只在心官不昧
求福、赐福、获福，还须积福为先

功名身外事，大就何妨，小就何妨
富贵眼前花，早开也得，晚开也得
——注：此联为明代嘉靖进士张瀚所作，张瀚官至吏部尚书，尔后辞归。

糊糊涂涂，将佛脚抱来，求为父母
明明白白，把石头拿去，说是儿孙

重重喜事，重重喜，喜年年获丰收
盈盈笑语，盈盈笑，笑频频传报捷

新月如弓，残月如弓，上弦弓下弦弓
朝霞似锦，晚霞似锦，东川锦西川锦

游西湖提锡壶锡壶掉西湖惜乎锡壶
游西山拿衣衫衣衫落西山惜哉衣衫

望天空，空望天，天天有空望空天
求人难，难求人，人人逢难求人难

开口便笑，笑古笑今凡事付之一笑
大肚能容，容天容地与己何所不容

碧水温柔，鱼戏莲叶南，鱼戏莲叶北
好风荡漾，燕剪柳丝短，燕剪柳丝长

思贤桥，桥上思贤，德高刺史名留世
琵琶亭，亭下琵琶，情多司马泪沾襟

白面书生，摇摇摆摆，问心中空空如也
马头娘子，扭扭捏捏，看足下悠悠大哉
——注：某戏庙联。

点点扬花入砚池，近朱者赤，近墨者黑
双双燕子趋帘幕，同声相应，同气相求
——注：古时，老师的砚池中有黑、红两色墨，分别用于书写、批写。下联叙花烛之夜。

花深深，柳阴阴，听何处笙歌，且凉凉去
风淡淡，月滟滟，数隔城更点，好缓缓归

不增，不减，不生，不灭，不垢，不净
如梦，如幻，如泡，如影，如露，如电

种豆得豆，种瓜得瓜，举念时须修善果
说法非法，说相非相，会心处才是上乘

人心全没灭，还讲甚是是非非任凭尔去
天理自昭彰，须看那今今古古放过谁人

飞雪迎春，瑞雪迎春，飞雪瑞雪齐迎春
山西过年，陕西过年，山西陕西皆过年

排排坐，吃果果，童子六七人，从吾所好
欣欣然，斗虫虫，彭祖八百岁，视我犹童
——注：陶善之自寿谐联。

天上月圆，人间月半，月月月圆，逢月半
今年年底，明年年初，年年年底，接年初

上上下下，左左右右，从此前后不得兼顾
父父子子，君君臣臣，自古忠孝难于两全

大鱼吃小鱼，小鱼吃虾，虾吃水，水落石出
溪水归河水，河水归江，江归海，海阔天空

管官之官受管官之官管，官官受管，何必多管

说人之人被说人之人说，人人被说，岂如不说

料此身未得长存，为什么急急忙忙作几般恶事

想前世俱已注定，何必不干干净净做一个好人

黄花岗，岗花黄，黄照碧血，血染黄花留芳阁

绿水河，河水绿，绿映白塔，塔印绿水存真容

红尘吾看破，破鞋破衣破帽，以破就破，破破破

黔首尔当修，修身修性修心，要修早修，修修修

东庙阙西厢房，东西两厢，门户相对，方敢并坐

南京河北京城，南北双京，水土并分，可成霸业

乾八卦，坤八卦，八八六十四卦，卦卦乾坤已定

鸾九声，凤九声，九九八十一声，声声鸾凤合鸣

斋鱼敲落碧湖月，觉觉觉觉，先觉后觉，无非觉觉

法钟撞破麓峰云，空空空空，色空相空，总是空空

——注：湖南长沙开福寺大佛履联。

吹吹打打，打打吹吹，虽隔壁邻居，一圈花轿十里远

笑笑啼啼，啼啼笑笑，本青梅竹马，片时装相众宾哗

——注：贺一对比邻面居的青年男女成婚。当地习俗；新娘哭哭啼啼，表示恋家不想出嫁。

一花一世界，一叶一如来，色色空空，妙相同参成佛国

三貌三菩提，三乘三觉悟，生生世世，法轮有幸现金身

八方桥，桥八方，站在八桥上观八方，八方八方八八方

万岁爷，爷万岁，跪在万岁前呼万岁，万岁万岁万万岁

松郁郁，云漠漠，龙吟虎啸，风神有眼，如游七泽五陵地

山悠悠，水泽泽，花落乌啼，机趣无穷，应在十洲三岛间

——注：张芸荑题湖北武昌灵泉寺。

听雨，雨住，住听雨楼也住听雨声，声滴滴，听，听，听

观潮，潮来，来观潮阁上来观潮浪，浪滔滔，观，观，观

半市半乡，半耕半读，半士半医，世界本少全才，故名曰半

闲吟闲咏，闲弹闲唱，闲斟闲酌，人间尽多忙客，而我独闲

——注：袁枚自题半闲园联。

月圆月缺，月缺月圆，年年岁岁，暮暮朝朝，黑夜尽头方见日

花落花开，花开花落，夏夏秋秋，暑暑凉凉，严冬过后始逢春

笑古笑今，笑东笑西，笑南笑北，笑来笑去，笑自己原来无知无识

观事观物，观天观地，观日观月，观上观下，观他人总是有高有低

人人论功名，功有实功，名有实名，存一点掩耳盗铃之心，终为无益

官官称父母，父必真父，母必真母，做几件悬羊卖狗假事，总不相干

花花叶叶，翠翠红红，惟司香尉着意扶持，不教风风雨雨，清清冷冷

鲽鲽鹣鹣，生生世世，愿有情人都成眷属，长此朝朝暮暮，喜喜欢欢

——注：刘树屏题上海花神庙。司香尉，掌管香泽的官。鲽、鹣，即比目鱼和比翼鸟，比喻相亲相爱。

翘首仰仙踪，白也仙，林也仙，苏也仙，我今买醉湖山里，非仙也仙

及时行乐地，春亦乐，夏亦乐，秋亦乐，冬来寻许风雪中，不乐亦乐

——注：题原杭州西湖“仙乐酒家”。白，指白居易，林，指林逋，苏，指苏轼。三人都在西湖有遗踪。

先生先生，后生后生，先生生后生，后生生先生，先先后后，生生不已

我说我说，你说你说，我说说你说，你说说我说，我我你你，说说何妨

曲曲弯弯，前前后后，花花叶叶，水水山山，人人喜喜欢欢，处处寻寻觅觅

年年岁岁，暮暮朝朝，雨雨风风，莺莺燕燕，想想来来往往，常常翠翠红红

谜语联

你共人女边着子
怎知我门里添心
——上联谜底：好；下联谜底：闷。

新月一钩云脚下
残花两瓣马蹄前
——谜底：熊。

口中含玉确如玉
台下有心实无心
——上联谜底：国；下联谜底：怠。

一桅白帆挂两片
三颗寒星映孤舟
——谜底：患。

二汉心高能跨日
三人力大可骑天
——上联谜底：替；下联谜底：奏。

半边林靠半边地
一头牛同一卷文
——谜底：杜牧（唐代诗人）。

白蛇过江头顶一轮红日
青龙挂壁身披万点金星
——上联谜底：油灯；下联谜底：秤。

路上行人，无雨无风常打伞
林间飞鸟，有朝有暮不归巢
——谜底：画卷。

樱桃小口齿楞楞，吞粗吐细
杨柳纤腰星闪闪，识重知轻
——此为物谜联，谜底为石磨、杆秤。

日落香残，免去凡心一点
炉熄火尽，务把意马牢栓
——上联谜底：秃；下联谜底：驴。

两手剖开舟两叶，内载黄金白玉
一拳打破坛一个，中藏玛瑙珍珠
——此为物谜联，谜底分别为咸蛋、石榴。

一点、二点、十二点，点点成星座
七人、十人、七十人，人人在龙乡
——上联谜底：斗；下联谜底：华。

黑不是，白不是，红黄更不是，和狐狼猫狗仿佛，既非家畜，又非野兽

诗也有，词也有，论语上也有，对东西南北模糊，虽是短品，亦是妙文

——此为纪昀所作谜联。上联隐一“猜”字，下联隐一“谜”字。

组合联

八刀分米粉
千里重金锺

李家十八子——某学士
奏事二三人——李东阳
——注：奏事，古代官名。

鐴看门中月——某官
思耕心上田——史致俨

鸿是江边鸟——某学士
蚕为天下虫——杨一清

堤是土夯就
笛由竹做成

少水沙即现
是土堤方成

砚向石边见口——某师
笙从竹下生声——李东阳

一史不通难作吏——某大府
二人相聚总由天——某吏

此木为柴山山出
因火成烟夕夕多

里中田上土何下——某客
岩畔石低山自高——许思温

吴子多言终自误
乔公有女定然娇

闵先生门里文字——吴翰林
吴学士天上口才——闵举子

品泉茶三口白水
竺仙庵二个山人

近视千山五百出
远望九州十八川
——注：上联，“出”字为“二山”字，“五百出”恰合“千山”。下联，“州”字的三点也可看作“川”字，“州”合二川，“九州”恰合“十八川”。

宵小欺大乃谓尖
愚犬称王便是狂

三个土头考老者
五家王子弄琵琶

耸岳丘山能励志
流泉白水可清心

槐树千年成木鬼——游客
岳阳万古为山丘——陈之丕
——注：湖南岳阳楼侧一株千年古槐，遭雷击劈为两半。

踏破磊桥三块石——童子
分开出路两重山——李调元

立女为妾，妾亦为立女——客人
山人作仙，仙又作山人——赵文

李氏姑娘腹怀十八子——方家兄弟
方家子弟头斩一万刀——李氏

二人合口成吞，口藏天下
又女变心成怒，心恨奴孤

人曾为僧，人弗可以成佛——苏小妹
女卑称婢，女又不妨作奴——佛印

门口问信，人言不久便来
八刀分肉，内人背后说少

双木成林，高出嵩山之上
三石作磊，白堆泉水之间

鸟入风中，衔去虫而作凤
马来芦畔，吃尽草以为驴

张长弓，骑奇马，单戈为战
嫁家女，孕乃子，生男曰甥

有约不来过夜半，奴心怒
闲看儿童捉柳花，合手拿
——注：上联首句出自宋代诗人赵师秀《约客》，下联首句出自杨万里《闲居初夏》。

拙女出才，已是嫁于家外
觅人不见，岂知闪入门中

学正不正，诸生皆以为歪——某官
相公言公，百姓自然无讼——某学正

山石岩前古木枯，此木为柴
长巾帐内女子好，少女更妙

门内有才，闭门不纳无才子
马边倚主，驻马停鞭访主人

车乔二幕客，各乘半轿以行
卢马两书生，共引一驴而走

牛不出头，辜负牧童寻到午
鬼能踢斗，显达才子占高魁

户羽石皮，湖北先生摇破扇
革圭不正，江南女子跋歪鞋

白水如泉，冲破一团麻石磨
金居作锯，解开两片木公松

因火生烟，若不撇开终是苦
舍官为馆，入能回首便成人

辇辇同车，夫夫竟作非非想
菅管为官，个个多存草草心

天寒地冻，无水一滴难成冰
国难民愁，王不出头谁自主

四口同固，内口皆归外口管
五人共伞，小人全仗大人遮

天下口，天上口，志在吞吴
人中王，人边王，意图全任

十口心思，思国思家思社稷
八目尚赏，赏风赏月赏秋香

冯二马驯三马冯驯五马诸侯
伊有人尹无人伊尹一人元宰

松木公，梅木母，公母两木成林
岵山古，岺山今，古今二山并出

口十心思，思乡，思友，思父母
言身寸谢，谢天，谢地，谢君王

冻雨洒窗，东二点（冻）西三点（洒）
分片切瓜，竖八刀（分）横七刀（切）

日在东，月在西，天上生成“明”字
子居右，女居左，世间配定“好”人

墙上挂珠帘，你说是王家帘，朱家帘
半夜生孩儿，我管他子时乎，亥时乎

寸土为寺，寺旁言寺，诗曰：明月送僧归古寺

双木为林，林下示禁，禁云：斧斤以时入山林

连云山，翠壁山，山山出大小尖峰，四瘠癡列

武昌口，汉阳口，口口回上下卡子，千里重关

东庙阚、西庙房，东西二庙，门户相当，方敢并坐

南京河、北京城，南北双京，水土

并分，可成霸业

——注：出句“阚、房”折成“门户方敢”四字，对句“河、城”折成“水土可成”四字。

日月明朝昏，山风岚自起，石皮破仍坚，古木枯不死

可人何当来，千里重意若，永言咏黄鹤，士心志未已

晶字三个日，时将有日思无日，日日日，百年三万六千日

品字三个口，宜当张口且张口，口口口，劝君更尽一杯酒

语典故事

YUDIAN GUSHI

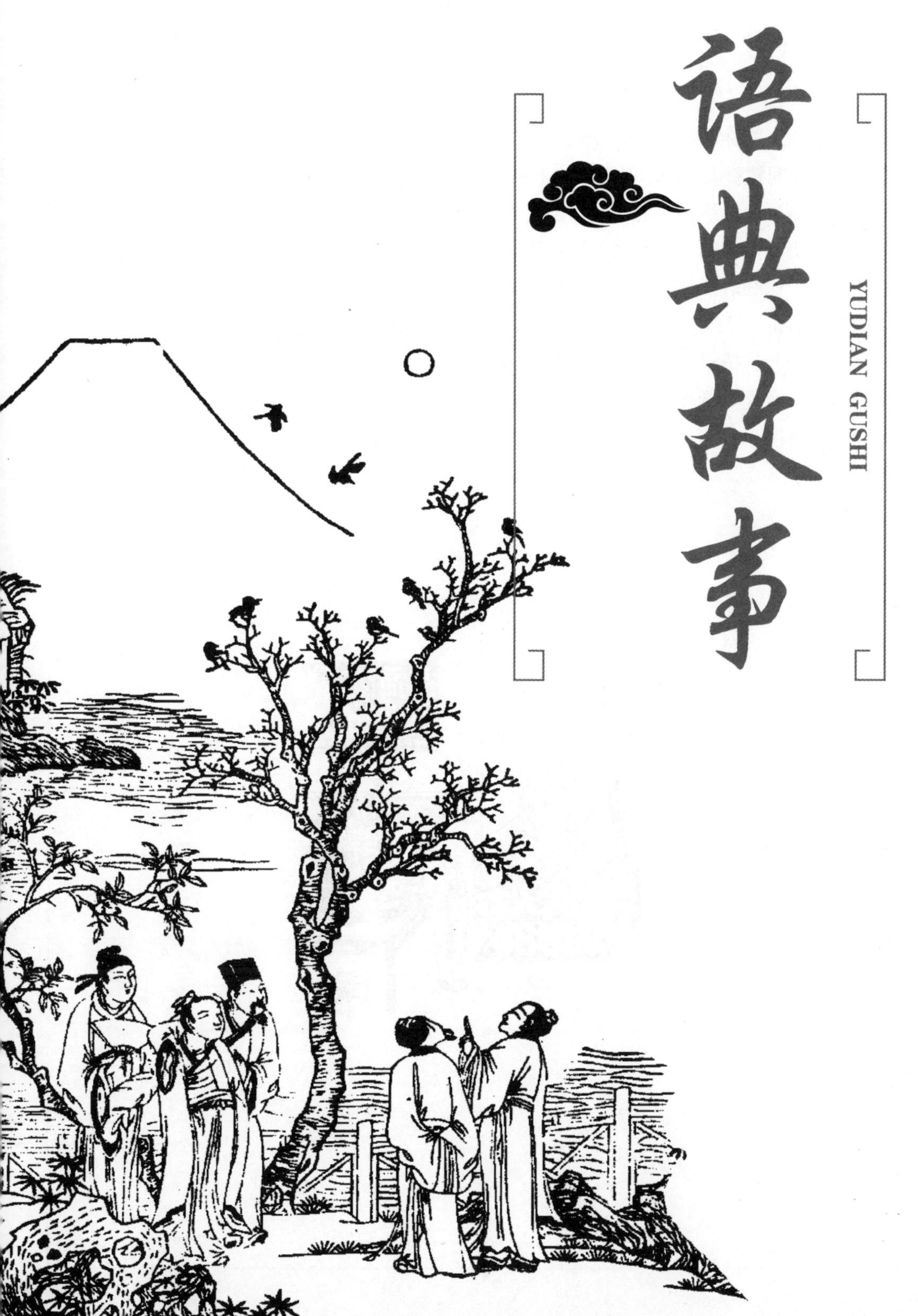

简　述

源远流长的文明，波澜壮阔的历史，是产生民间精彩语言深厚而肥沃的土壤。本部分编选的鲜活精彩的语言，都是经漫漫历史长河冲刷、淘汰之后沉淀下来的瑰宝，这些语言都与一段富有趣味的故事联系在一起。

本部分从精彩谜语、娱趣对联、幽默诗赋、奇思妙语等方面，精选了数百则语文故事，可谓妙趣横生的语言储备库：哲人慧语，应对妙语，嘲戏绮语，村言野趣，谐谑调侃……不同的读者可以从文化、修辞、趣味等不同的角度，领会到语言文字精妙绝伦的一面，使读者轻松获取语文知识的同时，获得更广阔的文化视野、审美感受、想象空间和愉快体验。

巧解谜语

苏轼品菜作诗谜

宋代大文学家苏轼，自儋州回京，途经吉州参观了吉州窑，在永和镇清都观盘桓，谢道士邀他进一家酒店用膳。餐毕，店主笑着问他："饭菜合不合口味？"苏轼提笔在壁上写下一诗：

大雨哗哗飘湿墙，诸葛痛悔败襄阳。

关公跑走千里马，刘备抡刀上战场。

写毕，苏轼一言不发，转身离去。

第二天，苏轼又去该店饮酒，店主端出四样佐料对苏轼说："昨天的菜中少了这些口味吧？"苏轼一看，连声称道："店家果然聪明，这四样佐料全对了。"原来，苏轼所作的那首诗，是四句诗谜，第一句是说"无檐（盐）"，第二句是说"失算（蒜）"，第三句是说"脱缰（姜）"，最后一句是说"无将（酱）"。这四样佐料分别是：盐、蒜、姜和酱。

王安石纳凉出诗谜

一个夏日的午后，王安石与好友王吉甫在树阴下闲聊。当时天气酷热，两人手里都摇着纸扇。这时，一向爱好制谜猜谜的王安石随口吟出一首诗谜：

户部一侍郎，恰似关云长；

上任石榴红，辞官金菊香。

才思敏捷的王吉甫立即领会了王安石的意思，于是稍加思索，便吟出两句：

有风不动无风动，不动无风动有风。

说到这里，二人相视而笑。原来，二人诗谜的谜底都是手中的"扇子"。关云长，姓关名羽，"户"下面加个"羽"，正好是"扇"。王安石的后两句诗，是用拟人手法来说明扇子的使用季节，即从夏到秋。石榴红的夏天，扇子派上用场，到了秋高气爽、金菊飘香之际，扇子就该收起来了。王吉甫的两句诗，则非常形象地说出了扇子的功用。

"园"内为何字

清代江南才子袁枚隐居随园时，曾喂养了一头山羊。

一日，羊入邻人园内，吃了邻家种的青菜。老菜农出来责问袁枚，袁枚对老农说："你知道'园'的写法吗？必须在外边筑上一圈篱笆才可种菜。"

岂知这老农并非一般村夫，也是个不满现实隐居此地的饱学之士，便反唇相戏道："你知园内为何字？筑篱笆仅能防围外，不能防围内，君住在园内且又养羊，筑围又有何用？"原来，"园"字繁体应写作"園"，方框"口"内的"袁"字，正是袁枚之姓。

袁枚听罢，为之折服。此后，二人谈诗论文，成为好友。

筹 安

清初，名人徐韬给一位朋友写信，最后的祝颂语独出心裁地用上“筹安”一词。友人初读不解，经反复琢磨，才恍然大悟，乃“个个寿安”也。

“筹”字拆开，是“个个寿”，用法十分绝妙！

牛不出头

有个叫李安义的去拜访富人郑生，郑生推说外出不肯迎客，李安义便在他家门上写了个大大的“午”字，就离去了。

别人问这是为何，李安义答道：“牛不出头罢了。”

这里以“午”字寓“牛不出头”，来嘲讽富人不肯出面迎客，拆字如此巧妙！

“十”字谜

一组谜面是这样的：旦底、挖工、眠川、横目、缺丑、断大、皂底、分头、丸空、田心。

谜底为：一、二、三、四、五、六、七、八、九、十。这一系列谜语用的是会意拆字法，如“旦底”，取“旦”字的底，是一横，为“一”；“挖工”，挖去“工”字中间的一竖，为“二”。“眠川”，卧倒的“川”，即横“川”，为“三”……以此类推。

何处敛铜

一人专门好撞席，名为摄座，席长出令讥讽他说：

单禾本是禾，添口也成和，

除却禾边口，添斗便成科。

谚曰：“宁添一斗，莫添一口。”讥讽之语透露其中。

主人也讨厌他，皱眉变色道：

单羊本是羊，添水也成洋，

除却水边羊，添易便成汤。

“汤”的繁体为“湯”。谚曰：“宁吃欢喜汤，莫吃皱眉羊。”同样含有讥讽的意思。

撞席人说：

单同本是同，添金便成铜，

除却金边同，添重便成钟。

谚曰：“见锤不打，何处敛铜。”

三人同说酒令，均用拆字法，席长与主人借行令讥讽撞席者不可白吃，撞席者亦借行令解嘲，皆见其巧。

一伙滑吏

明朝翰林丰坊，号南禺，有口才。有一次，宁波县令派遣小吏向丰坊讨取药方，丰坊随手写药方云：

大枫子去了仁，无芦果多半边，地骨皮用三粒，史君子加一颗。

小吏带回去交给了县令，县令笑道：“丰公嘲笑你呢。”小吏不明其意，县令打开“药方”给小吏看，说：“以上四句，是说‘一伙滑吏’啊。”

此药方用的也是拆字法。“大”去

了“人”（仁）是“一”，“果”加上“多”是“伙”（“伙”的繁写为“夥”），“骨”加三粒（三点水）是“滑”，“史”加上“一”是“吏”，合为“一伙滑吏”。

天心取米

一次，北方匈奴要进攻中原，遣人先送来一张“战表”。皇上拆开一看，原来是“天心取米”四个大字。

满朝文武大臣没有一个解得此谜，皇上无法可想，只得张榜招贤。这时，宫中一个名叫何瑭的官员说，他有退兵之计，皇上急宣何瑭上殿。

何瑭指着“战表”上的四个字对皇上说：“天者，吾国也；心者，中原也；米者，圣上也。天心取米，就是要夺我国江山，取君王之位。”

皇上急道：“那怎么办呢？”

何瑭说：“无妨，我自有退兵办法。”说着，提笔在手，在四个字上各添了一笔，原信退给了来人。

匈奴领兵元帅，以为中原不敢应战，可是拆开一看，顿时大惊失色，急令退兵。原来，何瑭在“天心取米”四个字上各加一两笔后，变成了“未必敢来”。四个字看似平常，实具威慑力量，可抵十万雄兵。

君子不哭

穆宗少年读书时，好嬉戏，太傅劝谏，他不听，继之以哭。乃取《论语》中“君子不器”句，以手指掩盖住下面两个口字，让太傅读之，则“君子不哭”也。太傅也被他逗笑了。

“器”字去掉(掩盖住)下面两个“口”字，就剩下“哭”了。于是“君子不器”成了“君子不哭”。少年之穆宗，真可谓聪明之至！

拆字互嘲令

江南无锡县令卜大有，善于戏谑，听说新任宜兴县县令姓方，年纪不大而有口才，便与同僚武进县令商议，哪天有公宴，预先拟好一套酒令，要以此难为姓方的。

入席后，卜大有首先开口，说：“我有一酒令，不能续对的要罚饮一大杯。”于是接着说：

两火为炎，此非盐酱之盐，既非盐酱之盐，如何添水便淡？

武进县令接着说：

两日为昌，此非娼妓之娼，既非娼妓之娼，如何开口便唱？

方县令道："令不难遵，只是冒犯卜老先生了。"

众人道："你且说出来无妨。"方县令道：

两土为圭，此非乌龟之龟，既非乌龟之龟，如何添卜成卦？

众人大笑，都佩服他思维敏捷。三人同用拆字法和谐音法。而方县令之令，直指卜大有，以"龟"相嘲，是双关法。

喝一盅令

三友行酒令，各报一前缀句曰"不通风"，二句要加上"在当中"，三句要加上"推出去"，四句要说"喝一盅"。

甲曰：

田字不通风，十字在当中。

十字推出去，古字喝一盅。

乙曰：

回字不通风，口字在当中。

口字推出去，吕字喝一盅。

丙曰："因字不通风，大字在当中。大字推出去，"众人齐声喊道："看你成何字？"

丙即笑曰："一口一大盅。"

二物相似令

张、王、李三位女婿拜新年，席前，张、王二婿欲难李某，因为他无学问，说如果不能对酒令，就不准喝酒，对时必得用二物相似，一字分开等。

张某起头说：

二物相似水与酒，吕字分开两个口。不知哪口喝水，哪口喝酒？

遂饮酒一大杯。王某随后说：

二物相似锡与铅，出字分开两个山，不知哪山出锡，哪山出铅？

遂也饮一大杯。

李某极为不满，怒目望着张、王二人，大声说：

二物相似你与他，爻字分开两个乂，不知哪乂乂你，哪乂乂他？

酒令互嘲

从前，南宋奸相秦桧因济公治好了他儿子的病，特意设宴答谢。

席间，秦桧出酒令说：

酉卒是个醉，目垂是个睡，李太白怀抱酒缸山上躺，不晓他是醉，不晓他是睡？

意思在于嘲笑济公好喝酒、爱睡觉。济公知道是借酒令相嘲，也说一令道：

月长是个胀，月半是个胖，秦妇人怀抱大肚满庭逛，不知她是胀，不知她是胖？

两人均用拆字法互嘲。济公之语直说秦桧之妻，更有讽刺力。

印章谜（一）

某次灯谜会，有一印章谜，谜面的印章为朱文"酷暑"，打一近代名人姓名。

谜底是"章太炎"，用的是会意法：以"太炎"切合"酷暑"，"章"照应谜面是一枚印章。

印章谜（二）

下面的四枚印章，一为“回”字，二为“乐”字，三为“思想”二字，四为“天公”二字。这四枚印章，各猜一句四字成语。谜底依次为异口同声、乐在其中、左思右想、天下为公。用的是会意法。

李时珍开药方

相传，明代有个县令横行霸道，鱼肉百姓。县令奢想延年益寿，特叫李时珍为他开药补养。李时珍想捉弄这个狗官一番，便挥笔写道：

柏子仁三钱，木瓜二钱，官桂三钱，柴胡三钱，益智二钱，附子三钱，八角二钱，人参一钱，台乌三钱，上党三钱，山药三钱。

写罢药方，李时珍拂袖离去。

县令欣喜异常，忙派人去按方抓药。药房先生颇通文墨，把药秤完，方琢磨出来这药方里有文章，便把单方的奥秘告诉县令，说：“这药方是咒你快死……”

原来这副药方用的是谐音双关法，读来便是：“柏木棺材一副，八人抬上山。”那贪官一听，气得七窍生烟，连呼上当。

谜联刺贪官

清朝同治年间，有个县官叫柳儒卿。此人十分贪婪，想尽法子鱼肉百姓，搜刮民财，人们背地里叫他“柳剥皮”。他没有才学，是个草包，却又好假充斯文，附庸风雅，还总是抛头露面，显示自己。

这一年，县里大制灯谜，柳县官当然不会错过这个机会了。可他不会猜，更不会制，于是就请人代他作一个谜。那人也没有客气，代他制了一副谜联：

本非正人，装作雷公模样，却少三分面目；

掼开私卯，会打银子主意，绝无一点良心。

柳剥皮不知其中奥妙，说：“很好，很好。”叫人贴了出去。猜谜的人很多，人们很快猜出谜底，个个捧腹大笑，齐声称赞：“这个谜作得好！”

谜底是什么呢？“非正人”是“亻”，“装作雷公模样，却少三分面目”是“需”（需与雷相近，“面”少三横为“而”），上联合而为“儒”字。

“掼开私卯”，即将“卯”分在两边，“会打银子主意，绝无一点良心”为“艮”，下联合而为“卿”字。这样，上下联所猜字为“儒卿”，是“柳剥皮”的名字，人们当然要笑！

赵明诚编梦得妻

宋代文人赵明诚，在少年读书时，他父亲赵挺之想为他择配订婚。

一日，聪慧的赵明诚对父亲说：“今日中午睡觉，我做了一个梦，在梦中读了一本很好的书，但醒来以后，却把书里的内容大都忘记了，只记得其中三句是：言与司合，安上已脱，芝芙草拔。”

赵挺之听后，思忖道：言与司合在一起，于字为“词”；安字去掉上头的宝盖，于字为“女”；芝芙去掉草字头，于字为“之夫”；合起来是“词女之夫”。于是便为儿子解梦说：“你将娶一个善于作词的才女做妻子。”

后来，赵明诚与礼部员外郎李格非的女儿李清照喜结良缘。原来，昼寝梦读的故事是赵明诚听说李清照聪明、美丽、工诗文、尤有词才，因而产生了爱慕之心，想娶她为妻而造的舆论。

王八脖子

1930年，韩复榘被任命为山东省政府主席。任职期间，一次外出巡视，先到行署、市，最后到县。

晚上，孙县长设家宴招待韩复榘及陪同的赵专员、钱市长。县长太太也出席相陪，两个丫环立旁侍候。此时此刻，韩复榘兴致极浓，席间“妙语”连篇，好不热闹！

酒过三巡，丫环端上一个蓝瓷大碗，热气腾腾的清汤里，一个大鳖浮在正中，这是有名的大补元气王八汤。

韩复榘端起酒杯发话：“三位地方长官，现在猜谜助兴，以这碗汤为题，我给你们每人出一道谜，猜得出赏酒一盅，猜不出，罚酒一盅！”

专员、市长、县长齐声应诺，静候省长出谜。

韩复榘开腔了：“孙县长，王八脖子伸出来叫什么？”

孙县长沉思了一阵，笑道：“卑职才疏学浅，实在无法猜出，情愿罚酒！”

韩复榘一听，哈哈大笑，然后说：“告诉你，王八脖子伸出来，现往外长，不就叫县长吗？”

接着，又问其他两位：“赵专员，你猜王八脖子缩回去叫什么？钱市长，你猜王八脖子缩回去再伸出来，这又叫什么？”

赵专员、钱市长认真猜了一会儿，抱歉地说：“在下愚木，实在猜不出，甘愿罚酒！”

韩复榘又是一阵大笑：“真是木得

中华传统语典

可以。王八脖子缩回去，不就是钻圆（专员）吗？缩回去再伸出来，自然就是试长（市长）啦！”

全桌齐声大笑，丫环想笑却又不敢笑，只得偷偷地用手捂着嘴。三人只得喝了罚酒。

县长夫人孙太太见此，她端起酒盅，恭恭敬敬地站起来道：“韩主席，在下也有一谜，请您猜猜，猜中了敬酒一盅，猜不中罚酒一盅，可好？”

“中！”韩复榘击掌豪应，十分干脆。

“恕我大胆，请您听着：王八脖子剁下来叫什么？”孙太太抿嘴笑着问。

韩复榘思索良久，也猜不出，只得说：“俺韩某猜不出，让各位见笑了，也罚酒一盅。孙太太，你说谜底吧！”

孙太太细声慢语，一字一字地说道：“王八脖子剁下来叫省长，省得再长了！”

话音刚落，赵、钱、孙大惊失色。韩复榘一听，笑容顿失，嘴角抖了抖，随即又恢复了常容，夸道：“好！好！孙太太机智过人，可算女中英才，俺韩某佩服！”说罢，端起一盅酒，一饮而尽。

面对此景，两个丫环附耳细语：“闹了半天，省长、专员、市长、县长，原来就是一碗王八汤。”

“秃”字怎样写

苏州太湖包山寺的天灵和尚博学通文。有一秀才戏问和尚：“秃驴的秃字怎样写？”和尚应声说：“把秀才的秀字的屁股略微弯弯掉转便是。”

早在此前，也有一个类似的故事。

北宋熙宁年间，王安石因变法失败，又丢了相位，便来到南京半山园定居，并借幽静的定林寺僧房一间，潜心编著《字说》。

有一日，天高气爽，风和日丽，著名画家米芾前来拜访。两人品茶谈笑，十分快意。话间，米芾笑着对王安石说：“近闻贤翁正在编写一部《字说》，我曾听人巧借唐才子元稹的《莺莺传》制一字谜，久思不得其解，今特乘此机会前来求教。”

说罢，慢条斯理地吟道：

莺莺小姐去上香，香头插在案几上；

远看好似俊秀才，近看却是丑和尚。

王安石见米芾那副俏皮相，不禁哈哈大笑：“看你那神秘的模样，你所说的，老夫天天相见，岂能不知？”随即道出了谜底——秃。

横竖倒看见谜底

杜甫荣享“诗圣”的美誉，是唐代伟大的诗人。他自幼聪慧过人，七岁时就能以“凤凰”为题咏诗，九岁时便已练就一手好字。祖父杜审言（唐初有影响的诗人）对孙子十分喜爱，饭后常带他到村外散步，领略山水风光。

在金秋的一个黄昏，祖孙二人漫步于稻浪飘香、一片金黄的田野，农夫正忙着收割，杜审言触景有感，便吟诗四句，考考孙儿。诗曰：

四个不字颠倒颠，四个八字紧相连，

四个人字不相见，一个十字立中间。

面对丰收场面，敏捷的杜甫沉思片刻便说出了答案。

在当今时代，也有一个类似的故事。

有一年春节，壮族某山村举办“迎春诗会”，会上人人吟诗作对，洋溢着喜悦气氛。四位壮族姑娘按捺不住欢娱之情，她们密切商议，合写了一首题为《我爱……》的四句诗谜：

我爱四座大山山对山，
我爱四条大川川对川，
我爱四方日暖春光好，
我爱四家窗口紧相连。

诗谜挂出片刻，就有人据其职业，悟出了答案。

前例谜底是个“米”字，要顺看、倒看、横着看，方能领悟其妙；后例谜底是个“田”字，亦需从四面观看，方可破解。

马鞍题诗

南宋辛未年间，江阴举子袁舜臣赴京参加会试，临行前，他在马鞍上写了一首诗：

六经蕴藉胸中久，一剑十年磨在手。
杏花头上一枝横，恐泄天机莫露口。
一点累累大如斗，掩却半床何所有。
完名直待桂冠归，本来面目君知否？

开始，人们以为是一首平常的诗，只是不解其意。后为苏州举人刘碱看到，一下就识破了本来面目。

原来，这是一首诗谜，谜底是“辛未状元”。此诗每一联含一字：六加一、十为“辛”字；杏除去口加一横为“未”字；“床”（古写异体作“牀”）掩去一半为“爿”，大字加一点为“犬”，合成“状”（繁写作“狀”）字；“完”去掉宝盖头为“元”字，合起来是“辛未状元”。

戒赌诗

曾有一位教师嗜赌成性，亲友屡劝不戒。其妻无奈，便作一首《戒赌诗》相劝，诗曰：

贝者是鬼不是人，只因今贝起祸根。
有朝一日分贝了，到头成为贝戎人。

此诗中，“贝”加“者”是“赌”，“今”加“贝”乃“贪”，“分”加“贝”为“贫”，“贝”加“戎”成“贼”。由“赌”到“贪”到“贫”到“贼”，是赌鬼共同的生活写照。

用字诗

王安石曾写有一首关于“用”字的字谜诗，诗云：

一月又一月，两月共半边，
上有可耕之田，下有长流之川，
一家有六口，两口不团圆。

谜语按笔形把“用”字拆成多个零部件，再以不同形式重复组合而制成，既形象又生动。

吃水吃我

嘉靖乙巳年间，由于天灾，天下十地九荒，加之瘟疫大行，一时间，饿殍遍野，惨不忍睹。有个叫金玉泉的文人写了两首诗。

第一首：

年去年来来去忙，不饮千觞饮百觞。

今年若还要酒吃，除却酒边酉字旁。

第二首：

年去年来来去忙，不杀鹅时也杀羊。

今年若还要鹅吃，除却鹅边鸟字旁。

这两首诗贴切地反映出了灾荒年间的情景。“酒”除却“酉”，就只有“水”了；“鹅”除去“鸟”，就剩“我”了。意思是：今年穷得吃不上酒肉，只有吃“水”、吃“我”了。

哭的是谁

一位老和尚从山脚下经过，看见一位妇女在一座新坟前哭得死去活来，就问他哭的是什么人。妇女答道：“我爹叫他爹好女婿，他爹的岳母叫他好外孙。”

老和尚一听，明白了，就说：“哦，他外婆是你外婆的女儿，你外婆是他外婆的亲娘。是吗？”这妇女点头称是。

原来妇人是哭她的儿子。妇女与老和尚的对答，采用了折绕法。其实，拐来弯去，说的都是同一个人！

两个黄鹂鸣翠柳

有一位后生，写了一篇文章，前去向纪晓岚请教，纪晓岚阅读后，在文末批曰：

两个黄鹂鸣翠柳，

一行白鹭上青天。

后生满以为纪老先生借用杜甫的诗句夸其文章写得好，十分得意。有人却笑他受了奚落，后生不解，便前去向纪晓岚请教。

纪晓岚说：“两个黄鹂鸣翠柳，是说你的文章不知所云；一行白鹭上青天，是说你的文章不知所往。”

后生听后，无地自容。

王质遇仙记

话说晋朝时，浙江衢州有座石室山。一天，衢州樵夫王质上山砍柴，午时骄阳似火，炎热难当，他便把斧头放在一个洞口，进入洞中歇息。

此洞深处有一石室，室内有石桌、石墩，两位鹤发童颜的老翁正在下棋。王质虽说是山野粗人，但却通晓棋路，颇有棋艺。

此时，他被两位老翁的棋局迷住了，便站在一旁细心观看，想从中学几着。两位老翁边下棋边吃枣子，有时也顺手递几颗给王质吃。有时渴了，就喝几口老翁壶中的水。

不知过了多长时间，两位老翁的一局棋还未下完。这时，一位老翁对王质说道：

嘴比嘴大，嘴比嘴小；

嘴被嘴吃，嘴被嘴咬。

王质一听，明白了老翁的意思，便向两位老翁告辞。出得洞来，王质再看斧头时，斧柯早已烂尽。“质归故里，已及百岁，无复当时之人”。因此，后人便把石室洞改名为烂柯山。

原来，老翁对王质说的是一个“回”字。

杨亿巧读祭文

杨亿，字大年，北宋文学家，文思敏捷，有奇才。

宋真宗景德四年，郭皇后病死，辽国送来祭文。皇帝命杨亿开读，哪知却只是空纸一张！明摆着意含轻侮。于是杨亿急中生智，自撰祭文：

惟灵，巫山一朵云，阆苑一团雪，桃源一枝花，秋空一轮月。岂期云散雪消，花残月缺。伏惟尚飨！

皇帝听了非常高兴。杨亿采用了灯谜的“自我抵消”的手法，祭文中的“云散雪消，花残月缺”二句，使“巫山一朵云，阆苑一团雪，桃源一枝花，秋空一轮月”遂成子虚乌有，而“惟灵”、“伏惟尚飨”则是祭文的惯用语，所以，这一切恰好暗合空纸无字。

东方朔猜谜打赌

两千多年前，汉武帝有一个大臣，名叫东方朔。此人聪明过人，又善猜谜，很受武帝赏识。当时武帝身旁的优伶郭舍人不服气他，便寻机在很多人面前对东方朔说：“我有一谜你能猜吗？”

东方朔说：“猜猜试试吧！”

郭舍人说：“那我们得打赌，你要猜不对，打你的板子。”

东方朔说：“我若猜中了，打谁呢？”

郭舍人只得说：“打我的！”

东方朔说：“好，一言为定！”

于是郭舍人说：

客从东方，且歌且行，不从门人，窬我围墙，游戏中庭，上人殿堂，击之拍拍，死者攘攘，格斗而死，主人不伤。何物？

东方朔想了想，说：

利喙细身，昼匿出昏，嗜肉恶咽，掌指所扪，臣朔愚憨，名之曰蚊。

郭舍人所作之谜的谜面，是想讽刺东方朔，而东方朔猜谜的前四句，另制一蚊谜，郭舍人听罢，理屈词穷，不得不挨板子了。

曹操门上题字之谜

曹操的僚属为他修建相国府，府门刚架上了椽木还没完工，曹操就亲自去观看，看后未加可否，只是拿笔在门上写了个“活”字就走了。

人们都不明白曹操在门上题字的用意何在，只好把主簿杨修请来拿个主意。

杨修看过之后，马上命人把府门拆掉重建，并说要改小一点。

大家都很吃惊，问他为什么要这样做。他说这是丞相的命令，你们看“门”里添个“活”，不是“阔”字吗，这是丞相嫌门大了，所以必须拆毁重建。大家听后都称赞杨修捷悟过人。

府门改造停当之后，曹操又亲自观看，感到满意，问僚属：“这是谁知道我的意见啊？”左右回答：“是杨修告诉我们的。”操虽满口夸奖，但心中却更加厌恶杨修。

曹操出谜考华佗

古代名医华佗医术高明，医学知识渊博。一次，曹操想考考华佗，看他对中草药精通如何，便写了一首诗，叫人送给华佗：

胸中荷花，西湖秋英。
晴空夜珠，初入其境。
长生不老，永远康宁。
老娘获利，警惕家人。
五除三十，假满期临。
胸有大略，军师难混。
医生接骨，老实忠诚。
无能缺技，药店关门。

华佗看后，微微一笑说：“相爷出题考我也。”于是，他挥笔直书，写出了曹操诗中隐藏的16味草药名，托人转交给曹操。

曹操看后大悦，称赞说：“华佗果真是名不虚传！”

原来，曹操诗中隐藏的16味中药是：穿心莲、杭菊、满天星、生地、万年青、千年健、益母、防己、商陆、当归、远志、苦参、续断、厚朴、白术、没药。

高爽讥讽孙抱

南朝广陵有个叫高爽的人，他博学多才，和一个名叫孙抱的人很要好。后来，孙抱当了县令，高爽去拜访他，可是做了官的孙抱对高爽十分冷淡，没有一点老朋友的情意。

高爽很生气，出来之后正好从县衙经过，就顺手拿起笔来，在县太爷的堂鼓上题写了四句诗：

徒有八尺围，腹无一寸肠。
面皮如许厚，受打未讵央。

这是四句诗谜，谜底为“鼓”，但是人们一看就猜出来是写孙抱。原来，孔抱是东莞人，形体肥壮，腰带十围，脸颅皮厚，待人无情。高爽是一语双关，表面上是写鼓，而实际上是讥讽孙抱。

王安石游庙题诗谜

一天，王安石与友人游览汴京，当他行至管仲鲍叔牙庙时，便挥笔题了一诗，诗曰：

两个伙计，同眠同起，
亲朋聚会，谁见谁喜。

行至伯夷叔齐庙，又题一诗，诗曰：

两个伙计，为人正直，
贪馋一生，利不归己。

复行至哼哈二将庙，再题一诗，诗曰：

两个伙计，终身孤凄，
走遍天涯，无有妻室。

同行中，有人问司马光：“王安石诗意如何？”司马光随口应道：“他何尝是在作诗，而是在出谜语啊！”问者恍然大悟。

原来，王安石在三座庙前题写的诗同射一物，谜底为“筷子”。

苏小妹出谜试夫

围绕“苏小妹三难新郎”的趣事，民间还流传着一些故事。其一是小妹“设谜杜媒”，发生在小妹嫁前。

相传小妹从小习读诗文，有才有识。16岁时，说媒的人几乎把门槛都踏破了。小妹不想过早结婚，但又要顾及自己的身份，不便失礼，于是想了个办法，凡求亲者须答对她出的三道题才许嫁。第一道题是人名谜：

展翅翱翔，飞鸟归房，
小人掌印，凿壁偷光，
昔日为雄，远境闲逛，
娃娃献计，红热具藏。

第二道题为物名谜：

越小越好过，越大越难过；
越短越好过，越长越难过；
白天还好过，晚上更难过。

第三道题是组字谜：

东境脚为佳，女未肯成家，
半口吃一口，音息心牵挂。

这“三难”并不难猜，不过，小妹弄了狡黠。她光出题，不说明是谜语。这样，求婚者莫不碰壁而返。

然而，高邮才子秦少游是例外，他在东坡“妹三题者，均为谜也”的点示下，很快就猜出了第一题，谜底是“张飞、关羽、孙权、孔明、陈胜、陆游、孙策、朱温”。第二题的谜底是“独木桥”。第三题的谜底是“小妹同意”。

第二个故事发生在少游、小妹婚后。传说自小妹新婚之夜，以谜为难新郎少游后，猜谜便成为这对夫妻日常生活中的乐事。

一天，小妹让少游猜个字：

两日齐相投，四山环一周，

两王住一国，一口吞四口。

自恃才高的秦少游搔头摸耳，从早猜到晚，还没想出个头绪来，不免有些焦躁，思忖如到晚间仍猜不出，定遭娘子奚落，那“闭门羹”的滋味可不好吃。转念上次多仗东坡兄解围，这次何不再去求他。见到东坡时，东坡正在吃饭，便留少游共进晚餐。

席间，厨师送上一盘西湖醋鱼，东坡将鱼头、尾夹出，用筷子指着中段笑道：“少游，你看，此即谜底也。”少游恍然大悟，三口两口扒完饭，便告别东坡，回家复命去了。

原来，谜底是一个“田”字。

秦少游出谜

有一天，秦少游到苏东坡家中做客，出了一个谜给东坡猜。他说：

我有一间房，半间租给转轮王，

有时射出一线光，天下邪魔不敢当。

东坡听后，假装猜不中，另作一谜给少游猜，他说：

我有一张琴，琴弦藏在腹，

为君马上弹，弹尽天下曲。

少游怎么也猜不中这个谜。

晚上，少游回到家中，对苏小妹讲了与苏东坡猜谜之事。苏小妹说：“我也有一个谜，请你猜猜看——

我有一只船，一人摇橹一人牵；

去时牵纤去，归时摇橹还。

秦少游仍猜不出来。苏小妹笑着说：“哎呀，你太笨啦，我的就是大哥的，大哥的就是你的呀。”秦少游这才恍然大悟。

原来，他们三人所说的是同一个谜底，即木匠用的“墨斗”。

秦少游的字谜画

苏轼有一次到秦少游家中赴宴，酒至半酣，秦少游为助酒兴，提笔泼墨作了一幅字谜画，并题道：

我有一物生得巧，半边鳞甲半边毛，

半边离水难活命，半边入水命难保。

苏轼看了微微一笑，并不作答。少顷，他一边说着“妙妙妙”，一边随手写下一个字谜：

我有一物分两旁，一旁好吃一旁香，

一旁嵋山去吃草，一旁岷江把身藏。

这时，苏小妹边提壶给哥哥斟酒，边信口说道：

我有一物长得奇，半边身上生双翅，半边身上长四蹄，长蹄的跑不快，长翅的飞不起。

说完，三人心照不宣，捧腹大笑。原来，他们三个人出的是同一个字谜，谜底是：鲜。

唐伯虎巧写卖身契

相传，唐伯虎为娶秋香，化名康宣，

到华府当书童。下面是唐寅写的卖身契：

我康宣现年一十八岁，原籍姑苏，家世清白，向无过犯。为家境清寒，自愿鬻身相府，充当书童。身家银五十两，自秋季始，暂存账房，待三年后支取。今后承值书房，专司焚香扫地磨墨洗砚等事，听候使唤，决不懈怠，立此存照。

卖身人　康宣

押保人　王俊

唐寅写毕，呈上，华太师未看文理，先观书法，心里暗暗称善，想不到这穷小子竟会有这么好的书法，看毕收藏起来。

华太师名鸿山，出身词林。曾经出任过主考，一向阅卷从未发生讹错。如今唐寅话里藏机，竟能瞒了他，其实契约上每行第一字，平头看去，就是“我为秋香”四个字，他进华府当书童是假，为了秋香是真。一则轶闻，成为千古笑谈。

祝枝山闯席巧对谜

祝枝山是个有名的食客。一天傍晚，唐伯虎和文徵明躲在一起饮酒作乐，不知怎么被祝枝山知道了。他赶到那里，大声嚷道：“今朝有口福，不请自来也！”说罢，坐下便要喝酒。

唐伯虎暗使眼色，文徵明晓得此意，站起身来对祝枝山说：“今日喝酒有个规矩，那就是要应景吟诗一首，且诗要含谜，吟出诗来方能饮酒。”祝枝山明白这是在故意为难自己，但嘴上却不饶人，说道：“这有何难？！”

酒令开始了，唐伯虎第一个站起来吟道：

菜儿香，酒儿清，不唤自来是此君。

不识人嫌生处恶，撞来筵上敢营营。

吟完朝祝枝山看了一眼，端起酒杯一饮而尽。

接着，文徵明起身微笑着吟道：

夜色晚，睡梦浓，不唤自来是此君。

吃人嘴脸天生惯，空腹贪图一饱充。

文徵明说完，也一饮而尽。

这回轮到祝枝山了，他心想：你们俩人以吟诗为名，暗暗取笑于我。但表面佯作不知，站起来慢慢吟道：

来得巧，正逢时，劝君莫吝盘中餐。

此公满腹锦绣才，不让吃喝哪来诗（丝）？

说罢，端起酒壶一口气喝了个精光。唐伯虎和文徵明见祝枝山答对得巧妙，重添酒菜，三人共饮，大醉方休。

原来，唐伯虎的谜底是“苍蝇”，文徵明的谜底是“蚊子”，祝枝山的谜底是“蚕”。

定年号之谜

明朝一位刚即位的皇帝为定年号犹豫不决，召来近臣商议。其中一位大臣顺口吟了这样一首诗：

士本人间大丈夫，口称万岁旧山河，

一横永镇江山地，二直平分天下图。

加子加孙加爵禄，立天立地立皇都，

主人自有千秋福，月满乾坤照五湖。

皇帝听完此诗，高兴万分，就决定启用这个年号。原来，这首诗正好是一则谜语，全诗影射两个字，这两个字正是皇帝欲取的年号：嘉靖。

丘琼山两猜谜

明朝时，广东有位书生名叫丘琼山，他博览群书，记忆力又强，被人们称为“丘书柜”。

某年八月，丘琼山前往省城参加科举乡试，途中寄宿于一家旅店。店主有个聪慧伶俐的女儿叫鹧鸪，在与丘琼山闲谈之际，她笑着说：“秀才，人皆说你解诗破谜胜洪炉点雪，今天我出个字谜试试你。”接着吟道：

二人并坐，坐到二鼓三鼓，一畏猫儿二畏虎。

丘琼山听罢，细细沉思：二人并坐，乃指两个字合而为一。这畏猫者，鱼也；畏虎者，羊也。想到这，他矜持一笑，拱手回云：“店姐请听，小生猜中了，是个‘鲜’字。”

“不对。”鹧鸪嫣然一笑说：“你再猜猜看。”

丘琼山听说未猜中，不觉面红耳赤。他急忙变换思路，苦心思索：这二鼓乃亥时，三鼓乃子时。亥时所生者肖猪，猪亦畏虎，子时所生者肖鼠，鼠亦畏猫。他想到这儿，连声称妙，笑道：“这回吾定猜中了！”接着说出了谜底。

鹧鸪听了，嫣然一笑，赞曰：“真不愧是‘丘书柜’。”原来，这个字谜的谜底是：孩。

英雄猜英雄

太平天国忠王李秀成带领起义军攻克了苏州，英王陈玉成奉天王之命来到苏州城，设宴为忠王庆功。

酒过三巡，英王说：“我喜爱猜谜。今日庆功宴上，请你出个农民起义的谜让我猜，以助酒兴。”

忠王说：“好，你听着——苏州地区真辽阔，刚交严冬十二月，十八儿郎来报捷，呈上长弓和金帕，君主鄙视厚礼节。”

英王听完，点头说：“这个谜出得好，谜底是七位农民起义英雄，其中秦末两位，东汉末年一位，隋朝末年一位，北宋一位，明末两位，是吗？”忠王连连说对。

原来，这七位农民起义英雄是：吴广、方腊、李自成、陈胜、张献忠、黄巾、王薄。

“船篙谜”的故事

传说有个叫陆秀英的姑娘，嫁了个

江大郎的渔民，小两口恩恩爱爱，日子过得挺美满。

一天，秀英的母亲陆妈妈来江家探望女儿，母女俩见面，话像流水说不断，说说笑笑，甚是热闹。秀英天资聪颖，喜欢谜语，于是出谜面，让母亲猜一猜，谁知她刚说完谜面，门外杀出了个程咬金，来者是秀英的婆母江大娘。

江大娘刚从集上回来，听到媳妇在说自己的坏话，心中便烧起了一股怒火，冲进门便操着大嗓门问陆妈妈："亲家母，我对你的宝贝女儿，像爱掌上明珠一样，想不到她在背地里告我的状。"

秀英说："婆婆，那你就当面锣，对面鼓，说出来给我听听。"

"好，说就说。"江大娘念念有词：

在陆家青枝绿叶，到江家面黄肌瘦，

不提起倒也罢了，提起来泪洒江河。

秀英不听则罢，一听则哈哈大笑，弄得江大娘莫名其妙。陆妈妈连忙插话说："亲家母，你误会了。"

"什么误会？"江大娘执拗地说："在陆家青枝绿叶，到江家面黄肌瘦，这不是说我们江家虐待她了吗？"

秀英恭恭敬敬地说："婆婆，我们渔家撑船用什么？"

"这还用问，竹篙嘛！"

"竹篙长在何处？"

"陆地上。"

"婆婆，这就叫在陆家青枝绿叶。"

江大娘此时才恍然大悟："对，竹篙下水变得面黄肌瘦，这叫到江家面黄肌瘦，从水中提起来还直滴答，就是眼泪汪汪，是吗？"

疑团一解开，婆媳、母女、两亲家笑得更开心了。

祝家女作词谜自喻

相传，从前有一个姓祝的女子谙通文墨。出嫁后，夫妻之间和和睦睦，恩恩爱爱。可等到上了年纪，妻子花容暗淡，神态失妍，那喜新厌旧的郎君就冷眼相看了。

一天，祝女借着吟诵房中一物，作了一词谜自喻。其词曰：

生在祝家庄，许配茅家寨，情投意合，两小无猜。贪心媒介，几番撮弄，把奴骗到长街去拍卖。幸好遇上钟情书生，迎奴进书斋，真宠爱！

先亲嘴，后开怀，紧抱奴家的身躯放不开，知心话儿要奴家说出来。谁料到，运转时乖。

光阴过得快。到老来，容颜衰，毛发败，不理睬，薄情郎将奴抛出栏杆外，另娶新娘进房来。

这首词谜使人读后颇有一种同情此女子的遭遇，而代为鸣不平的感觉。它既是这一女子的自喻，又是个很好的物谜，其谜底是：毛笔。

姓氏趣谜

从前，有三位赶考的秀才来到一山村的客店住宿。客店主妇热情地招呼道："三位客官贵姓？"

这三位秀才自恃喝了几年墨水，喜欢卖弄才华。其中一个道：

四个山字山靠山，四个川字川连川，

四个口字口对口，四个十字颠倒颠。

另一个秀才也摇头晃脑地说：

千字不像千，八字排两边，

有个风流女，却被鬼来缠。

第三个秀才吟了一首诗：

孔明借箭草人充，曹操北兵走西东，

一口想吞孙吴地，却遭周郎用火攻。

主妇听后笑盈盈地说：“田、魏、燕三位先生，请进！”

三位秀才本想难住女主人，不料对方竟轻而易举地把他们的谜给破了。三位秀才肃然起敬，拱手相问：“主人尊姓？”

只见主妇答道：

三斗三，四斗四，二斗三升共个字。

三位秀才你看我，我看你，面面相觑，半天也猜不出来。后来，秀才经打听别人，才知道这家客店的女主人姓“石”。因古时十斗为一石（dàn），三斗三，四斗四，二斗三，加在一起正好是一石。

考子失女

从前有户人家，父亲很严厉。一天，他对生性迟钝的儿子说：“我出四个谜语给你猜，猜不出就得吃巴掌。”儿子惶惶然点点头。

父亲说道：

什么里圆外方，什么外圆里方，

什么上圆下方，什么下圆上方？

儿子想了半天也猜不出，气得父亲扬手“啪”地一个巴掌。儿子哭哭啼啼往外走，正好碰见了他的姐姐。

姐姐说：“这个谜不难猜啊，你回去对父亲说，膏药里圆外方，铜钱外圆里方，箩筐上圆下方，筷子下圆上方。”

儿子赶忙把谜底告诉父亲。父亲高兴地问：“你是怎么想出来的？”

儿子答道：“姐姐教的。”

“这怎么可以！”父亲发怒了，把女儿叫来大骂一顿。女儿心里十分委屈，一时想不开，当晚就上吊死了。

父亲悔恨不已，随口吟诗一首，以痛悼亡女。诗曰：

生来清而洁，胸中气蓬发，

为了亲生子，丢了一枝花。

这首诗是一则谜，谜底为：莲花。

猜谜迎亲

某地娶亲有个习惯，新郎必须猜中岳父的哑谜，才能把新娘娶走。

正值桃红柳绿的阳春三月，一位新郎骑马备轿去迎亲。临近村头，只见一位老人和一个儿童并肩坐在一块石头上，挡住路口。新郎明白，这是岳父出的谜，于是急忙下了马。正想躬身询问，岳父从一旁走过来指着一老一小说：“这位九十九，那个一十一。”

新郎不假思索，要过纸笔写了一个字。岳父一看，满意地点了点头，并示意把路让开。

新郎继续往前走，见村口道旁有一棵盛开的桃树，树下一位姑娘拦住了去路，不言而喻，这又是一谜，就主动答道：“这是唐代诗人崔护的一句诗——人面桃花相映红。”岳父摇摇头说：“不对，

还是猜一个字。”

新郎略加思索，在纸上写了一个字，岳父看后点头赞许，于是让花轿进了村。当走到岳父宅前，只见大门紧闭，正要上前敲门，门却慢慢地开了，露出新娘的笑脸，她向新郎秋波一转，回身而去。

新郎正要请新娘上轿，岳父说道；“慢！猜中这个字再上轿不迟。”新郎凝思片刻又猜出了这个字，这才欢天喜地地把新娘子娶了回去。

原来，新郎前后写的三个字分别是：碧、赫、规。

学者门前的对联

从前，有一位学者特别喜欢猜谜，为了同善于猜谜的人结交朋友，他在自己的家门两旁写了一副对联。上联是“话不老”，下联是“镜中人”。横批是“中者进，惑者遁”。门前两名书童守卫，过往行人皆不解其意，没有人进得府去。

一天，有一个9岁的儿童衣不蔽体，从学者门前路过，看见此联之后，硬要会见学者，学者无奈，只好答应相见。当这个9岁儿童将对联含义告诉学者时，学者十分赞赏儿童的才华，并留做书童。

原来，这副对联的上联隐藏着一个“请”字，下联隐藏着个“人”字。

两书生通姓名

从前，有两个素不相识的书生，在花园里游玩，一个是高个子，一个是矮个子，他们在一亭子里会了面。高个子问：“客生贵姓？”矮个子答：“夏商之时夜间光。”

说罢也问高个子道：“客生贵姓？”高个子答：“颠来倒去都为头。”两个书生会意地笑着相互施礼，在石凳上坐下后又叙谈起来。

过了一会儿，高个子又问：“客生大名是什么？”矮个子说：“小生名叫老牛过板桥。”接着反问：“您大名呢？”高个子说：“小生名叫大河失滔滔。”双方互通了姓名，交谈之后，情投意合，成了好朋友。

原来，矮个子叫“胡生”，高个子叫“王奇”。

以礼相待

一天，某秀才有事到朋友家去。一进门，他就双拳一抱，彬彬有礼地念了一首字谜诗：

寺庙门前一头牛，二人抬个哑木头，
未曾进门先开口，闺房女子紧盖头。

朋友稍一思忖，领悟了秀才的意思。他也用字谜诗以相答：

言对青山不是青，二人土上在谈心，
三人骑头无角牛，草木丛中站一人。

秀才一听，与自己说的完全对上了，双方都忍不住哈哈大笑。

原来，秀才字谜诗的谜底是“特来问安”，朋友字谜诗的谜底是“请坐奉茶”。

夫妻家书之谜

相传，有一对情投意合、相互恩爱的夫妻，因家务琐事闹了矛盾，丈夫一气之下，外出做生意去了。他在外颠沛流离、风餐露宿了几个月后，非常思念自己的妻子。于是，托人捎给妻子一封信。信中写的是一首诗：

二人力大顶破天，一女耕田缺一边。
我要赶羊羊骑我，千田连土土连田。

妻子捧着丈夫的信仔细琢磨，终于猜出这四句诗是四个字谜，谜底为“夫妻魄（义）重”。这封家信，深深地感动了她，更加引发了她对丈夫的思念，于是，妻子也用诗谜的形式回了一封信：

只因心相连，受不交朋友。
芳心青春在，探源水漫手。

丈夫接到妻子的信，猜出这四句诗也是四个字谜，便立即收拾行装，怀着内疚的心情匆匆赶回家去，与妻子团聚了。原来，这四个字谜的谜底是“恩爱情深”。

望江楼上谜射谜

望江楼开业那天，鞭炮齐鸣，热闹非常。顾客比肩接踵，熙熙攘攘。

这时，门外进来五个小伙子，老板迎上去，把他们请进雅座，接着问：“各位想用点什么？”

领头的小伙子说：“今天不为喝酒，专为您捧场来了。您看什么合适，就上什么菜，我们吃完后照价付钱就是。”

“难得各位如此看重小店。这样吧，我出个谜语给你们猜，若猜中，请各位随便点菜，我分文不取；若猜不中，每个菜加倍收费。你们看如何？”

五个小伙子听后大笑。还是那个领头的说：“难得您有如此雅兴，那就讲定了。您先说个谜语，我们五个也各说一个谜语，我们的谜语都得射中您的谜底，如有一个射不中，我们双倍付款。你看怎样？”

老板开口说道：

泉眼有，悬崖无；
清风有，彩云无；
潮头有，狂风无。
打一物。

领头的小伙子马上就明白了，开口答道：

油里有，粮里无；
浆子有，果子无；
酒里有，菜里无。

第二个小伙接着答道：

渔民有，农民无；
渡槽有，桥上无；
泵房有，场院无。

第三个小伙子信口答道：

浮萍有，荷莲无；

鸿雁有，黄莺无；

灌木有，乔木无。

第四个很有感情地朗诵道：

渺小有，伟大无；

深沉有，轻佻无；

漂泊有，定居无。

第五个小伙子语气缓缓地答道：

汤商有，桀纣无；

汉武有，秦皇无；

梁朝有，晋朝无。

老板听完后，连连夸赞，并立即给五个小伙子上了一桌丰盛的酒菜。这个谜底是“水”字。

卖油郎与老板娘

从前，在某县城的十字路口，有一家酒馆。一天，一个卖油郎来这里歇脚饮酒。他把油挑子往墙边一靠便坐了下来，酒馆的老板娘上前问道：“客官贵姓啊？”

卖油郎听了，顺手指了指靠在土墙上的扁担说：“我就姓这。”

老板娘一看，便笑眯眯地说：“噢，原来是杜大哥，您请用茶！”

卖油郎一听，这老板娘倒挺有见识的，便也问道：“老板娘您贵姓？”

老板娘笑了笑说：“免贵，我姓的是——十字路口，嫦娥站在一边瞅。”

卖油郎斟了一杯酒说：“胡大嫂，谢谢您的关照了！”

老板娘爽朗地笑了起来，端起酒杯对卖油郎说：“杜大哥，今天我碰上您这个好主顾了，敬您这杯酒，交个朋友吧！”

从此，这家酒馆便成了卖油郎常来歇脚的地方，他们俩每次见面必定相互猜谜，兴趣也越来越浓。

又一次，卖油郎来到酒馆歇脚时，老板娘又出了一谜：

大姐用针不用线，二姐用线不用针，

三姐点灯不干活，四姐干活不点灯。

卖油郎答道：“大姐是蜂子，二姐是蜘蛛，三姐是萤火虫，四姐嘛，是纺织娘。”接着，卖油郎也回敬了一谜，让老板娘猜：

大哥一声叫，二哥吓一跳，

三哥拿刀砍，四哥点灯照。

老板娘哈哈大笑，然后说出了谜底。说完，两人大笑不止。原来四个谜底分别是：知了、蚂蚱、螳螂、萤火虫。

徐夫人的“贺寿诗”

明朝时期，绍兴府有一寺院的住持和尚跟徐文长很要好，他们经常在一起吟诗作对，谈笑风生。

有一年，老和尚要过六十大寿，特地来到徐文长家中邀请他届时前去作客。徐文长听了很高兴，说：“我有一有趣的上联，您想听吗？”

老和尚忙说：“要听，要听。”

“算了，还是不说的好，听了怕你火冒三丈。”

老和尚说：“不，不，随你说，我保证不生气。”

徐文长说："好，我说，这上联是——敬菩萨，拜菩萨，庙里无柴烧菩萨。"

老和尚一听，心里很不是滋味。他一边喝茶，一边在思索下联，不一会儿，便对上了："爱老婆，亲老婆，家中无钱卖老婆。"

两人哈哈大笑。徐文长说："一报还一报，来得好快呀。"

谁知徐文长的夫人在内室听得一清二楚，马上走出来说："好啊，你们两个打趣，拿我来开玩笑。"

老和尚知道徐夫人生了气，忙赔不是，闲聊了几句便告辞了。

过了几天，老和尚的六十寿辰到了，徐夫人托徐文长带去一首诗相赠：

一夕灵光太透虚，化身人去复何如？

愁来不用心头火，修得凡心半点无。

老和尚接过诗连声道谢，徐文长却说："这不是诗，而是我老婆作的一组字谜，每两句猜一个字，共猜两个字。"

老和尚对着诗句一琢磨，知道这两个字是骂他的，但也无可奈何。

原来这首"贺寿诗"的第一句隐一"歹"字，第二句隐一"匕"字，两句合成"死"字；第三句隐一"禾"字，第四句隐一"儿"字，两句合成"秃"字。故谜底为"死秃"两个字。

丈夫破谜回心转意

从前，有个美丽的姑娘爱上了一个贫苦出身的书生，两人结为伉俪。白天，妻子在家编织草鞋，丈夫沿街叫卖；晚上，妻子陪同丈夫挑灯夜读，鼓励他参加乡试、省试。虽说日子过得十分清苦，但夫妻感情甚笃，十分恩爱。

到了大比之年，妻子拿出自己用血汗换来的全部积蓄送丈夫进京赶考。临别时，又将自己亲手编织的一双草鞋交给丈夫，并叮嘱道："高中了，莫变心。"

丈夫说："娘子的恩情铭刻在心，海枯石烂永不变心。"

半年后，丈夫高中，她日夜盼望丈夫的家书。家书终于来了，拆开一看，竟是休书。乡亲们愤愤不平，纷纷资助她进京寻夫评理。

妻子到了京城，寄宿在客栈里，适逢一位巡抚大人私访，得知书生弃旧迎新，非常生气。这位巡抚大人正是书生的恩师。经恩师苦口婆心地劝导，书生终于悔悟过来。

书生来到客栈妻子住处时，只见房

门紧闭，门上还贴着一首诗谜：

小时青青老来黄，千捶万结打成双。

双双连就同心结，又被旁人说短长。

雨雪事儿我承当，何曾移步到兰房。

有朝一日肝肠断，弃旧恋新抛道旁。

任凭书生敲门，她总是不开。书生定神一看，诗谜的下面还有一行小字：拿出实物来我才开门。书生皱着眉，在门前来回踱步，思索着这首诗谜的谜底，当他低头一眼看见自己脚上穿的靴子时，便匆匆离开客栈，上街买回了这件实物，重新回到客栈来见妻子。

妻子一见丈夫手里提着的实物，回忆起当年的恩爱生活，憋在心里的气消了一大半。

原来，谜底是“一双草鞋”。

三个木匠以谜对谜

相传，从前有张、王、李三个木匠在一起做活。一天，木匠张对王、李二人说：“我说个谜语，请你们俩猜。一间房，两家住，没房顶来缺窗户，一家开的黑染房，一家开的线绳铺。”

木匠王听了，微微一笑说：“哦，你讲的是三间房子两架梁，一头摇辘轳，一头开染房。”

木匠李听后，想了一下说：“两位说的谜底可是：出门呱呱叫，返回叫呱呱，无论走多远，一黑便回家。对吗？”

张、王两人连说：“对，对！”

原来，他们三人说的谜底是“墨斗”。

以诗谜购物

一天，有一个顾客到一家小百货店去买东西。店主问道：“先生，您要买点什么？”

顾客说道：“我作一首诗谜，每句打一个字，谜底就是我要买的东西。”

谁知店主是个猜谜能手，他高兴地点头答应了。顾客笑了笑，说出了诗谜：

天上白鹅飞去鸟，西夏美女长得好。

禾苗生在太阳上，一片枯黄因火烤。

顾客刚刚念完，店主马上从货架上拿出了他要买的东西。原来谜底是“我要香烟”。

清和桥上对诗

从前，大清和河上有一座桥，叫“清和桥”。一天，一位身材苗条、头戴芙蓉花的少妇正在河边洗衣裳。庙里的一个和尚和当地的一个秀才到清和桥上来游玩。

二人在桥上走着，见桥下洗衣的少妇长得漂亮，便不怀好意，站在桥上对起诗来。和尚先念道：

有水也念清，无水也念青。

去了清边水，添争变成静。

静养性，僧人爱，

满腹经文随身带。

有朝一日芙蓉花儿开，

给我和尚端上来。

和尚念罢，秀才接着吟道：

有口也念和，无口也念禾。

去了和边口，添斗变成科。

科为贵，秀才爱，

满腹诗文随身带。

有朝一日芙蓉花儿开，

给我秀才端上来。

他们二人的对诗，桥下的少妇听得真真切切，顿时怒火满胸，立即甩甩手上的水说：“这桥叫清和桥，你们只说了‘清和’二字，听我以‘桥’字作诗一首。”少妇于是怒声念道：

有木也念桥，无木也念乔。

去了桥边木，添女变成骄。

娇娘美，人人爱，

生儿育女随身带。

有朝一日生双胎，

一个当和尚，

一个当秀才！

和尚、秀才挨了少妇的一顿臭骂，灰溜溜地走了。

曹娥碑隐

东汉时期上虞有一姑娘名叫曹娥，因父亲淹死在江中未打捞着尸体，心中十分悲痛，便投江自尽。上虞官府上奏朝廷表彰曹娥为孝女，并给她立了一块石碑，名叫“曹娥碑”，还请才子邯郸淳写作碑文。

据说，邯郸淳当时才 13 岁，文章写得特别好，“文不加点，一挥而就”。大文学家蔡邕（即蔡文姬的父亲）听说了这件事前往观看，赶到时天已经黑了，便用手摸着碑文读，读完之后在碑的后面写了八字批语：黄绢，幼妇，外孙，齑臼。

有一次，曹操从碑旁经过，看到了蔡邕的题字，一时不解其意，便问随行人员有谁理解。主簿杨修回答说：“我理解。”

杨修说：“黄娟，是带颜色的丝，色丝合一‘绝’字；幼妇，是年少的女子，少女合一‘妙’字；外孙，是女儿之子，女子合一‘好’字；齑臼是接受辛辣之物的器具，受辛合一‘辞’字。总合起来是‘绝妙好辞’四个字，是赞美碑文写得好。”

唐伯虎评点花魁

明代才子祝枝山以字闻名于苏州，人们将能拥有祝枝山的墨宝而视为骄傲。祝家有一花园，山也青青，水也清清，每到春深，满园飘香，各种花卉竞相开放，尤以牡丹为最。一到此时，酷爱诗文也爱花的祝枝山总要三天一筵、五天一席地邀请友人吃酒赏花，很是雅兴。

一日，祝枝山又请来几位好友，摆宴于后花园的牡丹亭旁，望满园牡丹，姹紫嫣红，祝枝山举杯道：“各位可谓姑苏城中名人雅士，今日请各位慧眼识花，评点园中花魁。”

一时间人们来了兴致，指指点点，甚至争得面红耳赤。有的说姚黄应是一品，有的说魏紫应该问鼎，最后是众说纷纭，争不出个高低上下。在大家争论得沸沸扬扬之际，只见唐伯虎稳坐桌前，仍浅斟慢饮，一副局外人模样。

祝枝山知道唐伯虎不但是绘画大师，也是赏花评花的行家里手。于是就相邀唐伯虎说出自己的高见。唐伯虎也不推辞：“依我之见，园中牡丹，百无一是。”

众人一听心中不禁一沉：“这唐寅也太傲了，难道这满园牡丹就没有一种他看上的？”谁知祝枝山听后却哈哈大笑：“唐兄评花，正合我意。自无一是，自无一是！”

众人一时更加糊涂，不知二人所云。后听祝枝山一说，方才顿悟，连称妙极。谜底是白牡丹。百字去掉上面一横成白，自字去掉里面一横也是白。

客商卖货

从前有三个商人，一个姓张，一个姓李，一个姓王，因是同年同月生，又是同县同村人，所以就结拜成生死弟兄，结伴到外乡做生意。

一日，三人来到一家客栈，饭后，客栈老板问这三个人贩卖的都是什么货，有没有居家需要的东西。姓张的商人说他卖的是：

远看像座亭，近看没窗棂，
上边直流水，下边有行人。

姓李的商人说他卖的是：

又圆又扁肚里空，有面镜子在当中。
老板用它要低头，摸脸搓手又鞠躬。

姓王的商人说他卖的是：

铁打一只船，不推不动弹。
开船就起雾，船过水就干。

客栈的老板抚掌大笑说：“各位所卖，目前市场正缺，恭喜发财。”果然如客栈老板所说，三个人确实发了一笔财。三人所卖的东西分别是雨伞、脸盆、火熨斗。

棋逢对手

王安石酷爱下棋，有一次，一位好友来访，王安石虚席以待，那好友纳闷。

王安石笑道：“你陪我下棋可好？”好友说：“下棋哪有白下之理？”王安石说：“输者罚制一谜如何？”

二人讲好，于是下棋。结果第一盘王安石输掉。王安石制一字谜：

一字生得真古怪，太阳偏在土下埋。

土堆上面长青草，一切斜着劈下来。

好友猜中，二人又下。王安石取胜。那好友只得也制一谜：

两个幼童去爬山，没有力气上山巅。

回家又怕人笑话，躲在山中不回还。

下到第三盘的时候，王安石又输，只好硬着头皮再制一谜：

画时圆，写时方，

冬季短，夏季长。

那好友一笑说：

东海有条鱼，无头也无尾，

抽掉脊梁骨，便是你的谜。

王安石大笑，吩咐家人盛宴款待好友。原来谜底是“著”、“幽”、“日”三个字。

古今联事

王羲之作妙联防偷

一年腊月，东晋著名书法家王羲之从老家山东迁到浙江绍兴安家落户。乔迁之喜又值新春之乐，王羲之情兴大发，挥写了一副春联。

春风春雨春色；

新年新岁新景。

王羲之叫儿子贴在大门口，不料贴出后不久，就被人悄悄揭走了。之后他又写了一副对联：

莺啼北里；

燕语南邻。

谁知此联又被酷爱他手迹的当地书法爱好者偷偷揭去了。可是除夕已经临近，春联必须贴上了，急得王夫人不得不催他再写一副。王羲之略一沉吟，微笑着取过文房四宝，挥毫写就一副，叫儿子将对联拦腰剪断，上下联都只贴了上半截：

福无双至；

祸不单行。

这半截对联贴出后，果然再没有人偷去收藏了，更没人愿意揭到自家门口去贴了。

大年初一凌晨，幽默的王羲之亲手将春联的后半截贴在下面，于是就变成了下面这副对联：

福无双至今朝至；

祸不单行昨夜行。

街邻一看，无不拍手称妙。

王羲之的这副另类春联，妙在福至祸去，寓意喜庆却对仗工整。

贤人进兮道者来

河南嵩山著名道士寇谦，当年曾在中岳庙修道，很多人慕名前来拜访，以至难静心修道，室内东西也经常遗失，寇谦道长对此深为烦恼。

道童们面对这种情景，就在他的修道室门上写了一副对联：

闲人免进；

盗者莫来。

道长看后，觉得告诉众人不要随便入室，很有必要，只是这样写并不妥当，因为进出他修道室的并非都是闲人和盗者，还有不少是贤人志士以及前来找他研究学问的教友。他思索片刻，将上下联各续三字，成为：

闲人免进贤人进；

盗者莫来道者来。

道童们一见续字后的对联都拍手称妙，敬佩道长的高明。

赶考巧对

据说，宋代王安石青年时期赴京赶考，住在舅父家里。有一天，他在街上看见一家门楼上挂着一只走马灯，上面写着一条上联：

走马灯，灯马走，灯熄马停步。

王安石不由脱口而出：“好对，好对。”

这家门楼的主人是马员外，他的一位管家听王安石说要对对联，忙过来打招呼说：“请稍候，待我去禀报员外大人。”

王安石赶考心切，不等员外出来便急急忙忙地走了。到了京城后，考场上一切顺利，由于平时用功，做起题来，思如潮涌，一挥而就。

写作之余，游目四顾，偶尔看见厅前挂着一面绘有飞虎的彩旗，骤然联想起走马灯的事，凝目沉思，悟出了下联，默念于心。

考试结束后，王安石返回舅父家里，途经马员外大门口时，等候已久的管家笑脸相迎，连声亲切地说：“恭候多时，请进室内，有事求教。”

原来这马员外年过半百，仅有一女，年过二八，才貌出众，尚未婚配。为招选一位才学富有之士为婿，于是拟出上联，公开求对，对出者，许以婚姻。前来应征的很多，而中意的一个也没有。

王安石了解这一情况后，联想到应试时所见彩旗情景，神态自若地对出了下联：

飞虎旗，旗虎飞，旗卷虎藏身。

马员外见对得如此工整、贴切，深为满意，授意管家招他为婿。

济公续联

济公原名李修缘，幼年时，父母早已为他订了一门亲事，可他对婚姻十分淡漠，小小年纪竟对佛事产生了兴趣。

李修缘出家之后，这位姑娘坚守贞节，矢志不再嫁给别人。谁知家运不济，正当她青春妙龄之际，公婆相继去世，万般无奈，她只得寄居于舅老爷家中。

李修缘一去不回头，众亲友出于关心，都前来劝说姑娘，不要久守闺房，耽误了青春，应重新择婿。姑娘找不出理由来谢绝亲友们的规劝，便对众人言道：“我已拟好一个上联，现誊写好抄在屋外墙上，谁能对出下联，我就嫁给谁！”上联是：

寄寓客家牢守寒窗空寂寞。

上联贴出后，远近轰动，多少读书人纷纷赶来，但一个个抓耳挠腮，冥思苦想，终无所对。

过了一段时间，李修缘因事返乡，听说姑娘求对，便来到贴联之处，取过笔墨，对出了下联：

远避迷途退还莲迳返逍遥。

舅老爷家人见到下联，即刻抄下，疾步跨入门内，送给姑娘。姑娘一看，惊喜交加，吩咐道：“快叫他进来见我！”家人急忙返转寻找时，李修缘已杳无踪影。

此上联全是宝盖头的字，下联全是走之旁的字。上联的大意是说：寄居别家，坚守贫寒、节操，不免有空虚、寂寞之感；下联的大意是说：远避世俗，走向佛门，达到逍遥的境界。

地头蛇关系网

明代万历年间，相传四川泸州地区有个姓王的财主，家有良田千顷，资产万贯。此人不学无术，靠投机钻营，花钱买了一个知县。

他诡计多端，深知官场内幕，上任不久，就心狠手辣地搜刮民脂民膏，很快就捞回了数十倍于买官花去的银两，成为当地有钱有势的地头蛇。

为了扩展势力，加紧对百姓的盘剥，他四处笼络心腹，拉帮结派，大搞裙带关系，把与自己久未连亲的同姓和早已疏远的亲戚，都拉到衙门里当差，有的还委以要职与重任，这样纵横相连，形成了一个以王氏宗亲为主干的关系网，使衙门成了他的小天下。

百姓无不怨恨。在除夕这天，有人偷偷地在衙门口的大门上贴上了这样一副对联：

琴瑟琵琶，为何王字在上？

姑嫂妯娌，皆因女子沾边！

上联的大意是说：为什么王氏骑在百姓头上作威作福？下联的“姑嫂妯娌”泛指裙带关系。这副对联以汉字的偏旁部首影射王氏作祟，入木三分！

鬼鬼犯边

19世纪末，美、英、法、俄、德、意、奥、日等八国联军相互勾结，先后占领了天津和北京。腐败无能的清朝政府毫无抵抗能力，却又不依靠民众，一味屈膝求和。

有一次，清政府与八国代表议和，会议开始前，有个外使阴阳怪气地挑唆：“听说中国有一种独特的文学形式，称作对联，现在我出一上联，看你们是否能对出下联？”霎时间，得到了几个联军代表的捧场。那家伙所出上联为：

琵琶琴瑟八大王，王王在上。

“琵琶琴瑟”四字上半部分分开即为八个王字，隐喻八国联军；“王王在上”是妄自提高他们的地位，目中无人！

面对挑衅，清政府的代表有的闭目叹息，有的尴尬地苦笑，有的虽愤然不平，却又无词以对。

正当联军代表得意忘形之际，清政府代表身后的一位秘书（相传是张之洞），蓦然起立，他怒目环视，义正词严地宣告：“外国人能想出上联，中国人就一定能对出下联。”说罢，响亮地念道：

魑魅魍魉四小鬼，鬼鬼犯边。

“魑魅魍魉”四字皆为鬼字旁，通常泛指妖魔鬼怪之类，借以反击，痛斥八国联军的侵略行径，捍卫祖国的尊严！形式臻于完美，内容针锋相对，联军挑衅者听后，一个个像泄了气的皮球，垂头耷耳，面面相觑。

朱元璋出对求贤

明朝开国皇帝朱元璋在举事前，有一次冒雪外出，遇见一个名叫葛恩的人，正迈开大步走着，朱元璋便问他有何急事，葛恩答道：“天寒地冻，不知百姓如何御寒，特出来四处看看。”

顿时，朱元璋觉得此人关心百姓疾苦，可为同道，于是口出一联，以试其才学，联曰：

天寒地冻，水无一点不成？

葛恩一听，知是拼字对，“水”加一点是个“氷”字（冰的古时写法），遂据此结构，即刻对道：

国难民愁，王不出头谁是主？

王字上面加一点是个主字，好似“王”出头，一语双关。朱元璋蓄积力量，正欲出头称王，听了十分高兴，于是相邀共图大事。

莫拿奴手

明代宪宗成化年间，江苏吴县才子王鏊，字济之，自幼寄居舅父家中，勤奋好学，才思敏捷。

有一天，舅母派丫环给外甥送茶，少年王鏊见丫环眉清目秀，十分俊俏，叹其为人奴婢，顿生怜慕之情，不由上前握住她的手嘘寒问暖，丫环害羞，含笑离去。

王鏊舅父得知，半嗔半笑，出一上联：

奴手为拏，此后莫拏奴手；

“拏”是个异体字，即今日的“拿”字。王鏊随口应对：

人言是信，从今勿信人言。

舅父见王鏊应答快，又对得好，满心欢喜，于是精心培养。王鏊日求上进，后来官至户部尚书。

兄弟相戏

明朝时期，内乡县有位学士叫李癰，字子田，官任翰林检讨，从事掌修国史的工作。他有个弟弟名叫李荫，字袭美，为增广生员，即增额的生员。

李癰因为弟弟官职卑微，多年不见长进，便给他写了一封信，并在信中附了一个上联，加以嘲谑：

尔今年增广，明年增广，不知尔增得几多，广得几多？

李荫接到兄长的书信后甚喜，但看了上联后又有些扫兴，于是以礼相还，也将李癰的职位入联相对：

君今年检讨，明年检讨，不知君检得什么，讨得什么！

李氏兄弟以对句相互戏讽的事，在同僚中一时传为笑谈！

职业婚联

有几位教师热爱自己的专业，新婚之际，朋友根据他们所教的科目撰写了几副各具特色的趣联：

1. 花好月圆有几何，谁能解析？

良辰美景无三角，岂可微分。

横批为：难解难分。

2. 恩爱乃植物，萌发生长开花结果，

婚恋贵同心，精诚团结播种育苗。

横批为：物种起源。

3. 1234567，

ABCDEFG。

横批为：OK。

以上分别为数学、生物和外语教师婚联，每联都嵌进了各自所授专业课程的术语和符号，诙谐成趣，与新婚的喜悦气氛极为相宜。

万岁，万岁，万万岁！

武则天称帝后，特别喜欢臣民对她的吹捧，可又不好直接说出自己的想法。

她朝思暮念，终于悟出了“出题对答”的计策。

有一天，武则天在金銮殿召集翰林院诸学士，出题令其对答，她的上题是：

玉女河边敲叽棒，叽棒叽棒叽叽棒。

学士们虽搜索枯肠，一时也未能找出合适的对题。一阵沉默过去，有个惯于献媚的学士似乎猜透了武则天的心思，忽地吟道：

金銮殿前呼万岁，万岁万岁万万岁。

武则天一听，龙颜大悦，大加赞扬。从此，“万万岁”一词便传播开来。

万岁乃祝颂欢呼之词，原本无等级之分。秦汉以后，万岁限于臣对君王的拜恩庆贺，也用作对皇帝的称呼，词义的范围有所缩小。

战争对联

民国初期，军阀混战，互相残杀，人民生离死别，某君撰联予以控诉：

南南北北，文文武武，争争斗斗，时时杀杀砍砍，搜搜刮刮，看看干干净净；

户户家家，女女男男，孤孤寡寡，处处惊惊慌慌，哭哭啼啼，悲悲惨惨凄凄。

对联通过双音节重叠的形式，将军阀混战的局面及由混战带给劳苦大众的疾苦描写得淋漓尽致。

事事无成事事成

陈毅元帅早年曾留法进行勤工俭学，因从事革命活动，被法国政府遣送回国。

起初，他住在四川家乡陈家祠堂，眼看军阀混战，民不聊生，一年春节，触事生情，便写下一副对联：

年难过，年难过，年年难过年年过；

事无成，事无成，事事无成事事成。

横批：春待来年。

抗日战争时期，流落到四川的人仿写对联一副，以四海为家作为慰藉：

年年难过年年过；

处处无家处处家。

1962年春暖花开之际，郭沫若先生游览浙江普陀山潮音洞时，捡到一个笔记本，扉页上写有一联：

年年失望年年望；

处处难寻处处寻。

横批是：春在哪里？

再翻一页，是一首绝命诗，下署当天的日子。郭老担心将要发生人命事故，心焦如焚，四处寻找，终于找到了失主——一位面带忧郁的少女。

这位少女连续三年报考大学，都名落孙山，兼之爱情遭受挫折，深感前途渺茫，欲魂归普陀，了结人生。

郭老先是称赞少女对联写得好，同时指出下联与横批的消极所在，接着微笑地探问道：“我给改一改，你意下如何？”失意的少女不便推辞对方的关切，只得点头应允。郭老改为：

年年失望年年望，

事事难成事事成。

横批是：春在心中。

少女听后，敬佩之至，感叹不已，随即打消了轻生的念头。

船老板妙改对联

有个姓包的书生考中了头名状元，一次，到温州去拜望做知府的舅父，路经雁荡山，顺便游览。过江到王官头，在船上望去，碧波一片，触景生情，便随口吟道：

风吹海水千层浪。

船上一位儒生略加思索，接口吟道：

雨打沙洲万点窝。

船老板听了，插嘴道：“你们两个都是书呆子！”

包状元不服气地说：“我两个怎么是书呆子？”

船老板笑着说：“你讲‘风吹海水千层浪’，你数过吗，刚好千层浪？他说‘雨打沙洲万点窝’，普天降雨哪会只有万点？”

船老板认为应当改作：

风吹海水层层浪；

雨打沙洲点点窝。

“千层”“万点”讲得太实，给人的感觉太死板、生硬；“层层”“点点”通过量词的重叠，概括性强，数量多少不限，尽囊其中。

两个人无言以对，不得不从心中叹服船老板的高明。

云开见日

明朝时期，巡按御史韩公雍有一次到江西巡视，前往南昌察看死囚牢房。当时，天降鹅毛大雪，韩公雍触景生情，出了一个上联：

水面结冰，冰积雪，雪上加霜。

不料一个囚犯听后，即刻拱手念出：

空中腾雾，雾成云，云开见日。

韩公雍定睛一看，只见那囚犯形容消瘦，面色惨然，回味他刚才所对的下联，工稳贴切，文意贯通，便对他格外留意。即由此问到死囚的案情，终于发现是一桩冤案。

原来，这个死囚姓孙，是南昌的一个秀才，因上告官府贪赃枉法，而被诬为谋反，判处死刑。韩公雍伸张正义，为孙秀才讨回了公道，并依法惩办了南昌知府，万民称颂。

孙秀才对得好，也对得妙。“云开见日”更是一语双关，含义深远，表现出他对拔云见青天的渴望。明察秋毫的韩公雍，一眼便读懂了秀才的心。

改联讽“同志”

孙中山先生生前遗下一副有名的对联：

革命尚未成功，

同志仍须努力。

后来，有些“同志”背叛了孙先生的三民主义，将革命当作自己升官发财的途径，于是，有人将孙先生联改动词序，讽刺这些人：

同志尚未成功，

革命仍须努力。

当革命处于困难时期，有些“同志”还是打自己的小算盘，于是，有人又改了一下加以讽刺：

革命尚未努力，

同志仍须成功。

数字联

相传有个秀才，因为路上耽搁误了考期。主考见他苦苦哀求，便准他补试，让他以“一”到“十”这10个数作个上联。秀才便借机说明迟到原因：

一叶孤舟，坐上二三个骚人，启用四桨五帆，经过六滩七湾，历尽八颠九簸，可叹十分来迟。

主考听了，心中称奇，让他再对出下联。秀才又把“一”到“十”的10个数字反过来用了一遍：

十年寒窗，进过八九家书院，抛却七情六欲，苦读五经四书，考了三番两次，而今一定要中。

巧妙的无情对

当代四川联家倪丁一先生有一无情对，颇耐人寻味。联曰：

珍妃苹果脸；

瑞士葡萄牙。

珍与瑞乃奇珍异宝对吉祥如意，士与妃乃才子对佳人，苹果与葡萄皆水果；脸与牙皆人体的一部位。

珍妃既是一位皇妃，又可通指美女，瑞士既是一国名，又可通指美男子。上联说珍妃的脸像苹果一样美丽，下联讲瑞士的牙像葡萄串一样整洁干净。此联出语巧妙，妙趣横生。

板桥六十自寿

清代的郑板桥，是“扬州八怪”之一，人称诗、书、画三绝集于一身。他为官清廉，为人耿直，因赈饥民冒犯大吏而被罢官。60岁时，曾写过一副自寿联，从中可看出郑板桥的个性和生活状况：

常如作客，何问康宁，但使囊有余钱，瓮有余酿，釜有余粮，取数页赏心旧纸，放浪吟哦，兴要阔，皮要顽，五官灵动胜千官，过到六旬犹少；

定欲成仙，空生烦恼，只令耳无俗声，眼无俗物，胸无俗事，将几枝随意新花，纵横穿插，睡得迟，起得早，一日清闲似两日，算来百岁已多。

厕所大解脱

厕所乃藏垢纳污之处，中国对联的种类很多，厕所联似不多见。但偶有发现，不论长短，皆谐趣横生，令人捧腹。且看下面一联：

进去三步紧，出门一身松。

寥寥十字，不仅写出形态，而且写出心态，可谓活灵活现，让人读之忍俊不禁。

和上一联的明白晓畅相比，下一联则显得含蓄蕴藉：

有小便宜，得大解脱。

初读似乎禅味十足，暗藏玄机，仔细一想，方才有会于心，顿觉妙不可言。原来最后一个字必须分读：有小便——宜；得大解——脱。小便进厕所，自是找到了适宜之地，若是大便，毫无疑问：裤子脱下来呀！

士卿做贼而死

清朝王士卿贪污案发被判处死刑，有人作挽联曰：

士为知己，

卿本佳人。

《战国策》云：士为知己者死。《北史》云：卿本佳人，奈何作贼。此联隐去作贼和死，又将士和卿二字冠首，十分巧妙。

师徒对父子

清朝担任过四库全书总纂修官的纪昀，字晓岚，平生博学多才，思维敏捷，擅长对对子。一天，他的老师请他去喝酒，席上有父子两人，是戊子年（1768）科举考试时的同榜举人。

酒过数巡，喝得兴高采烈的老师忽然对纪昀说：“晓岚，你很会对对子，现在我出上联，如果你能即席对出下联，我将以一方百金古砚相赠，要是对不上来，就罚酒三大杯！”纪昀微笑着点头答应。

于是，老师指着那两个同榜的父子说：

父戊子，子戊子，父子戊子。

上联刚出口，在座的其他客人都立即感到，这个下联是极其难对的。因为“父子”和“戊子”，下字相同，上字一为“父”一为“戊”，虽非同字，却是谐音（“父”音 fù，“戊”读 wù 音）。全句两“父”三“戊”五个“子”字，要对得字字工稳，实在比登天还难哪！

可是，再难的对子也难不倒纪昀。他看了老师一眼，立即想到师徒两人的官职：老师现任户部尚书，自己现任户部侍郎，是一正一副的户部长官，而古代管领全国户口簿籍的长官叫司徒。因此，后世也将户部尚书和侍郎俗称为司徒。于是一句妙不可言的下联顿时冲口而出：

师司徒，徒司徒，师徒司徒。

全堂掌声雷动，满面春风的老师亲自把价值百金的古砚送到了纪昀的手上。

嘲康有为联

1898 年戊戌政变后，康有为亡命日本，组织保皇党反对民主革命，逐步走向反动。1900 年，维新志士唐才常在汉口组织自立军，准备起兵勤王，事败被杀。

当时传说，自立军未能按时起义与康有为贪污华侨捐款有关。中华民国成立之后，康有为回国出任孔教会会长，主张以孔教为国教，坚决反对共和。

1917 年张勋复辟时，康有为心急火

燎地赶到北京出任溥仪小朝廷的弼德院院长，复辟失败后，又仓皇出逃。时人十分看不起他，有人撰联云：

国之将亡必有，

老而不死是为。

此联上句出于《礼记·中庸》：“国家将亡，必有妖孽。”下句出自《论语·宪问》：“老而不死是为贼。”这副对联，用屐足格，将康有为大名嵌于上下联末字，集经典名句又采用了歇后语的方式，即骂康有为是妖孽、是贼。

人名巧对

明代有个文学家叫李梦阳，他在江浙一带督学时，发觉某考生竟与他同姓同名，便找来质问是怎么回事。考生答道：“我名乃父母所取，不敢擅改也。”

李便出句命考生试对。上联曰：

蔺相如，司马相如，名相如，实不相如。

此联居高临下，盛气凌人。考生思考片刻，对曰：

魏无忌，长孙无忌，彼无忌，此亦无忌。

对句绵里藏针，不卑不亢，且和上联一样，巧用历史人名，浑然一体，令人叫绝。

嘲相士

清代有位相士，本领不大，口气却不小。自诩熟读《太清神鉴》《麻衣相法》《柳庄相法》之类的相术经典，并且天生一双神目，断人穷通寿夭，不差分毫。他嫌嘴上吹吹不过瘾，就干脆写副对联，贴在门上。联曰：

几卷书，谈名谈利；

一双眼，知吉知凶。

有位好事者见相士吹牛太离谱，心中有气，乘着黑夜，就在对联上加了几个字：

几卷破书，也要谈名谈利；

一双瞎眼，哪能知吉知凶！

翌日，相士成了大家嘲笑的对象。

蔡锷买笔

蔡锷是湖南宝庆（今邵阳）人，6岁启蒙读书，12岁中秀才。1895年春，湖南省学政江标到宝庆举行岁试。蔡锷跟随父亲蔡正陵从乡下来到宝庆城里。

一天，蔡锷到著名的宝元文具店买笔。老板见他小小年纪便来府城应试，十分高兴，拿着一束笔说：“我出个上联，若能对出下联，这束笔就送你。”老板的上联是：

小学生三元及第。

蔡锷摆着小脑瓜，对曰：

大老板四季发财。

说完，拱手作揖，接过笔束，笑嘻嘻地离开了文具店。

总统卖鱼

北洋军阀头子袁世凯的手下，有号称“龙”“虎”“狗”的“北洋三杰”。其中“龙”指王士珍，“虎”指段祺瑞，

“狗”则指冯国璋。

冯国璋外表深沉，其实志大才疏，优柔寡断，而且爱钱如命，连段祺瑞都说他“有钱癖”。冯国璋农民出身，后来自己开银行、钱庄，并在开滦煤矿、启新洋灰公司、苏北盐垦公司等企业有大量投资，家乡还有良田千亩，个人资产高达2300万。可是这位北洋军阀中的首富，并不满足，居然连小钱也不放过。

1917年张勋复辟后，冯国璋任代理大总统，从南京来到北京，入居新华宫。他一眼就瞄上了中南海的鱼。

中南海是中海、南海的合称，明清两代的帝王后妃常在其中放生，许多鱼的鳍上拴有作为放生标志的金牌、银牌或铜牌，几百年来一直没有捕捞过。冯国璋开价十万元出卖捕捞权，结果以八万元成交，这钱自然进了冯的私囊。

当时北京许多饭馆的菜单中忽然增加了一道“总统鱼”，以和传统的“东坡肉”对偶，其含义自不难明白。

1919年12月28日冯国璋去世，有人作了副对联：

南海鱼何在？

北洋狗已无。

冯死后，家产大半被经手人员侵吞，留给家属的并不多。

纪晓岚答联戏太监

相传，纪晓岚刚进翰林院时，并不引人注意，连太监总管都不认识他。有一次，太监总管见他身穿蟒袍，手拿折扇，觉得怪好玩的，便出了一上联：

小翰林，穿冬衣，持夏扇，一部春秋曾读否？

这上联出得不算太俗，其中嵌春夏秋冬四季。纪晓岚觉得此联有意思，恰好老太监说话操南方口音，便随口答道：

老总管，生南方，来北地，那个东西还在吗？

老太监听后，面红耳赤，知道碰上了对对高手。

对句不仅以“东南西北”，对他的“春夏秋冬”，还巧妙地调笑了老太监。

郑板桥出联判案

相传，郑板桥在潍县刚刚任县官时，一位白发苍苍的私塾先生前来告状，状告有一位财主请他教学，说好一年酬金为八吊钱，但到了年底，财主却分文未给。

郑板桥听了半信半疑，同时又怀疑这位塾师无能，误人子弟，导致主人不

给酬金。于是说：“你口说无凭，我不能相信你一面之词，这样吧，我当面试你一试，你看可好？”

私塾先生说：“请大人出题了。”

郑板桥想了想说：“就以‘塾师’为题目，你自撰一副对联吧。”私塾先生拿过纸笔，写下了一副自道苦衷的联句：

伤心夜雨打蕉窗，点半盏残灯，替众生改之乎者也；

回首秋风扫梧院，剩一支秃笔，为举家谋柴米油盐。

郑板桥见他写得工整贴切，生动凄苦，不断点头称“好”，但还是不放心，又说，我再出个上联，你对对看。于是便以大堂上灯笼为题，出联：

四面灯，单层纸，辉辉煌煌，照遍东西南北；

塾师顺口对道：

一年学，八吊钱，辛辛苦苦，历尽春夏秋冬。

郑板桥见塾师对对还比较工整，并非平庸之辈，于是便把欠下塾师酬金的财主找来，当下判定塾师为胜。财主不敢再赖账，乖乖拿出八吊钱给了塾师。

东西当铺当东西

传说，乾隆南巡时，一行人马来到顺天通州，乾隆很高兴，随即出了一句上联：

南通州，北通州，南北通州通南北；

乾隆让随从人员对出下联，众人想了半天，面面相觑，谁也对不出来。乾隆以目示纪晓岚，纪晓岚本不想对，但皇上点到头上了，只好对道：

东当铺，西当铺，东西当铺当东西。

乾隆赞叹不已。

先死先生

相传，古时有一位私塾先生，正在给学生讲课时，一位生了疥疮的学生用手抓痒不止，弄得两手都沾上了血，但还没有停下来的意思。

私塾先生越看越恶心，但是不便直说，于是出了一句上联，让抓痒的学生答，说答不上就要到室外去罚站。先生说道：

抓抓痒痒，痒痒抓抓，不痒不抓，不抓不痒，越痒越抓，越抓越痒；

学生见先生用出联取笑他，答不上还要受罚，越想越气，于是对道：

死死生生，生生死死，好生好死，好死好生，先生先死，先死先生。

郑板桥巧对讽住持

郑板桥一日游金山寺，游览一周后，去拜见金山寺住持。住持从来没跟郑板桥打过交道，两人并不相识。

住持见郑板桥穿戴朴素，其貌不扬，很不热情地冷冷应酬道：“坐”，然后又对打杂的小和尚说：“茶。”

郑板桥便随便坐下，跟住持说了几句。住持见郑板桥谈吐优雅，很有气质，便说：“咱们换个地方谈吧。”

于是，住持把郑板桥让到一个非常干净的雅室，说“请坐”，又嘱咐打杂的小和尚"敬茶"。

品茶谈话之中，住持知道了来人是远近闻名的大才子郑板桥，立即肃然起敬，一改刚才的冷漠态度，极其热情地把郑板桥请到专门招待贵客的房间，恭敬地说："请上坐。"然后又吩咐打杂的小和尚："敬香茶。"

两个人聊完天，郑板桥起身欲告辞，住持和尚要求郑板桥给题个联，以示纪念。郑板桥不假思索，写了一联：

坐，请坐，请上坐；

茶，敬茶，敬香茶。

住持和尚看着对联，面红过耳，这联正是刚才他说过的那几句话。

嘲讽县官联

相传，清朝末年，山东莱阳有个县官贪婪无比，想尽办法搜刮民财，每逢父母大寿，夫妻做寿，或有了大病小灾，或孩子百岁都到处张扬，意在让人给送礼，有知道不送者，就设法给小鞋穿。

就是这样一个贪官，表面上却还要装装样子，过春节时自撰一联贴在门上：

爱民如子；

执法如山。

老百姓见了这副对联，无不唾上几口。有个书生回到家里，赌气也写了一副对联，然后在夜里去县官住处，先揭去了县官自写的对联，把他写的一副对联给贴上了，于是便成为：

爱民如子，金子银子皆吾子也；

执法如山，钱山靠山岂为山乎？

老百姓看了这副对联，无不拍手称快，可县官的鼻子却气歪了。

恩爱夫妻

相传，清朝末年有个姓刘的秀才，不管走到哪里，都喜欢找人对对联，他总喜欢出上联，如对方对不上，他就扬扬得意。

有一天，刘秀才到同窗好友李秀才家拜访，少不了要喝上几杯。酒过三巡之后，刘秀才又来了对对联的兴致，于是说："咱俩只喝闷酒没啥意思，联上几句如何？"

李秀才也不示弱，说："请出上联。"

刘秀才出口说道：

此世界，彼世界，大千诸世界，并作新世界，大世界，可谓游戏世界，欢乐世界。

李秀才听了上联，半天没有对出下联，刘秀才说，对不上罚酒三杯。李秀才苦思冥想，还是找不出恰当的对句。

这时，刘秀才说："这样吧，我到外面去一趟，回来你再对不上，不仅要罚三杯，还要罚你去酒店给我打一瓶酒来。"

说完，刘秀才下桌上茅房去了。这时，李秀才夫人走上前来，丢给李秀才一张纸条，李秀才看了，顿时豁然开朗。

刘秀才一回来就催李秀才说出下联，李秀才不慌不忙地说道：

似夫妻，非夫妻，算什么夫妻？勿论长夫妻，短夫妻，不如患难夫妻，恩爱夫妻。

刘秀才听了，立刻面红耳赤，一句话也说不出。原来，刘秀才向来夫妻不和，想不到家丑让李秀才知道了，自觉脸上无光，并深为内疚。

此后，刘秀才对妻子逐渐好了起来。

三姊妹联对征婚

旧时山东登州府有个宋家庄，宋家庄的一位宋员外有三个如花似玉的女儿，宋员外爱如掌上明珠。

三姊妹长大后，不仅长相出众，而且都能诗善文，尤其是擅长对联。女大当嫁，宋员外见女儿们都到了出嫁的年龄，就张罗给她们成亲，可三个女儿都不要媒人介绍，她们告诉父亲，姐仨儿择婿的条件只有一个，只要能对上她们出的上联，便以身相许。

于是，三姊妹各出了一个上联，张贴出去征婚，大姐的上联是：

天垂山边走进山边天还远；

二姐的上联是：

船载货物货重船轻轻载重；

三妹的上联是：

北雁南飞双翅东西分上下。

宋氏三姊妹的征婚联一出，百里方圆马上传开了，凡肚子有点墨水的都跃跃欲试，但一个多月过去了，三姊妹虽然收到了几十条下联，但仍未有一条中意的。

距宋家庄百里外有个周家庄，周家庄有位周塾师，年逾花甲，膝下有三个儿子，三个儿子虽然没有考取功名，但在周塾师的调教下，个个出口成章，提笔能文，尤其是擅长对对联。

当听说宋氏三姊妹用对联征婚，哥仨便摩拳擦掌，下决心想出漂亮的下联前去争个高低。哥仨一宿未睡，明确分工，大哥对大姐，二哥对二姐，三弟对三妹。

大哥对大姐的下联是：

月出水面拨开水面月又深；

二哥对二姐的下联是：

丈量土地土长丈短短量长；

三弟对三妹的下联是：

前车后辙两轮左右走高低。

三姊妹一看周家三兄弟的下联，个个满意。于是，宋氏三姊妹同周家三兄弟便结成三对夫妻，花好月圆，传为美谈。

冰冻兵排兵敲冰

宋代著名大才子苏轼，才华出众，诗文盖世，他出任杭州知州时，一到任，就喜欢上了这块风水宝地，除公务太忙外，余暇时间就交友游湖，饮酒吟诗。

这年秋天，苏轼好友大文豪黄山谷来杭州看望苏轼。一天，两人游玩了半天，有点累了，就到一寺院坐下饮茶，黄山谷见寺内有和尚在吃西瓜，于是来了雅兴，顺口吟出上联：

东塔寺和尚朝南坐北吃西瓜。

黄山谷在联中嵌入“东”、“南”、“西”、“北”，要对此联并非易事，但这难不住苏轼，他朗声念出下联：

春水庵尼姑自夏至冬穿秋衣。

苏轼用“春”、“夏”、“秋”、“冬”四个“嵌”字，对上联的“东”、“西”、“南”、“北”。

随即，黄山谷又吟出一上联：

雪落媳房媳扫雪。

这句上联“媳”、“雪”音近，又有两个“媳”字，想对上也是不易的。苏轼稍稍思索了一下，便吟出下联：

冰冻兵排兵敲冰。

两人相视而笑。

白吃和尚与对联

明代弘治年间，有一位叫知通的和尚，他饱读诗书，云游四海。一天，他来到苏州，看看日将西落，但身上银两已用尽，腹中饥肠辘辘，正愁没有吃饭的地方，忽见一酒馆门开着，里面坐着一书生模样打扮的人正在喝酒。

知通走上前去，在书生面前落座，然后吩咐店小二：“再来一副碗筷。”

一会儿，碗筷上来了，知通和尚向书生友好地点点头，然后又像老朋友一样举起酒杯：“来，喝！”

书生似乎并不介意，便和知通和尚对饮起来。酒过三杯，书生说：“我并不认识你，你为什么要跟我喝酒？”

知通和尚笑笑，吟出一上联：

四大皆空，喝几杯何分你我？

书生吟道：

两头是路，过片刻各自东西。

两人喝得高兴，便各自道出姓名，知通和尚这才晓得对坐的书生是名扬四海的大才子唐伯虎。

二人直喝到月上中天，然后找了一家旅店住下，当沐浴完毕，知通和尚钻进被窝时，唐伯虎来了雅兴，顺口吟出上联：

僧眠锦被，万花丛中一葫芦；

这“万花丛中”指的是指绣在锦被上的花，“葫芦”是指知通和尚的光头。知通和尚也不示弱，随即吟出下联：

女对青铜，半亩塘中双菡萏。

联中“青铜”、“半亩塘”均指“镜子”。可见知通和尚才思相当敏捷。

次日，二人又结伴游山。路上，见一老翁担柴而过，知通和尚便出上联：

此木为柴山山出；

唐伯虎顺口说道：

因火为烟夕夕多。

联语为拆字对，“此”与“木”和为“柴”，“山”与“山”合为“出”，“因”与“火”合为“烟”，“夕”与“夕”合为“多”。“山山”与“夕夕”又为叠词。

二人相视而笑，走进山里，见一泉清澈见底，有泉水汩汩流出，知通和尚便吟出上联：

白水作泉日日昌；

这亦是拆字联“白”与“水”合为“泉”，“日”与“日”合为“昌”，“日日”为叠词。

唐伯虎对道：

女家即嫁可可哥。

“女”、“家”合为“嫁”，“可”、“可”合为“哥”，“可可”亦为叠词，堪称妙对。

傍晚时分，二人又回旅店，少不了下棋饮酒，唐伯虎吟出上联：

围棋饮酒，一着一酌；

知通和尚对道：

听漏观书，五更五经。

这时，院中有鸡在叫，并有鸡从鸡罩中跑出，唐伯虎吟道：

鸡罩罩鸡，鸡罩破，罩破鸡飞；

知通和尚稍一沉思，便对出下联：

马笼笼马，马笼松，笼松马走。

此后，二人便结为朋友，一时传为佳话。

茶酒联趣

民国时期，福建泉州有一位富商，在市北角建了一座茶楼，因地方较偏僻，来喝茶的人不多。

后有人给富商出了个主意，让富商请人为茶楼题了一条向顾客征求下联的上联，悬挂在茶楼门口，并夸下海口，有能对出下联者，到茶楼白喝茶一年，还赠特等好茶十斤。悬挂的上联是：

为名忙，为利忙，忙里偷闲，饮杯茶去。

这副上联挂出后，果然有不少文人墨客前来茶楼品茶对句，但始终没有妙句对出，不过，茶楼生意确实红火起来。

一天，一位学者装束的人走进茶楼，问：“哪位是老板？”

此时恰巧富商在座，忙迎上前来，问：“先生有何吩咐？”

学者装束的人说：“老板挂联求对，赏赐可是当真？”

富商说：“绝无戏言。”

学者装束的人说：“好！”然后要来纸笔，一挥而就：

劳心苦，劳力苦，苦中寻乐，拿壶酒来！

对句一气呵成，与上联相映成趣，富商连连称妙，忙吩咐手下人去准备茶酒。

孙行者与祖冲之

1932年，国学大师、现代著名史学家陈寅恪教授主持清华大学入学考试，在国文试卷上加了一道对联题，出联是：

孙行者。

此题大出众考生意料，许多考生只好胡对一通，有对“猪八戒”的，有对“唐三藏”的，甚至有人一气之下对了个“王八蛋”。

一位名叫刘子钦的考生对了个“胡适之”，得了满分。胡适之即胡适，当时大名鼎鼎的文化名人。此对中，“胡”对“孙”为谐音借对，暗指猢狲。

还有一个对“王引之”的，也得了高分。王引之，清代乾嘉年间的著名学者，高邮人，与其父王念孙世称“高邮王氏父子”。

但陈寅恪的标准答案据说是“祖冲之”。这副对联是：

孙行者；

祖冲之。

好一个千古绝对！“祖”对“孙”，姓氏对姓氏，又是辈分上的名字对；“冲”对“行”，动词对动词；“之”对“者”，文言虚词相对。真乃天造地设，无懈可击。有好事者为此捏了两句诗，曰：

天生一个孙行者，

地生一个祖冲之。

陈寅恪先生主考出对一事，未料竟引发了一场风波。当时很多人议论纷纷，指责陈先生要学生做对子是复古，开历史的倒车。陈寅恪只得出来答辩，指出做对子最易测试学生对中文的理解程度。一副对联虽寥寥数字，但已包含有关词性的知识，以及平仄虚实的运用。

天下太贫

清末民初，进步文人刘师亮与写《厚黑学》的李宗吾，可算是“四川双杰”。刘师亮当过塾师、讼师，经过商，是一个怀才不遇又疾恶如仇的怪才。刘师亮的拿手好戏是对联与竹枝词，他以此为武器，讽时骂世，嘲官斥吏，作品传颂一时。

刘师亮一副四字短联，堪称千古绝对：

民国万税；

天下太贫。

民国时期，苛捐杂税多如牛毛，老百姓生活却一贫如洗，官方却又常喊“民国万岁”，宣言“天下太平”。

刘师亮这副对联，就地取材顺手接过两句官方口号，运用谐音手法，将“岁”字改成“税”字，将“平”字改成“贫”，顿时化褒为贬，一语道破了“民国万岁”背后的实质，撕破了“天下太平”的画皮。

宫花寂寞红

“寥落古行宫，宫花寂寞红”。古代帝王的三宫六院，既不知造就了多少怨妇，也恐怕埋没了不少有才华的女子。不过，偶尔从皇宫深处，也传出一些幽怨的诗联故事，如“红叶题诗”之类，让后人不胜感慨。

金国第四代皇帝金章宗，有一名妃子叫李妃，是个才女。一天，章宗和李妃在一个小花园内游玩，两人露坐在一个小土坡上。章宗灵感来潮，忽得一上联：

二人土上坐。

这是个拆字对句。“二人”置“土”字上即为一“坐”字。又符合当时的情景。李妃稍一思索，对出下联：

一月日边明。

李妃运用的也是拆字法。一“月”置于“日”边即成“明”字。同时，她这个对句寓意双关。“月”喻自己，“日”比喻章宗。爱妃伴君王，自然是明月伴日，可不是一般的小鸟依人哦！

三梳万发齐

明代永乐年间，靖安县知县俞益招

觅书吏，一位叫况钟的青年书生前来应试。县令扇着胡子出了一个上联：

一扇千须动。

这个出句表面上讲扇扇，实际上一语双关，包含着“号令百姓”的意思。看起来容易，也不易对好。但况钟沉着应对：

三梳万发齐。

对句以“梳发”为题，与“扇扇”比较般配。同时，这“梳发”也是个比喻，隐含着“治理天下”的意思，表现了远大的抱负。

后来，况钟出任苏州知府，他大力改革弊政，削减重赋，设仓济农，兴修水利。尤致力于整顿纲纪，秉公执法，平反冤狱，除暴安良，深得人心，被称为“况青天”。

任期满时，民众两万余人乞求留下，感动朝廷，皇上下诏留任。况公在任13年，积劳成疾，病故于任所。况钟为官，真正做到了“三梳万发齐”。

嫉妒出诗人

古人有“愤怒出诗人”、“哀怨起骚人”的说法，其实，嫉妒也能出诗人。

明弘治进士、南京户部尚书边贡讨了好几个小老婆，他的夫人胡氏十分嫉妒恼火。一天，有一位客人拜访边贡，正好碰着胡氏因吃醋在家里发无名火，便开玩笑地出了一个上联：

讨小老嫂恼。

这个出句有个特点：五个字连续同韵，读起来像绕口令。胡氏闻声应对道：

想娘狂郎忙。

胡氏的对句也是五字连续同韵。“娘”作少女、姑娘讲。上联生动刻画了胡氏不满丈夫讨小的恼怒之态；下联针锋相对，把边贡好色思淫的丑态也和盘托出，读后确实让人解颐。

哥哥你错矣

相传，清代某年科举考试，作文的题目叫：“昧昧我思之。”这句话的大意是让我认真思考。有个不学无术的考生，将“昧昧”误作为“妹妹”，便以“妹妹我思之”大做文章。

主考官批阅时肚子都笑痛了，他在标题下又批了一句话：“哥哥你错矣！”

这恰好成了一副妙联：

妹妹我思之；

哥哥你错矣！

骂出来的对联

黄照临，号碧川，清中叶湖南澧县人，主持过澧阳书院，是个很有才学的人。碧川少时，一次看见几个小孩子用锄头在一堆乱瓦中挖青蛙，忽得一句：

娃挖蛙出瓦。

久思无对，只好作罢。20年后，他担任陕西某县知县，一天骑马不小心踏进了路边的麻田。麻田主人是一个老妈子，狠狠骂了他一顿。这一骂，倒把他20年没有对出的下联“骂”出来了：

妈骂马吃麻。

这是一副很有生活气息的对联。它

的特别之处是上下联各有四字声韵完全相同，仅仅是声调有所不同。而且，上联四字与下联四字也是同韵！

养鸭将军

清代咸丰年间，一位武将叫陈海鹏，字程初，以提督练兵居长沙。其地邻近湘江，引水辟为内河，称为新河，他在河里养了许多鸭子。

一次，旧友来访，他便杀鸭招待。有人以此事为题，写了这么一副对联：

欲吃新河鸭；

须交陈海鹏。

联语纯粹是开玩笑式的大白话，但细细看去，对仗却非常工整。“新河鸭”对“陈海鹏”简直对绝了。

后来，陈海鹏去世了，他的孙子继承爷爷的事业，继续放鸭。又有人在上联的基础上续了一字：

欲吃新河鸭子；

须交陈海鹏孙。

空门不用关

佛教和佛门对联，往往理过乎辞，非常乏味。不过，佛联中也有清新可诵的，如题于福建福州著名佛教圣地涌泉寺山门的一副对联：

净地何须扫；

空门不用关。

这副山门对联平白如话，意蕴深刻，在华夏众多名刹古寺对联中堪称佼佼。“净地”、“空门”，都是佛教用语。“净地”指佛教“净土”，本来就干净无垢，何须打扫？“空门”即佛门，四大皆空，如去如来，无遮无碍，关它干啥？

同时，这“净地”、“空门”又一语双关，也是写实。寺内一般是干干净净，当然是“净地”。进出寺庙有一个山门，但这山门并无门，只是一个通道，因此是“空门”。“净地”与“空门”，虚虚实实，融常理、禅理、哲理于一体，通俗易懂，对仗工妙。

穷人的另类春联

春联，一般是充满喜庆和吉祥的，不过也并非全是这样。对联史上，有正版春联，也有另类春联。一副清代佚名题于云南某地村口社庙的春联，其“另类”就更加让人玩味：

咦，哪里放炮？

哦，他们过年！

这副对联形式比较特别，上、下联像两个人在说话，一问一答，讲过年的事儿。过年本来是全民的节日，是不分高低贵贱的。可是从这副对联里，隐约感到下层的贫苦大众成了被遗忘的角落，他们被剥夺了真正过年的权力，只能听一听别人过年的炮声而已。

还有一位古时穷书生的春联，似乎就更加凄惨戚戚了：

人穷双月少；

衣破半风多。

既然是书生，再穷困潦倒，也不忘要咬文嚼字一番。双月，“朋”也，“双月少”，就是朋友少；“半风”，繁体写作“半風”，即“虱”字。“半风多”就是虱子多。衣服太破烂了，以致虱子繁生！

三星白兰地

相传民国初年，重庆有一酒家，在门口放一瓶“三星牌”白兰地酒，并出一上联征对：

三星白兰地。

对者非常多，最后中奖的是一位青年的下联：

五月黄梅天。

这是一副绝妙无情对。上联与下联毫不相干，但字面上字字绝对。“黄梅天”，五六月间为梅雨季节，叫“黄梅天”。

有好事者将这副对联上下颠倒，联尾停顿，各加一字，成为如下一联：

五月黄梅天，湿；

三星白兰地，干！

以“干”对“湿”，反义词相对。同时，“干”字双关，又是“干杯”的意思。

数字联新绝唱

1953年，中国科学院组织出国考察团，由著名科学家钱三强任团长。成员有华罗庚、张钰哲、赵九章、朱冼等人。途中闲暇无事，华老出上联一则：

三强韩魏赵。

大家想了许久，都不知对什么好。还是华老不慌不忙自己对出下联：

九章勾股弦。

这里的“三强”明说是战国时期韩、赵、魏三个强国，却又隐语着代表团团长钱三强同志的名字，这就不仅要解决数字联的传统困难，而且要求在下联中嵌入另一位科学家的名字。

下联“九章”既是我国古代著名的数学著作，又恰好是代表团另一位成员、大气物理学家赵九章的名字。华老的妙对使满座为之倾倒。

刘凤诰妙联祝寿

刘凤诰，江西萍乡人，乾隆年间进士。从小就才名远播，被誉为“江西大器”。他擅长对联，有“对联探花”之称。

刘凤诰有一次给一位乡里老翁写寿联，先问老人的生辰，回答说：十一月十一日。刘凤诰便随手将这生辰日子写到了纸上：

十一月十一日。

旁人都大吃一惊：这是什么寿联？看你下联怎么写下去！

刘凤诰对大家的惊愕表情没有理会，他又问老人高寿几何？回答说：八十大寿。他于是马上续出下联：

八千春八千秋。

这个下联简直是太好了，扭转了乾坤。“八千春八千秋”，典出《庄子·逍遥游》：“上古有大椿者，以八千岁为春，八千岁为秋。”老人实际上是八十岁，写“八千春八千秋”，是不是太夸张了？当然不是，祝寿是不怕夸张的，通常如“寿比南山”也是夸张的说法。

寡人在此

一日，乾隆在京郊微服私访，看见一户人家门上贴有这样一副对联：

家有万金不富；

膝下五子无儿。

横批：寡人在此。

这副对联从表面上看完全是自相矛盾。乾隆看了如坠云雾，便派人去问个清楚。

一问，才知这屋里仅住着一位老妇人，老妇人生了10个女儿，女儿叫“千金”，十个就有“万金”。这个“万金”不是钱财，当然不富。

民间称“郎为半子”，老妇人十个女婿合起来就是“五子”。但女婿毕竟不是亲子，所以还是“无儿”。女儿都嫁出去了，老伴也死了，这位老妇人孤身一人住在这里，这就是所谓的“寡人在此”！

顶上功夫

理发店趣联很多，大家最熟悉的莫过于太平天国首领石达开那副：

磨砺以须，问天下头颅有几；

及锋而试，看老夫手段如何！

又有太平天国首领樊云山题理发店联

挥舞双拳，打遍天下英雄，莫敢回手；

运动寸铁，削平宇内豪杰，谁不低头！

两联都堪称豪气干云，不过如要说短小精悍、脍炙人口，则是如下一副：

虽为毫发技艺；

确是顶上功夫。

这副对联看似简单却极具艺术性和哲理性。“顶上功夫”既是实话实说，又一语双关。理发将本来是极平凡的丑小鸭一下变成了高贵的天鹅。作者生花妙笔，也可算是“顶上功夫”！

对不起中华民国

袁世凯死后，有人送了一副讽挽联：

袁世凯千古；

中华民国万岁。

这副对联从结构上看，应该是“袁世凯”对“中华民国”，“千古”对“万岁”。但“袁世凯”与“中华民国”字数不等，根本不对。

这是为什么呢？是作者不懂对联吗？当然不是。原来作者的意思是：袁世凯是窃国大盗，他“对不起”中华民国！

重庆成都

抗战胜利后的1946年元旦，在南京夫子庙六朝居贴出了这样一副对联：

中国捷克日本；

南京重庆成都。

上联列举三个国家。“捷克”，即原捷克斯洛伐克，既是国名又一语双关，释意为“战胜、打败”。下联为国内三个城市名，“重庆成都”一语双关，意思是“重新庆祝成为首都”。

抗战开始后，首府南京一度被日本攻克，国民党被迫迁都重庆，把重庆叫“陪都”。现在中国“捷克”（打败了）日本，南京失而复得，当然是“重庆成都”了。

当时，据说《重庆日报》还出过这样一句上联：

四川成都，重庆新中国。

很快征得下联：

三岛归化，永宁太平洋。

“三岛”指日本。“归化”“永宁”都是地名，又一语双关。

这两副对联都巧妙地概括了史实，表达中国人民打败日本侵略者之后的扬眉吐气，是历史的最好见证。

农妇索联

宋代书生贾仁赴京赶考，正是炎热夏天，途中向一村妇讨茶喝。村妇出了一个上联向他索对：

饥鸡盗稻童筒打。

这个出句用四个名词——鸡、稻、童、筒，一个形容词——饥，两个动词——盗、打，极简略又生动地描述了一个生活场面：饿慌了的鸡偷食谷子，一个小孩用竹筒追打。

而且，这七个字有三对谐音：“饥”与“鸡”，“盗”与“稻”，“童”与“筒”。看来，这个出句很有难度，不易对上。

但贾仁怎甘示弱？就坐在茶亭里冥思苦想。忽然，他看见茶亭的梁上趴着一只老鼠，有人咳嗽一声，老鼠便吓跑了。贾仁从中得到灵感，对句有了：

暑鼠凉梁客咳惊。

“凉梁”，（老鼠）在梁上纳凉，这是一种拟人手法。这个对句也有三对谐音字（“暑”与“鼠”，“凉”与“梁”，“客”与“咳”），足与上联匹配，共同构成一幅极富乡村生活气息的民俗画卷。

当代有一个叫易汝浩的人，认为贾仁的下联还不够好。他另想了一个对句：

暴豹擒禽丈杖驱。

这个对句也很工整，但好像不切实际。谁敢用一根拐杖去驱赶豹子呢？

可惜了一园竹子

解缙家的房子恰好与曹尚书的竹林相对。某年除夕，十四岁的解缙在大门上贴了一副春联：

门对千根竹；

家藏万卷书。

曹尚书见此联不悦，心想，炫耀自家的几本破书，还要拿我的竹林作陪衬，没门！于是叫人把竹子砍掉一半，有意使解缙无法作联。

解缙见此情景，便在联末各加一字：

门对千根竹短；

家藏万卷书长。

曹尚书一见更加恼火，干脆把剩下的竹子全部砍掉，看你解缙如何再写？可是解缙安然自若，只是在上下联末又添一字：

门对千根竹短无；

家藏万卷书长有。

解缙两次在联尾加字，表面上看很有些“无理”。从内容上讲是画蛇添足，语法上也有些不通。但在这则故事具体情况中，这种“无理”却是绝妙的“有理”。真是“运用之妙，存乎一心”！曹尚书终于再也无计可施，只可惜了那一园好竹子！

万里长江作浴盆

解缙九岁时，父亲带他到长江里游泳，将衣服挂在老树上。父亲口占一上联：

千年老树当衣架。

解缙马上对道：

万里长江作浴盆。

气魄之大，很难想象是出自一个9岁孩子之口。

徐文长的绝联

徐文长是明代文学家和书画家，性格狂放不羁，被看成是不可理解的怪人。他曾写过这么一副对联：

几间东倒西歪屋；

一个南腔北调人。

这副对联很有个性，简直是他活生生的一个画像：放浪形骸，愤世嫉俗。“东倒西歪”与“南腔北调”，成语相对，幽默且工绝。

徐文长还有一副怪联：

好读书不好读书；

好读书不好读书。

上下联字字雷同，完全一样，但上下联又不一样。上联说：年轻时耳聪目明，精力充沛，正是好好读书的时候，却不爱好读书；下联的意思是：到老了，想读点书，却耳聋眼花，体力不支，不能好好读书了。对联形式如此奇特，内容却如此深刻。

挑和尚与抱秀才

祝枝山有一次与出家人沈石田出行，看见田里有一个尼姑挑着一担禾走过来。祝枝山先出一联：

师姑田里挑禾上。

师姑，即尼姑。“挑禾上”，双关语，谐音挑“和尚”。这是戏谑沈石田。沈石田应声对出下联：

美女堂前抱绣裁。

抱绣裁，谐音抱“秀才”。秀才暗指祝枝山。两人对联斗嘴，旗鼓相当。

农家小事有奇联

一次，唐伯虎同友人外出游玩，看见一个村妇一面打扫乱柴，一面叫小叔子捆柴。他触景生得灵感，得一上联：

嫂扫乱柴呼叔束。

这一联完全是白描，但句中有两处地方运用了谐音手法。“嫂扫”两字谐音，“叔束”两字也谐音。因此，要对好有一定难度。友人正在低头沉思之时，又看见一个少妇挑一担水走来，不料这桶出了问题，突然裂开，水流一地。少妇便忙唤小姑子来把破桶箍紧。

这个司空见惯的场景一映入眼帘，唐伯虎友人便大喊“有了”，对出下联：

姨移破桶令姑箍。

下联也是两处谐音：“姨”与“移”，“姑”与“箍”，与上联绝配。上下联写的都是最寻常不过的农家小事，但一经高手锤炼，便成千古妙对。

母狗风波

清初，长洲出了一个状元，叫韩慕庐。他未及第时曾经在一个蒙馆任教。该馆的学生有一次把“临财毋苟得，临难毋苟免”（语出《礼记·曲礼》）中的“毋”字读成“母”字，于是“毋苟”听起来便成了“母狗”。

正好吴中有一位名士路过蒙馆，听了哑然失笑。他以为是韩慕庐教学生这样读的，于是出了一上联讥讽韩慕庐：

曲礼一篇无母狗。

韩慕庐一听哭笑不得，知道是名士误会了。他想解释又怕讲不清，反而越抹越黑，更添笑料。于是灵机一动，对了一个下联：

春秋三传有公羊。

《春秋》一书有三部解释它的著作，即《左传》《公羊传》《谷梁传》。这三部书又分别称为《左氏春秋》《春秋公羊传》《春秋谷梁传》，合称“春秋三传”。

下联说“春秋三传有公羊”，史据凿凿，又恰好与上联成对，同时又悄悄转移了受攻击目标，巧妙应对了名士的嘲谑。

柳暗花明

对联里的“绝对”有两种意思：一是指极好的对联，相当于“绝唱”。二是指出句出得很妙很绝，甚至无人能对的地步。有时是一无所获，有时则柳暗花明，终得以珠联璧合。明代才子唐伯虎曾在一和尚的荷花画上写了这样半副对联：

画上荷花和尚画。

这个出句构思奇巧，具有谐音和回文的特点，无论顺念、倒念，发音完全一样。大约是想不出下句，就搁置在那儿了。

200多年后，清代奇才李调元终于对出了下联：

书临汉帖翰林书。

上联说“画”，下联对“书”，非常工整，而且同样也是谐音回文。

妙对“洗冤”

一个秀才被诬陷是杀人凶手，被捉拿到公堂审问。秀才大声喊冤。太守也看他不像凶手，便说，我这里有一个上联，你能对上就给你洗冤，说罢，太守吟道：

投水屈原真是屈。

这里借用屈原的事迹，一语双关，

隐指秀才的遭遇。联中有两个“屈”字，无疑不易对好。

秀才听完，忽然想起《战国策》中“曾参杀人”的故事。有一个与曾参同名的人杀了人，旁人误以为是曾参所杀，连忙向曾母报信。曾母不信，但接着又有两个人向曾母报信，曾母终于信了。秀才于是对道：

杀人曾子又何曾。

太守一听，拍案叫绝，于是马上把他释放了。值得注意的是，太守爱才之心固然可嘉，但这种断案方法却并不可取。

“递加法”趣联

有个私塾先生嗜酒，喝醉了就大撒酒疯。一天上对课，先生出句，学生答句，轮流递加。首先先生出：

雨。

学生答：

风。

接着先生添成三字对：

催花雨。

学生答：

撒酒疯。

先生又添成七字对：

园中阵阵催花雨。

学生齐答：

席上常常撒酒疯。

学生仿佛是在采用“诱敌深入”之法，最后击中先生的痛处，让先生下不了台。当然，这是对先生进行讽劝，也算难能可贵。

死个和尚添一如来

相传，清代文学家、书法家何绍基一次出游，路经湖南浏阳南邦寺时，刚好碰上寺内有一个和尚圆寂。古寺长老早闻何绍基大名，便邀请他写一副挽联。何绍基提笔就写：

南邦寺死个和尚。

和尚们一看大哗，认为何大人有意戏弄他们。但何绍基不动声色，马上又续出下联：

西竺国添一如来。

“西竺国”即印度，佛教中的西天极乐世界。“如来”，佛教中的最高佛祖。死个和尚却成了佛祖。下联化平淡为神奇，有扭转乾坤之力。

巧联妙讽李鸿章

清光绪三年（1877），南方自然灾害严重，加之贪官污吏盘剥勒索，民不聊生，哀鸿遍野。当时安徽合肥人李鸿章主政，江苏常熟人翁同龢任户部尚书（别称大司农）。于是有人用双关语写成一副对联：

宰相合肥天下瘦；

司农常熟世间荒。

联语把二人的官职、籍贯、政绩分别融入联中，巧借两地之名，以“肥”与“瘦”、“熟”与“荒”形成鲜明对比，对李鸿章等晚清大臣的腐败无能进行了辛辣的讽刺。

又有一副无情对：

杨三已死无苏丑；

李二先生是汉奸。

著名昆剧丑角演员杨三（即杨鸣玉）在北京演《白蛇传》时，借戏中人物之口讽刺了李鸿章。后来杨三被抓进监狱，病死在里面。时人伤之，于是作了这副对联。李二先生，李鸿章排行第二，外号“李二先生”。

这副对联真是绝妙之作，处处造成强烈的讽刺效果。把李鸿章写成“李二”，这已是大不恭敬。“先生”本是尊称，却与“已死”相对，挖苦又进一层。

最后以“汉奸”对“苏丑”，字面上看是以贬对贬，好像都不是什么好东西。杨三只是在戏中演丑角，他本人则是一个受人尊敬的明星。而李鸿章则是现实生活中地地道道的“丑角”，至此，讽刺到达高潮。

一联解难

相传，清代浏阳县有个老先生善对联，远近慕名而来求他作对联的人络绎不绝。

当时，县城有个商人，父母先后去世，商人在将父母合葬时，不慎将父葬在西边，母葬在东，有违当地习俗。但既已落葬，便是入土为安，不能再动。

于是，商人在父母坟前立了两根石柱，想求人写一副对联贴上。经人介绍，欲求先生解难。先生听罢前情，微微一笑，提笔写道：

生前既不离左右；

死后何必分东西。

上联论证下联，合情合理。

玩火者必自焚

1945年8月，日本宣布无条件投降，湖南桃江县人龙逸才写了这样一副对联：

本日果然亡日本；

皇天竟不佑天皇。

上联中，“本日”与“日本”颠倒运用，下联中“皇天”与“天皇”（日本国家元首）又颠倒运用，都妙若天成。

上联“果然”二字，视抗日胜利为意料中事，指出了正义之师必胜、“玩火者必自焚”的历史规律。“亡日本”，赶走日本侵略者，不是“灭亡日本”。下联“竟不佑”三字，充分表现了对侵略者的讽刺与奚落。

中草药名巧对

民间流传这样一副中草药名对联：

稚子牵牛耕熟地；

将军打马过常山。

上联讲“稚子耕地”，下联说“将军打马”，对仗工整。

“常山”，在今河北，三国蜀国赵云的故乡，有“常山赵子龙”之说。全联包含了7种中草药，即稚子、牵牛、熟地、将军、打马、常山。稚子，就是枸杞子。将军，即大黄。打马，藩打马。

产妇须上妇产科

1999年的《中国楹联报》曾出一上

联征对：

行人应走人行道。

很快有读者应征：

产妇须上妇产科。

上联“行人”与“人行”互相倒置，下联“产妇”和“妇产”倒置。上下联对仗工稳，浑然天成。上联告诉人们要遵守交道规则，下联则是提倡医院分娩，意义很好。

且停亭

1645 年，明代大戏剧家李渔因不满清朝统治，回到浙江兰溪夏李村老家，做了一名布衣。村前有一条大路，来往客商络绎不绝。为方便行人，李渔倡议在路旁建一凉亭。村人赞许，亭遂造成。

同村有一个弃明投清的州官名叫李不脸，人人骂之，此人一心要给凉亭取名并亲书匾额，借以扬名，流芳百代，但遭到众人反对。

村人一致推举李渔取名。州官仍不死心，于是赖着脸皮找到李渔说：“笠翁（李渔的字）兄，亭名取好了吗？”李渔回答：“没有。”

州官说：“你我即兴各取一个，如何？”李渔说：“且停停。”州官说：“还要停什么，我已想出好几个佳名来了，随你挑用一个吧。”说罢就在手掌上写起字来。

看到李不脸这种急于沽名钓誉的丑态，李渔想，决不能违背乡民之托，而让小人得志。于是他灵机一动，立即接口说：“我不是说过了吗，‘且停亭’！”

州官喜形于色地说：“到现在还要且停停，即兴比才，你输了，那就用我取的亭名吧！”李渔冷笑着说：“怎么，你还没听明白？我早已取好了，叫作‘且停亭’！”

州官还没有领悟过来，李渔已在一旁即兴吟出一副对联：

名乎利乎，道路奔波休碌碌；

来者往者，溪山清静且停亭。

时过 300 多年，李渔亲笔书写在门楣上的“且停亭”与这一副楹联至今仍存。

邹不行

古时，在长沙湘江江心的橘子洲，有一处楼阁叫天星阁。一天，有一位姓邹的大员在此观赏江景，见有几只鸽子停在阁瓦之上，便想在大家面前炫耀箭术，于是张弓搭箭向鸽子射去，不料没有射中，鸽子全飞了。卖弄不成，反讨无趣。

一个极善逢迎的随员献点子说：“大家不安静，把鸽子惊跑了。大人文武双全，何不吟诗取乐呢？”

邹大员就坡下驴说：“好好好，我出一句对子，你们来对，对上的赏银十两！”他的眼睛始终没有离开越飞越远的鸽群，此刻，低头一想，顺诌一上联：

天星阁，鸽上阁，鸽飞阁不飞。

随员们一个个抓耳挠腮，一时想不出合适的下联，干瞪着银子流口水。邹大员十分得意。这时，一个临时侍茶的村童插话说：“启禀大人，小的倒想出敝句，不知对不对。”邹大员说：“讲来。”

村童诵道：

水陆洲（橘子洲的别名），舟上洲，舟行洲不行。

众人听了，齐声称妙。大员也很满意，随即把十两银子赏给了他。邹大员回到府衙，将此事告诉了夫人。夫人一听，急忙说：“你这个笨蛋，被人家嘲弄了还不知道！”

原来，那位村童是借谐音奚落大员，“洲不行”的意思是说“邹不行”，笑话邹大员箭术不行，文才不高。后来，人们背地里就将邹大员称为“邹不行”。

林则徐应考

清代爱国英雄林则徐，幼年时参加科举考试，他父亲怕他远行疲劳，便让他骑在自己的肩上，驮着他走到考场。

主考官见他是个未成年的孩子，便有意跟他开个玩笑，说要他对上一句上联，方准进入考场，并即景出上联说：

以父作马。

林则徐的父亲一听，立刻羞得面红耳赤，觉得受了莫大侮辱。但林则徐眼珠一转，立刻应对说：

望子成龙。

主考官听了，觉得这对句不仅为其父解了嘲，而且把原来的贬抑戏弄化为褒扬赞美，很是满意，于是便高兴地放他进了考场。

才子拜匠仆为师

清代才子李调元能诗善文，才华横溢。一次，他同夫人一起对对子，对好以后，丫环说：“夫人出得好，老爷对得妙，何不用羊毫笔写在红绫纸上。”于是夫人又出一上联让李调元对：

羊毫笔写红绫纸。

李调元想了半天，竟对不上来，这位才子被难住了。第二天，李调元听见丫环、匠仆们在一起谈论这件事，他们个个都对出了下联。

丫环对的是：

鹿角叉晾紫罗裙。

厨子对的是：

牛鼻索捆青杠柴。

轿夫对的是：

虎头靴套麻草鞋。

书童也脱口而出：

木扁担挑黑书箱。

李调元听在耳里，愧在心里。他猛然悟出一个道理：诗发于情，文出于理，对子生于感触。匠仆们之所以都能对得上，是由于他们熟悉生活。想到这里，这位颇负盛名的才子便放下架子，拜匠仆们为师。

小蒋焘切瓜分客

明代文学家蒋焘幼时便才思敏捷。有一次，他父亲的几位朋友来访，适逢秋雨淅沥。在闲谈之间，一位友人即景出了一句上联让大家应对，那上联是：

冻雨洒窗，东两点，西三点。

在座的见此上联拆“冻洒”二字，道眼前秋景，别具匠心，一个个绞尽脑汁，苦思冥想，都无以应对。

蒋焘见父亲和朋友们在吃西瓜，触景生情，于是脱口对道：

切瓜分客，上七刀，下八刀。

满座宾客见此下联拆“切分”二字，也叙目睹之事，妙语双关，理趣天然，无不叹服。

拖出老袁还我国

1915 年 12 月，袁世凯篡夺辛亥革命成果后，将中华民国改为中华帝国。举国上下，一致反对。针对这一情况，有人出一上联求对：

或在園中，拖出老袁还我国。

“園”字去掉“袁”，加进“或”，就成为“國”（国字的繁体形式）。作者运用析字双关，号召人们打倒袁世凯，恢复中华民国。此上联一出，许多文人纷纷应对，但最好的是一位船夫对的：

余临道上，不堪回首问前途。

“道”字去掉“首”，加进“余”，就成为“途”。船夫同样用了析字双关，意思是说袁世凯复辟称帝是倒退行为，不由得令人对国家前途深感忧虑。

善对的厚脸皮客人

有位老农带着儿子在地里干活，忽然天下起雨来，只好往家走。在路上，老农即景脱口说出一条上联：

迷梦雨至，难耕南亩之田。

儿子还没有对出下联，便听见一个过路人应声答道：

泥泞途遥，谁作东家之主？

老农见状，便把客人邀到家中避雨。进了家门，老农说：

客已至矣，庭前准备茶汤。

这是招呼家里人准备热茶招待客人。客人顺口说道：

宾既来兮，厨下安排酒席。

老农又说：

不嫌茅屋小，略坐片刻。

客人接着又说出下联：

且喜华堂宽，何妨数日。

主人没办法，只好留客人住下，安排好以后说：

匡床已设，今宵且可安身。

客人笑着答道：

主意甚殷，明日定留早膳。

第二天，客人很早便起来磨刀。主人见了，甚为惊讶，赶忙问道：

借问嘉客，何故操刀而磨？

客人回答：

无故扰东，定当杀身以报。

主人听了，惊惧地说：

倘死吾家，未免一场官府事！

客人接声说道：

欲全我命，必须十两烧埋钱。

这意思是说：若我死在你家，你得花钱埋葬，现在我不死了，你把省下的十两银子给我得了。主人无奈，只好凑出十两银子给他，对他说：

首饰凑成十两。

客人拿在手里掂了掂说：

戥头尚短八钱。

好不容易把客人打发走，主人送到门口说：

千里送君终一别。

客人回答说：

八钱约我必重来。

客人这样厚脸皮，主人倒觉得好笑，于是便笑着说：

恶客恶客，快去快去！

那客人回过头来，也笑着说：

好东好东，再来再来！

蒲松龄巧骂石先生

蒲松龄屡试不中之后，决计发愤著述，他特地写了一联座右铭：

有志者，事竟成，破釜沉舟，百二秦关终属楚；

苦心人，天不负，卧薪尝胆，三千越甲可吞吴。

这副对联一时风传乡里。同乡有个姓石的豪绅，人称石先生，他粗通文墨，自命不凡。看到这副对联，石先生很不服气，他要和蒲松龄比比高低。

一天，石先生见一只小鸡死在砖墙后面，便以此为题出了句上联：

细羽家禽砖后死。

他要蒲松龄对出下联。蒲松龄看出他不怀好意，便暗想一计，故意装作初学无能，谦虚地说："我不会对，但又不能不从命，我就学着一字一字地对对看，望先生别笑话，并请一字一字地帮我记下来。"

石先生以为蒲松龄真无能，便笑着点点头说："你说我记。"

蒲松龄看着上联，一本正经地对道："粗对细，毛对羽，野对家，兽对禽，石对砖，先对后，生对死，完了。"

石先生写完一看，见录出的下联是：

粗毛野兽石先生。

他顿时面红耳赤，无地自容。蒲松龄说声"见笑了"，便昂然而去。

一担重泥让子路

从前，有个秀才进京赶考，途中遇农民挖土修筑河堤，挡住去路。秀才请农民让路，农民不肯，说："让路不难，须有一对，对得上，再挑一担泥土，便让。"于是出句曰：

一担重泥让子路。

秀才急着赶路，一时不能对出，便绕行而去。试后归来又过此地，只见两个农夫抬泥，前边的还回头与后边的说笑。此情此景，触发了灵感，秀才于是笑着大声吟道：

两抬夫子笑颜回。

农民说："好句！好句！与前日所出，正是一对。"

农民的出句与秀才的对句，用的都是谐音双关法。"重泥"词面上指"沉重的泥土"，谐音"仲尼"（孔丘的字）；"子路"词面上指"你的去路"，谐音指孔子的一名叫"子路"的学生。

"夫子"，词面上指两位抬泥的农夫，另指"孔子"（人称"夫子"）；"笑颜回"，词面上说"笑着回首"，另指孔子的一名叫"颜回"（即颜渊）的弟子。

先生与老子

古时候有个秀才，自以为是，盛气凌人。一日，他经过一所学堂门前，看见一群学童在兴致勃勃地交谈，就想要他们的先生出来，听自己高谈阔论一番，以显示一下自己的才学。他一语双关地问：

稻粱菽，麦黍稷，这些杂种，哪些是先生？

众学童面面相觑，无言以对。这时，一个眉清目秀的学童走了出来，不慌不忙地答道：

诗书易，礼春秋，许多正经，何必问老子！

众学童听了，哈哈大笑起来。狂秀才羞得满脸通红，灰溜溜地走开了。

学童的对句中，《诗》《书》《易》《礼》《春秋》皆为儒家正统经典，《老子》是道家经典，"老子"二字同样一语双关，可谓妙极。

刁氏巧对梅圣俞

北宋梅尧臣以诗知名，仕宦三十年，终不得一官职。及受敕修书，语其妻刁氏曰：

吾之修书，可谓猢狲入布袋矣。

妻对曰：

君于仕宦，何异鲇鱼缘竹竿乎？

夫妻对语竟成妙联，巧在自然，趣出比喻。"猢狲入布袋"，喻"钻进去易，爬出来难——憋闷煞人也"，形容编书之艰辛；"鲇鱼缘竹竿"以喻"爬上去难，滑下来易——折磨煞人也"，形容仕途之坎坷。形象生动，诙谐有趣。

乾隆贺喜

清代乾隆皇帝好谑，某次出巡江南，途见一农家操办喜事，于是送上三个铜钱和一句上联，道是：

三个铜钱贺喜，嫌少勿收，收则爱财。

谁知主人也是个知书才子，随即对上一句：

两间茅屋迎宾，怕穷莫进，进为贪吃。

少伏生八岁

北宋梁灏年轻时屡试不中，终于在八十二岁高龄时中了状元。他万分感慨，以激动心情撰写了一副对联：

白首穷经，少伏生八岁；

青云得路，多太公二年。

这副对联道出了多少悲凉，又多么富有自豪之情！自比辅佐周文王的姜尚

（太公），虽比他大两岁，但比传《尚书》的伏生成名还年轻八岁。

尚书与学士

明代旧例，翰林学士只一人，多者三四人。弘治年间，宰相刘健为了显示自己的恩德，在《会典》修成后，一下子升了十个学士。同时，礼部尚书多达六名，又加一个道士。

当时，京城里流传着这样的说法：

礼部六尚书，一员黄老。

黄老，黄帝与老子。道家尊二人为始祖，故用来代称道家、道士。礼部尚书崔志端怀疑此语出自翰林院，很不高兴地说：我来给你对——

翰林十学士，五个白丁。

白丁，指不学无术或缺乏知识的人，也指文盲。因为那十个翰林学士中，倪进贤等五人是被善于钻营的内阁首辅万安私下里照顾安置的。虽在翰林院，实际上读书不多，根本谈不上写文章。遇到非写不可时，则请别人代笔，所以称他们为“白丁”。

“礼部”与“翰林”，官署相对；“尚书”对“学士”，官职相对；“黄”与“白”相对，天经地义；几个数字相对，更是无懈可击。

莲子与离儿

清代康熙年间，著名文人金圣叹批点、校注了《西厢记》、《水浒传》等古典文学作品，又善创作传奇剧。后因抗粮哭庙案被判死刑。临刑前，其子置酒菜进行生祭，与父诀别，金心情酸苦，先吟出一则上联：

莲子心中苦。

暗寓“怜”子苦心。当其子悲痛欲绝、泣不成声时，他继吟下联：

梨儿腹中酸。

暗寓“离”儿心酸，一副对联写尽胸中怨愤，正是大文学家的手笔。

撰联息争

三国蜀汉丞相诸葛亮出山前的躬耕处卧龙岗，素有湖北襄阳及河南南阳之争，成了一件历史“公案”。

清朝咸丰年间，河南南阳知府顾嘉衡在南阳卧龙岗撰联：

心在朝廷，原无论先主后主；

名高天下，何必辨襄阳南阳。

以诸葛亮“鞠躬尽瘁，死而后已”的精神常在，不必为隐居之地而追根溯源，意在息争。

飞来峰联话

清代著名学者俞樾与夫人同游杭州西湖灵隐寺，见冷泉寺飞来峰有联：

泉自几时冷起；

峰从何处飞来？

甚感有趣，遂作答联：

泉自有时冷起；

峰从无处飞来。

夫人更作：

泉自冷时冷起；

峰从飞处飞来。

数日后偕次女来游，女再作答联：

泉自禹时冷起；

峰从项处飞来。

俞不解，惊问“项”字何指？女答道：“不是项羽将此山拔起，安得飞来？”

父女相与大笑，为此胜迹留下佳话。

贺光绪大婚

1890 年 9 月，清代光绪皇帝大婚，收到英国女王交驻京公使转送来的贺信和一座精灵的自鸣钟，钟座上铸有中文对联一副：

日月同明，报十二时吉祥如意；

天地合德，庆亿万年富贵寿康。

这是一件十分珍贵别致的礼品。以外国元首名义，向中国皇帝结婚贺联，在历史上尚属首创。

金庸小说联

香港著名作家金庸写了十四部武侠小说，深受广大读者的喜爱，他自己把这十四部小说名的首字，集为一联，真是巧思，十分新鲜。联文曰：

飞雪连天射白鹿；

笑书神侠倚碧鸳。

按小说原名为：《飞狐外传》《雪山飞狐》《连城诀》《天龙八部》《射雕英雄传》《白马啸西风》《鹿鼎记》《笑傲江湖》《书剑恩仇录》《神雕侠侣》《侠客行》《倚天屠龙记》《碧血剑》和《鸳鸯刀》。

东坡讽住持

一日，苏东坡到一座寺庙游览，听说寺里的住持品行不端，心中不免厌恶。可那住持对大名鼎鼎的苏东坡毕恭毕敬，招待甚周，还死皮赖脸向苏东坡求字。

苏东坡捉笔在手，疾书一联：

日落香残，去掉凡心一点；

火尽炉寒，来把意马牢拴。

那住持将联悬于高处，许多文人见了皆捧腹大笑。原来这副对联道出两个字谜，谜底乃“秃驴”也！

糊涂蛋升官

明朝时，济南有个不学无术的家伙，名叫张好古。一天，有个自称“半仙”的江湖术士为他看相，说他脸上有魁星痣，如若应试，必中前三名。

张好古满心欢喜来到京城，糊里糊涂撞上了魏忠贤的大轿，被人捉住。张好古大叫：“我是济南举子，来京考前三名的。”

魏忠贤心想：此人好大的口气，我倒要看看他是否真有才学，便派人用自己的名帖将张好古送进考场，并说明此人是来考前三名的。

主考一见魏忠贤的名帖，不敢得罪，便替张好古做好试卷，又圈了第二名。魏忠贤一看张好古果然有才，便将他拉为死党，并让他当了翰林学士。

那一年，魏忠贤六十岁生日，许多大臣都送礼祝寿，张好古也送了一份厚礼，又请翰林院一位同僚帮忙写了一副对联送上。

那位同僚看不惯魏忠贤的专横，写的是讥讽魏忠贤的对联，张好古看不懂，便在魏府张挂起来，众人见了不禁暗暗吃惊。原来那副对联写的是：

昔日曹公进九锡；

今朝魏王欲受禅。

幸好魏忠贤忙于应酬，没有细看，便一股脑儿收了起来。

后来，崇祯皇帝登了基，揭露了魏忠贤的罪行，魏忠贤畏罪自杀。朝廷又追杀魏阉奸党，有人揭发张好古。

朝廷正欲治罪，一个大臣出面替他作证，说："张好古曾用对联嘲骂魏忠贤，是个大大的忠臣。"崇祯帝一看对联，大喜，说："此人敢骂魏忠贤，是有胆有识的人才。赶快释放，这样的忠贞之士应该连升三级。"

原来，"九锡"本是皇帝赐给大臣的荣誉物品，但由于曹操及南朝的几个开国皇帝都曾受过"九锡"，该词于是成了篡逆的代名词。那副对联的上联说的是曹操篡汉，下联隐含的是魏忠贤专断国政、欲行谋逆之事。本是要以此联讥讽魏忠贤，却意外救了张好古。

于谦讥僧人

于谦，浙江钱塘（今杭州）人。他从小聪慧好学，机敏出众。七八岁时便能出口成对，挥笔成章，人称"神童"。

某年盛夏，酷暑天热。于谦要去学馆念书，他的母亲为他把头发梳成两只上翘的羊角辫。于谦提着书包，兴冲冲地去上学，刚走出家门不远，便碰上一个和尚。这和尚见于谦的两条辫子恰似一对小角，便和他开玩笑道：

牛头且喜生龙角。

和尚本来是出于对幼童的喜爱，并无恶意。谁知于谦听了，以为和尚在取笑他，立即对和尚翻了白眼，反唇相讥道：

狗嘴岂能吐象牙。

和尚讨了个没趣，满面羞愧，灰溜溜而去。

第二天，母亲又把于谦头上的辫子散开，梳成三角发结。于谦上学途中偏偏又碰上那个和尚。和尚一见小于谦头上改了发型，又念出一条上联来逗他，联曰：

三角如鼓架。

于谦见和尚又在取笑他，非常生气，他也不甘示弱地回敬道：

一秃似捣锤。

和尚连续两次挨骂，才知少年于谦的厉害。

尚书讨没趣

明代南海人霍韬，正德年间进士，官至礼部尚书协掌詹事府事。

有一次，他看中了一座寺庙的地段，想在那里建私宅，请当地县令把僧人赶走。僧人无奈，只得迁出。离开的时候，在墙上题写了一副对联：

学士家移和尚寺；

会元妻卧老僧房。

霍韬考进士时，得第一，即会试第一名，称“会元”。霍韬看到后，感到羞愧，便打消了建私宅的念头。

对联既是写实，更巧妙地含有尖锐辛辣的讽刺。

捣蒜与抽葱

明宪宗成化年间，太监汪直专权，朝野官吏对其多阿谀逢迎。汪直出外巡视，所到之处的都宪、侍郎等接待的礼节更是越出常规。

当时有人作一联，对这些趋炎附势之辈作了辛辣的嘲讽：

都宪叩头如捣蒜；

侍郎屈膝似抽葱。

联嘲洪承畴

明末重臣洪承畴是福建南安人，此人平素道貌岸然，开口忠君，闭口爱国，并亲笔撰书一联挂于中堂：

君恩深似海；

臣节重如山。

真是信誓旦旦，念念不忘“忠君、守节”。可当清兵入关，洪在松山被俘时，他就屈膝降清了。

之后，许多他的同僚，如史可法、郑成功等人，坚决抗清，甚至壮烈牺牲。人们鉴于这忠奸分明、真伪若揭的现象，更加敬仰民族英雄。于是，有人把洪承畴的对联改为：

君恩深似海矣！

臣节重如山乎？

直接打他的嘴巴。据说他恬不知耻，在自己六十生日时，大摆排场，隆重庆寿。他的一个门生引为耻辱，特披麻戴孝，用竹竿挑一对联前往祝寿。人们蜂拥围观，只见对联上写：

史鉴流传真可法；

洪恩未报反成仇。

联中嵌名歌颂史可法，并谐“承畴”音直指他“洪恩”“成仇”。

夜里不受贿

有一个新上任的县官，还不知道这官该怎么做，心里却把“贪”字早装满了。但是为了表示自己的清廉，来欺骗老百姓，就在县衙大门上刻了一副对联：

若受暮夜钱财，天诛地灭；

如听衙役说话，男盗女娼。

老百姓看了，互相传开，都很高兴，以为这次来了个青天大老爷。

谁知过了不久，这位“清官”就变着花样贪赃捞银子。老百姓犯嘀咕了：那对联不是说得好好的，怎么也贪起来了呢？

慢慢一琢磨，才发现这对联只是表面清廉，实际是宣布两件事：第一，送礼白天送，不要等“暮夜”；第二，直接送给县官本人，不要经衙役的手，也不要让衙役说情。

贪官的逻辑

封建社会特别是清代官府中，大堂、二堂……常有一些对联，表示做官的人清正廉明的誓愿。其实，许多是给人看的，自己并不实行。

这里说的是清朝有个县官，在大堂那“光明正大”的匾下，也写了一副对子：

得一文天诛地灭；

徇一情男盗女娼。

这誓言够坚决的吧？可实际上，送礼的人络绎不绝，县官来者不拒，谁给的都要，给多少要多少。只要是行过贿的，审理案子时，必定是徇情枉法，谁送的金银财物多，谁的官司就能打赢。

有人提醒他：“大堂上的那副对联，你难道忘了吗？”

县官说：“没忘呵！我现在不是只‘得一文’，也不是只‘徇一情’呵。”

这便是贪官恬不知耻的逻辑。

改联嘲贪官

清朝时期，湖北黄州府有个知府以贪婪闻名。他曾为城外的放龟亭（相传为苏东坡在黄州时所建）题有一副对联：

昔日黄州何如，今日黄州何如，请君且自领略；

这是赤壁亦可，那是赤壁亦可，何必苦为分明。

上联写黄州的古今变化，下联说的是蒲圻赤壁与黄州赤鼻矶何为赤壁之战故址的争论。有人把此联改成了如下的样子：

原告送钱若干，被告送钱若干，请君且自领略；

这边有理亦可，那边有理亦可，何必苦为分明。

上联揭露他对原告、被告的钱都照收不误，下联讽刺他判案根本不论是非曲直。贪官、昏官的面目已暴露于光天化日之下。

鸦片与对联

旧社会，禁止吸毒和禁止贩毒是装模作样、自欺欺人的。四处林立、生意兴隆的烟馆就充分证明了这一点。因此，有人以“烟馆”二字，作了一副拆字联。联文是：

因火成烟，若不撇开终是苦；

舍官为馆，入而忘返难为人。

联语对“烟馆”的陈述，可谓深恶痛绝，真是一针见血、入木三分。有了“烟馆”，就有了毒品“瘾君子”。有人以诙谐、幽默的语言，撰写了一副对联，对毒品“瘾君子”们作了有力的讥讽。联文是：

孤魂灯，照着缩头乌龟，不慌不忙，安心上当；

哭丧棒，抵着弓背猴子，吃来吃去，讨口下汤。

给毒品“瘾君子”的画像，真是活

灵活现、惟妙惟肖。这些毒品“瘾君子”的下场怎样？结局又如何呢？有一副对联道出了这种惨不忍睹的真相。联文是：

竹枪一支，打得妻离子散，未闻炮声震地；

铜灯半盏，烧尽田地房廊，不见烟火冲天。

把家产荡尽的恶果，描绘得淋漓尽致，犀利而风趣。还有一副从孙髯翁昆明大观楼长联脱胎而来的戒烟联：

五百两烟泥，赊来手里，价廉货净，喜洋洋兴趣无穷，看粤夸黑土，楚重红瓤，黔尚青山，滇崇白水，估成辨色，不妨请客闲评。趁火旺炉热，煮就了鱼泡蟹眼；正更长夜永，安排些雪藕冰桃，莫辜负四棱响斗，万字香盘，九节老枪，三镶玉嘴。

数千金家产，忘却心怀，瘾发神疲，叹滚滚钱财何用，想名类巴菰，膏珍福寿，种传罂粟，花号芙蓉，横枕开灯，足尽平生乐事。尽朝吹暮吸，哪怕它日烈风寒；纵妻怨儿啼，都装作天聋地哑，只剩下几寸囚毛，半抽肩膀，两行清涕，一副枯骸。

联语概括起来讲，上联活像一卷吸毒“瘾君子”的逍遥画，下联简直是一幅吸毒“瘾君子”的归宿图。它对吸毒者无疑是当头棒喝，对其他人也是警钟长鸣，确实是一副深具积极意义的戒烟长联。

送炭与添花

从前，有个穷秀才，经常衣不遮体，食不果腹。有时向一些有钱的亲友借贷，这些亲友们不但不给，还往往把他拒之门外。

后来，他考中了状元，荣归故里。当地名流富豪和原先那些有钱的亲友，都备了厚礼，约定某日去状元府攀附巴结。

这新状元非常痛恨这种势利眼，到了那天，他不但不备酒礼迎，而且还在关着的大门上贴上一副对联，拒见这些势利客。对联曰：

忆当年，一贫如洗，缺柴缺米，谁肯雪中送炭？

到今朝，独占鳌头，有酒有肉，都来锦上添花。

这类对联民间流传甚多，如下面这一副：

回忆去岁饥荒，五六七月间，柴米尽焦枯，贫无一寸铁，赊不得，欠不得，虽有远戚近亲，谁肯雪中送炭？

所幸今朝科举，一二三场内，文章皆合式，中了五经魁，名也香，姓也香，不拘张三李四，都来锦上添花。

联嘲老童生

科举时代，不少人连试不第，老到头须白仍不死心。那时候考“秀才”应童子试，分“已冠”、“未冠”两种题。未满十五岁的考“未冠”题，较为容易。

有些人年过中年甚至老年，仍考不上秀才。于是乎，拔须染发装童子，冒领“未冠题”。这类事当时并不为奇，而嘲讽他们的诗对也屡见不鲜。

如有人改唐人诗曰：

少小离家老大回，乡音未改嘴毛摧。

老妻相见不相识，笑问儿从何处来。

又一人考至腿软耳聋，终未及第，因赋一绝自嘲曰：

县试归来日已西，老妻扶杖下楼梯。

牵衣附耳高声问，未冠今朝出甚题？

还有一副对联嘲笑这种“老童生”：

行年七秩尚称童，可谓寿考；

到老五经犹未熟，不愧书生。

此联就事写实，句尾“寿考”、“书生”寓意双关，构思巧妙，语气幽默，读来使人哭笑不得，实乃讽刺文字之佳品。

科场时弊联

清朝康熙五十年，江南举行乡试，正副主考官左必蕃和赵晋两人，受贿将盐商程光奎等人录取为举人。落第的考生们便把五路财神的塑像，从财神庙抬到文庙，又把科场大门上的“贡院”匾额，改成“卖完”二字，当做横批贴在大门上，两边挂着一副对联：

左丘明两眼无珠；

赵子龙一身是胆。

左丘明是《左传》的作者，据说他是一位盲人。赵子龙即赵云，是三国时骁勇善战的名将，刘备曾夸他“浑身是胆”。这副对联巧用典故，暗暗嵌上两位主考官的姓氏，痛骂他们“两眼无珠”，不识贤惠，难分良莠；揭发他们贪财枉法，见利忘义，“一身是胆”，无法无天。这样一来，朝廷只好严厉惩处了左、赵二人。

雍正十三年，少司空（工部侍郎）顾镇和学士戴翰，受命为顺天乡试正副主考。有个叫许秉智的秀才用人情、贿赂打通关节，得中解元（乡试第一名）。有人写了一副讽刺对联：

顾司空，顾人情不顾脸面；

戴学士，戴关节未戴眼睛。

乾隆年间，直隶学政吴省钦，握权受贿，士人恨之入骨。有一年乡试，他被任命为主考。一位贫寒秀才自知无钱贿赂考官，没有希望中举，便愤然在考试门口题了一副对联：

少目焉能评文字；

欠金安可望功名？

然后，又挥笔写了一个横匾：

口大欺天！

这副对联和横额，巧妙地把考官“吴省钦”三字拆开，缀成联句，切人切事，极为自然。一时广为传诵，弄得那位吴大人声名狼藉。

联嘲袁世凯

袁世凯用阴谋手段，迫使辛亥革命党人屈服，使孙中山的临时大总统也让位给他。他不到南京就任，在北京设总统府，成立了北洋军阀政府。

他篡夺总统职权后，倒行逆施，镇压革命，实行独裁专制。从此，全国各地大小军阀割据一方，混战不已，使社会不宁，民生艰困。那时的中国，真个是“四方八面战，十室九家空”。因而一些革命党人又组织南方革命政府，进行第二次讨袁战争。

当时曾任国史馆馆长兼参政院参政的湖南巨绅王闿运，对袁世凯的窃国擅权极为愤慨，于是给袁世凯的总统府拟了一副名联：

民犹是也，国犹是也，何分南北；

总而言之，统而言之，不是东西。

横批是：

旁观者清！

此联对仗工整，构思别致，并嵌入“民国总统不是东西”以骂之。

讽伪公安分局

新中国成立前，在浙江一带，流传着这样一副讽刺伪公安分局的对联：

公安怎样公？猪公、狗公、乌龟公，公心何在？公理何存？每事假公图利禄。

分局什么局？酒局、肉局、大烟局，局内者欢，局外者苦，几时结局得安宁？

此联以自问自答的形式，在文中嵌入了“公安分局”四个字，揭露出新中国成立前伪公安分局的可憎面目。

穷教师祝寿

新中国成立前，某县长做寿，除广发请帖外,还派人四处通知,号召百姓“自愿送礼”。百姓们生活艰难，衣食尚且难保,哪有钱财相送,因此人人叫苦不迭,却又毫无办法。

某乡有位穷教师，虽然身无分文，接到通知后,却欣然如期前往。寿堂之上,来客们争相呈上贺礼，唯有穷教师端座椅上，面带冷笑，纹丝不动。

县长的管家等得急了，便请他呈交礼品。这时,他才从衣袋里掏出一卷红纸。管家以为是礼单，刚要伸手来接，穷教师站起身来，向县长跨近了几步，展开手中的红纸，高声说：“县长大人做寿，敝人无所奉献，这里有对联一副，权当贺礼。”

说罢，便当众念道：

大老爷做生，金也要，银也要，红白一起抓，不分南北；

小弟子该死，谷未熟，麦未熟，青黄两不接，哪有东西？

穷教师念罢,那县长气得直冒冷汗,晕倒在寿堂之上。

未闻粪有税

郭沫若少年时在县城读书,有一天,他看见农民挑大粪出城，守门的门吏敲诈勒索,一担粪要收两个铜板的出城费。

郭沫若在旁边看见了，随口吟出了一副对联：

自古未闻粪有税；

而今只剩屁无捐。

这副对联以辛辣的笔锋，抨击了不公平的世道。

1935 年，郭沫若与蒋介石彻底决裂，因而受蒋通缉，不得已流亡日本。一天，一位旅日华侨请郭沫若演讲，郭沫若欣然前往。

在演讲会上，几个被日本当局收买的探子弄来了几筐梨子，将梨一个个地抛向讲台，进行干扰。演讲结束后，日本友人问郭沫若对此有何感想，郭沫若便作了一副对联：

妄把梨儿充炸弹；

误将沫若当潘安。

潘安是西晋的一位才子，传说他年轻英俊，又有才学，每当他外出，姑娘们都向他抛梨子等水果，以示爱慕。郭沫若把“梨儿”、“炸弹”、“潘安”巧妙地联系在一起，既讽刺了日本当局，又回答了友人提问，诙谐有趣。

应对讽宦官

明朝正德年间，有个姓王的太监坐镇福州，倚仗权势，作威作福。有一年，他做六十大寿，竟把戏台搭在闹市区朱紫坊巷口，行人往来都得从台下钻过，百姓敢怒而不敢言。

有位秀才名叫郑堂，见此情景甚为生气，准备挺身而出与太监评理。这天，他故意反穿大皮袄，手执大纸扇去与太监争辩，驳得太监无言以对。

为了下台，王太监说：“拆戏台可以，但你得对个对子，对得好就拆，对不好，也得请你钻戏台。”郑堂同意。太监说：

穿冬衣，执夏扇，不知春秋；

郑堂知道他在讽刺自己，便不慌不忙地道出下联曰：

朝北阙，镇南邦，没有东西。

周围百姓立即会意地大笑起来，弄得王太监面红耳赤灰溜溜地认输了。原来这“没有东西”既笑他没有学问，也讽刺他是个“阉官”——胯下无物，有何神气呢!

盖瓦与挖煤

封建专制时代，当官的最有尊严。上司与下属之分，犹如天地之悬隔。属员见上司要呼“大人”，而自称“卑职”。

某才子以此为题撰联：

大人大人大大人，大人一品高升，升到卅六重天宫，与玉皇大帝盖瓦；

卑职卑职卑卑职，卑职万分该死，死落十八层地狱，为阎罗老子挖煤。

上下联起句用反复手法，表示这种现象在官场中极为普遍，比比皆是。

到处可以听到“大人”、“卑职”的称呼。“一品高升……天宫”与“万分该死……地狱”，则是极力夸张。要把上司吹捧得比玉皇大帝还高，怎么办呢？只好上到其宫顶去“盖瓦”了。

“十八层地狱”，为佛家所指极恶众生死后趋赴的受苦之所，“卑职”不但“万分该死”，还要落到“十八层地狱”

最深层再往下去，去“为阎王老子挖煤”。

高者登峰造极，低者无以复加，尤其“盖瓦”、“挖煤”二语，联想之奇妙，对比之强烈，用于讥讽官场陋习，可谓尖酸辛辣到了极致。

醉汉对县官

从前，某地有个秀才，靠着舞文弄墨，为人家代写书信、状纸、红白喜事帖子之类的事情为生。每次完事之后，人家必以酒肉相待，每每喝得酩酊大醉，不省人事。于是乎，背地里人呼之为“酒鬼”。

县官得知此事后，急差人将他捉拿到衙门。县官一见到这个醉汉，怒上心来，大声喝道：“你身为秀才，如何喝得烂醉如泥？本官理应重责你，不过，我这儿有几副对子，你若能对上，就饶了你。”

县官首先念了一句上联：

五经四书百家论。

秀才对道：

头曲三花二锅头。

听秀才所对言不离酒，县官不禁深深叹了口气，说：

朽木不可雕也。

秀才以为县官又出了上联，马上对道：

美酒焉能辞乎？

县官听了，肺都快气炸了，拍着桌子喝道：

一派胡言。

秀才仍然慢条斯理地对曰：

两坛老酒。

县官气得七窍生烟，急命衙役：“给我打！狠狠地打！”

秀才一听乐了，嬉皮笑脸地说：“谢老爷，再打四两足矣。”

县官被秀才直弄得哭笑不得。

嘲讽错别字

有位先生写信向友人言事。信中错把“琵琶”（乐器）写成了“枇杷”（水果），又把“舴艋”（小船）错写成了“蚱蜢”（昆虫）。

收信的友人看过之后，不禁哑然大笑，毫不客气地写了一副对联去回敬他。其联文曰：

筵上出枇杷，吃乎？弹乎？原本是无声之乐；

河中观蚱蜢，蹦也！跳也！还同那不系之舟。

作者抓住错别字的特征，心裁别出，巧制成工整的对联，进行善意的讽刺，可谓戏而不谑之佳作也。

巧改新婚联

从前，某地有一小镇，临街房铺，南杂百货，酒肆茶楼，一应俱全。镇中有一旅社，高大雅致，气派非凡，厅堂正面墙上，挂有一副对联。凡来投宿者，只要一看到对联，无一例外地住下来了。因此，旅客络绎不绝，生意十分红火。

这副对联是这样写的：

日之夕矣君何往？

鸡即鸣兮我不留。

上联的意思是，太阳要落山了，提醒大家，过了这个村，就没这个店了，你不住在我这儿，还想住到那里去呢？下联是告诉大家，明朝只要鸡一报晓，就去留自便了。

一天傍晚，有一教书先生来店投宿，进门看到这副对联，连声称妙。一会儿，有一村夫拿着一副空白红联，找到店主，说是朋友今晚结婚，请他去喝喜酒，想在店中找一位识文墨的先生写副婚联，以示庆贺。

店主沉思一会，指着教书先生说，就请他写吧。先生也不推辞，一边研墨铺纸，一边凝视着墙上那副对联。突然，他灵机一动，留头去尾，大笔一挥，一副新婚联，就浑然天成了。联曰：

日之夕矣君何？

鸡即鸣兮我不！

徐文长妙联

徐渭，字文长，浙江绍兴人。他自幼天资聪颖，卓然不群，但是屡应乡试不中。他擅长诗词、杂剧、书法，富有多方面的才能，系明代文学家、书画家。由于怀才不遇，晚年以卖书画为生。他曾为四川省长文县的朝云庙写过一副对联：

朝云朝朝朝朝朝朝朝退；

长水长长长长长长长流。

此联运用某些汉字一字多音的特点，以同音假借的方法，写出了海潮的变化。其意为：

朝云潮，朝朝潮，朝潮朝退；

长水涨，常常涨，常长常流。

这副对联问世后，备受人们称赞，千百年来争相效仿和改写者不乏其人。有的将原联改头换面，如山海关孟姜女庙上的对联：

海水朝朝朝朝朝朝朝落；

浮云长长长长长长长消。

其意为：

海水潮，朝朝潮，朝潮朝落；

浮云长，常常长，常长常消。

还有的将原联掐头易尾，如福州罗星塔上的对联：

朝朝朝朝朝朝夕；

长长长长长长消。

上下两联写的都是海潮涨落的现象：

朝朝潮，朝潮朝夕；

常常涨，常涨常消。

但是，无论怎样改，都未能超过原作。可见徐文长构思之巧，文才之高。

祝枝山巧对显贵

一年春节之际，祝枝山来到杭州，见许多人家的门上贴两个红纸条儿，而不写文字，取全年无事之意。祝枝山一时高兴，给这些无字的纸条儿全题写了对联。

不料，这一举动得罪了本城显贵徐某。徐某邀集杭州文人学士，从中选出三人，要和祝枝山对句，一试高下。第一人首先出句：

屋北鹿独宿；

五字同韵。祝枝山对：

溪西鸡齐啼。

第二人见没难住祝，踌躇满志地又

出个上联：

童子打桐子，桐子落，童子乐；

祝枝山又是脱口而出：

麻姑吃蘑菇，蘑菇鲜，麻姑仙。

第三人仍接着出句：

大太夫半节人体；

指前三字的下半截都含“人”字，且包含对祝枝山的轻蔑之意。祝枝山听说三人中有二人姓朱，便反唇相讥：

朱先生三个牛头。

徐某见三位高士都没难住祝枝山，不得不佩服他的才学。

进士进士

从前，有个财主本无学识，却肯出钱，结果父子二人都买了进士功名，妻因夫贵，婆媳二人也加封为夫人。

除夕这天，为炫耀门庭，他家门上贴出一副对联：

父进士，子进士，父子同进士；

婆夫人，媳夫人，婆媳皆夫人。

邻里看了不顺眼，于是暗中将此联添了几笔。第二天，财主出门一看，气得发昏，原来对联成了：

父进土，子进土，父子同进土；

婆失夫，媳失夫，婆媳皆失夫。

一两笔之别，吉凶相反，改者奇想，令人叫绝！

膏药不可吃

联语曰：

膏可吃，药可吃，膏药不可吃；

脾好医，气好医，脾气不好医。

A 则 C，B 则 C，但是 A + B 则非也。语言的运用也应注意概念的这种变化关系。此联正是利用这种关系，创造出这两句奇语。

以双对单

传说，一秀才进京赶考，中途遇一条小溪，从桥上经过，见有座关帝庙，他触景生情，吟出一句上联：

孤庙独桥，一关公单刀匹马。

这上联也巧，“孤”、“独”、“一”、“单”、“匹”五字，都是“单一”的意思，下联竟一时对不上来。走了一段路程，仍然未得其对。

这时，只见迎面走来两位渔翁，秀才便与之交谈。一位渔翁想了想，说：“有了，何不就以我们打鱼的事相对？”于是吟道：

夹河两岸，二渔翁对钓双钩。

“夹”、“两”、“二”、“对”、“双”五字，都有“一对”的意思，与出句相对，真是天衣无缝，工巧之极。

虚字传神

旧时有副酒店门联，以嵌进了“之乎者也”而称妙。联曰：

入座三杯醉者也；

出门一拱歪乎之。

之乎者也皆为文言虚词，一般用作语气词时，无实际词汇意义。但实词叙义，虚字传神，此联妙处就在其中。倘若去掉这四个虚字，便索然无味了。

一人庆有，万寿疆无

清朝光绪甲辰年，慈禧七十寿辰，全国上下都要贴一幅相同内容的祝寿对联：“一人有庆；万寿无疆。”

慈禧五十岁寿辰那年，爆发了中法战争，中国吃了败仗，开放了云南等地；六十岁那年，甲午海战，又遭失败，把台湾等地割让；这次七十寿辰，是日俄战争之后，又是东三省大片领土丧失。真是每逢祝寿，疆土必少，革命志士章太炎盛怒之下，终成一联：

今日幸南苑，明日幸北海，几忘曾幸古长安，亿兆民膏血轻抛，只顾一人庆有！

五旬割云南，六旬割台湾，而今又割东三省，数千里版图尽弃，每逢万寿疆无。

此联采用“序换”的措辞法，把通常所说的“一人有庆，万寿无疆”巧改成“一人庆有，万寿疆无”，词序一颠倒，意思大变，一针见血地揭露了腐朽的封建统治者的罪恶行径，对其进行了绝妙而深刻的讽刺。

祝枝山妙对徐子建

明代才子祝枝山，其书法、文学皆名扬当朝。一天，他闲游西湖，与杭州举人徐子建相遇。徐子建说：“久仰祝兄大名，幸会幸会！今有一联请教，未知可否？”

祝枝山忙说：“岂敢！岂敢！你就马儿伸腿——出题（蹄）吧！”

徐子建心中明白：你这是借出题骂我呀，好，我就以“蹄”为题。于是出上联曰：

马过木桥，蹄擂鼓，咚咚咚。

说着，举手连擂了祝枝山三拳。祝枝山想：你这是借联打我呀，我只有投桃报李了。于是，就随口吟道：

鸡啄铜盆，嘴敲锣，哐哐哐。

随手打了徐子建三个耳光。徐子建不但不恼，连说：“佩服！佩服！”

萝卜对

有一位东家，在饮食上对教书先生甚为吝啬，每餐只供一味萝卜作为下饭菜。先生心怀怨怒，却并未说出。

一天，东家说要请先生吃饭，想借此考考学生的功课。先生预先布置学生说：“令尊席前如果让你对对联，你看我的筷子夹何物，就以何物对之。”学生答应了。

第二天，东家设下酒席，请先生坐在上座，学生坐在旁边。

东家说：“先生连日操劳，想必学生的功课一定很有成效了。”

先生说：“如果对个对联，还是可以的。”

东家说：“那好，我就出两个字让学生属对：核桃。”

学生记住先生说的，望着先生，只见先生拿筷子夹萝卜，就对道：“萝卜。”

东家说：“不好。”又出两字说：“绸

缎。”

先生又用筷子夹萝卜,学生对道:“萝卜。”

东家说:“绸缎如何对萝卜?”

先生说:“萝是丝罗之罗,卜乃布匹之帛,有何不可?”

东家抬头一看,见隔壁东岳庙,又出两字说:“鼓钟。”

先生又用筷子夹萝卜,学生又对:“萝卜”。

东家说:“这更对不上了。”

先生说:“萝乃锣鼓之锣,卜乃铙钹之钹,有何不可?”

东家说:“勉强之至。”又出二字说:“岳飞。”

先生又夹萝卜,学生仍对:“萝卜。”

东家说:“这更使不得。”

先生说:“岳飞是忠臣,萝卜乃孝子,有何不可?”

东家很是生气,怒道:“先生为何总是以萝卜让学生对?”

先生也发怒道:“你天天叫我吃萝卜,好不容易今天请客,又叫我吃萝卜,我眼睛看的是萝卜,肚里装的是萝卜,你因何倒叫我不教你的儿子对萝卜?”

三元塔谐音巧联

四川内江市城郊有一座三元塔,塔用青砖砌成,共十层,上刻一幅三国人名的谐趣联:

身居宝塔,眼望孔明,怨江围实难旅步;

鸟在笼中,心思槽巢,恨关羽不得张飞。

此联以谐音法道出三国时的六位名人:诸葛亮(孔明)、姜维(江围)、吕布(旅步)、曹操(槽巢),以及关羽、张飞。

孔明、关羽、张飞在联中都不作人名理解,分别表示“窗孔明亮”、“闭合羽翼”、“展翅腾飞”之意,切景切物,甚为巧妙。

东坡佛印互嘲

苏东坡被贬黄州后,一日与好友佛印和尚在江上泛舟。苏东坡忽然用手往左岸一指,笑而不语。

佛印顺势望去,只见一条黄狗正在啃骨头,顿有所悟,随手将自己手中题有苏东坡诗句的蒲扇抛入水中。两人面面相觑,不禁大笑起来。

原来,这是一副绝妙的谐音哑联。苏东坡的上联是:

狗啃河上骨;

佛印的下联是:

水流东坡诗。

“河上骨”谐音为“和尚骨”，“东坡诗”谐音为“东坡尸”，用的是谐音双关法。两位好友都多才善谑，可谓旗鼓相当，谁也没占着便宜。

陈洽巧对谐音联

明代陈洽幼年聪慧，8岁那年，与父亲在江边散步，见江上两船齐发，一只摇橹，一只扬帆，扬帆的居先，陈洽的父亲即景出上联曰：

两船并行，橹速不如帆快。

此时，恰好远处有个牧童在弄笛，近处又有一人在吹箫，此景触发了陈洽的灵感，即拟句对曰：

八音齐奏，笛清难比箫和。

他的父亲听了大加夸奖。

“橹速”与三国时东吴大都督“鲁肃”谐音，“帆快”与西汉大将“樊哙”谐音；对句中，“笛清”与北宋大将“狄青”谐音，“箫和”与西汉宰相“萧何”谐音。

以古人名谐音成联，不仅道出眼前之景，又叙出古人之事，鲁肃不如樊哙之勇，狄青也难比萧何之智。

解缙巧对权贵

明代解缙为人正直，不媚权贵，常用诗文对联来嘲弄封建统治者，并且文思敏捷，出口成章。据说，在一次宴会上，一个权贵蓄意要当众讥笑解缙，就出了一句上联：

二猿断木深山中，小猴子也敢对锯？

解缙听了，从容对道：

一马陷足污泥内，老畜牲怎能出蹄？

两人互嘲，用的都是谐音双关法。那位权贵大人用“小猴子”喻指解缙，以“锯”谐“句”，出言不逊；解缙以牙还牙，拟权贵为“老畜牲”，以“蹄”谐“题”，反唇相讥，针锋相对，锐不可当。

张得开管不紧

直隶乐亭县有宋、刘二姓，豪富而骄奢。科举时代，二姓或贿买官吏，或雇用枪手，盗取科名。

某年县试，知县张某吃了刘家的贿赂，刘姓子弟皆名列前茅。到了府考之时，太守管某又受宋姓之托，因而宋姓子弟又都名列前茅。

众人知其底细，大为不平，因此有人赠联以嘲之曰：

头场刘，二场宋，宋进去，刘出来，彼此同乐；

知府管，知县张，张得开，管不住，上下皆松。

官场腐败，舞弊营私，令人憎恶。此联借用谐音法与借义法，巧妙双关，对这种腐败现象进行了讽刺。

该死汉奸

1940年3月30日，汪精卫在日本军国主义的扶植下，在南京成立伪国民政府，自任主席。当时，汪的下属纷纷赠献对联，阿谀奉承。

汪的警察厅厅长申省三找到了一位自号灵谷老人的寿翁，请他写了一副对联：

昔具盖世之德；

今有罕见之才。

申省三一看，不但词工句丽，而且褒奖汪精卫德才无双，不觉连连称好。当即送到了汪的就职大典上，亲手张挂起来。谁知道，这副对联竟是骂汪精卫“该死汉奸”！

这副对联妙在目视为褒，口读是贬，巧借双关骂汉奸。“盖世”与“该死”谐音，“罕见”与“汉奸”谐音。读之听来则是“昔具该死之德；今有汉奸之才”。

拆字斗联

有两位秀才斗联。甲秀才以对方名字中的“溪”字为题，出上联曰：

没水念奚，有水念溪，溪字去水，添鸟变鸡。

语带双关，嘲弄对方。乙秀才也不示弱，即以对方名字中的“浇”字为对，拟下联曰：

没水读尧，有水读浇，浇字去水，添火变烧。

此对特点有拆字，有双关，两方互嘲，谑而不虐。其中“鸡”繁体写作“鷄”。故而“奚”添“鸟”变鸡。

嘲梁鼎芬联

清代梁鼎芬在湖北任职的时候，声名狼藉，早已为舆论所不容。当地有人撰一额一联以相赠，额云：

梁上君子。

联云：

一目难支，足下分开两片；

念头太错，颈上须防八刀。

横额嵌其姓“梁”字，上联“一目”下加“两片”，拆“鼎”字；下联“念”同“廿”，代草头，下加“八刀”，拆“芬”字。用拆字法，合为“梁鼎芬”，以讽其人。

巴县走狗

从前，四川巴县有个衙吏，敲诈勒索，搜刮民财，盖了一所豪华的公馆。公馆落成之日，鞭炮齐鸣，远近乡绅、名流前来庆贺恭维。有个秀才，写了一副对联送上，联曰：

邑悬起敬；

口心已文。

送上对联后，秀才立马就走了。客人们对这副对联赞赏不已，都说是县民对衙吏肃然起敬，秀才心服口服，赶来送联表示心意。

有个老儒生揣摩半天，认为这是个对联谜。上联“邑悬起敬”四字倒没问题，但联系下联，如果把上联各字的部首“口心已文”去掉，岂不成了“巴县走苟（狗）”！众宾暗笑。

从此，衙吏是“巴县走狗”之说，便不胫而走。

徐吕婚联

某地有一对新婚夫妇，新郎姓徐，是个不务正业的浪荡公子，横行乡里，打架斗殴，欺男霸女，干了许多坏事。新娘姓吕，虽然出生良家，但出嫁前已与多人同居，正经人家没有哪个愿娶她。

这样徐、吕两家就结了亲，正所谓“门当户对”。拜堂那天，不知是谁在徐家门上贴了一副对联，引来不少人围观，见者无不发笑。联是这样写的：

吕府姑娘，下口大于上口；

徐家公子，斜人多过正人。

“吕”字由两个“口”字组成，上边的小，下边的大；“徐”字中含有几个“人”字，斜（谐“邪”）的“彳”（为两个“人”）多，正的少。此联用拆字法，兼用谐音法，还有一层双关意思，构思奇巧。

佛印巧对苏小妹

苏小妹绝顶聪明，极善吟诗拟对。一日，东坡的诗友佛印在苏家与东坡饮酒谈诗，小妹听见佛印夸夸其谈，说什么佛力广大，佛法无边，就想刺激他一下，于是写了一句上联，递给哥哥，让哥哥转交佛印。句曰：

人曾是僧，人弗能成佛。

佛印见小妹借联语挖苦自己，岂甘示弱，立即对了下句，让东坡递给小妹，道是：

女卑为婢，女又可为奴。

东坡大笑，佛印、小妹亦笑，谁也没占着便宜。

张弓手与李木匠

从前有个弓手，姓张名弓，他的箭法很好，但是有喜欢自吹的毛病。一次，他当众表演射箭，连发十箭，箭箭命中靶心，围观的人齐声叫好。张弓得意洋洋，叫人取来纸笔，当众写下一句上联，要大家来对：

弓长张张弓张弓手张弓射箭箭箭皆中。

大家看都看不懂，更不用说对得上了。正在张弓得意万分的时候，走来一个卖弓人，他看过上联之后，拿出自己的弓来，请张弓连连试拉。

张弓连试几张都拉不动，便奇怪地问：“这么硬的弓，是什么木做的？”

卖弓人回答：“李木做的。”

张弓更惊奇了，说：“李木不是好材料，怎么能做出这样硬的弓呢？”

卖弓人笑着答道：“这就是木匠的功夫了。”说完，提笔对出下联：

木子李李木李木匠李木雕弓弓弓难开。

大家看了又是不懂，卖弓人解释说：“他姓弓长张，我姓木子李，他叫张弓，我叫李木；人称他张弓手，却唤我李木匠；他善于张弓射箭，我却会用李木雕弓；他射箭是箭箭皆中，可惜拉我这弓却弓弓难开。”

英文字母入挽联

新中国成立前，一位数学教师劳累穷困致死，留下一家老小十分可怜，同校一位英语教师撰了副挽联曰：

为X、Y、Z送了君命；

叫W、F、S依靠何人？

对联本是汉语特产，为别国语文所无。这里嵌入英文字母，虽系挽联，却有趣味。上联中的X、Y、Z是数学中常见的符号，下联中的W、F、S分别为英文单词wife（妻子）、father（父亲）和son（儿子）的第一个大写字母。

解解元妙对乐乐府

有一次，解缙游山口渴，走进一家草庐要茶喝。一位白发老人问他是何人，解缙出口答道："吾解缙解元是也。"

老人笑道："你就是号称神童、善对对联的解缙？想喝茶，好，请你先对下联。"

解缙说："老丈请讲！"

老人即出句道：

一碗清茶，解解解元之渴。

解缙一听，觉得这三个解字连用，还真不易对出。茶且慢喝，先聊了起来，他得知老人姓乐，过去是朝廷乐府的官员，又见壁上挂着七弦琴，便说："请老丈抚琴，我自有对。"

"好！好！"老人取琴，弹奏了一曲《高山流水》。解缙笑着说："请听下联！"接着高声念道：

七弦妙曲，乐乐乐府之音。

"妙！妙！绝妙！"老人赞不绝口，于是捧了上好的清茶让解缙品尝。

原来，老丈出句的"解解解"三字，三音三义：第一个是动词，解除的意思；第二个是解缙的姓；第三个是解缙的身份，解元。

解缙对句的"乐乐乐"三字，也是三音三义，恰好与"解解解"为对：第一个是动词，喜欢的意思；第二个是老丈的姓；第三个是指老人的身份，乐府，在乐府供职的人。巧出巧对，留下一则联坛佳话。

豆角与石头巧对

从前，有一位私塾先生因事外出，行前给学生留下一道对对题，上联是：

风吹豆角豆角与豆角斗角。

先生走后，学生苦思苦想，总是对不出来，便跑出门到后山山泉里去洗澡，看到泉水冲石，忽有所悟，于是凑出下联：

水冲石头石头与石头实头。

"实头"为北方方言，即以头撞地。晚上，先生办完事归来，一见学生的对句，大加夸奖！

何所长有何所长

十年前，浙江临海联友朱汝略先生所办《两浙联鸿》某期载有一句上联征对：

何所长何所长有何所长当所长。

这是一"转品联"。构思之巧，遣词之妙，实在是浑然天成！全句的意思是："姓何的所长，有什么特长？有什么特长当上了所长？"

此句特绝，迄今没有人能对得工整。

状元府改联

寿州咸丰状元一代帝师孙家鼐，光绪年间一个春节，在府门上贴出一副新对联：

一门三进士；

五子四登科。

过往人们无不投以敬慕的眼光。而曾被誉为“神童”的寿州著名诗人方小泉，却取来笔墨，挥毫改成：

一门三进士三不进士；

五子四登科四未登科。

家人开门发现，急忙回身禀告。老三、老四听后火冒三丈，要找方小泉问罪。数任要职的孙状元，却不动声色地来到门前，边看边夸：“改得好，改得对！方小泉真寿州才子也！”

然后转身对兄弟们说：“我们兄弟五个，老三不是进士，老四未能登科。此乃事实，方小泉何罪之有？”

骑马挥鞭妙喻联

有人在高原牧场生活，根据环境与实物的特点，撰了一副奇特的对联，曰：

骑M马，挥L鞭，放开O口唱春色；

过H桥，走S路，登上T台迎未来。

“M”如马背之鞍，“L”像赶马之鞭，“O”若张开之口，“H”似横架之桥，“S”状弯曲之路，“T”如高起之台。想得新奇，喻得形象，成语字母与汉字交辉，良多趣味。

一联多读呈奇观

杭州西湖中山公园里的一亭柱上，写有这样一副联：

水水山山处处明明秀秀；

晴晴雨雨时时好好奇奇。

这副奇联，不仅字字相叠，还分别用行、草两种书体相间写成，因而文人们便用心琢磨，竟还有十一种读法。

逐字倒读：

秀秀明明处处山山水水；

奇奇好好时时雨雨晴晴。

缩叠字分读：

水山处明秀；

晴雨时好奇。

叠字拆读：

水明山秀，水山处处明秀；

晴好雨奇，晴雨时时好奇。

又读：

水处山处，水山明明秀秀；

晴时雨时，晴雨好好奇奇。

又读：

水处明，山处秀，水山明秀；

晴时好，雨时奇，晴雨好奇。

又读：

水山明，水山秀，处处明秀；

晴雨好，晴雨奇，时时好奇。

跳读：

水处明，山处秀；

晴时好，雨时奇。

又读：

水水处明秀，山山处明秀；

晴晴时好奇，雨雨时好奇。

又读：

水水明，山山秀，处处明秀；

晴晴好，雨雨奇，时时好奇。

停顿分读：

水水山山处处明，明秀秀；

晴晴雨雨时时好，好奇奇。

又读：

水水山山，处处明明秀秀；

晴晴雨雨，时时好好奇奇。

不同断句，读法不同，所表达的情趣也有所不同，各具特色，可从不同角度描绘杭州西湖水光山色雨晴俱好、明秀皆奇的景致。

祝枝山写春帖

祝枝山是明朝有名的才子，尤其善写春帖。有一年，他应邀为一家姓钱的老财主写下了两副春帖：

此地安能居住？

其人好不悲伤！

其二：

明日逢春好不晦气，

终年倒运少有余财。

春联贴出后，老财主大为恼火，责问祝枝山为何如此咒骂他。祝枝山笑着解释说：“这哪里是咒骂您呢？第一帖应该这样读：此地安，能居住；其人好，不悲伤。第二帖则为：明日逢春好，不晦气；终年倒运少，有余财。”

老财主明知受辱，却也无可奈何。

幽默诗赋

趣话酒色财气诗

在我国文学史上有不少酒色财气诗。这些诗幽默诙谐，富含哲理，读来妙趣横生，兴味无穷。

宋朝时，大学士苏东坡经常和好友佛印禅师谈论诗文。有一次，说起酒、色、财、气这个话题时，两人的意见发生分歧，谁也说服不了谁。最后，两人决定在寺内白墙上各自赋诗一首，以表明自己的观点。

佛印禅师的诗是：

酒色财气四堵墙，人人都在里面藏。

谁能跳出圈外头，不活百岁寿也长。

苏东坡的诗是：

饮酒不醉是英豪，恋色不迷最为高。

不义之财不可取，有气不生气自高。

后来，宋神宗和宰相王安石到相国寺游玩，看到墙上的两首诗后，非常感兴趣，就让王安石和上一首。王安石略加思索，提笔写道：

无酒不成礼仪，无色路断人稀。

无财民不发愤，无气国无生机。

宋神宗看后，连连称好："真不愧为当朝宰相，能把酒、色、财、气和国计民生结合起来，难得！难得！"赞罢，宋神宗也诗兴大发，提笔在墙上写诗一首：

酒助礼乐社稷康，色育生灵重纲常。

财足粮丰家国盛，气凝太极定阴阳。

从此，这一段君臣同评酒、色、财、气的故事不胫而走，逐渐被人们传为佳话，并一直流传到今天。

柴米油盐酱与茶

明朝有一位妇女给丈夫写了一首诗，以表示对丈夫纳妾的不满，诗曰：

恭喜郎君又有她，侬今洗手不理家。

开门诸事都交付，柴米油盐酱与茶。

本来开门七件事为"柴米油盐酱醋茶"，妻子只交付六件，而留下了"醋"意。利用"缺省"措辞法，别具情趣。

花　约

止水道人有《花约》曰：

花犹美人也：可玩而不可亵，可视而不可折，可矜而不可侮，可增而不可缺。

撷花一瓣者，是裂美人之裳也；掐花一痕者，是挠美人之肤也；拗花一枝者，是折美人之肱也；以酒喷花者，是唾美人之面也；以香触花者，是熏美人之目也；解衣揎拳狼藉而对花者，是与美人裸而相角也。

语云：猛虎可惧，俗子难当。夫唯雅人，可持此约。

通篇以美人拟花，博喻连篇，生动感人。花如有灵，应引止水道人为知己。

巧断《凉州词》

相传，乾隆皇帝过生日时，纪晓岚给他的宝扇题写了唐人王之涣的名诗《凉州词》，纪晓岚一时疏忽，竟把首句“黄河远上白云间”的“间”字漏写了。

乾隆佯装大怒，说他有“欺君之罪”，要把他处死。纪晓岚急中生智，赶紧解释说：“万岁息怒，臣是用王之涣的原诗改填的一阕新词。”接着念道：

黄河远上，白云一片。孤城万仞山，羌笛何须怨！杨柳春风，不度玉门关。

乾隆见他机智，虽属狡辩，却也辩得有理，就免了他的死罪。

奈　何

清朝郑板桥不但会画，而且善诗词。一天下雨，有位姓陶的友人办生日宴，郑板桥刚进门，陶某便备好了笔墨，请他作庆贺诗。

郑板桥挥笔写道：

奈何奈何可奈何，

奈何今日雨滂沱。

陶与众人一惊，这哪是祝寿诗！但见郑板桥续道：

滂沱雨祝陶公寿，

寿比滂沱雨更多。

大家同赞其妙。

题墙过铺仿桃花

顺治庚寅、辛卯年间，秦世桢巡按江南，有铁面之称。继任者名叫李成绍，安静无为，只是每天饮酒作乐而已，人们称之为糟团。有人作诗句粘在墙上，云：

去年今日此门中，

铁面糟团两不同。

铁面不知何处去，

糟团日日醉春风。

唐代崔护《题都城南庄》曰：“去年今日此门中，人面桃花相映红。人面不知何处去，桃花依旧笑春风。”此诗巧改活剥，自生妙趣。

《陋室铭》之繁衍

唐代著名诗人刘禹锡有《陋室铭》一篇，言志抒情，清高自守，亦骈亦散，声韵铿锵，脍炙人口，广为流传。铭曰：

山不在高，有仙则名；水不在深，有龙则灵。斯是陋室，唯吾德馨。苔痕上阶绿，草色入帘青。谈笑有鸿儒，往来无白丁。可以调素琴，阅金经。无丝竹之乱耳，无案牍之劳形。南阳诸葛庐，西蜀子云亭。孔子云：“何陋之有？”

此文因其格调优美，且人多习诵，于是多有仿其调而创制新“铭”者。

晚清轶名作《烟室铭》曰：

室不在新，有烟则名；膏不在陈，有灰则灵。斯是烟室，惟吾瘾深。半缸黝焉黑，一灯荧然青。应酬有堂倌，把守无门丁。可以惰志气，振精神。快吞吐之得意，忘吸呼之劳形。此是烟鬼窟，休认醉翁亭。老瘾云：何戒之有？

轶名作《麻将铭》曰：

艺不在精，有钱则灵；人不在多，

四位则行。斯是清娱，惟麻将经。才捞海底月，又食门前清。抢杠当自摸，作和无得倾。可以健精神，活脑筋。有昼夜之消遣，无男女之区分。四圈现胜负，得意勿忘形。赌鬼云：何厌之有？

易和元有《特权铭》曰：

才不在高，有官则名；学不在深，有权则灵。这个衙门，唯我独尊，前有吹鼓手，后有马屁精，谈笑有心腹，往来无小兵，可以搞特权，结帮亲，无批评之刺耳，惟颂扬之谐音。青云能直上，随风显精神。群众云：臭哉此人！

《会场铭》曰：

会不在听，到场则行；思不在会，坐完则行。斯是会场，尔吾闲情。谈谈处世道，话话山海经。可以拉家常，眯眼睛。无群言之乱耳，无公务之劳形。虽非麻将场，堪比跳舞厅。心里云：吾乐就行。

张岱《科室铭》曰：

才不在高，应付就行；学不在深，奉承则灵。斯是科室，惟吾聪明。庸俗岂有趣，流言作新闻；谈笑无边际，往来有后门。可以打毛衣，练气功。无出声之乱耳，无国事之劳神；调资不落后，级别一样升。古人云：乐在其中！

孟广祥《诊室铭》曰：

术不在高，能吹则名；业不在精，会唬则灵。斯是诊室，惟吾称雄。抨击同行蠢，贬斥西医庸。自诩具妙手，回春力无穷。兼营看手相、观风水、驱灾星。无务农之费力，无经商之劳形。逢人即思骗，遭骂便装聋。心里云：来钱就行。

《关系铭》曰：

想人重用，拍马就行；欲己晋升，礼拜要勤。斯是诀窍，惟吾高明。胡话贵乎多，献媚在于精。善于拉帮派，惯于巧钻营。可以讨喜欢，拿奖金。无办公之辛苦，无出差之劳形。线线细细结，清茶慢慢品。人赞云：绝顶聪明！

《教室铭》曰：

分不在高，及格就行；学不在深，作弊则灵。斯是教室，惟吾闲情。小说传得快，杂志翻得勤。琢磨下象棋，寻思看电影。可以打瞌睡，写家信。无书声之乱耳，无复习之苦心。虽非跳舞场，堪比游乐厅。心里云：混张文凭。

《考试铭》曰：

学不在精，作弊就行；功不在深，能抄则灵。斯是考场，惟吾机动。前排伸头看，后排踢脚跟，左座对答案，右座抄方程。可以搞夹带，翻书本。有丝竹之悦耳，无案牍之劳形。六十分万岁，理想在文凭。小子云：何愧之有？

李治《退休铭》曰：

手腕不高，忠诚出名。功底不深，力勤则灵。从教十载，师德远馨。垩笔留清白，学子出蓝青。奉献似春蚕，耕耘如园丁。爱抚心弦琴，乐传经。喜书声之悦耳，忘课卷之劳形。老圃离春园，清风送长亭。李氏云：壮心未已。

仿作各“铭”，大都写得风趣幽默，且语含讽刺，用以暴露生活中的某些不正之风和丑恶现象，针砭时弊，令人读之耳目一新。虽非字字珠玑，篇篇佳品，亦不失“嬉笑怒骂皆文章”之旨。

搓麻对韵

古代有《笠翁对韵》开篇曰：天对地，雨对风，大陆对长空。山花对海树，赤日对苍穹……把诗韵分成部，用对偶语编成韵联，供儿童启蒙学诗之用，流传很广，至今不衰。

有人以“搓麻”为内容，仿古人格调，作韵语曰：

西对北，南对东，白板对红中。名师对高手，赌棍对牌虫。边三万，嵌七筒，独听对双风。岗上开花险，海底捞月凶。中发白三坎齐全，称为三元会；幺到九一个不缺，叫作一条龙。每赌必输，输了又输，皆因额头有皱纹；一输就惨，惨上加惨，卖了家具当窝棚。

前五句为麻将术语，高度概括了麻将的特色。末句点睛，揭露搓麻赌徒的最终下场，其毒其害，让人怵目。

打你这倾国倾城帽

钱牧斋，即钱谦益，明朝官至礼部尚书，后降清称臣，成为民族叛逆。一次，钱牧斋身穿满洲服装头戴清朝帽子出门，途中遇一老叟，以拐杖敲击他的头说“我是个多愁多病身，打你这倾国倾城帽。”

《西厢记》中张生有两句唱词：“小子多愁多病身，怎当他倾国倾城貌？”老叟借此二句唱词，改易数字，便以开玩笑的方式，给这大叛逆一次敲脑袋的教训。

王安石改诗

宋代王安石有一次外出巡视，夜宿于一座寺庙中，见寺院墙上写着一首诗：

彩蝶双起舞，蝉出树上鸣。

明月当空叫，黄犬卧花心。

王安石看罢连说“荒唐”，问寺僧是何人所写，寺僧说是山下一个屡试不第的秀才所书。王安石听了说：“像他这样的蠢材，怎么会及第呢？”并随即将诗的后两句改为；

明月当空照，黄犬卧花荫。

王安石改罢，其随从大赞“改得好”，而寺僧却对王安石说：“丞相有所不知，秀才写的是一首即景诗，诗景是一幅画，不是两幅画。明月不是指月亮，是本地的一种鸟，它能预告阴晴。白天如能听到它的叫声，夜里必是晴天，并能看到月亮。黄犬并非黄狗，它是一种金黄色的小虫，习惯躲在花蕊里睡觉。”

王安石听了这一番话，面带愧色地

说道："都怪我不了解情况，妄下雌黄，请恕我再改过来。"

两句变三句

明代才子祝枝山很爱和人开玩笑。一年春节，他见人家门上贴上了红纸，就拿笔在红纸上写了十二个字：

今年真好晦气全无财帛进来。

那家主人一看，念成两句话，"今年真好晦气，全无财帛进来"，于是心中大怒，伸出手来就要打祝枝山。

这时，祝枝山笑着解释说："我写的是好话，是你自己没有看明白！"说着用笔点了两下，那十二个字便成了三句话：

今年真好，晦气全无，财帛进来。

主人见了，立刻转怒为喜。

一句诗

宋代有一位诗人叫潘大临。有一年，入秋以后，他对每个景物都有感触，觉得都有诗意，于是天天构思，想写出不同凡响的诗篇，可是又总觉得为俗气所蔽，难以下笔。

一天，他闲躺在床上，在清苦的境域里想象即将到来的重阳佳节，想象亲友团聚的欢乐情景，忽然听到"搅林风雨声"，一下子触发了他的创作灵感。

他立即从床上跳起来，提笔在墙壁上写道：

满城风雨近重阳。

刚刚写完还没有考虑第二句，突然催租子的人闯进来，立刻把他的诗兴冲走了。之后他想接着写，可是灵感却一去永不再来了。

他的朋友向他要诗，他不得不说明情况，只将这一句寄去。可是，即使这一句，也成为名句传世，历代受到称誉，吕本中《童蒙诗训》说："文章之妙，至此极矣！"成语"满城风雨"就是由这句诗而来。

茹太素挨打

明代朱元璋当皇帝时，有一个刑部主事叫茹太素，他写文章总是拐弯抹角，空话连篇。

有一次，他给皇帝写了一份长达17000字的意见书。皇帝不愿看，又想知道其中的内容，于是就叫人读出来给他听。读了16000字，还听不出究竟说的是什么，尽是空话。皇帝一怒之下，就把茹太素传来，叫人打了他一顿。

晚上，朱元璋气消了，就又叫人继续读茹太素的意见书。读到16500字时，才听出是谈到了正题。后来，朱元璋对他的臣下们说："茹太素那篇意见书，如果开门见山地写，只要五百字就行了。我打他，是因为空话太多。"

袁枚得诗于民

清代诗人袁枚自称"随园主人"，很善于向平民百姓学习。他说："村童牧竖，一言一笑，皆吾之师，善取之皆成佳句。"

一个冬天的夜晚，袁枚借着朦胧的月光在随园中散步，欣赏岁寒三友松竹梅。偶然间，他见一仆人挑着粪桶路过，那仆人看到一树梅花含苞待放，便在主人面前信口赞道："有一身花矣！"

意思是把梅比作妇人，孕育着一树繁花。袁枚暗暗记在心中，后来竟点化出两句好诗：

月映竹成千个字，

霜高梅孕一身花。

有一次，袁枚出门，在一个僧人处借宿，欣赏了主人花园中的梅花。第二天告别，主人送行时风趣地说："可惜园中梅花盛开，公带不出！"袁枚听后，立刻触发了诗兴，随即吟诵道：

只怜香雪梅千树，

不得随身带上船。

欧阳修巧劝宋祁

宋祁起初写文章非常爱用冷僻字，比如"迅雷不及掩耳"这样的话，他偏要写成"震雷无暇掩聪"。欧阳修和他一起编写《唐书》，对他爱用冷僻字很有意见。于是决心帮助宋祁改掉这个毛病。

一天，欧阳修在宋祁书房的墙上写了"霄寝匪贞，札闼洪休"两句话。宋祁看后，批评欧阳修说："这是'夜梦不祥，题门大吉'的意思，你何必用这样冷僻的字眼呢？"

欧阳修笑着说："你在编写《唐书》时，不正是这样的吗？"

宋祁听了以后，脸立刻红了，他知道欧阳修是故意教训他的。从此，他决心改正。后来，他不但克服了自己的缺点，还写出"红杏枝头春意闹"的名句，被誉为"红杏尚书"。

十字诗

《今古奇观》中有一首"十"字形的诗：

我
就
成
仙里一龙飞上天
毛
冲
天

这首"十"字诗的读法是：

天上飞龙一里仙，

仙里一龙毛冲天，

天冲毛龙成就我，

我就成龙飞上天。

诗的结构十分巧妙，位于中心的"龙"字，在每句诗中都处正中间，其他每个字都使用两次，而且句与句之间是顶真辞格。

逆挽诗

作诗要有妙句，但如果句句皆妙，便不奇妙。有一种逆挽诗，前头不像诗，在平淡之后异峰突起，化腐朽为神奇，令人惊讶、拜服。

明太祖朱元璋有一次与群臣饮酒，约以"金鸡报晓"为题作诗庆贺鸡年。

朱元璋吟道：

鸡叫一声撅一撅，
鸡叫两声撅两撅。

群臣一听，无不窃笑，这哪里是诗？朱元璋停了停接着吟道：

三声唤出扶桑日，
扫败残星与晓月。

众人听完，无不拍案叫绝。

郑板桥写过一首《雪》诗：

一片两片三四片，
五六七八九十片。
千片万片无数片，
飞入芦花都不见。

前三句平淡无味，末尾一句见神奇，把前面的三句都救活了，这首诗历来为人所称道。

巧赋一字诗

唐代诗人王建所写的《古谣》云：

一东一西陇头水，
一聚一散天边路；
一来一去道上客，
一颠一倒池中树。

这首乐府诗将东与西、聚与散、来与去、颠与倒四对反义词，通过八个“一”字巧妙地结合在一起，使矛盾得到统一，形象更为突出，即增添了新意，又别有一番情趣。

相传乾隆南巡过江时，见一渔船荡桨而来，命纪晓岚咏诗，限用十个“一”字。纪晓岚立成一首七绝云：

一篙一橹一渔舟，
一个梢头一钓钩。
一拍一呼还一笑，
一人独占一江秋。

在短短二十八个字之中，连用十个“一”字，把诸多景物和动作排成诗句，别有韵味。同时期的陈沆，也有一首与纪晓岚大同小异的七绝，不知是谁模仿谁。陈诗曰：

一帆一桨一扁舟，
一个渔翁一钓钩。
一俯一仰一场笑，
一江明月一江秋。

此诗另有一说，说是出自清代诗人王士稹之手。王士稹也是一代负有盛名的文士。相传他在年幼时，曾在一幅《秋江独钓图》上题诗一首：

一蓑一笠一扁舟，
一丈丝纶一寸钩，
一曲高歌一樽酒，
一人独钓一江秋。

三诗文字有些出入，王诗就诗的意境和完整而言，应该说还略胜一筹。王士稹由明入清，后曾在清廷任职，明朝遗老视其为“失节”，曾仿其体作讽诗一首：

满洲纱帽满洲头，
满面风光满面羞，
满眼胡儿满眼泪，
满腔心事满腔愁。

清代才女何佩玉，也曾作有一首“一”字诗：

一花一柳一鱼矶，
一抹斜阳一鸟飞。
一水一山中一寺，
一林黄叶一僧归。

一字曲

元代有人写过一支散曲，写的是人生凄苦：

一年老一年，一日没一日，
一秋又一秋，一辈催一辈。
一聚一离别，一喜一伤悲。
一榻一身卧，一生一梦里。
寻一伙相识，他一会，咱一会，
都一般相知，吹一回，唱一回。

全曲用了22个“一”字，而不见重复，写法很奇特。

一的情趣

清代有一位正直的清官张伯竹，他写过一篇《禁止馈送檄》，有句曰：

一丝一粒，我之名节，一厘一毫，民之脂膏。宽一分，民受赐不止一分；取一文，我为人不值一文。

反复八个“一”字，贯穿了张伯竹的禁馈意志，一位公正廉洁的古代清官形象赫然纸上。

半字歌

清代李歌振写了一首诗，叫《半歌》。

看破浮生过半，半之受用无边。
半中岁月尽幽闲，半里乾坤宽展。

半郭半乡村舍，半山半水田园。
半耕半读半经廛，半士半民姻眷。

半雅半粗器具，半华半实庭轩。
衾裳半素半轻鲜，肴馔半丰半俭。

童仆半能半拙，妻儿半朴半贤。
心情半佛半神仙，姓字半藏半显。

一半还之天地，让将一半人间。
半思后代与沧田，半想阎罗怎见？

酒饮半酣正好，花开半吐偏妍。
帆张半扇免翻颠，马放半缰稳便。

半少却饶滋味，半多反厌纠缠。
百年苦乐半相参，会占便宜只半。

半字谣

熊益民先生号斤酒山人，作有《半字谣》，诗曰：

半自忘形半自醉，半倒半歪举大杯。
半半痴迷半半傻，半诉半笑半半啼。
半齐不整无小节，半生散淡了无期。
新歌老戏各半唱，清风半袖袖渐肥。
半桶浅水半知解，半作工来半作诗。
半枝秃笔写山水，半枝秃笔写别离。
半斤米饭半天饱，半包烟卷半天吹。
半怕酸来半怕苦，半喜辣来半喜甜。
为人不会半装笑，不敢妄自半欺言。
何苦哈腰半垂首，怀抱琵琶半遮颜。
半世韶光如梦过，未得逍遥半日闲。
半烟半酒随歌舞，半似懵懂半似癫。

此诗共享了四十个“半”字，写作者自身性格、情趣、喜好……游戏人生，语句谲奇，全在“半”字反复。

十七字诗

明武宗正德年间，有一个善作十七字诗的乡民。一年，天旱不雨，太守多次求雨无效，那乡民便作十七字诗云：

太守出祈雨，

万民皆喜悦，

昨夜推窗看：见月！

有好事的人告知官府，太守派人把他捉进衙门训斥道："大胆刁民！你真善作十七字诗吗？现在作来，诵出佳句可免受皮肉之苦。"太守训完，以自己的别号"西坡"命题。那乡民随即吟道：

古人号东坡，

今人号西坡。

若将两人较：差多！

太守令人打他十八大板，乡民哎哟一阵之后，又倔强行吟；

作诗十七字，

被责一十八。

若上万言书：打杀！

太守听了，怒不可忍，以诽谤罪将那乡民发配郧阳充军。上路之日，他的一目失明的舅舅来送行，二人相扶而泣。哭了一会儿，那乡民诗癖又生：

发配赴郧阳，

见舅如见娘。

两人齐下泪：三行！

据载，张士诚当权时，重用其弟张士信。张士信荒淫无耻，平时只与奸谄邪佞之徒黄敬夫、蔡彦夫、叶德新三人聚谋，经常欺上瞒下。当时有人作十七字诗曰：

丞相做事业，

专用黄蔡叶；

一朝西风起：干瘪。

后来黄、蔡、叶三人被斩杀于南京，尸体吊在木杆上风干一个月，真正成了"黄菜叶"。

其实，现在民间流行的"三句半"，就是由这种十七字诗发展来的。最末两字往往是其核心内容，语含讥刺，诙谐风趣。

才女救夫

相传古代有一位才女，她骑着毛驴和丈夫一起进城，因毛驴受惊，撞了县官的八抬大轿。县官大怒，没收了她的毛驴，并要打她丈夫 40 大板。才女苦苦为其夫求情。

县官说："人们都说你是才女，出口成章，如果你能当堂作诗表示 8 个'不打’之意，又不提一个‘打’字，老爷就还你毛驴，不打你丈夫。”

才女问道：“但不知老爷以何为题？”

县官见天已黄昏，便捋着胡须说：“就以‘夜’字为题吧。”

才女略加思索便朗声吟诵道：

月移谯楼更鼓罢，渔夫收网转回家。
卖艺小店去投宿，银匠熄炉正喝茶。
猎人山中缚死虎，飞蛾团团绕灯花。
院中秋千已停歇，油郎改行谋生涯。
毛驴受惊碰尊驾，望求老爷饶恕他。

县官听罢，知道前 8 句都暗含一个“不打”，而且诗句合辙押韵，又顺理成章，不由得拍案称赞。高兴之下，随即还了才女毛驴，并赦免了她丈夫。

白鹤变黑鹤

一次，乾隆皇帝到江南游览名胜古迹。一天黄昏时分，见天际飞来一只白鹤，乾隆随即命侍从的文人赋诗咏鹤。有个叫冯诚修的诗人，即景信口吟道：

远见天空一鹤飞，
朱砂为颈雪为衣。

冯诚修正要吟第三句时，乾隆皇帝突然戏难他说：“你不要往下吟了。现在我命你把吟的白鹤变成黑鹤。”

听了乾隆的话，旁边的文人个个瞠目。只见冯诚修略作停顿，然后从容地接着吟道：

只因觅食归来晚，
误落羲之洗墨池。

这精巧的构思，回天的妙句，使在场的人听了无不交口称赞。

才女端午吟诗

有一对夫妇，妻子能吟诗作文，被称为才女，而丈夫却不学无术，好吃懒做，因此家境十分贫寒。

端午节到了，他家无钱置办过节的物品，见别人家买这买那，妻子怨愤交加，于是便吟诗一首：

家徒四壁学相如，
佳节端阳百物无。
寂寞凄凉寻底事，
聊将清水洗苍蒲。

丈夫虽不能完全看懂，但也知是在埋怨自己，惭愧之下，便离家而去。为了筹备过节的费用，他竟夜入民宅去偷牛。不料，被人抓住，送到县衙。

县官问他为什么偷牛，他说因为妻子写诗埋怨自己无力养家，以致“佳节端阳百物无”。谁知县官是个诗迷，听说他妻子能作诗，便立刻派人把这人的妻子传来，并命她当众吟诗一首，说如果诗作得好，就赦免她丈夫的罪。她闻听一哂，立即吟道：

滔滔银汉向东流，
难洗今朝满脸羞。
自笑妾身非织女，
夫君何故夜牵牛？

县官听了，连声称赞，真的当堂释放了她的丈夫。

伦文叙题百鸟图

伦文叙是明代状元，有一次应一名富翁之请，给一幅百鸟图题诗。他沉思片刻，随即挥笔写道：

天生一只又一只，
三四五六七八只。
凤凰何少鸟何多，
啄尽人间千万石。

开头两句人们看了觉得很平淡，但用心一琢磨，便发现它列举的一连串数字巧妙地暗含百鸟之数。其计算方法是：

1 + 1 + 3×4 + 5×6 + 7×8=100

头两句点题之后，下两句就以凤凰喻好人好官，以鸟喻坏人坏官，讽刺贪官污吏、地主豪绅搜刮民脂民膏，其巧妙历来为人所赞叹。

张玉书写题画词

清代有一个暴发户得到一张画，画面是垂柳夹道，小鸟啁啾，中有一行人呈欲行又止状。因为画上无字，暴发户便大宴宾客，请人题字。

客人们都凝视画面，久久无人动笔。这时，有位路过此处的闯馆先生毫不谦让地提笔写道：

前面一棵杨柳树，
后面一棵杨柳树，
左边一棵杨柳树，
右边一棵杨柳树。

主人看到这里，禁不住面带怒色地说："先生如此诗句，岂不是蒙童都能写出的吗？"闯馆先生听了，不慌不忙地回答："我还没有题完，尊翁怎么就下断语？"

说完接着写道：

树，树，树，凭你千丝万缕，哪能留得行人住。前面啼杜鹃，后面啼杜宇，一个说："行不得也哥哥！"一个说："不如归去！"

众人见写的竟是一首绝妙好词，于是齐声喝彩起来。最后，先生落款时写了"张玉书"（清代名相，参与编撰《康熙字典》）三个字。主人看了，大惊失色，连连谢罪不止。

郑板桥为老师改诗

清代"扬州八怪"之一的郑板桥在童年时，有一次跟着老师去郊游，忽然看见小桥下面有一具少女的尸体，惊疑一会儿之后，老师随口吟出诗一首：

二八女多娇，风吹落小桥。
三魂随浪转，七魄泛波涛。

郑板桥听了，疑团顿生，他问老师："怎么知道这少女 16 岁？怎么知道她是被风吹下去的？怎看见她的三魂七魄随着波浪转呢？"

老师一个问题也回答不上来，便问他能不能修改。郑板桥想了想，把诗改为：

谁家女多娇？何故落小桥？
青丝随风转，粉面泛波涛。

老师听了，赞叹不已。

解缙写《有喜》诗

明代才子解缙曾奉旨替朱元璋写一首《有喜》诗，他第一句写道：

君王昨夜降金龙，

这是把皇帝喻为金龙，但朱元璋看了说："生下的是个女孩儿。"解缙略加思索，笔锋一转又写道：

化作嫦娥下九重。

用一个“化”字便改男为女，真是补得天衣无缝，但朱元璋又说：“已经死了。”解缙立刻露出叹惋的神情，马上又走笔写道：

料是世间留不住，

对噩耗的处理多么妥帖！她又回到天上去了。朱元璋接着又说：“已把她抛到水里去了。”解缙随即挥笔写出最后一句：

翻身跳入水晶宫。

明太祖朱元璋边看边说边思量，觉得结尾与开头遥相呼应，构思十分奇妙，他反复吟诵，赞赏不已。

千里送鹅毛

唐朝时，有一个地方官为了献媚朝廷，派一个名叫缅伯高的人去京城长安给皇帝进献珍禽天鹅。路经沔阳时，他给天鹅洗浴，不料偶一失慎，竟让天鹅飞跑了，只落下一根小小的鹅毛。

缅伯高无奈，只好带着这根鹅毛进京。因为怕皇帝怪罪，他就作了一首打油诗，连同鹅毛一起呈上。那打油诗是：

将鹅贞唐朝，山高路远遥。

沔阳失珍禽，奴才哭号号。

上复唐天子：可饶缅伯高？

礼轻人意重，千里送鹅毛。

皇帝看了这首诗，觉得情真意切，说出了一个朴素的道理，果然未加责罚，还赏赐了他。后来，缅伯高的打油诗一流传，便形成了一句成语：千里送鹅毛，礼轻人意重。

小豕如何觅兮

清朝咸丰时期，河南永城县北乡郑店有个姓胡名卞的秀才，生性迂腐，动辄打油诗，借以卖弄斯文。

有一天晚上，他家小猪拱破猪圈从后院跑出去了。次日早晨，他妻子发现后，到处寻找，不见踪迹，于是叫胡卞赶紧写个寻猪招贴。胡卞稍稍思索，摇头晃脑地边吟边写道：

家住永城北兮，郑店。

秀才我姓胡兮，名卞。

有小豕出亡兮，后院。

至今已一夜兮，未见。

谁捉住了它兮，来献。

赏谢汝铜钱兮，两串。

君子言既出兮，兑现。

拙荆喜欲狂兮，设宴。

胡卞头不停地摇，口不停地哼，手不停地写，腿不停地抖。他妻子在旁早已听得不耐烦，一手抓起秀才尚未完成的招贴，扯了个粉碎。胡卞一看十分生气，但他气而不馁，接着又吟道：

可恨汝妇人兮，没见。

悲叹无斯文兮，遭贱。

素手猛撕扯兮，如电。

招贴粉而碎兮，雪片。

外人无从知兮，断线。

小豕如何觅兮，请便！

秀才妻子听后，哭笑不得：“什么兮兮兮，就你会兮！”胡秀才十分气恼，沉着脸说：“孔子曰：‘唯妇人与小人为难养。’真不错，你妇道人家懂什么，这是骚体诗赋，不是随便可以兮出来的，不信，你就兮一兮看看。”

秀才妻子不以为然地说：“什么骚体臭体的，你听我慢慢兮来！”说完，学着胡卞的腔调吟道：

满口斯文兮，胡卞！
臭长裹脚兮，讨厌！
一事无成兮，笨蛋！
千说万说兮，不变！
陋习难改兮，可恨！
朽木无雕兮，可叹！

吟罢，气冲冲地独自出门找猪去了。

付之一炬

从前，湘潭城里有个王壬秋，他才学满腹，为人侠义，不拘礼节，不畏权势，人所敬仰。

有一阔佬家中操办丧事，为了炫耀死者生前的“德行”，煞费苦心地做了一篇冗长的灵堂奠文。

全家人商议，假若请得出王壬秋来读，那便是光耀门楣了。

阔佬带上厚礼到王家，吞吞吐吐地向王壬秋讲明来意，就怕对方不答应。阔佬也算地方一霸，王壬秋早已怨恨，谁知这次竟未推辞，满口应诺。

阔佬欣喜若狂，回家一张扬，轰动了湘潭全城。且不用说沾亲带故的宾客，就连一些素昧平生的人，也赶到灵堂听王壬秋读祭文。

到了深夜，祭礼开始，香案上面红烛通明，灵堂内外人头密集，哀乐奏过，司仪喊了一声“俯伏，读文”，只听王壬秋高声读道：

哀哉此文，是非颠倒，赞誉纷纷，众心皎皎，人读不通，鬼岂能晓！付之一炬，万事了了！

读罢，将祭文往烛火上一点，顿时纸灰飞扬。

阔佬苦心撰就的祭文冗长而多颂扬之辞，王壬秋所读祭文避其长而反其意，挖苦阔佬以泄民愤。看热闹的嬉笑一团，宾客们敢怒而不敢言，阔佬羞惭满面，干瞪着眼看着王壬秋扬长而去！

六尺巷

安徽桐城人张英，清朝康熙年间官至文华殿大学士兼礼部尚书。有一次，家中修治府第，因地界不清，与邻居方姓争执不休，告到官府。

方姓乃名门望族，亦有人在京城，官居显位。县令思前想后，不敢贸然断决。张英在京城接读家信，得知双方相争情由，便复诗代信。诗曰：

千里修书只为墙，
让他三尺又何妨？
长城万里今犹在，
不见当年秦始皇。

家人接信后，遵嘱当即让出三尺土地，以示不再相争，方姓深受感动，照样让出三尺，于是形成了一条“六尺巷道”。

逐留两可

明代江南才子徐文长一次外出访友，正值黄梅季节，阴雨连绵，行走不便，就待在朋友家中，谈古论今，安吃稳睡。

几天过去了，朋友见徐文长并无离开之意，想逐客又难以启齿，于是就在客厅显目处写了一张纸条：

下雨天留客天留我不留。

不一会儿，徐文长信步踱到客厅，一眼便瞧见了那张纸条，明白是“逐客令”，不禁十分恼怒，暗想：真不够朋友，你以这种办法对待，我偏要反其意而行，于是高声朗诵道：

下雨天，留客天，留我不？留。

这张纸条可由逻辑重音与停顿的不同，产生多种歧义。主人强调“天”与“我”，徐文长强调“留”，并借助停顿，将逐客令变成了留客令，使主人哭笑不得。

原句还可有以下几种标示法：

下雨天留客，天留我不留。
下雨天，留客天，留我？不留！
下雨天，留客天，留我不留？

嫁乎不嫁

相传，浙江绍兴有个小寡妇，迫于生计，托人写了许多状子，要求准允改嫁，县官却置之不理，就这样一拖再拖，长达五六年之久。

后来，小寡妇听说徐文长很有文才，而且乐于助人，便前往倾诉苦衷，请求帮忙。面对这女子的不幸遭遇，徐文长深表同情，当时精心写就一份状子，坚定了她的信念。

新的状子很快递到了衙门。县令接过一看，只见书面仅有简短的二十个字：

十五嫁，十六寡。公鳏，叔大。
花少叶，叶缺花。嫁乎，不嫁？

徐文长状子中简述了小寡妇的处境，博人以同情，并以“嫁乎，不嫁”的升调句型加以责问，令县官显得无奈。县官看了又看，终于无话可说，只得在状子上批道：“嫁、嫁、嫁！”

郭沫若智解怪体诗

新中国成立前，我国有一批考古学家在山海关附近的长城脚下，寻找孟姜女之墓，花费了很大气力，总算找到了。待揭开后，有人无意中发现了一块完好的白色丝织手绢，他小心翼翼地拾起手绢，慢慢展开，只见上面排着四行刺绣的字，三字一组，共十二个，形体十分古怪。

人们为此感到稀奇，争相传看，但

没有一个人明白其中的含意。当时有人提议，郭沫若是著名的甲骨文专家，他现正被邀请到北平讲学，此去路程并不远，何不拿去请他指点？这个意见当即被采纳，于是立刻派人前往北平，顺利地找到了郭沫若先生。

来人从容地将手绢交给郭沫若。郭沫若仔细地反复看了几遍，沉思一时。微笑着对来人说："据我推测，这并非古文字，而是一位有才学的妇女写给修筑万里长城的丈夫的一首怀念情诗。"

来人不解，急问道："那位妇女为何不直接说呢？"

郭沫若答道："当时秦始皇实行苛政，封锁甚严，那妇女把所要表达的情义隐约地写在手绢上，既可躲避官吏的检查，又便于托人轻易转交给她丈夫。"

来人十分敬佩郭沫若的高见，并进而要求他剖析诗中内容。郭沫若念道：

半夜三更门半开，小姐等到月儿歪。

山高路远无口信，哭断肝肠没人来。

郭沫若破解这首情诗的依据是：夜字去掉"十"旁，只剩下右边的一半，一夜即成为"半夜"；古代计时将一夜分为五更（或五鼓），每更大约两小时，三个更字相叠代表三更时分；繁体门只剩下一扇关着，故言半开。

姐字写得很小，暗示小姐，形意双关；等字倒写，意即等到；月字斜写，指代月儿歪（偏西），喻等待之久。

山字上面一朵云，山与云层交接，说明山之高；路字由山高而联想路远（或水远），喻夫妻相距千里之遥；信字省去下面的口，表示"无口信"三字。

哭字上下分开，含哭断之意；由肝及肠，合为哭断肝肠，繁体来去掉左右两个人字，仅剩下木，木与没谐音，代表没人来。

妇女的信写得巧，郭沫若解得巧，真可谓巧上加巧！

汤水鸡买否

有一个姓杨名叫永鸣的人，想吃黄杏，曾在当地四处寻找，但未买到，于是写信给他的岳父，请求代买。

永鸣随意着笔，字迹潦草，岳父收到信后，只见上面写的是：请代买"否"和"汤水鸡"。老汉到处打听，没见到卖"否"和"汤水鸡"的，感到很失望。

后来，他戴着老花眼镜认真看，反复辨认，忽然想到，可能是让他买"杏"，"汤水鸡"只不过是女婿杨永鸣的姓名。于是买了几斤黄杏，又复信一封，托人带给女婿。复信的内容是：

贤婿来信要买杏，急得老汉满街走。

买了一筐小黄杏，不知是否不是否？

姓名变为汤水鸡，画虎不成反类狗。

杏与否，杨永鸣与汤水鸡，字形虽相近，但分辨并不难，只因杨永鸣草写过度，才导致上述误解。狂草在书法艺术上别具一格，但若用于日常交流，其实用价值并不大。

数字家书

西汉时期，才女卓文君抛离豪富之家，与大辞赋家司马相如私订姻缘，后来定居成都，经营小生意。

成都北郊有座小石桥，传说卓文君曾在这里送别丈夫前往长安求取功名。当时，相如站在桥上，立下铮铮誓言：“不高车驷马，不复此过。”

聪明、美丽而又多情的卓文君不由暗自担心起来：司马相如年轻气盛，才智超群，虽怀才不遇，然施展抱负之志犹坚，一旦功名成就，会不会遗忘旧情？

想到这些，她叮嘱道：“男儿功名，本是大业，但切勿为功名所苦，作茧自缚，郎君即使得不到功名，也须早早归家，千万不要抛弃了夫妻恩爱之情！”

司马相如到达长安后，经人荐举，凭其才华果然受到皇帝赏赐，拜为中郎将。此时此刻，司马相如难免心猿意马，意欲另娶名门千金，许久未给卓文君写信。

多情的卓文君朝思暮想，一晃五年过去了，好不容易才接到丈夫的一封信，送信的差官还催促说：“大人吩咐，立等回文！”

卓文君惊喜交集，连忙展开信来，只见白纸一张，上面写着：

一二三四五六七八九十百千万，

万千百十九八七六五四三二一。

卓文君眉头一皱，顿时明白了，昔日夫君欲立新贵，已有嫌她之意，故以怪诞的家书初露心迹。卓文君心头爱恨交织，当即写好复函，交与差官。

司马相如满以为此举就能难倒卓文君，不料很快就得到了回信，拆开一看，愣住了！原来卓文君已灵巧地将信上数字依序缀成了一篇如诉如泣、声泪摧心的抒情文：

一别之后，二地相悬，只说是三四月，又谁知五六年，七弦琴无心弹，八行书无可传，九连环从中折断，十里长亭我眼望穿，百惦记，千思念，万般无奈叫丫环。

万语千言把郎怨，百无聊赖十依栏杆，重九登高看孤雁，八月中秋月圆人不圆，七月半，烧香秉烛祭祖问苍天，六月三伏人人摇扇我心寒！五月端阳想起有情白娘偏遇无情小许官，四月枇杷未黄我梳妆懒，三月桃花随水流转，二月风筝线儿断。郎呀郎，巴不得下一世来，你为女来我作男。

司马相如看后，深觉内疚，为卓文君的聪明才智和纯真不渝的爱情所感动，随即驾着驷马，亲自赴临邛（卓文君故乡，属今四川邛崃）迎接卓文君到长安。此后，他杜绝犬马声色，潜心治学，终于成为著名的辞赋家，堪为一代文豪！

出家又戴枷

唐德宗贞元年间，新科进士、散文家、哲学家李翱赴任某地刺史。他执法严明，不徇私情，刚正不阿，因而民间凡有冤者都愿到他处告状，以期得到公正判决。

有一天，一人控告一个和尚大放高利贷，逼得欠债者家破人亡。李翱接过状纸，即刻传来和尚审讯，人证、物证俱全，和尚还千方百计地为自己辩护。李翱十分恼怒，挥笔写就如下判词：

上方童子，二十受戒。
君王不朝，父母不拜。
口称贫僧，有钱放债。
量决十下，牒出东界。

和尚受责十大板后，又被戴枷示众，驱逐出城。此事一时轰动全城，招来许多人围观。有位老木匠路过，他对和尚的丑行十分憎恶，便随手拿起长烟杆敲击和尚光秃秃的脑袋，一边敲，一边吟道：

知法却犯法，出家又带枷。
两块无情板，夹个大西瓜。

木匠顺口成章，通俗诙谐，博得众人赞赏。

文朝丈庙

有两位相公结伴进京赶考，途中遇上大雨，便来到一座庙门下暂避。庙门上挂着两个字的题额，一人念道是“文朝”，另一人说是“丈庙”（“庙”繁写作“廟”），二人争论不休。

庙内主持闻声而出，当问明为何争执后，便作了一首打油诗：

文朝丈庙两相异，吾到东庄去化齐。
你们不是孔天子，我也不是苏东皮。

两位进京赶考的相公，竟不识“文庙”（孔子庙）二字，真是滑稽。方丈故意把“化斋”（斋繁体为齋）说成“化齐”（齐繁写作齊）、“夫子”说成“天子”、“东坡”说成“东皮”，借以嘲笑两位读错字的相公。

颠倒歌（一）

北京地区流传着一首悖理民歌：

太阳起西往东落，听我唱个颠倒歌。
天上打雷没有响，地下石头滚上坡。
江里骆驼会下蛋，山里鲤鱼搭成窝。
腊月酷热直流汗，六月暴冷打哆嗦。
姐姐房中头梳手，门外口袋把驴驮。

这类民歌在各地都有，它所描写的事物都是逆情悖理的，但人们读后，不仅不会去追究它的真实性，反而觉得新奇有趣。在特定的场合，这种诗歌会给人们的生活增添情趣。有时，给儿童念念，用来测试孩子的理解力、辨析力，也是生动有趣的好材料。

颠倒歌（二）

自古以来，民间流传许多颠倒歌，抨击不合理的社会现象和是非颠倒的怪事。汉代的民歌是这样唱的：

举秀才，不知书。
举孝廉，父别居。
寒素清白浊如泥，
高第良将怯如鸡。

大意是说：被举荐的秀才，腹内空空，不懂得诗书；被推举的孝廉，与父分居，不赡养老人；自称寒素清白一尘不染的人，却是浊如泥污的伪善者；那些居于大宅高堂的所谓良将，却是胆小如鸡的怕死鬼。

旧社会，生活在社会底层的劳动者，也用颠倒歌来诉说自己的不满，反对社会的不公：

泥瓦匠，住草房；
纺织娘，没衣裳；
卖盐的，喝淡汤；
种田的，吃米糠。
编凉席的睡光床，
当奶妈的卖儿郎。

强烈的对比，产生十分有力的讽刺效果。

颠倒诗

相传，秦代阮翁仲身长一丈三尺，异于常人，始皇命他出征匈奴，死后铸铜像立于咸阳宫司马门外。后便称铜像、石像为“翁仲”。

乾隆时，有一词臣奉旨撰墓志铭，误将“翁仲”写成“仲翁”，因之降为通判。临行前，高宗为之赋一绝云：

翁仲如何说仲翁，
十年窗下欠夫工。
从今不许归林翰，
贬尔山西作判通。

那位翰林误记写成“仲翁”，因此遭贬。高宗赋诗，故意把“工夫”、“翰林”、“通判”都颠倒着说，讽刺那位词臣不学无术，虽不免过甚，却也风趣警人。

寒雨连江夜入吴

唐代王昌龄有一首名篇《芙蓉楼送辛渐》：

寒雨连江夜入吴，
平明送客楚山孤。
洛阳亲友如相问，
一片冰心在玉壶。

第二次直奉战争中，因冯玉祥倒戈，吴佩孚从塘沽乘军舰南逃。当时，有人巧改王昌龄诗对他的南逃进行嘲讽。诗曰：

一片冰心在玉壶，平明送客楚山孤。
洛阳亲友如相问，寒雨连江夜入吴。

该嘲讽诗将其第一、第四两句互换位置，一字未改，而诗意大变。其关键在“夜入吴”上：王昌龄用作首句，意为“出发”；而该诗调作末句，则意为“逃跑”，刻画出了吴佩孚当时的狼狈相。

金山寺回文诗

回文诗的特点是从首至尾顺读成诗，反过来，从尾至首倒读也成诗，而且文从字顺，语畅意明。

苏轼有《题金山寺》回文七律一首，历来传诵。诗曰：

潮随暗浪雪山倾，远浦渔舟钓月明。
桥对寺门松径小，槛当泉眼石波清。
迢迢绿树江天晓，霭霭红霞晚日晴。
遥望四边云接水，碧峰千点数鸥轻。

丈夫想念妻回文

相传，有一位出门在外的丈夫，非常想念家里的妻子，特写了一封家书，其中有一首回文诗。诗曰：

枯眼望遥山隔水，往来曾见几心知？
壶空怕酌一杯酒，笔下难成和韵诗。
途路阻人离别久，讯音无雁寄回迟。
孤灯夜守长寥寂，夫忆妻兮父忆儿。

妻子收到信后，将此信颠倒过来抄了一遍，又托人捎给外出的丈夫，成了妻子思念丈夫、儿子思念父亲的诗了，读作：

儿忆父兮妻忆夫，寂寥长守夜灯孤。
迟回寄雁无音讯，久别离人阻路途。
诗韵和成难下笔，酒杯一酌怕空壶。
知心几见曾来往，水隔山遥望眼枯。

此回文诗，读之流畅，切情切景，非常难得。

回文卷帘四季诗

古代有回文卷帘四季诗。

《春景》曰：

莺啼绿柳弄春晴夜月明

《夏景》曰：

香莲碧水动风凉夏日长

《秋景》曰：

秋江楚雁宿沙洲浅水流

《冬景》曰：

红炉黑炭炽寒冬御雪风

这四首“十字诗”，各自来回复读，皆可成一首七言绝句，而且四首绝句，分别描写出四时景色：

春景诗：

莺啼绿柳弄春晴，柳弄春晴夜月明。
明月夜晴春弄柳，晴春弄柳绿啼莺。

夏景诗：

香莲碧水动风凉，水动风凉夏日长。
长日夏凉风动水，凉风动水碧莲香。

秋景诗：

秋江楚雁宿沙洲，雁宿沙洲浅水流。
流水浅洲沙宿雁，洲沙宿雁楚江秋。

冬景诗：

红炉黑炭炽寒冬，炭炽寒冬御雪风。
风雪御冬寒炽炭，冬寒炽炭黑炉红。

这四首回文卷帘诗，是利用古汉语以单音词为主，可以前后搭配，能以多形式组合的特点而创制的。读成七言绝句后，诗句还具有顶真、回环之趣，令人叫绝！

神智体诗

有一首神智体诗，写作：

龙

凤凤

泉泉泉

山山山

水水水水

会

仙仙仙仙仙仙仙仙

湖湖湖湖湖

海海海海

为朋友

走走走走走走走走走

江河

川川川川

该诗读作：

一龙二凤镇三泉，

三山四水会八仙。

五湖四海为朋友，

久走江河到四川。

其中以“正”（三个“泉”字正写）谐“镇”，“九”（九个“走”字）谐“久”，“倒”（四个“川”字倒写）谐“到”。

不知修

北宋时期有个酸秀才，本无多少才华，却总想和大文学家欧阳修比个高低。一天，他挟了几本书上路了，准备前去会会欧阳修。路上，见路旁有棵大树，便吟道：

路旁一古树，

两朵大丫杈。

再就吟不出下句了。

正巧，欧阳修也路过此地，听他吟诗不成，就替他续了两句：

未结黄金果，

先开白玉花。

酸秀才听后，连连称好。但他不自量，还想挽回点面子，于是又吟道：

远看一群鹅，

一棒打下河。

纯属打油诗，可笑的是，却又续不起下句。欧阳修微微一笑，替他续道：

白翼分清水，

红掌踏绿波。

酸秀才也不知脸红，说：“老兄也会吟诗，那就同去访访欧阳修吧！”

于是二人来到渡口，上了船，酸秀才诗兴又发，吟道：

二人同登舟，

去访欧阳修。

欧阳修哈哈大笑，续道：

修已知道你，

你却不知修。

欧阳修的一句“你却不知修”，巧妙之极：既说酸秀才你还不知道我就是欧阳修，又戏讽酸秀才不知道羞耻。“修”谐“羞”音。

鹭鸶冤却我偷鱼

相传明朝时期，苏州有个月舟和尚，无辜卷入了一场奸污官司。长洲某知县听说这和尚能作诗，就以《鹤》为题要求他吟诗一首。月舟和尚提笔写道：

素身洁白顶圆珠，

曾伴山人入太虚。

昨夜藕花池畔过，

鹭鸶冤却我偷鱼。

和尚以诗鸣冤，借鹤口“鹭鸶冤却我偷鱼”为自己申诉冤情，是借题发挥，知县看后，便将其释放。

贾似道行酒令

宋咸淳年间，贾似道因是宋理宗贵妃之弟，以外戚深受皇帝宠信，作恶不少。一次，贾似道宴请丞相马廷鸾、江万里。贾似道先举一酒令说：

我有一局棋，寄与洞中仙，洞中仙不受，云：自出洞来无敌手，得饶人处且饶人。

马廷鸾说：

我有一渔竿，寄与渔家傲，渔家傲不受，云：夜静水寒鱼不饵，满船空载月明归。

江万里说：

我有一犁锄，寄与使牛子，使牛子不受，云：且存方寸地，留与子孙耕。

贾似道之令借古诗“自出洞来无敌手，得饶人处且饶人”，隐含“我的势力庞大，你们睁只眼闭只眼，能让着我的就让着点”之意。

马廷鸾之令借古诗“夜静水寒鱼不饵，满船空载月明归”，隐含“等你贾某失去了靠山，就只会剩下凄凉和孤独了”之意。

江万里之令借古诗“且存方寸地，留与子孙耕”，暗示“你贾似道行事要留点余地，给自己的后代积点德”，语含讥刺。

巧拟拒婚诗

金代诗人元好问有个妹妹，容貌秀美，且工于作诗，只是潜心修道。当时宰相张平章慕名欲来求婚。

元好问告诉他，如果妹妹首肯则无妨，张大喜，直接去找其妹。适逢她在修补天花板，知张来意，委婉地以诗拒婚，吟道：

补天手段暂施张，不许纤尘落画堂。

寄语新来双燕子，移巢别处觅雕梁。

此诗一语双关，明赶燕子，暗拒张郎，委婉而留有情面。张知其不肯，只好悻悻而归。

情诗谢客

新中国成立前，作家端木蕻良在桂林的家门口贴有一诗：

女儿心上想情郎，

日写花笺十万行。

月上枝头方得息，

梦魂又教到西厢。

此诗看似诉儿女私情，实为一则“谢绝来访”的告示。它暗含的意思是：主人忙于写作，请勿登门打扰。这种谢客方式委婉含蓄，确实高明。

赠大鼻者诗

曾有好事者，以诗戏讽大鼻者，诗曰：

大鼻人间有，先生独不同；

巍然一宝塔，倒挂两烟囱。

亲嘴全无分，闻香大有功；

湖南发喷嚏，江北雨蒙蒙。

此诗以极度夸张法戏谑大鼻者，似不足取，然其联想奇特，比喻生动，夸张有力，颇具风趣。

何月仙的数字信

明代著名科学家、散曲大家朱载堉，为朱元璋的九世孙。15岁时，父亲被人诬陷入狱。随后，他在怀庆郑王宫外筑土室，闭门读书，一心研究律学、算术、天文学、计量学、戏曲和舞蹈等。

19年后，父王冤情得到平反。此时，已是35岁的朱载堉，给离别19年的恋人何月仙寄去一封奇怪的数字信：

一、二、三、四、五、六、七、八、九、十、百、千、万、十万、百万、千万、亿。

亿、千万、百万、十万、万、千、百、十、九、八、七、六、五、四、三、二、一。

远在他乡的何月仙，收到渴望已久的信，急忙打开来看，始觉迷茫，继而明白朱载堉在试探自己是否变心，同时，也在考她的学识。于是，便用这两行数字，写下两首长短句：

一别之后，二地思念；三月等来四月盼，谁知一等五六年；七弦琴，无心抚弹，八行书，九夜写完，十里长亭我望眼欲穿。百思念，千思念，万般无奈叫丫环。小丫环，你参言，十万火急把信传，要花百万银两送差官。临行前，有嘱言，千万要你亲阅览。亿（忆）往昔，情深似海，翘首望，早日花轿抬月仙。

亿（忆）当年，青梅竹马，两情深远；离别时我言语千万，百万家财，不求不恋；十万针线做成了衣帽罗衫，好寄托万语千言，相思百日常挂牵，少女心事十（实）难言。你离去却忘情九霄云天，只年年八月中秋月圆人不圆。七根弦，六根断，好比冬日五更过了天更寒；四月麦黄我梳妆懒，难道你不知三月桃花正鲜艳：载堉呀，盼望二人早见面，一齐拜地又拜天。

载堉收到回信后大喜，二人遂成眷属。

真老乌龟

明朝一宰相老奸巨猾，世人都恨他。有一天，乘其做寿之际，解缙写诗以讽之，诗曰：

真真宰相，老老元臣。

乌纱白发，龟鹤遐龄。

这首藏头诗初看是祝颂之词，实则含嘲讽之义。若将每句首字连起来，即“真老乌龟”是也，含有咒骂之意。

巧对招婿诗得娇妻

相传明朝嘉靖年间，浙江绍兴府秀才徐文长因巧对“招婿诗”而得娇妻。“招婿诗”是：

我有一女名二乔，

三从四德体窈窕。

五村六镇七乡里，

可谓八九十分娇。

此诗藏有从一到十的十个数字，对

诗者必须采用“珍珠倒卷帘”格式，倒过来嵌入这十个数字。一时竟无人能对，倒有个赌棍对上了一首：

十分热气九分凉，
八成希望七成黄。
六五四三藏软统，
二板一出全输光。

不过，赌棍被轰了出去。

有一天，徐文长因路过避雨，夜宿此处，碰巧遇上这档子美事。由于大雨过后，天空格外明朗，月色分外皎洁，他面对夜景，见景生情，一挥而就：

十九月亮八分圆，
七人应对六人完。
五更四点鸡三唱，
二乔随我一人还。

郑板桥游春赋《春词》

有一年春季，郑板桥和县学里的几个秀才一起去郊外游春。郊外的春色格外迷人，大家被大自然的风光所陶醉。于是，兴之所至，便吟成一首嵌满“春”字的《春词》：

春风，春暖，春日，春长，春山苍苍，春水漾漾。春荫萌，春浓浓，满园春花开放。门庭春柳碧翠，阶前春草芬芳。春鱼游遍春水，春鸟啼遍春堂。

春色好，春兴旺，几枝春杏点春光。春风吹落枝头露，春雨湿透春海棠。又只见几个农人谈笑开口：“春短，春长，趁此春日迟迟，开上几亩春荒。种上几亩春苗，真乃大家春忙。”

春日去观春景，忙了几位春娘，头戴几枝春花，身穿一套春裳；兜里兜的春菜，篮里挎的春桑。游春闲散春闷，怀春懒回春房。

郊外观不尽阳春烟景，又只见一个春女，上下巧样春装。满面淡淡春色，浑身处处春香，春身斜倚春闺，春眼盼着春郎。盼春不见春归，思春反被春伤。春心结成春疾，春疾还得春方。满怀春恨绵绵，拭泪春眼双双。总不如撇下这回春心，今春过了来春至，再把春心腹内藏。

大家装上一壶春酒，唱上几句春曲，顺口春声春腔。满目羡慕功名，忘却了窗下念文章，不料二月仲春鹿鸣，全不念平地春雷声响亮。

一般情况下，诗词要尽量避免重字，而这首词共五十六句，除三句没有“春”字外，其余句句皆有“春”字，共计有六十八个。但该词“春”字用得自然流畅，生动新颖，别有一番情趣。

吾为吾弟改文章

有一位落第秀才，想寻一教书之职谋生，便去一家教馆谋职。馆主想试探他的学识，就说：“请问当今之世，谁的文章最好？”

秀才想了想，未作正面回答，而是作出一首诗，念道：

天下才多数三江，
三江妙手数吾乡。
吾乡风雅数吾弟，
吾为吾弟改文章。

馆主听罢，连连称赏，欣然录用了。

考生删诗刺考官

唐宣宗大中元年，魏扶出任主考官。为表明心迹，他题诗一首贴在贡院墙上：

梧桐叶落满庭阴，
锁闭朱门试院深。
曾是昔年辛苦地，
不将今日负前心。

由于魏扶评卷苛刻，致使诸多士子失望。有人落考后，气愤地修改了魏扶所写的七绝诗，涂去了每句开头两个字。变成了五绝：

叶落满庭阴，
朱门试院深。
昔年辛苦地，
今日负前心。

删掉了否定副词“不将”，则原诗的意思发生了大转变；“今日负前心”，成了对魏扶评卷过分苛刻的绝妙讽刺和指责。

紧蒙密钉，晴雨同音

一篇好文章应反复推敲，力求言简意赅，简洁明了。曾有一则二十字的制鼓歌诀：

紧紧蒙张皮，
密密钉上钉，
天晴和落雨，
打起一样音。

后来，在传诵中被改作十二字：

紧紧蒙，密密钉，
晴和雨，一样音。

最后，又被删减成八字诀：

紧蒙密钉，
晴雨同音。

至此，字比原来少了十二个，但原意未失。

我侬词

相传赵子昂一度喜新厌旧，想抛弃结发妻子另结新欢。其妻得知后，便作一首《我侬词》以规劝。词曰：

我侬两个，忒煞情多！譬将一块泥儿，捏一个你，捏一个我。忽然喜欢啊，将他来都打破。重新下水，再团再炼再调和：再捏一个你，再捏一个我。那其间，我身子里也有了你，你身子里也有了我。

此词比喻、反复并用，想象丰富，构思奇特，写得情意绵绵，不由得负心汉不动情。

醉夫妻弟尼僧舅

昔日，有一座清雅秀丽的莲花庵，里面住着一位年轻貌美的尼姑，众人都十分关注她。

一天，尼姑外出归来，扶着一个醉汉走进庵门。村民见了，有的气急败坏，大喊伤风败俗，有的则围观起哄。尼姑也不说什么，进屋写了一首诗贴在门口：

十字街头遇醉夫，

醉夫醉倒待人扶。

醉夫妻弟尼僧舅，

舅姐当年嫁醉夫。

众人一看，得知醉汉身份，就自动离去了。原来，尼姑转弯抹角地告诉众人，醉汉原是她父亲。

我儿与他儿

一老人家境贫寒，妻早去世，抚养儿子，既当爹，又当妈，艰苦备尝。儿子长大，娶妻生子，将老人视为累赘，常使老人饥寒。

一日，隔窗望见儿子正抱着孙子，十分亲热，老人想起过去，不觉叹道：

隔窗望见儿抱儿，想起当年我抱儿。

我抱儿来儿饿我，日后他儿饿我儿。

又有一老人，儿孙不孝，心情忧郁，一次和友人谈及此事时，戏吟一诗曰：

我把我儿当宝贝，我儿视我如仇人。

我儿娶妻又生子，我儿又和他儿亲。

他儿学会我儿样，他儿又伤我儿心。

这首打油诗看似戏吟，实则满含着老人的辛酸，倾诉出老人的酸楚与无奈，感人至深。同时也在警醒世人，养子要教。

无字家书

有一个人外出谋差，不久，托人带回一封家书，妻子拆一看，竟是一张白纸。起初，妻子感到很吃惊，随后，多情的妻子很快就理解了丈夫所表达的含义，于是写了一首念郎的恨别诗：

碧纱窗后启缄封，尽纸从头彻尾空。

应是仙郎怀别恨，忆人全在不言中。

一纸无字家书，却流露出无限的思念，此乃无声胜有声。

麻雀诗

清朝，李调元在两江主考完毕回京，州内大小官员和众多学子都前来，在十里长亭设宴，为他送行。

州官想乘机奚落他一番，正好有群麻雀在檐间叽叽喳喳，便用手一指，请李调元以麻雀为题，即席赋诗一首。李调元略一沉思，慢声吟道：

一窝两窝三四窝，

五窝六窝七八窝。

众人一听无不掩口，认为太粗浅不像诗句。李调元却不慌不忙续出后两句：

食尽皇王千钟粟，

凤凰何少尔何多！

此诗前两句俗陋平庸，后两句使用了“逆挽法”，一经续出，便如平地一声雷，振聋发聩！明写麻雀，暗骂州官。众人听后，无不羞惭称绝。

柳絮飞来片片红

清代金农居住扬州时，有一次宴客，以“飞”、“红”二字为行酒令吟诗行乐。有个商人功底很浅，只听他吟道：

柳絮飞来片片红。

这显然不符常理，白色的柳絮怎么成了红色的？金农只好为其掩饰，前补三句成七绝一首：

廿四桥边廿四风，
凭栏犹忆旧江东。
夕阳初照桃花坞，
柳絮飞来片片红。

“柳絮飞来片片红”，于常理不合，乃属死句。然而通过“逆挽法”，妙用“夕阳初照桃花坞”为衬托，则又发生了巨变，不但死句复活，而且诗意盎然。

解缙吟诗戏君王

明代解缙自幼才华出众，尤以诗对称奇。因其身材不高，初入朝时，群臣借以嘲讽，解缙以诗答之曰：

诸君笑我矮矬矬，
我笑诸君食禄多。
倒吊起来无点墨，
身高一丈又如何？

骂得群臣面面相觑，无言以答。

有一次，帝筵群臣，命解缙以“天子”为题即席吟诗助兴。解缙不假思索，随口吟道：

当今天子不是人，

举座皆惊，帝欲动怒，缙续道：

乃是上天紫微星。

群臣称赞，皇帝化怒为喜。随即下一句又来了：

唯愿小臣万万岁，

皇帝勃然大怒：“汝竟敢自称万岁，置朕于何地？推出斩了。”

缙申辩曰：“万岁息怒，臣诗未完，还有下文。”随即吟道：

忠心辅主掌太平。

随后，因群臣乞情，暂时躲过一劫，但最终以“无人臣礼罪”下狱被杀。

这家老妇不是人

有一天，一财主给老母做寿，请唐伯虎绘画题诗，以示祝贺。唐伯虎画了一幅《蟠桃献寿》图，挥笔题诗曰：

这家老妇不是人，

财主一愣，伯虎接着写道：

九天仙女下凡尘。

财主甚为高兴。谁知伯虎又写道：

生下儿子是个贼，

财主很生气，未待发作，唐伯虎又续道：

偷得蟠桃献母亲。

财主看后，心里乐开花了，对唐伯虎赞不绝口。

司马光岭头吟诗

相传，司马光闲居东都洛阳的时候，一日外出游山，登上岭头时，即兴吟诗曰：

一上一上又一上，
看看行到岭头上。

身旁的游者听了直摇头，说：“你

这是吟诗吗？”司马光未作回答，只是接着吟道：

乾坤只在掌中拿，

四海五湖归一望。

续句一出，同游者无不点头称赞：“妙！妙！”

山形诗

有一名山诗碑刻“山形诗”如下：

山山
八里
山第有山
华到转路
山好我弯高山
华道说响水流
山间人人潺潺深山
在日日身声声鸟百
云游客孤叫路上行
作莫君劝难步步人

此诗书写酷似山形，从顶端“山里有山……”起读，直到底下“步步难”，仿佛游人从山顶盘旋而下；再从底下“劝君”向上读，回旋到顶端“第八山”，恰如游客逦迤而上九霄。其诗曰：

山里有山路转弯，高山流水响潺潺。
深山百鸟声声叫，路上行人步步难。
劝君莫作云游客，孤身日日在山间。
人人说道华山好，我到华山第八山。

明代邬景和有《八山叠翠诗·游苏州半山寺》，写作：

山山
远隔
山光半山
映百心塘
山峰千乐归山
里四三忘已世
山近苏城楼阁拥山
堂庙旧题村苑阆疑
竹禅榻留庄作画实
丝新醉侑歌渔浪沧

从“山顶”的“山山”起读，此诗即为：

山山远隔半山塘，心乐归山世已忘。
楼阁拥山疑阆苑，村庄作画实沧浪。
渔歌侑醉新丝竹，禅榻留题旧庙堂。
山近苏城三四里，山峰千百映山光。

这种诗句从上到下，再由下向上，迂回曲折，形似叠床架屋，堆字成“山”，倒也别具情致。

菱形诗

有一首写山的诗，排成菱形，如下：

山山
山远花山
山路草云接山
山又猿飞绿鸟树山
深客片抱偷澄僧林
片绕僧树请澄
饭山山吟
客寻

此诗属怪体，或称“飞雁诗”，横不成诗，竖难明意。诗中八个“山”字，乃八句诗的领头字。

首句从右上第一个“山”字起，向左下方斜接第二行第二字“远”字，再沿右边“三座山”的内侧山麓向左下方斜走，便得出第一句“山远路又深”。

同法，次从左上第一个“山”字起，向右下方斜接第二行第三字“花”字，再沿右边“三座山”的内侧山麓向右斜下方走，就得出第二句“山花接树林”。

以下依次纵横交错，每一句成一斜线，左右读之，得五言诗一首，全诗是：

山远路又深，山花接树林。
山云飞片片，山草绿澄澄。
山鸟偷僧饭，山猿抱树吟。
山僧请山客，山客绕山寻。

夜半枪声到客船

唐朝张继《枫桥夜泊》诗曰：

月落乌啼霜满天，江枫渔火对愁眠。
姑苏城外寒山寺，夜半钟声到客船。

这首诗脍炙人口，为世人广为流传，寒山寺也因此家喻户晓。

20 世纪 30 年代日本入侵后对中国人民犯下了滔天罪行，他们大肆屠杀中国人民，特别是日寇南侵后，更是奸淫掳掠，无恶不作，闹得人心惶惶，鸡犬不宁。往日喧闹的寒山寺，也是门庭冷落，游人罕至。有人见此惨状，仿张继诗道：

月落儿啼妻哭天，江南劫火不成眠。
姑苏城外寒衣尽，夜半枪声到客船。

通过仿拟法，对原诗略加修改，一首描写优美的夜景诗，变为控诉日寇罪行的控诉状。

扁舟载诗

从前，有四人同船过渡，一位是衣冠楚楚的官员，一位是衣裳破旧的船夫，一位是正当妙龄的卖花女，还有一位是粗布裹身的老农。

官员自恃文墨横溢，对众人说：“同舟共济，对子来戏，我们相逢难得，不妨各作一首诗，解解闷倦。诗的要求是七言四句，其中有三字同头，三字同旁，首尾融贯连锁，且要符合各自的身份。谁吟咏不当，谁开渡钱；若都能对上，本人除支付渡钱外，还备办酒席一桌，与诸位共饮。”

官员首先摇头晃脑地开腔：

三字同头官宦家，
三字同旁绫绸纱。
若非当朝官宦家，
岂可穿上绫绸纱？

说完，旁视左右，洋洋自得。船夫

双手摇橹，一俯一仰，悠然自在地吟道：

三字同头大丈夫，
三字同旁江海湖。
若非当今大丈夫，
何以能识江海湖？

官员一听，不禁赞叹：“妙哉！”卖花女嫣然一笑，从容不迫地说：

三字同头芙蓉花，
三字同旁姑娘娃。
若非妙龄姑娘娃，
谁人敢戴芙蓉花？

官员听后，脱口称颂：“善哉。”

最后轮到拣粪老农，他看了看官员，又瞧瞧自己的粪桶，泰然自若地吟起来：

三字同头屎尿屁，
三字同旁谋诡计。
若非当船屎尿屁，
谁人愿意谋诡计？

官员明知被嘲讽，也只能懊恼无语。吟诗完毕，船已靠岸，官员因许诺在先，只得付了船钱，又办了一桌酒席。

庞振坤行酒令

清代“中州才子”庞振坤，多才善谑，颖悟过人。相传庞振坤少年时期，有一次曾与三位表嫂共餐。表嫂们提出行酒令助兴，要求是：第一句组合成字，第二句将一字拆三字，第三句重复所拆三字，最后以起问句收尾。

大嫂先说：

豆页为頭（今简为头），犇字三牛，
牛牛牛，不知赶来多少头？

二嫂接着道：

尸至为屋，森字三木，
木木木，不知能盖多少屋？

三嫂也念：

水酉为酒，品字三口，
口口口，不知该罚谁喝酒？

三位表嫂指向庞振坤：“你也说几句吧！”庞振坤不甘示弱，随即念道：

田心为思，姦字三女，
女女女，不知何人害相思？

请把蝗虫押回来

在一个大旱之年，蝗虫颇多，文泉与德政两县都受灾减产，百姓不堪其苦。德政县发现灾情立即据实上报，请求赈济。文泉县却隐瞒灾情，蒙骗上司说：“本县境内无蝗，更不用说蝗灾。”

知府觉得奇怪，两县相邻，一个蝗灾严重，另一个却连蝗虫都没有。知府便微服私访，当他了解到文泉县虫灾的实情后，

十分气恼，便传令把该县县令叫来，狠狠地训斥道：“你身为父母官，为何不体恤百姓的困苦，欺上瞒下，隐情不报？”

县令一时语塞，但随即想到把责任推给邻县，于是胡编瞎造，申诉道：“大人，敝县本来无蝗，都是近几天从德政县飞来的。”

文泉县县令一回到县衙，随即向德政县发出一份公文，只见上面写道：

敝县原本无蝗灾，
均从贵县飞过来，
请你赶快搜捕尽，
免得再把我县害。

德政县县令打开公文一看，原是耍赖之词，啼笑皆非。委屈之下，不甘示弱，于是就在该文后面，也以打油诗回敬：

蝗虫本是天之灾，
并非本县无德才。
既从敝县飞过去，
还请贵县押回来！

写完，即将公文退回文泉县。县令看后，直气得两耳嗡嗡作响，瞪着双眼，半晌说不出一句话来。

张打油

打油诗属于下里巴人之类的作品，多由触景而作，不注重修饰，形式活泼，通俗而朴实，易于接受。

唐代南阳地方有个张生爱作俗语诗，其诗俚俗浅露，引人开心，人们称之为“打油诗”，张打油也因此而出名。

有一天，大雪纷飞，他脱口吟道：

江上一笼统，井上黑窟窿。
黄狗身上白，白狗身上肿。

这首诗虽算不得高明，却形象而风趣地描绘出雪中景物特点。

第二年冬天，南阳的参政巡视乡间，适逢大雪难归，便住在一个败落的官宦家里。郊野之地，无甚观赏，住了一日，便觉无聊，于是有人想到张打油，若让他前来咏诗取乐，岂不逍遥？

参政即刻派人把张打油叫来，问道：“你能作些什么诗？”

张打油回答说：“看见什么，或想起什么，就写什么，没个定准。”

参政说：“现在大雪纷飞，那就以雪为题吧！”

张打油稍加思索，即口吟诵起来：

六出飘飘降九霄，
街前街后尽琼瑶。
有朝一日天晴了，
使扫帚的使扫帚，
使锹的使锹。

头两句颇有诗味，“六出”即雪花呈六角形。后面几句虽然俗气，但快口说出，一气呵成，也还不错。于是，参政赏给白银二两。

后来，安禄山叛乱，攻打南阳，把整座城池围得水泄不通。朝廷迟迟不发救兵，南阳城形势危急。这时，张打油正在城里一个亲戚家读书，面对紧张的局势，张打油以时事为题，吟道：

天兵百万下江南，
也无救兵也无粮。
有朝一日城破了，
哭爹的哭爹，
哭娘的哭娘。

姑妈和姑娘

有个能言善辩的青年，经人介绍，认识了一位姑娘。一次，青年出远门办事，思念那位姑娘，便情不自禁地写了一封情书。开头称呼，本想写“亲爱的姑娘”，却错写为“亲爱的姑妈”。

姑娘接信一看，不觉大笑。她随即将信折叠起来并附小诗一首，重新封上，退还原处。小诗写道：

怪你眼睛瞎，姑娘写姑妈。
若还嫁给你，羞死我一家。

过了几天，青年收到返回的信，大吃一惊，但又不肯认错，还复信狡辩：

妈也就是娘，娘也就是妈。
姑娘没写错，姑妈哪会差？

狂吹喇叭

明代散曲家王磐，江苏高邮人。他厌弃科举，终身不仕。雅好文词，常与当地名流谈咏其间。

明武宗正德十五年（1520），年轻皇帝朱厚照荒淫无度，荒废朝政，在北方玩腻了，又借故到南方闲游。在一伙宦官的护卫下，浩浩荡荡，乘船驶向高邮。随行官员沿途索取珍宝古器，百姓惶恐不安。

朱厚照讳猪，所至各地，禁止民间养猪，如有发现，屠杀殆尽。每到一处，就吹起喇叭、唢呐，假传圣旨，征集民夫替他们服役。

王磐见此情景，愤郁不平，于是以眼前时事为题，作《朝天子·咏喇叭》一曲刺之。曲云：

喇叭、唢呐，曲儿小，腔儿大。
官船来往乱如麻，全仗你抬身价。
军听了军愁，民听了民怕，
哪里去辨什么真和假？
眼见得吹翻了这家，吹伤了那家，
只吹得水尽鹅飞罢。

这首散曲巧用几对反义词，对皇帝之行给百姓造成的伤害加以深刻的讽刺。小和大相对，寄寓此次南行是小题大做；来与往相对，表示动用的船只之多；真和假相对，意指扰得军民神昏眼花，真假莫辨；这家与那家，喻指所到之处，无不深受其害。

书生祭鸡

从前有个读书人，生性豪放，不拘小节。一天，他正在房中读《古文观止》，当读到唐代韩愈的《祭十二郎文》时，音调沉郁悲壮：“呜呼！言有穷而情不可终！汝其知也耶！其不知也耶！呜呼哀哉！尚飨！”

忽然，远处的鸡鸣声打破了沉寂，他忽然想起今天还没喂家中的鸡呢。平时读书，疲倦之时，他总爱喂鸡取乐。于是掩卷跨出书房，随手抓起一把米，来到门前场地上，唤了几声，不见鸡的踪影，四处寻觅不着，最后才发现，原来鸡已倒毙在鸡棚里。

他提起鸡端详多时，搞不清鸡是怎么死的。转念一想，既然鸡已死，就该饱食一顿，何苦为鸡的死而发愣呢？他随即唤来妻子，让他把鸡烹来下酒。

时至中午，鸡已烹好，香味扑鼻，读书人欣喜地为自己斟上一杯，正待举箸时，骤地想起鸡死得不明不白，理当祭奠一番，于是思考片刻，喃喃有声，其词曰：

声也其鸣喈喈，死也岂无葬埋？

以我肚腹，作你棺材。

呜呼哀哉，酱油拿来！

无限风光在九溪

人称“上有天堂，下有苏杭”，苏州以园林著称，杭州以风景驰名。而有人认为，杭州风景最佳处是九溪十八洞。

有一次，清代学者俞樾与几位朋友经虎跑、龙井，过杨梅岭到九溪十八洞游览。因翻山越岭，路途较远，大家都有疲劳之感。于是走走歇歇，缓步而行。有一人触景生情，随口念道：

坐坐停停行，山山水水情。

前前后后看，大大小小岭。

俞樾说：“好则好矣，可不是诗。”

那人道：“信口胡诌，原不是诗。要说作诗，当然还得俞学政（俞樾曾为河南学政——掌管学校生员考课升降之事）。”经他一提，大家都要求俞樾作诗。

俞樾不负众望，略一思考，随即吟道：

重重叠叠山，曲曲环环路。

叮叮咚咚泉，高高下下树。

刚一念完，大家一致称赞：“好诗，好诗！”

圣手诗医

相传，清代蒲松龄曾用小土方给一位县太爷治好了病，一时有“圣手时医”之称。不料，一传十，十传百，后竟误为“圣手诗医”。

有一天，几个秀才相邀前去拜访蒲松龄。刚一见面，其中一个嬉皮笑脸地拱拱手道：“听说先生号称诗医，学生觅得小诗四句，请圣手不吝赐教！”说完，递上一纸。

蒲松龄欲拒不礼，欲退不能，心想，诗医就诗医吧，便随手接过一看，正是流传甚广的那首《四喜》绝句：

久旱逢甘雨，他乡遇故知。

洞房花烛夜，金榜题名时。

蒲松龄眉头一皱，计从心起，当即在接过的纸上写下八个大字：“补药一剂，方有起色！”

众秀才一看，哄笑起来：“诗文哪有吃补药的？”

蒲松龄不慌不忙地答道：“首句补‘十年’，次句补‘千里’，三句补‘和尚’，末句补‘老童’。诸位意下如何？”

改过后的诗为：

十年久旱逢甘雨，千里他乡遇故知。

和尚洞房花烛夜，老童金榜题名时。

头两句加以“十年”、“千里”数量短语作状语，强化了旱灾的持久性和他乡的遥远。后两句加上主语“和尚”、“老童”，格外增添了洞房之夜与金榜题名的喜悦之情。众秀才仔细琢磨，不得不佩服“医”得高明。

改诗斥奸

汪精卫年轻时，曾因谋刺清廷摄政王载沣而被捕入狱。他在狱中写诗明志，表现十分坚强：

慷慨歌燕市，从容作楚囚。

引刀成一快，不负少年头。

首句说他要效仿战国时期的荆轲一样，成为慷慨侠义之士，次句写他从容被捕入狱，三四句表现出死不足惜，甘为革命抛头颅。

谁料到，往日高呼革命口号的汪精卫，在中华民族生死存亡之秋，竟充当了南京伪政府的傀儡头目，后又出卖民族利益，沦为汉奸。

为此，陈剑魂作了一首《致汪精卫诗》：

当时慷慨歌燕市，

曾羡从容作楚囚。

恨未引刀成一快，

终惭不负少年头。

原诗前适当添加修饰成分，使诗意由赞颂转变为鞭挞，从而对汪精卫罪恶的行径进行讽刺。

燕子矶诗

朱元璋为明代的开国皇帝，据说有一次改穿平民的服装外出巡视，在金陵（今南京市）郊外，遇到参加进士考试的众举子正在候船。

有一个举子遥望着燕子矶诗兴即发，便随口吟道：

燕子矶兮一秤砣。

众举子都加以称赞，但好久没人能续上，一阵沉默。朱元璋见状，不觉暗笑，略加思索对众人说：“待我试续几句。”当即接吟道：

燕子矶兮一秤砣，

长虹作杆又如何。

天边弯月是挂钩，

称我江山有几多。

朱元璋视江山为己物，此时已经显露出帝王的霸气。

八字四必

昔日有一考生，苦思冥想，难以对题，万般无奈，便写了四句打油诗交上。诗曰：

未曾提笔泪涟涟，

苦读寒窗十几年。

考官要不把我取，

回家一命赴黄泉。

主考官批阅考卷时，见到这首打油诗，甚觉好笑，于是提起朱砂笔，在每句诗后批了两个字，使诗成为：

未曾提笔泪涟涟——不必，

苦读寒窗十几年——未必，

考官要不把我取——势必，

回家一命赴黄泉——何必！

山巅一寺一壶酒

有位私塾先生，书教得不错，就是有个好喝酒的毛病——其实，人活在世上，喝点酒本不为病，只是这位先生常喝不懈，经常因为醉酒而耽误学生学业。

先生有一位最要好的酒友，是个和

尚，就住在离学馆不远的山上寺庙中。有一天，先生又被和尚邀去喝酒。临行前给学生布置了作文题，让学生就以《酒》字为题，写一篇短文，他回来检查。谁作不出来，就要打手板。

先生走后，学生就淘气起来了，看看日影偏西，这才想起先生留的作文还没完成。这时，一个学生正翻着一本关于祖冲之的书，忽有所悟，提笔写道：

山巅一寺一壶酒，尔乐苦杀吾。把酒吃，酒杀尔，杀不死，乐尔乐。

傍晚，先生醉醺醺地回到学馆，问学生："文章写好了吗？"学生递上这篇《酒论》。先生一看，开始很是生气，心想：好大的胆，竟敢奚落起先生来？又一琢磨，转怒为喜，连连夸奖说："作得好！作得好！"

原来这篇文章竟是受"祖冲之圆周率"启发而成，即利用圆周率前二十几位数字的谐音写就，即：3.1415926535897932384626。

意思是说：高山顶上有一座寺庙，寺庙中摆着一壶酒，先生你喝酒取乐去了，留下作文让我们作，可苦死我们了。你就把酒吃吧，酒会杀死你的，杀又杀不死，那你就乐你所乐吧！

落地无声令

苏东坡、晁补之、秦少游三人一同访问佛印禅师，佛印留他们共同饮酒——僧家称"般若汤"。但要行令，上句要求是落地无声之物，中间要贯穿人名，末了要一句诗。

东坡说：

雪花落地无声，抬头见白起。

白起问廉颇：如何爱养鹅？

廉颇曰：白毛浮绿水，红掌拨清波。

补之说：

笔花落地无声，抬头见管仲。

管仲问鲍叔：如何爱种竹？

鲍叔曰：只需两三竿，清风自然足。

少游说：

蛀屑落地无声，抬头见孔子。

孔子问颜回：如何爱种梅？

颜回曰：前村风雪里，昨夜一枝开。

佛印说：

天花落地无声，抬头见宝光。

宝光问维摩：僧行近如何？

维摩曰：对客头如鳖，逢斋项似鹅。

各人酒令，文学色彩甚浓，遣词俱妙，尤其是双关法运用得十分巧妙，不可多得。

清明时节两纷纷

明末有位书生，其叔以明臣而仕清

朝。书生见其叔变节，时有讪笑。一日，家宴，有人倡言行酒令，首句须物件一，次古人名一，后句用《千家诗》改一字。

首座者唱道：

我有一张床，送与张子房，张子房不要。甚么不要？春色恼人眠不了。

次者说：

我有一把扇，送与曹子建，曹子建不要。甚么不要？剪剪轻风阵阵凉。

次即轮至书生，书生说：

我有一绺缨，送与我叔亲。

至此，众人群起诘问，谓不应以今人插入。书生解释说："我叔叔为明朝人，而服清官，非古人而何？"众无言。书生又续道：

我叔亲不要。甚么不要？

清明时节两纷纷。

唐代杜牧《清明》诗曰："清明时节雨纷纷，路上行人欲断魂。"

清明，本是二十四节气之一。书生则因其与两个朝代连称相同，赋予"清明"以新意——借指"清朝"和"明朝"，又将"雨"改形似字"两"，巧妙地讥讽了其叔的变节行为。其叔闻之，惭愧不已。

嘲医祭文

1911 年，某医生死去，有人作祭文以嘲之曰：

公少读书不成，学击剑又不成。学医自谓成，行医三年，无问之者。公忿，公疾，公自医，公卒。呜呼！公死矣！公竟死矣！公死而天下之人少死矣！

四句排比，活画其人，井然有序。末句妙议，乃点睛之笔。全篇抑扬变换，一波三折，叙事写人，感叹议论，言简而意赅，深得为文之法。

画眉深浅入时无

唐朝时，青年诗人朱庆馀为登仕途，带着自己的诗稿去见水部员外郎张籍。张籍赏识他，选其佳作 26 首，广为推荐。在临试前几日，朱庆馀作诗一首《闺意献张水部》曰：

洞房昨夜停红烛，
待晓堂前拜舅姑。
妆罢低声问夫婿：
画眉深浅入时无？

张籍见了此诗，明白他的用意，就酬和了一首，曰：

越女新妆出镜心，
自知明艳更沉吟。
齐纨未足时人贵，
一曲菱歌敌万金。

朱庆馀的这一首诗以闺房情事隐喻考试，把主考官比作舅姑（公婆），自比新娘将拜见公婆，把张水部比作新郎。意思是向张水部请教，试问一下自己的作品能否受到主考官的赏识。张籍所答诗把朱庆馀比作美貌的"越女"，说他的作品"敌万金"，后朱庆馀果然登第，名满京师。

名落孙山

宋朝吴地人孙山，是个滑稽才子，某年，到外郡赶考举人，同乡托他把自己的儿子也带去同考。这同乡的儿子没有考中，孙山考中了最末一名，就先行返回。

同乡就问孙山，他的儿子考中了没有，孙山不直截了当地回答，而是仿照欧阳修《踏莎行》词中“平芜尽处是春山，行人更在春山外”的句子，念了这样两句：

解名尽处是孙山，
贤郎更在孙山外。

孙山两句仿词说：榜上最末一名是我孙山，您儿子还在我的后边呢。言外之意是问话人的儿子没有考上。从此人们就把榜上无名叫“名落孙山”，后来的这个成语，就来源于这个故事。

心安茅屋稳

一老者心境恬淡，年过八十，仍康健如中年人，人或问其长寿之道，老者笑答道：

心安茅屋稳，性定菜根香。
世事静方见，人情淡始长。

客座诗

清代学官陈支轩，号良栋，年老体健，热情好客，于客座题诗云：

客至便留饭，鱼肉豆腐蛋。
休嫌苜蓿寒，君子之交淡。

一钱买酒

金陵人陈文藻，号苍崖，家贫嗜酒。一日，袋中仅剩一钱，用以买酒饮之，作诗自嘲云：

苍崖先生屡绝粮，
一钱犹自买琼浆。
家人笑我多颠倒，
不疗饥肠疗渴肠。

落水获救

施架字宗铭，明代吴县人，家贫力学，颖悟过人，登正统进士第一，授修撰。一年后去世，天下伤之。相传他幼从父游淮扬，归舟泊河下，送客失足落水，众人救之上船，他吟诗道：

脚踏船头船便开，
天宫为我洗尘埃。
诸君莫笑衣衫湿，
才向龙门跳出来。

题　画

唐伯虎被诟削籍，放浪丹青山水间，以此自娱，亦以此自许。尝题所画小景云：

不炼金丹不坐禅，
不为商贾不耕田。
闲来写就青山卖，
不使人间造孽钱。

辞职自遣

相传明代刘伯温有辞职自遣诗云：

买个黄牛学种田，结间茅屋傍林泉。
因思老去无多日，且向山中过几年。
为吏为官皆是梦，能诗能酒总神仙。
世间百事都增价，老了文章不值钱。

睡觉歌

五代时有个陈抟，考进士没考上，上武当山做了隐士，后来又避居华山，不想出山做官了。他每天闭门不出，一睡就是几十天。

周世宗派人把他召到宫里，他又是关上门不起。睡了一个多月，才开门，周世宗进去一看，他似睡非睡、似醒非醒地对皇上唱道：

臣爱睡，臣爱睡，不卧毡，不盖被。片石枕头，蓑衣铺地。震雷掣电鬼神惊，臣当其时正酣睡。闲思张良，闷想范蠡，说甚孟德，休言刘备。三四君子，只是争些闲气，怎如臣：向青山顶上，白云堆里，展开眉头，解放肚皮，且一觉睡，管甚玉兔东升，红轮西坠。

周世宗本要封他为谏议大夫的官，看他无意仕途，只好放他回华山了。

清廉自白

明代刘应麟，字芝阳，江西鄱阳湖人。在江苏巡抚任上告老还乡。他为官清廉，严于律己，体恤百姓。临走时，在巡抚衙门墙上写了一首诗，作为清正廉明的自白：

来时行李去时装，
午夜青天一炷香。
描得海图留幕府，
不将山水带还乡。

诗的大意是：我来时带来什么，走时也只带走什么，这事是有天可以作证的。我连画的海图都留下，熟悉的山水我也不带走。

大概或者也许是

民国时期，某校学生把该校校长的口头禅集在一起，编成一诗，以讽其说话总是模棱两可。

大概或者也许是，
不过恐怕不见得。
然而个人以为是，
但是我们不敢说。

四季不宜

怕读书者，视四季俱不宜，有人作诗嘲之云：

春季岂是读书天，
夏日炎炎正好眠。
秋多蚊虫冬有雪，
一心收拾待明年。

奇诗奇事

一位教师告诉学生，写文章一反平实则奇，打破常规则险。作诗贵奇警，平淡则无功。一个学生作诗道：

宰相升知府，将军背大旗。
老爷求小子，和尚抱娇妻。
蝴蝶吱吱叶，蛤蟆队队飞。
小猫吞猛虎，蚂蚁斗雄鸡。

那位教师听后目瞪口呆。

拆字入俗语

蜀人杜渭江为麻城令，一日宴请乡绅，有梅西野倡令，要拆字入俗语二句，梅自云：

单奚也是奚，加点也是溪。
除却溪边点，加鸟便成鸡。
得志猫儿雄似虎，败翎鹦鹉不如鸡。

座上有毛石崖云：

年青也是青，加点也是清。
除却清边点，加心便为情。
火烧纸马路，落得做人情。

杜渭江答云：

单相也是相，加点也是湘。
除却湘边点，加雨却为霜。
各人自扫门前雪，休管他人瓦上霜。

吃菜比人大不同

一人贪吃，上桌如风卷残云，盘中菜顷刻而尽，同桌有一文士，笑吟诗云：

三生有幸与君逢，吃菜比人大不同。
象箸飞来忙似箭，银牙咬去快如风。
眈眈虎视魂先出，投投雅抓手不空。
更有高招人不觉，眼睛不住望盘中。

书塾问童子

一塾师爱坐茶馆，学生问字，常找不着，一学生趁其外出，将贾岛《寻隐者不遇》一诗改写，置于案上，先生回来，取诗一看，不觉汗颜。诗道：

书塾问童子，言师喝茶去。
只在此城中，巷深不知处。

贼贼贼

一道士以肖像求解学士题诗，解学士大写“贼贼贼”三字，道士大吃一惊，学士接着写完，道士大喜。其诗云：

贼贼贼，
有影无形拿不得！
只因偷得吕仙丹，
而今反作蓬莱客。

谢赠金腿

清代诗人陈斗泉为人诙谐多智。一次，有位朋友送给陈斗泉一块金华火腿，这块火腿存放时间过长，刀砍不入，水煮不烂，牙啃不动。

陈斗泉枉担了受惠的虚名，实际没得到分毫好处，还得向朋友表示感谢，心中愤然不平，于是作诗致谢道：

金腿蒙君赐，全家大喜欢。
柴烧三担尽，水至一缸干。
肉似枯荷叶，皮同破马鞍。

牙关三十六，个个不平安。

图画禽兽

解缙七岁时，有人慕名找上门来，要他在一幅画像上题诗。这幅画上画的是来人的父亲。解缙慨然应允，约定第二天交卷。

然而，他从别人口中得知，画中人原来是邻县的乡绅，平日横行霸道，欺压乡民，恶名远播。解缙对这种人向来恨之入骨。他眉头一皱，在画像上"刷刷刷"横着写下了四个大字。求诗人第二天一看，原来上面写的是：图画禽兽。

当时，只见此人拿画的手在颤抖，脸红得犹如猪肝。父亲被人骂作禽兽，还有不气的道理！解缙觉得出了一口气，心中非常痛快。

正当此人要发作时，解缙指着画像说道："我的诗还没写完，这四字是每句诗的第一个字。"说罢，从桌上提起笔，续成一诗：

图公之像，画公之形。

禽中之凤，兽中之麟。

来人见解缙把他父亲比作凤凰和麒麟，顿时回嗔转喜，付了润资，把画像取走了。他不知道这是一首嵌字诗，其关键只在"图画禽兽"这四个字。

《关公辞曹》唱段

《关公辞曹》是写三国的戏，内容是说关羽打听到了刘备的下落，谢绝了曹操的各种美意，义无反顾地辞别了曹操。

河南梆子《关公辞曹》里，有关、曹二人争辩的场面，曹操摆关羽不该走的理由，关羽摆应该走的理由。曹操的唱段非常生活化，并且出现了夫人"曹大嫂"：

在曹营我待你哪样不好？

顿顿饭四个碟两个火烧。

绿豆面拌疙瘩你嫌不好，

厨房里忙坏了你曹大嫂。

薄肉诗

明代书画家董其昌到一个朋友家去，正赶上吃中午饭，主人留他一同进餐。董其昌看见桌上菜中的肉，切得极薄，便作了一首诗：

主人之刀利如锋，主母之手轻且松。

薄薄批来如纸同，轻轻装来无二重。

忽然窗下起微风，飘摇吹入九霄中。

急忙使人追其踪，已过巫山十二峰。

到清代，有人又根据这首诗的意思，写了四句短诗：

薄薄批来浅浅铺，厨头娘子费工夫。

等闲不敢开窗看，恐被风吹入太湖。

病僧诗

过去出家人日子过得特别清苦，平时吃斋、念佛、练功自不必说，到了晚年，特别遇到生病卧床不起，则没人照顾，那景象是很惨的。

唐朝末年，有个和尚病得很重，寺里不让他住，把他迁到附近一个破房子里。他十分伤心，在门上写了四句诗：

枕有思乡泪，
门无问疾人。
尘埋床下履，
风动架头巾。

有个当官的路过这里，看到了诗，很可怜他，让寺里的和尚把他抬回去治疗。后来，这个当官的又升了大官，来到京城，把这事报呈给皇上。于是，朝廷颁布一条命令，让天下所有的寺庙，都设置“延寿寮”，专门为和尚养病用。

百姓遭殃

清光绪二十八年（1902），张之洞担任湖北省总督，官署设在江夏（今武汉市）城里。这年农历十月初十，是慈禧太后的万寿之日。

为了表示热烈庆贺，全城各个衙署都大肆铺张，到处悬灯结彩，火树银花，彻夜不熄，耗费的国库银两数以万计。张之洞还请来了各国驻鄂领事，大摆筵席款待。又召集军界、学界的乐队，演奏西洋音乐，齐唱新编的《爱国歌》助兴。

当时，张之洞的一位幕僚——素有“怪人”之称的名士辜鸿铭也在席上陪宴，他对张的亲信梁鼎芬说：“满街都在唱《爱国歌》，怎么听不到有人唱《爱民歌》呢？”

梁鼎芬说：“您何不试编一首？”辜鸿铭捋捋髭须，略一沉思，便对梁说：“我已经有了妙词四句，您是否愿意听一听？”

梁一面点头回答“愿听”，一面挥手示意，让客人们安静下来。只听辜鸿铭用高朗的福建官话吟诵道：

天子万年，
百姓花钱；
万寿无疆，
百姓遭殃！

四句诗刚刚诵毕，顿时满堂哗然。那位总督大人张之洞，更是惊愕得张大了嘴巴，久久合不拢来。

自　嘲

一儒生长于仕宦之家，不忧生计，每日以琴棋书画、饮酒赋诗、赏花出游为乐，后父兄罢官，家境衰落，只得自谋生计，因作诗自嘲云：

书画象棋诗酒花，
当年件件不离他。
而今七字都更换，
柴米油盐酱醋茶。

煮粥诗

由于水旱灾害和人祸，老百姓民不聊生，能以粥充饥度荒年，就已很不错了。古人作《煮粥诗》以自嘲：

煮饭何如煮粥强，好同儿女熟商量。
一升可作二升用，两日堪为六日粮。
有客只需添水火，无钱不必问羹汤。
莫言淡薄少滋味，淡薄之中滋味长。

七不嫌

古代穷人有“七不嫌”之说，讲

的都是人生活中的实在事。有哪些不嫌呢？

饥饿得粗食，不嫌；
徒行得劣马，不嫌；
行久得座位，不嫌，
久贫得薄酒，不嫌；
口渴喝凉水，不嫌；
赶路乘小船，不嫌；
遇雨进小屋，不嫌。

案旧相识

一妓女已从良，其旧相识约她欢会，妓赠一扇，画柳枝于上，并题诗云：

昔日章台舞细腰，
任君攀折任君笑。
而今写入丹青里，
不计东风再动摇。

吴人嫁女词

明代吴人嫁女词，江盈科评云："识者之词，难为众人道也。"其词云：

种花莫种官路旁，嫁女莫嫁诸侯王。
种花官道人争取，嫁女侯王不久长。
花落色衰人易换，离鸾镜破终成空。
不如嫁与田舍郎，白首相看不下堂。

蛛网

探花王刚中为御史，出巡福建，有书生张松茂与邻女金媚兰私通，被送到官。王见檐前蛛网，指谓张曰："你能以此为题作诗可免罪。"张生即吟道：

只因禀性太癫狂，
游遍花丛觅芳香。
今日投入罗网里，
脱身迅藉探花郎。

尼姑嫁人

饶州有尼姑还俗，嫁一士人张生，乡人戴宗送以诗云：

短发莲扣绿未匀，
袈裟脱却着红裙。
于今嫁与张郎去，
赢得僧敲月下门。

君恨我生早

一位老秀才在乡间迷路，到一家借宿，主人不肯开门，老秀才再三相求，才有一少妇开门延客，一老一少谈得十分投机，少妇乃寡居，知老秀才也是鳏居后，大有以身相许之意。秀才作诗道：

我生君未生，君生我已老。
我恨君生迟，君恨我生早。

寄衣

有叶正甫久客居京城，其妻刘氏寄寒衣，附以诗云：

情同牛女隔天河，又喜秋冬得一过。
岁岁寄郎身上服，丝丝是妾手中活。
剪声自觉和肠断，伐脚那能抵泪多。
长短只依先去体，不知肥瘦近如何？

误吻小姨

一书生去岳父家祝寿，众人劝酒，书生喝得烂醉如泥。小姨于是扶他去客房歇息，他误以为是妻子，抱吻了小姨，小姨气急，提笔作诗，置书桌而去。诗道：

好意扶你睡，竟敢享我唇。

是个读书人，这般没道理。

不久，小舅子进来，见诗大笑，在后写道：

酒醉随他醉，为何扶他睡？

猫儿见了鱼，哪有不尝味！

书生一觉醒来，见桌上题诗，才知自己酒后失态，得罪了小姨，又见笑于小舅，因写道：

酒醉烂如泥，朦胧抱娇妻。

醒后方知错，原来是小姨。

写毕，正在自愧，岳母走了进来，看到桌上题诗，忙又写了几句，并以好言抚慰。她写道：

小女不懂事，纸上乱写字。

本是一家人，何必当回事！

如何嫁了卖盐人

状元钱鹤滩已归田，有美妓嫁与盐商，钱去盐商家做客，盐商出妓，衣裳缟素，皎若秋月，命妓出白绫帕请留新句，钱题诗云：

淡罗衫子淡罗裙，

淡扫娥眉淡点唇。

可惜一身都是淡，

如何嫁了卖盐人？

妓看后置之一笑，作诗答之云：

金钱买得西施去，

底事干卿梦不安？

亦淡亦盐风味好，

惹人都为一身酸。

讽　竹

自古以来，文人皆以“松竹梅”为岁寒三友，郑板桥有《竹石》诗：“咬定青山不放松，立根原在破岩中。千磨万击还坚劲，任尔东西南北风。”对竹赞颂备至。

有人不以为然，作《讽竹》诗云：

竹似伪君子，外坚中却空。

根细善钻缝，腰柔惯鞠躬。

成群能蔽日，独立不禁风。

文人多爱此，想来气息同。

四时词

古人有写春、夏、秋、冬四季的词，能抓住各季节的自然景色和人的情绪来写，值得一读。

春词：

我爱春，春光好，

山嘴吐晴烟，墙头带芳草。

黄鹂骂杏花，惹得游蜂闹。

海棠零落牡丹愁，只恐韶华容易老。

夏词：

我爱夏，夏日长，

玉战棋声脆，竹摇扇影凉。

薰风宝奇货，满路芰荷香。

蝉在绿杨深处噪，也须回首顾螳螂。

秋词：

我爱秋，秋思苦，

篱菊忆陶潜，征鸿叫苏武。

落叶覆苍苔，无风自起舞，

纷纷社燕别东翁，旧巢还待来年补。

冬词：

我爱冬，冬日闲，

煎茶溶雪水，倚杖看冰山。

莫唱征夷曲，将军夜度关。

若个渔翁堪入画，一蓑披得冻云还。

张恨水的补白

现代著名小说家张恨水，素以才思敏捷、下笔成文而著称。他曾在《南京人报》任职。一天夜里，报纸即将拼版，但有一版上还有一小块空白。张恨水得知后，信手提笔写了几句打油诗：

楼下何人唤老张，

老张楼上正匆忙。

时钟两点刚敲过，

稿子还差二十行。

该诗见报后，报界同仁和广大读者无不拍手叫好。

谭鑫培临场应变

京剧表演艺术家谭鑫培年轻时在北京演出，因为经验不足，演出时曾出现过一些差错。但是由于他聪明过人，能随机应变，因而非但没露出破绽，反而增强了演出效果。

有一天晚上上演《文昭关》，谭鑫培在剧中饰伍子胥。伍子胥腰间应该佩带宝剑，上场后有这样四句唱词：

过了一天又一天，

心中好似滚油煎。

腰中枉佩三尺剑，

不能报却父母冤。

当时，由于管道具的人粗心，错把宝剑换成了刀。谭鑫培当时也没注意，出场后才发现问题，但又来不及更换，他急中生智，手握腰刀唱道：

过了一朝又一朝，

心中好似滚油浇。

父母冤仇不能报，

腰间枉挂雁翎刀。

这一改，改得天衣无缝，再加上他那优美的唱腔，博得观众的满堂喝彩。

几何诗

抗战中的某年，四川大学招考新生。校方规定，按照考生各学科考试总成绩择优录取，某些学科考分低些，只要总分高也可录取，但只要一门学科成绩为0分者即予淘汰。

有位考生其他学科的功底都不错，唯独对几何学一窍不通。考几何时他抓耳挠腮，一筹莫展。如交白卷，肯定落榜，实在心有不甘，于是就在考卷上写了一首打油诗，一则解嘲，一则泄怨。诗云：

人生在世能几何？
为何苦苦学几何？
学了几何值几何？
不学几何又几何！

诗中用了6个“几何”，其中第二、第三、第五个“几何”指几何学，其余的谓多少、若干。

时任四川大学文学院院长向楚教授知道后说：“该生几何学极差，意志又消沉，毫不足取。但他的打油诗尚有巧思，还是给他个5分（百分制）吧。”

亏得这5分，这位考生考取了四川大学。

两改题像诗

古代没有照相技术，肖像是画出来的，由于用的是工笔，所以画像时间较长，价钱也比较贵，至于逼真程度，则只能说“依稀”“仿佛”，和后来的相片毕竟不可同日而语。

清代江西有个书生名叫王龙宾，排行十二。请人绘了幅肖像，看了比较满意，就题了首诗在肖像上。诗曰：

一貌堂堂，挂在书房。
有人问起，王十二郎。

没过多久，王龙宾一时经济拮据，硬要把肖像卖给他弟弟。他弟弟认为肖像问题不大，兄弟俩本来长得像，但题诗却明确说肖像是哥哥的。王龙宾说这是小事一桩，就在每句诗下加了两个字：

一貌堂堂无比，挂在书房屋里。
有人问起何人，王十二郎阿弟。

后来王龙宾有了钱，但他弟弟却穷了，再把肖像卖还给哥哥，王龙宾只得买下，并在每句诗后再添两个字。

一貌堂堂无比之容，
挂在书房屋里墙东。
有人问起何人之照，
王十二郎阿弟之兄。

数字诗

当代台湾学者张永明先生，自幼聪敏，七岁就能写诗作文章，被称为“武平才子”。他作过一首绝妙的诗：

百尺楼前丈八溪，
四声羌笛六桥西。
传书望断三春雁，
倚枕愁闻五夜鸡。

七夕一逢牛女会，
十年空说案眉齐。
万千心事肠回九，
二月黄鹂向客啼。

诗内含有一、二、三、四、五、六、七、八、九、十、百、千、万这些数字。

数字诗互答

传说明代才子祝枝山与周文宾两人在杭州，赶上元宵节，便一起上街看花。他两人别出心裁，周文宾男扮女装，一同上了街。

兵部王尚书的儿子王老虎，看中了周文宾这个“美人”，把“她”抢到王府，强迫成亲。周文宾不答应，当晓被送到王老虎妹妹王秀英的房间里歇息，谁料到竟无意间促成了周文宾与王秀英的婚事。

在闺房里，王秀英作了一首诗：

百尺楼头花一溪，
七香车过五陵西。
六桥遥望三湘水，
八载空惊半夜鸡。
风急九秋双燕去，
云开四面万山齐。
子规不解愁千丈，
十二时中两两啼。

诗中用了半、一、二、两、双、三、四、五、六、七、八、九、十、百、千、万这些数字。

周文宾对诗大加称赞，然后也和了一首诗：

百尺高楼四五溪，
珠箪十六卷东西。
二分明月三分恨，
一夜相思半夜鸡。
黄鹤高飞万丈远，
红鸾新绣两双齐。
春归八九愁千斛，
七里山塘罢乱啼。

诗中也嵌入了半、两、双及一至万的各个数字，真可谓珠联璧合！

夏九九歌

夏九九歌，是中国民间歌谣。它从夏至那天开始，以每九天为一段落，写出夏季气候的变化，并向老百姓宣传避暑防热的卫生知识。

由于我国南北方气候差异较大，夏九九歌也有两个版本，南方夏九九歌全文是：

夏至入头九，羽扇握在手；
二九一十八，脱冠着罗纱；
三九二十七，出门汗欲滴；
四九三十六，卷席露天舒；
五九四十五，炎秋似老虎；
六九五十四，乘凉进庙祠；
七九六十三，床头摸被单；
八九七十二，子夜寻夹被；
九九八十一，开柜拿棉衣。

北方夏九九歌全文是：

一九至二九，扇子不离手；
三九二十七，冰水甜如蜜；
四九三十六，衣衫汗湿透；
五九四十五，树头秋叶舞；
六九五十四，乘凉莫太迟；

七九六十三，在眠不盖单；

八九七十二，当心受风寒；

九九八十一，家家找棉衣。

这些民间歌谣将数学与文学结合，颇具有形象性和趣味性。

清客十字令

以前，人们把那些不做官却又有才干、有人品的人，称为清客。清客是些什么样的人呢？清末，在北京有人编了“清客十字令”：

一笔好字，二等才情，三斤酒量，四季衣服，五子围棋，六句昆曲，七字歪诗，八张马吊（纸牌名，4 人入局，人各 8 张），九品头衔，十分和气。

这样的描写已是惟妙惟肖了，后来，有人又各续两字，变成以下的内容：

一笔好字不错，

二等才情不露，

三斤酒量不吐，

四季衣服不多，

五子围棋不悔，

六句昆曲不推，

七字歪诗不迟，

八张马吊不查，

九品头衔不选，

十分和气不俗。

这种解释，于妙中又可以称奇了。

捐官说官话

古时，汉语中的北方话尤其是北京话，使用甚广，又常用于宫廷和官僚阶层，故名官话。按清朝制度，举人、生员、贡生、监生、童生不会官话的，不准送试。

蓝青官话指夹杂着别地口音的北京话。蓝青，比喻不纯粹。官话和蓝青话，是明清时期的官方语言。

清朝，有个捐官（由捐纳资财粮米而换得的官）不懂官话。到任后，拜见上司寒暄数语，便及其他。

上司问道："所治贵地风土（自然环境和习俗）何如？"

捐官回答说："并无大风，更少尘土。"

问："春花（鱼苗的一种）何如？"

答："今春棉花每亩二百八。"

问："绅粮（官粮）何如？"

答："卑职身量，足穿三尺六。"

问："百姓何如？"

答："白杏只有两棵，红杏不少。"

上司强调说："我问的是黎庶。"

捐官仍一本正经地相对："梨树甚多，所结果子甚少。"

上司再次提醒说："我不是问什么梨杏，我是问你的小民。"

捐官赶忙站起来道："卑职小名狗儿。"

上司围绕民事提出了一系列问题，捐官每以同音之词相对，因不懂官话，答非所问，笑话迭出。特别是最后，以贱称道出自己"狗儿"的小名，更令人哭笑不得。

我家老爷不要脸

从前，有个南方人在北方做了几年官，为显示自己是官场老手，便训导手下人要学会说官话。

他曾对服侍他的佣人说："'面'字官话应该说成'脸'，以后如果要说'请老爷洗面'，应改为'请老爷洗脸'，知道吗？"佣人连忙回答说："知道了！"

有一次，这位老爷到一财主家祝寿，他大吃大喝了一顿，肚子已经吃撑了，恰巧这时厨师又端来了寿面，他便摇摇头表示不再吃了，厨子还不大领会，跟随老爷的佣人连忙对厨师说：“你快拿走，我家老爷不要脸（面）！”

其实，官话是约定成俗的，违背了这一点，往往会闹出笑话。

伞与葫芦

宋神宗元丰年间，高丽国派遣一僧人入贡，与杨次公在酒席上行令，以两个古人的姓名相争一物品为题。僧人说：

古人有张良、郑禹，相争一伞。良说“良（凉）伞”，禹说“禹（雨）伞”。

杨次公道：

古人有许由、晁错，相争一葫芦。由说“由（油）葫芦”，错说“错（醋）葫芦”。

彼此以同音、近音字连缀古人名、物名，趣而不俗。

白吃又何妨

从前，有卖韭、蒜、葱和白菜的四个人，交往甚密，每天收市之后，便在一处饮酒谈叙，但卖白菜者十分吝啬，从来没有请过客，可谓点滴不漏。

有一天，卖韭、蒜、葱的三个人凑在一起商议，设法取笑那位卖白菜的仁兄，欲让他破费一次。于是他们又相约去饮酒。

席间，卖韭菜的提出行酒令助兴，各吟诗一首，要求每句首字必须是本人所卖的东西。卖蒜、葱的表示同意，那卖白菜的端起一杯酒一饮而尽，然后抹了抹嘴说：“那好，谁先说？”

卖韭菜的从座位上站起来，率先说道：

久（韭）饮他人酒，

卖蒜头的接着说：

算（蒜）来不应当。

卖大葱的紧接第三句：

聪（葱）明人自晓，

最后轮到卖白菜的人，他知道三个人是在挖苦自己，更显得潇洒自如，于是脸不红，心不跳，不慌不忙地夹起一块肉放进嘴里，边嚼边说：

白（白菜）吃又何妨！

乾隆纳闷于“此”

相传乾隆皇帝一次下江南私访，遇到一个孩童。

乾隆问道：“上学了吗？”

孩童回答说：“上过学。”

又问：“读过《论语》吗？”答曰：“读过。”

乾隆意欲考考这个孩童，当即指着一堵墙上“此巷不通”四个大字问道：“你认识这些字吗？”

孩童说：“只认识三个。”

“哪三个呢？”

“‘巷——不——通’，头一个字不认识。”

乾隆颇觉意外，进而问道：“既念过《论语》，怎么不认识头一个字呢？”

孩童沉思片刻，满怀信心地说：“《论语》里‘不’字有好多个，‘通’字只一个，‘巷’有两个，就是不见头一个字。”

随后，孩子将《论语》中含这三个

字的句子流利地背了一遍。

乾隆见孩童背诵得如此娴熟，深为诧异。他不相信《论语》中没有“此”字，可又没有确凿的依据。

回京后，乾隆找来《论语》认真地查阅了数遍，“不”字随处可见，“通”字确实只有一个，“巷”也只出现两次，“此”则杳无形迹。由此，愈加佩服那小孩惊人的记忆力。

次日上朝，乾隆面对满朝文武探问道：“众位爱卿，你们说《论语》中有没有‘此’字？”

大臣们异口同声道：“哪会没有‘此’字呢？这是个极为普通的字啊！”

乾隆显出不悦的神色说：“大家都回去查查，谁若在《论语》中找出‘此’字，官升三级！”大臣们煞费苦心，谁也没有查出来。

《论语》中怎会没有“此”字呢？乾隆常为此而纳闷，据说，他至死未能明白这个问题。

心耳在这里

某地来了一位新任巡抚，他是个外乡人。有一天，他操着家乡话对差役说：“你给我买根竹竿来！”

差役误听为“猪肝”，立即上城买来猪肝，还自作主张买了一个猪心，满以为巡抚会高兴的。

谁料巡抚一见，不由大笑，责怪他做事不开动脑筋，责问道：“你的心在哪里？”

差役忙从衣袖里拿出猪心，回答说：“大人，心在这里。”

清朝时期，有个县太爷，夏天怕热，想买一张竹床，便对仆人吩咐道：“你到市场给我买一张竹床来，让老爷凉快凉快！”说着，递给仆人一块银元。

没有想到的是，仆人将“竹床”听成了“猪肠”。他径直跑到肉店，把钱往肉案上一搁，大声道：“给我称副猪肠！”

老板见是县衙里的人，赶忙拣了副猪肠，上秤一称，还差二两，便补给两只猪耳朵。仆人喜笑颜开，暗想：老爷只叫买一副猪肠，现在却多了两只耳朵，这小小外快正好供我下酒，于是将猪耳朵塞进了自己的裤腰袋里。

仆人即刻回衙交差。县官见仆人拎着猪肠，不由火冒三丈，斥骂着：“你这个混蛋，叫你去买竹床，偏偏买来猪肠，耳朵到哪里去了？”

仆人吓得面如土色，慌忙摸出两只猪耳朵颤抖着呈上，哆哆嗦嗦地说：“老爷……明察，耳朵……在这里啊！”

一桶天下

从前有个姓薛的宰相为官清正。其子薛登聪明伶俐，颖悟过人。当时有个奸臣金盛，总想陷害宰相，但苦于无处下手，便决定在薛登身上打主意。

有一天，金盛见薛登正与一群孩童玩耍，于是眉头一皱，诡计顿生，大声喊道：“薛登，你如敢把皇门上的桶砸掉一只，那才是有胆量的英雄！”

薛登不知是计，马上跑到皇门边上，

把竖立在那里的一对木桶砸掉了一只。金盛暗自高兴不已，立即上报皇上。皇上龙颜大怒，即宣薛登父子问罪。

少顷，薛登父子跪在堂下，父亲战战兢兢，儿子却若无其事地嬉笑如常。皇上见状大怒道：“大胆薛登，为何砸掉皇门之桶？”

薛登想了想，反问道：“皇上，你说是一桶（统）天下好，还是两桶天下好？”

“当然是一统天下好！”皇上果断地说。

薛登边笑边拍着手说：“皇上金口玉言，一统天下好，所以我才把那只多余的桶砸掉了。”

皇上听了，转怒为喜，称颂道：“好一个聪明的孩子！”既而转向宰相：“爱卿教子有方，请起！请起！”

武则天谈文论字

相传，唐朝女皇武则天有一次与臣子们共宴，席间谈文论字，气氛活跃，雅兴浓烈。

武则天很有才学，对文字也有所研究。她忽地来了灵感，对群臣说：“我发现，射字由身、寸构成，一个人身高只有一寸，这不是矮字吗？矮字由矢、委构成，委原是发放之意，把矢（箭）发放出去，这不是射吗？所以，矮、射两字应该互相掉换过来使用，大家说对吗？”

群臣听了，无不拍手叫好，齐声道贺圣皇的金玉良言！

无独有偶，清人沈起风的《谐译》中也记载了一个与上类似的故事。

锦屏地方有个女孩，七岁时从师读书，勤学好问。有一次，她对塾师说：“古人造字，会意象形，有时也多误处。”

塾师问她有何根据，她回答说：“矮字明明由委、矢二字组成，自然应读作射；而射明明由寸、身组成，又当读作矮。现在完全弄颠倒了，这不是古人之误吗？”塾师一听，十分惊讶，竟无言可对。

其实，“射”在金文中是由弓、矢、手三部分组合成的会意字，意即箭搭弓上，以手发射，故其本义是射。

“矮”字右边的委旁，甲骨文的形体是一个跪在地上的奴隶手拿一蔸干枯蜷曲的禾，禾稻枯萎蜷缩，比盛长挺拔之时显得矮小，矢加委，表示枯萎的禾只有一箭之长了，故本义为矮小。

大使吃粪

武则天称帝后，改国号为周。当时有一个拾遗（谏官），姓李名良弼，好谈玄理，常以能说会道自夸。

唐高宗、中宗时期，属国东突厥常来侵扰并、岚、妫等州。武则天执政后，欲改善与东突厥的关系，将派使者前往。

李良弼觉得这正是显露口才的好机会，便请求出使属国，说服其首领骨笃禄。骨笃禄对李良弼的滔滔不绝甚为反感，用木盘装上粪便让他吃，旁边有人用雪亮的刀子威逼着。李良弼非常害怕，将粪便全部吃光以后，才被放回。

人们从此讥讽他说：“李拾遗能拾

突厥之遗。”意思是说：李拾遗能抓起突厥的大便吃。

麻将精哭夫

有一对夫妻意气相投，都是远近闻名的“麻将谜”。一次，男的连战五天五夜，一下子昏死过去，倒在桌子底下。他的妻子闻讯赶来，一把鼻涕一把泪地哭诉道：

我的亲夫呀，你怎么忍心丢下我，就这样走了！看你双眼，睁着像二筒，鼻子像红中，歪起个脑袋像七筒，躺着身子像东风，挺起个肚脐像幺筒；你上下穿的是清一色，长手长脚一条龙，如今黄泉路上断桥会，今生再不能与你喜相逢。我的夫啊！你两手一摊全不管，丢下的田地谁来种？今后妻只有全求人，落个金鸡独立喝西风啊！

女人正哭得起劲，不料丈夫忽然苏醒过来，感慨地说：“我本来已经死了，是你哭麻将把我唤了回来！”妻子大吃一惊，吓得直往后退。

男的接着说：“我还不能死，听你哭麻将经，担心会有错误。‘诈胡’是要赔钱的，千万要注意！”

眉来眼去

李抱枕是我国著名音乐家，他终生致力于音乐教育，著述颇丰。

李抱枕平时教育学生十分严格，也极富于风趣。他曾和学生打趣，说他早年讲授音乐时，一些贪玩的学生连八个音阶都唱不准，有的唱成“独览梅花数腊雪”，有的闹恶作剧，竟唱成“多来米饭，少来稀饭”，引得学生捧腹大笑，课堂气氛十分活跃，师生关系很融洽。

李抱枕很善于指挥，有些合唱团的学生在演唱时，常犯只看曲谱不看指挥的毛病。李抱枕非常幽默地对大家说：“好的合唱团员把曲谱记入脑海里面，不好的合唱团员把脑袋埋在曲谱里面。我恳求各位在唱的时候，多‘赏’我几眼，别老是埋头苦干，因为在实际演出时，我们不能说话，只能彼此眉来眼去。”

李抱枕不愧为艺术大师，一席话说得大家哈哈大笑。学生们牢记老师的幽默趣语，从此唱歌时，眼睛再也不离开指挥了。

官高位尊腹内空

莫荣新不学无术，可他官运亨通，竟于民国初年当上了广东省的省长。

1916年，蔡锷领导的护国军在广东肇庆成立了一个军务院，委任李某为前敌总司令。有一次，李某东征，军政委员纷纷为他祝酒饯行。

轮到莫荣新时，只见他举杯高声祝颂道：“愿君此去痛饮黄泉！”此语一出，满座愕然。那个李总司令更是满面怒容，他顾不得宴间诸公的盛意，拂袖而去！

原来莫荣新缺少文墨，把“痛饮黄龙”说成了“痛饮黄泉”，虽仅一字之差，却变庆祝胜利之语为预先哀悼之辞，闹了个大笑话。

另有广西督军谭浩明，与莫荣新可

算一路货色。有一次，谭与某省的一个代表谈判，要签订一个合约，已达成协议。那代表临别时，为慎重起见，特别强调说：“谭公，此事万不可失信啊！”

谭连拍胸膛，大声说：“请放宽心，我谭某向来都是一落千丈的！”把一诺千金误为一落千丈，大出洋相！

李福林在抗日战争以前，是广东省的一个军阀，他不爱读书也不愿看报，才疏学浅，但常装成满腹学问的样子，说起话来，无论通与不通，总要加上几个成语或其他文雅的字词。

有一次，他到中山大学演讲，面对满堂师生，又班门弄斧起来：

诸位大学生们，校长阁下敬请我光临敝校，本人深感侥幸，犹似鹤立鸡群，不由得使我飘飘然……

学生们哄堂大笑！

李福林不高兴地说：“你们笑什么？我是个大老粗，说话虽则狗屁不通，可是打起仗来，我能赤膊上阵！”

这时，连板起面孔瞪着学生的校长也忍不住“嗤”的一声笑了起来。

请到我贵府做客

从前有个财主，不通文墨，却偏爱假充斯文，人们投其所好，寻求开心，故称他为斯文财主。

有一次，斯文财主到一个新结识的朋友那里做客，朋友在门前迎接他说：“今蒙先生光临敝舍，顿觉蓬荜生辉。”

对于这一文雅的谦逊之词，斯文财主感到恍恍惚惚，闷了一会才说：“你家敝舍不错，我能光临敝舍，实在感到荣幸！”朋友一听，不觉哑然。

入室坐定后，彼此拉起家常来。朋友说：“听说令郎在外求学，前途无量！老夫无能，犬子也不求上进，实在惭愧！”

斯文财主似懂非懂，只好随着朋友的话意答道：“听说老夫的犬子聪明伶俐，我家令郎哪能比得上？”朋友一愣，暗自发笑。

不一会，共进午餐。朋友谦虚地说：“很是寒酸，唯有便饭小菜而已。”

斯文财主尝了两口，连忙应声说：“哪里，哪里，这些而已鸡、而已鱼不酸不咸，非常好吃！”

朋友不禁哈哈大笑：“过奖，过奖！”

斯文财主临别时，握住朋友的手说：“打扰了，改日请到我贵府做客！”

灵丹妙药

鸦片战争时期，清政府屈膝投降，丧尽民族尊严，全国人民尤其是广州人民对此深为不满，于是有人撰写《狐媚药方》予以讽刺：

余黄堂号（谐音荒唐）精制此方，服用的人可以延年益寿，润身肥囊，固宠求荣，加官晋爵，实在是偷生得福之妙药。药方如下——

柔肠二根，黑心二个，厚脸皮二张，舌头一根，媚骨一副，屈膝一对，扣头虫不拘多少，笑脸三分。

以八味药材，用笑里藏刀切碎，口蜜为丸，藏于乌龟壳内，临用时以狼心二个，狗肺一副，煎成糊涂和药送服。

这剂药方包括八味药材和狼心、狗肺，与之相配的有“一根、一个、一张、一副、一对、三分”等数量词，连珠炮似的将卖国贼厚颜无耻、媚敌求荣的奴才嘴脸剖析得入木三分。

三友酬答

佛印是北宋金山寺的和尚，能诗文，是著名文学家苏东坡和黄庭坚的好朋友。他们常欢聚一处，每聚必饮，每饮又必以诗联酬答唱和。但佛印放荡不羁，不拘小节，只赴别人的宴请，却不予答谢。

有一次，正值冬日。苏东坡邀约黄庭坚泛舟赏雪，有意撇开佛印这个白食和尚。二人正酝酿诗作，只见顺江漂来一只大缸，缸内传来急促的呼救声，苏、黄急忙要船家救人，谁知救上来的竟是佛印。

原来，佛印踏雪走访庭坚，不见其人，却在书案上发现东坡致庭坚的手柬，骤尔寻船不着，便以缸作舟，赶来相会。

苏、黄苦笑，只好邀请佛印入席。佛印正端杯举箸，东坡赶忙止住道：“且慢，须按老章法，以联语对答，合格者方得饮酒进食！”

佛印道：“以何为题？”

东坡道：“题材不拘。”说罢，指着银装素裹的大地，率先吟道：

天上的云，糊糊涂涂；
地下的雪，明明白白。
云变成雪，容易容易；
雪变成云，难得难得。

黄庭坚接着蘸墨急书：

墨在砚中，糊糊涂涂；
字在纸上，明明白白。
墨变成字，容易容易；
字变成墨，难得难得。

佛印见二人吟过，不慌不忙，一面进酒食，一面吟道：

我在缸里，糊糊涂涂；
上得船来，明明白白。
我吃你的，容易容易；
你吃我的，难得难得。

佛印自称吃别人的“容易容易”，吃他的则“难得难得”。通过重叠的形式，反映出了佛印的质朴、坦诚，诙谐成趣！

为古人担忧

有个人名叫沈屯子，一次，他上街听唱大鼓书，讲的是杨文广被困柳城（《杨家将》中的故事）。正当他为杨文广的处境愁眉苦脸，叹息不止时，他的朋友拉他回家。从此以后，他日夜为杨文广担忧，不知道怎样帮他解围才好。

家里人见此状况，便劝他到外面走一走，以解除心中忧虑。沈屯子在外面忽见一人挑着竹子上街，心里便叨念着：“这竹梢非常尖利，路上行人一定有被刺伤的。”

从外面回来，他的忧心更重了。家里人给他请了一个巫医，巫医对他说：“经过查询阴间的生死簿，他来世要轮回作女人，所嫁丈夫是个麻子，十分丑陋。”沈屯子听说，心病更为剧烈。

亲友们都来看望，劝慰说：“你要把心放宽些，病自然会好。”

沈屯子说：“如果要我宽心，必须杨文广解围，挑竹子的人回家，麻子丈夫写下退婚书交给我。”

不宦的伪君子

有个齐国人去见田骈，对田骈说：“我听说先生品格清高，宣称不愿做官，而愿替人服役。”

田骈答道：“您从哪里听说的？”

那人回答说：“我是从我邻居女儿的事推断出来的。”

田骈不解，问道：“您这话是什么意思？”

那人解释说：“我邻居的女儿宣称不出嫁，但刚满三十岁，就生了七个孩子，不出嫁是不出嫁，但比出嫁过分得多啊！如今先生宣称不愿做官，却有俸禄千钟，仆役百人。没做官是确实的，但财富比不做官超过了许多啊！”

田骈自命清高，声称不做官，却暗中猎取名利，远胜于当官者。齐人采用引喻的手法，对其虚伪的行为进行了讽刺。

秉烛之明

晋平公询问著名乐师师旷说：“我今年七十岁了，想要学习，恐怕已经晚了吧？”

师旷说：“您为什么不点燃蜡烛来照明呢？”

晋平公说：“哪里有做臣子的戏弄他的君主的呢？”

师旷说：“盲臣怎敢戏弄他的君主呢？臣听说过这样的话：少年爱好学习，像早晨温和的阳光；壮年爱好学习，有如中午当空的骄阳；老年爱好学习，好似晚上点着蜡烛照明。点着蜡烛照明，跟在黑暗中摸索前进相比，哪一种强？”

晋平公赞叹道：“你说得真好！”

为求对偶“杀”兄弟

宋朝有个叫李廷彦的人作了一首《百韵诗》献给他的上司，诗中有“舍弟江南殁，家兄塞北亡”的句子。上司看了，颇为伤感同情，说：“想不到你家的灾祸竟到了如此地步！”

李廷彦说：“其实，我哥哥并没死，弟弟也没亡，只是作诗时为求得对偶贴切才这样写。”

有个客人觉得好笑，便戏谑他说：

“你为什么不写‘爱妾眠僧舍，娇妻宿道房’（意即爱妾与和尚睡觉，娇妻与道士通奸）呢？这样写还可以保全兄弟两条性命啊！”

马拍拍马

苏北海陵城西郊有一劣绅，姓皮名马拍，惯于献媚取宠，人多厌恶。

有一天，县官来乡间巡视，皮马拍觉得机会难得，赶忙迎上前去，纳头便拜，还连声说：“向老爷请安，向老爷请安！”

县官暗自好笑，冷冷地说：“起来吧，你姓什么？”

马拍低垂着头，高声回答道：“请老爷明断！”

县官斜眼相视，斥责道：“废话！谁知你姓张还是姓王？”

马拍一听，满脸堆笑，阿谀奉承说：“大老爷实在高明，小人既姓张又姓王！”

县官感到奇怪：“什么？说说其中缘由！”

马拍这才站起来，解释说：“小人先父姓张，不幸因病辞世，后来母亲改嫁，继父姓王，因而小人既姓张又姓王。”

县官颇感兴趣，接着又问：“今年多大年岁？”

马拍弯曲着身子，又是一句“请老爷明断”。

县官面带笑容：“我怎知你是三十还是四十？”

马拍听罢，又是那一套：“大老爷实在高明，小人今年既是三十岁又是四十！”

县官开心地说：“你且讲与我听听！”

马拍依旧弓着腰答道：“小人今年已满四十岁，前不久，贱内亡故，意欲续弦，又恐别人嫌我年岁大，只得隐瞒十岁，谎称三十。”

县官不禁笑了起来，又逗趣地问：“你何时出生？”

马拍旧调重弹：“请老爷明断！”

县官故意打趣他，说：“谁知你的生日是三十还是初一！”

马拍得意忘形地挺直了腰杆，拉开嗓门说：“大老爷实在高明，小人的生日既是三十又是初一！”

县官倒感到新鲜，连忙催问道：“快说来听听，这是怎么回事？”

马拍说：“我娘生我时难产，六月三十日，我头已伸出来，直到七月初一，全身才离开母体。所以，小人的生日既是三十又是初一。”

说完，县官和随从都笑得前俯后仰，马拍见此，心花怒放，得意扬扬。

结婚祝辞

抗日战争时期，有对新婚夫妇都是汉奸，在他们举行婚礼的那天，有痛其卖国求荣者，托人送一祝辞，辞曰：

宾朋济济，军乐洋洋，一双怨偶，也算鸳鸯，鸳鸯交颈，终不久长，不有天灾，必有人殃！祝君夫妇，一倒一僵；祝君夫妇，一死一丧；祝君夫妇，一聋一盲；祝君夫妇，一参一商；祝君夫妇，一盗一娼。呜呼哀哉！伏维尚飨！

托者以嬉笑怒骂之词，吐出了胸中一口恶气。

富翁祭文

有个土豪恶名远扬，百姓怨怼。一日，收到了这样一份祭文：

鸣呼先生！拥有金钱，无常一到，性命难延，空空两手，魂返黄泉，家产虽富，子孙不贤，悖入悖出，其亡忽焉。

但愿令郎，吸上乌烟，提往官厅，罚款几千。但愿天火，烧到门前，雕梁画栋，不留片椽。但愿盗贼，见而垂涎，倾箱倒柜，抢劫连连。

如是这般，不上三年，子孙流落，谁复相怜，鸣呼哀哉，叫苦连天！

后生可畏

相传，项橐是春秋时期的神童，七岁时能回答孔子提出的许多问题。一次，孔子乘着马车周游列国，有个孩子用土围成一座“城”，拦在路上。孔子就问：“你看见马车为什么不躲开？”

那孩子眨了眨眼，答道：“您就是孔夫子吧，听说您上知天文，下晓地理，中通人情。可是，我今天见到您并不觉得怎么样，因为从古到今，只听说车子躲避城，哪有城躲避车子的道理？”

孔子愣了一下，问道：“你叫什么名字？”

孩子回答说：“我叫项橐。”

孔子为了挽回面子，就想用一连串的问题诘难项橐，便问：

“你的口嘴如此利害，我倒想考考你——什么山上没有石头？什么水中没有鱼？什么门没有门闩？什么车没有轮子？什么牛不生犊儿？什么马不产驹子？什么刀没有环？什么火没有烟？什么男人没有妻子？什么女人没有丈夫？什么天太短？什么天太长？什么东西有雄无雌？什么树没有树枝？什么城里没有官员？什么人没有别名？”

问完，孔子微笑地盯住项橐，期待他的回答。

项橐沉思片刻，回答道：“土山上没有石头，井水里没有鱼，无门扇的门没有门闩，用人抬的轿子没有轮子，泥牛不生犊，木马不产驹子，砍刀上没有环，萤火虫的火没有烟，神仙没有妻子，仙女没有丈夫，冬天白日里短，夏天白日里长，孤雄没有雌，枯死的树木没有树枝，空城里没有官员，小孩子没有别名。”

孔子大惊，叹服这孩子的口才和智慧。接着，项橐回敬孔子："现在轮到我考您了——鹅与鸭为什么能浮在水面上？鸿雁与仙鹤为什么善于鸣叫？松柏为什么冬夏常青？"

孔子答道："鹅与鸭能浮在水面上，是因为脚是方的；鸿雁与仙鹤善于鸣叫，是因为它们的脖子长；松柏冬夏常青，是因为它们的树心坚实。"

项橐大声否定："不对！鱼鳖能浮在水面上，难道是因为它们的脚是方的吗？青蛙善于鸣叫，难道是因为它们的脖子长吗？胡竹冬夏常青，难道是因为它们的茎坚实吗？"

孔子深感这孩子知识渊博，自愧不如，只得拱手连声赞道："后生可畏！后生可畏！"于是驾着车绕道，拜他为师。可惜，项橐十岁就死了。

曹商得车

宋国有个叫曹商的人，替宋王出使秦国。他去的时候，得到了宋王给他的几辆马车。到了秦国，秦王十分喜欢他，送给他马车一百辆。

曹商返回宋国后，去见庄子，自我炫耀说："我从前和你一样，住在穷困狭窄的街巷里，生活潦倒，依靠织麻过日子，饿得脖子枯瘦，面色蜡黄，这是我的短处；一旦说服了大国君王，就有上百辆马车跟随着，这就是我的长处啊！"

庄子说："我听说秦王生了病，请医生诊治，论功行赏。能替他破除毒疮的，可以得到一辆马车；愿意替他舔痔疮的，可以得到马车五辆；治病症越下贱，得到的车就越多。你难道治了秦王的痔疮吗？不然，为什么得到那么多车呢？你还是走开吧。"

教书合同

从前有家富人，对教书先生很吝啬，没人愿意到他家教书。有个秀才听说了，找到富人家说："我没什么特殊的要求，你们吃什么我就吃什么。要不，我立个字据。"说完，他写下了一个字据：

无鱼肉也可无鸡鸭也可青菜萝卜万不可少不得工钱。

富人一看，这秀才不吃鱼肉鸡鸭，光吃青菜萝卜，这好办。他于是答应了，签字画押。

从此，富人天天给秀才吃青菜萝卜。吃了两天，秀才生气了，说："我说了，不爱吃青菜萝卜，你怎么天天给这个吃？"

富人说："不对呀！你字据上明明写着'青菜萝卜万不可少'。"说完，拿出字据说："你自己看！"

秀才拿起字据，又念了一遍：

无鱼，肉也可；无鸡，鸭也可；青菜萝卜万不可，少不得工钱。

富人听了，目瞪口呆。

项羽拿破仑

清末以前，天下流行科举考试，考试时都要出题写文章，参加考试者的水平也高低不同。相传有次出了个“项羽拿破仑合论”的题目，要考生把这两位中外名人加以比较。

有位考生根本不知道拿破仑是谁，误以为拿破仑就是手拿破车轮，便这样写道：“项羽力能拔山举鼎，焉有遇破轮而不拿者乎？”成为科场一大笑话。

还有次考试出了个“李广程不识治军宽严论”的题目，要考生把汉代名将李广和程不识两人不同的治军方法加以比较。考生中仍有孤陋寡闻的人，把题目理解为李广程这个人不懂得治军方法，并据此胡乱解释一通，同样为后人留下了笑柄。

上林苑树名

有一天，东方朔陪汉武帝游上林苑。这上林苑是秦朝建都咸阳时所修，汉时重建为宫苑，周围有 800 里，内建离宫 70 所，有禽兽，供帝王狩猎；有花木，供帝王游览。

汉武帝见到一棵树，连称好树，问东方朔叫什么树。东方朔也不认识，便按“好”的意思，编个名字，说：“这树名叫‘善哉’。”武帝不相信，打算私下里找人辨认这棵树，便暂时把这件事放下了。

过了几年，武帝又问东方朔这树名，东方朔也早打听过了，便回答说：“叫‘瞿所’。”武帝说：“你这个东方朔，原来告诉我叫‘善哉’，骗了我好几年。你说是怎么回事？”

东方朔这才想起几年前他随口胡诌的“善哉”来。不过，他很会辩白，说：“这没有什么可奇怪的。小时叫驹的，大了叫马；小时叫雏的，大了叫鸡；小时叫犊的，大了叫牛；人也是这样，小时称儿，大了称老。这树过去叫‘善哉’，几年后，现在该叫‘瞿所’了。”

汉武帝听了，哈哈大笑，也就不再追究了。

忌讳父名

古人在忌讳方面是有许多讲究的，对于人的名字，说法就更多。其中的一条是，自己所取得的功名，所授的官职，名称中不能与父亲的姓名中的字相同，连同音都不行。

于是，便出了不少避讳的事：吕公著的儿子，因父名中有“著”字，只好辞去著作郎的官；袁高的儿子，在重阳

节时不敢在家吃糕（与高同音）；刘岳的儿子不能听音乐（与岳同音），也不能游嵩山、华山，因为它们属于五岳之列……

这种忌讳，给人的才能发挥和正常生活都带来很大影响和不便。唐朝李贺是个才子，七岁时便作得一手好诗。就因为他的父亲叫李晋肃，李贺就一辈子不能考进（与晋同音）士。

为此，当时的许多文豪们都鸣不平，韩愈就和主管考试的人辩论过，说："父亲名字中有'晋'字，就不举儿子为进士；倘若父亲名字中有'仁'字，难道就不许儿子做人了吗？"

莫如杀人

明神宗时，礼部尚书兼东阁大学士许国，是个性格倔强的人，但他能谨慎自守。

一天，许多人在一起谈天，有一位信佛的官员大谈因果轮回报应，给大家讲不要杀生的道理：杀了牛，来世变成牛；杀了猪，来世变成猪；就是踩死个蚂蚁，也有报应，要去还债的。

许国是不信这个的，看这位仁兄侃侃而谈、毫无收敛的样子，就打断他的话说："那还不如杀人呢！"众人听许国说出这样的话，都很吃惊，忙问是何道理。许国说："那样，来世还债，不还能变成人吗？"

所闻所见

三国时著名诗人嵇康耿直刚强，不与世俗同流合污，隐居山林。

一天，他正在大树下打铁，钟会来拜会他。这钟会是司马氏集团的心腹，出身世家大族，趾高气扬，骑着高头大马来到跟前，摆出贵人的架子，等着嵇康上前迎接。嵇康呢，打铁不歇，旁若无人。僵持了一会儿，钟会觉得没趣，生气地拨转马头要走。

嵇康觉得好笑，就问："何所闻而来，何所见而去？"（听见什么了，到这里来？看见什么了，离这里而去？）

钟会回答了两句话，自己解脱了尴尬场面："闻所闻而来，见所见而去。"（听见我所听见的就来了，看见我所看见的才离去。）

怕后生笑话

宋代文豪欧阳修善于利用零星时间写作，他说："我的文章多数是利用'三上'进行构思、打好腹稿的。所谓'三上'，就是马上、枕上、厕上。"

他的写作态度十分严肃。每写完一篇文章，他便把它贴在卧室的墙上，随时看随时改，直改到自己满意了才肯拿出去，他把这叫作"改壁稿"。

老年时，他又拿出自己以前写的文章，一篇篇修改，很辛苦。他的妻子劝他说："你呀，为什么这样自讨苦吃？又不是小学生，难道还怕先生生气吗？"

欧阳修笑了笑，很认真地说："不

是怕先生生气，而是怕后生笑话啊！”

谢绝求见

文学大师钱钟书先生是个甘于寂寞的人。他最怕被宣传，更不愿在报刊上露面。他的《围城》出版了，在国内外都引起了轰动，许多人对这位作家比较陌生，想见一见他，都被他谢绝了。

一天，一位英国女士打来电话，希望钱先生答应约个时间，她来见见这位大作家。婉言谢绝没有效果，钱先生便以特有的幽默语言对她说："假如你吃了个鸡蛋觉得不错，何必一定要认识那个下蛋的母鸡呢？"

高帽子

有甲、乙二人被任命到外地做官，临行前一起去与老师道别，听听老师还有什么教诲。老师说，现在这个世道，说话不能直来直去，人人都爱听奉承话，逢人送顶高帽子，也是没办法的事呀！

甲说："老师说得极是，世风日下，做人也难。像老师这样不喜欢戴高帽子的，天下能有几个人呢？"说得老师很高兴，又留他们多坐了一会儿。

出了门，甲冲乙狡黠地一笑："这不，高帽子已经送出去一顶了！"

荒唐的演讲

韩复榘胸无点墨，腹内空空，却好讲话，一通信口雌黄，留下许多笑柄是不学无术的典型，他的一些"妙语"成了相声创作的素材。

据说，30年代，他当山东省主席时，参加齐鲁大学校庆，讲了一次驴唇不对马嘴的话。大致是这样的：

诸位、各位、在座的：

今天是什么天气？今天是讲演的天气。开会的人来齐了没有？看样子大概来了五分之八啦，没来的举手，巴！很好，很好，都到齐了。你们来得很茂盛，敝人也实在是感冒。

今天兄弟召集大家来训一训。兄弟有说得不对的，大家应该互相原谅，因为兄弟和你们大家比不了。你们是文化人，都是大学生、中学生和留洋生，你们这些乌合之众是科学科的，化学化的，都懂七八国的英文。兄弟我是大老粗，连中国的英文也不懂。你们是从笔筒里爬出来的，兄弟我是从炮筒里钻出来的。

今天到这里讲话，真使我蓬荜生辉，感恩戴德。其实，我没有资格给你们讲话，讲起来嘛，就像，就像——对了，就像对牛弹琴。

今天不准备多讲，先讲三个纲目。蒋委员长的新生活运动，兄弟我双手赞成，就是一条"行人靠右走"着实不妥，实在太糊涂了。大家想想，行人都靠右走，那左边留给谁呢？还有件事，兄弟我想不通。外国人在北京东交民巷都建了大使馆，就缺我们中国的。我们中国人为什么不在那儿建个大使馆？说来说去，中国人真是太软弱了！

（"第三个纲目"讲进校所见，就学生篮球赛痛斥学校总务长）要不是你贪污了，那学校为什么这样穷酸？十来个人穿着裤衩抢一个球，像什么样子？多不雅观！明天到我公馆再领笔钱，多买几个球，一人发一个，省得再你争我抢。

三人成“犇”

清代江苏巡抚丁日昌有位幕僚擅长弹奏古琴。一天，丁日昌请了俞曲园、潘玉泉、吴介山三位朋友到自己家里来欣赏琴乐。

俞曲园是位著名的训诂学家，平生博览群书，著作等身，但是不懂音律。他听琴师弹过数曲后，问潘、吴两人：“二位懂得音律吗？”

潘、吴都摇了摇头说：“不懂。”

俞曲园笑着说：“俗语云：三人成众。今天我们三个人合成一个犇了。”潘、吴两人有点疑惑不解，俞曲园说：“有句俗语，叫‘对牛弹琴，牛不入耳’。今天这么高妙的琴乐，我们都不会欣赏，岂不是成了三头牛吗？”

“其母之”妙改“他妈的”

国民党军阀何应钦在任湖南省代省长时，某年清明节，他去岳麓山给母亲扫墓。根据官方指令，湖南省及长沙市各报均要刊登这一“新闻”，并按规定，这则“新闻”的标题为《何省长昨日去岳麓山扫其母之墓》。

第二天，湖南省及长沙市各家报纸均刊登了这一“新闻”。不过，有一家报纸在刊登这则“新闻”时，将标题中的“其母之”改为“他妈的”，于是这则“新闻”的标题便变成了《何省长昨日去岳麓山扫他妈的墓》。

“其母之”为文言，“他妈的”为白话，二者所表示的意思基本上是一样的，并没有改变这则新闻的事实。可是，在这一特定的语境中，二者所表达的感情却有很大的差别。

两个妻子

乾隆皇帝下江南，来到常州天宁寺。有人打小报告说，天宁寺的住持和尚不守清规。于是乾隆皇帝就问住持和尚：“你有几个妻子？”

“两个。”住持和尚回答说。

“哪两个？”乾隆皇帝一听，大为惊异，继续追问道。

“夏拥竹夫人，冬怀汤婆子，不正是两个妻子？”住持和尚慢条斯理地回答说。

竹夫人又名竹几、竹夹膝，是一种用青竹编成的长笼，也有将整段的粗竹筒打通竹节、筒上开许多通风孔而制成的，夏天抱着睡觉，可以消暑。

汤婆子是一种用铜、锡或陶瓷等制成的扁圆形壶，灌入热水后可放在被中取暖。

乾隆皇帝听后笑了，随后赏了住持和尚。

吃盐和吃醋

清代张映玑，山东人，性情宽厚，

诙谐多智。他任两浙都转盐运使时，有一次外出公干，有位妇人拦轿告状，哭诉多时，张映玑总算听明白，原来她丈夫宠爱新娶的小老婆，无视她这位正妻的存在。

张映玑哭笑不得，只得对妇人说："我是盐务官员，不是地方有司；只管吃盐的事，不管吃醋的事。"

亲　妻

从前，山东有一位学官，在一次阅卷时，看到有份考卷里夹着一张字条，上写："同邑某相国，生童系其亲妻。"

考生写这张条子的用意非常明显，无非是要学官在阅卷时笔下留情，以此获得被录取的资格。但是学官不畏权贵，秉公办事，不但没有照顾这位相国的同乡加亲戚，而且还在这份考卷上加了两句批语：

该童既系相国亲妻，本院断不敢娶。

巧妙地利用一个"娶"字，学官对考生进行了无情的讽刺和断然拒绝。

东坡鱼

宋代大文豪苏东坡不仅是杰出的文人，而且善于烹调，至今传有东坡肘子、东坡肉、东坡鱼等名菜。

一日，苏东坡自己做鱼，刚刚做好，他的朋友佛印和尚便登门了。这位和尚不受戒律约束，不戒酒肉，极喜好诗文。苏东坡听说他来了，不想让和尚吃荤，赶紧把做好的鱼放到书阁顶上。

佛印进到书房，闻到鱼香，边说话边用眼找鱼，终于发现在书阁顶上，便说："今日小僧来请教一个字，尊姓苏（蘇）字，有人在草头下把鱼写在左，有人在草头下把鱼写在右。鱼到底是搁在左边对，还是搁在右边对？"

东坡一听此言，只好将鱼端出来。

竹苞和松茂

《诗经·小雅·斯干》有"如竹苞矣，如松茂矣"的句子。一次，和珅请纪昀为他题一亭匾，纪昀写下"竹苞"二字。和珅认为纪昀题的字是本于《诗经》，非常高雅，字体又很优美，于是连忙向纪昀道谢。

此后不久，乾隆皇帝亲幸和珅府，看见写有"竹苞"的亭匾，便问是谁写的。和珅说是纪昀，乾隆笑着对和珅说："你被纪学士捉弄了。"

和珅大惑不解，连忙追问为什么。乾隆解释说："这两个字的意思是说你和令郎不学无术，个个草包啊！"一经乾隆点破，和珅啼笑皆非，知道上了纪昀的当。

买猪千口

古代有一个县官，因写字不认真而闹了不少笑话。

有一次，他想吃猪舌，就写了个纸条让差役去买。古代竖行书写，县官把"舌"字写得很长，致使差役误认作"买猪千口"。

差役走后，县官久等不见买回来，就又派人去催，没想到催买的人又是一去不回，县官又气又急。

天黑了，外出的差役才回报说：“老爷您要买的，今天怕是买不齐了。”

县官一听，不由得怒从心头起：“你们仨去了一整天，连个猪舌也买不来，这不是存心和老爷我捣乱吗？”

差役听了县官的话才恍然大悟，连忙说：“老爷，误会了。小的们见条子上写的是‘买猪千口’，我们忙了一天，还没买够半数。若早知道是买猪舌……”

县官听了，脸立刻涨得通红，哭笑不得。

郭沫若巧解“虫二”

20世纪50年代末期，有几位日本学者来到中国。一天，他们在登临泰山时，见盘路一侧的石壁上刻着“虫二”两个字，顿时产生了极大兴趣，于是便向陪同的中国学者询问。不料，谁也回答不上来。中国学者被这两个古怪的字难住了，只好说回去查询。

游山归来，日本学者追问“虫二”的读法和意义，于是我国的学者们便翻书查卷，多处走访专家教授，但都没有得到结果。

不久，此事传到北京。有人带着临写的这两个字到中国科学院去请教郭沫若。郭老看了这两个字，沉思了一会儿，提笔在“虫二”两个字的外边各添上两笔，于是便成了“風月”两个字。

然后，郭老笑着说道：“这两个怪字应该读作‘風（风）月无边’。这不过是古代名士的文字游戏而已。”

足　下

古文中，对人的尊称有“足下”一词。为什么以“足下”作为尊称呢？原来这里有一个故事。

晋公子重耳（后来的晋文公）即位之前，由于受到父亲晋献公的宠姬骊姬的谗害，被迫到外国流亡十九年。

在这漫长的逃亡生活中，随臣介之推一直忠心耿耿地跟着他。在重耳饥饿难忍时，介之推曾割自己腿上的肉给重耳吃。后来重耳做了国君，在封赏跟随他的有功之臣时，偏偏把介之推给忘了。

介之推便和母亲一起隐居山林。后来，

晋文公想起了他，派人召见，但介之推就是不出山。晋文公无奈，便下令放火烧山，想迫使介之推出来。但介之推仍然不出来，最后紧紧抱住一棵树被烧死了。

为此，晋文公非常伤心，他把介之推抱木而死的那棵树砍下，做了一双木屐穿在脚下，每当走路木屐一响，他就想起介之推，常常潸然流涕，俯视木屐说："悲夫足下！"

"足下"本来是晋文公怀念介之推的称呼，后来就演变为对人的尊称。

枭　首

古代有一种死刑，叫作枭首，做法是把犯人的头砍下来，高挂在木杆子之上。枭是一种鸟，为什么会用作刑罚的名称呢？

据说，枭和一般的鸟一样由母枭为幼枭哺食，但母枭老了以后，就力尽眼瞎，不能再为幼枭哺食了。这时，幼枭便一起啄食母枭的肉充饥。

母枭知道死不可免，也不躲避，它用嘴死死叼住树枝，听凭幼枭啄食，一直到死。死后全身被啄光，只剩下脑袋挂在枝头。

刑法中的"枭首"，就是根据枭鸟死后首挂枝头这一特点而命名的。根据历史记载，商代初期就有了枭首之刑，形成制度，是从秦代开始的。

耗　子

五代时，兴废战争异常剧烈，军阀割据，争权夺利。统治者生活穷奢极欲，全将负担转嫁到人民头上，赋税的名目相当繁多。

据《旧五代史·食货志》记载，除正项之外，还有许多附加税。如农家吃盐要盐税，做酒要酗税，养蚕要蚕税。附加税之外还有附加，名之为"雀鼠耗"，每缴纳粮食一石加耗两斗。连丝、棉、绸、线、麻、皮这些雀鼠根本不吃的东西，也要加"雀鼠耗"，每缴纳十两加半两。

到了后汉的隐帝时，"雀鼠耗"由纳粮一石加耗两斗增到四斗。广大人民痛苦不堪，但又不敢咒骂皇帝，于是便将仇恨集中发泄在老鼠身上，咒骂老鼠是"耗子"。后来，人们把老鼠又称为"耗子"。

目不识丁

在前秦苻坚时代，有一位官员叫姜平子。一次，苻坚让群臣赋诗。姜平子作的诗中有一个"丁"字，但他为达升官拜爵的目的，极尽阿谀奉承之能事，特意将"丁"写作"下"，下边没有钩。

苻坚问他为什么这样写，姜平子说："曲下者不正之物，未足以献也。"苻坚听了，很是高兴，于是提拔姜平子为"上第"。

人们看到姜平子投苻坚之所好，竟因一字而登天，都笑话愚蠢粗鲁的苻坚不知道"丁"和"下"的区别，说他"目不识丁"。

后来，在"目不识丁"这个成语的运用中，有人由于不知其来历，把"丁"

看作简单汉字的代名词，“目不识丁”便成了连最简单的字也不认识的意思。它原先的意思渐渐地就鲜为人知了。

江心贼

一人不甚识字，至江心寺，见壁间写有《江心赋》一篇，他急忙走出来说：“江心贼在此，不可惹他。”

寺里僧人挽留他说：“此是赋，不是贼。”那人摇头说：“你虽说是富，我看他终是有些贼形。”

此乃有意借“赋”、“贼”形似和“赋”、“富”同音的关系，揭露那些为富不仁而近乎贼的人。

纪晓岚释“东西”

相传，一次纪晓岚随乾隆皇帝出巡江南，乾隆在市集上见了一个专卖竹篮的小摊，便随口问道：“此物有何用？”

纪晓岚答：“盛东西。”

乾隆又问：“为何不叫作盛南北？”

纪晓岚答：“东方甲乙木，西方庚辛金。这木和金都能装入篮中，所以叫盛东西。而南方丙丁火，北方壬癸水，竹篮盛火，必被焚烧，竹篮盛水，水会漏光，所以不能叫作盛南北。”

乾隆听了，点头称是。

小处不可随便

明朝，有个富人请才子徐文长写了一幅大字条幅：“小处不可随便。”

这人本不识字，却又好附庸风雅，回家后，他把这六个大字剪开，分别裱好，挂在中堂之上。

一天，来了几位读过书的乡邻，见了大笑，原来中堂上挂的是“不可随处小便”。

诸葛子瑜之驴

三国时，东吴谋士诸葛瑾长着一副长脸，酷似驴脸。一次，孙权设宴，诸葛瑾受邀，把儿子诸葛恪也带去了。

有人想出他的洋相，牵来一头驴，驴面上写着“诸葛子瑜”（诸葛瑾，字子瑜）。诸葛瑾当众受窘。他儿子诸葛恪不动声色，拿笔在后面添了“之驴”二字。宴罢，他牵着此驴回家了。

可以清心也

相传，江南某镇上有家小茶馆，生意比较冷清。一天，一位外地书生来到此地，走进这家茶馆。

品茶间，书生觉得洁白的壶盖上面似乎缺了点什么。于是，他灵机一动，请人拿来笔墨，绕壶盖写下“可以清心也”五个字。

老板一见喜出望外，不禁叫绝：“妙！太妙了！”自从壶盖上添了这五个字，来品茶看字的人多了，小茶馆的生意也逐渐兴隆起来。

这五个字之所以妙，是因为不论从哪个字开始读，都是一个令人愉悦的句子：“可以清心也”、“以清心也可”、

"清心也可以"、"心也可以清"、"也可以清心"。不论怎样读，都是赞美这馆里的茶好，劝人来喝茶。

宋代大文学家苏轼也曾为一个开茶铺的老太太的碗上题了"可饮此茶也"五字，使其生意大好。这五字可以读成："可以饮茶也"、"也可以饮茶"、"茶也可以饮"、"饮茶也可以"、"以饮茶也可"。与"可以清心也"如出一辙。

妙批考卷

古时八股考试，有怪谬百出的答卷，而引出绝妙诙谐的批语。

有位考生在试卷中引用古语"昧昧我思之"，却误作"妹妹我思之"，阅卷先生评曰："哥哥你错了。"

又有以《事父母》为题文，其承题曰："夫父母，何物也？"

阅者评曰："父，阳物也；母，阴物也。阴阳配合，而乃生此怪物也。"

又有以《鸡》为题文者，文中比曰："其为黑鸡耶，其为白鸡耶，其为不黑不白之鸡耶？"阅者评其下曰："芦花鸡。"

对比曰："其为公鸡耶，其为母鸡耶，其为不公不母之鸡耶？"阅者评其下曰："阉鸡。"

考生乏才，出语怪谬，先生因其谬而作怪批，讽刺绝妙。

夏大禹姬旦杜甫刘禹锡

古时有个张秀才，一次去探望岳父时，突然下起雨来，天色将晚不能回家，又不好向岳父开口，甚是焦急。

岳父是个懂文墨、识大体的人，但又并不说留下女婿别走，而是写了四个古人名字放在桌上："夏大禹、姬旦、杜甫、刘禹锡。"

张秀才看完，高兴地说："今天我不走了！"

岳父问他为何不走了，他说："您不是明写着下大雨、鸡蛋、豆腐、留女婿吗？"岳父听了哈哈大笑，称赞女婿聪明，能领会他的意思。

落地与及地

有个读书人带着书童进京赶考。路上，他的帽子被风吹落在地上。书童对他说："相公，帽子落地（第）了。"

书生听了很不高兴，叮嘱书童说："以后东西掉在地上，不许说落地，要说及地。"书童依从了，挑起行李，准备上路。

书生关照说："要小心地挑。"书童顺口应诺："相公放心，无论如何也不会及地（第）的。"弄得这位书生哭笑不得。

公侯与公猴

杨士奇、杨荣、杨溥三人当政，号称“三杨”。当时有一妓，名叫齐雅秀，性极巧慧。一天，命妓佐酒，众人对她说：“你能使三位阁老发笑吗？”

妓回答说：“我一进去就能让他们笑。”于是进见。

阁老问：“你为何来迟了？”

回答道：“看书。”

又问：“所看何书？”

答道：“《烈女传》。”

三阁老大笑道：“母狗无礼！”

妓随口答道：“我是母狗，各位是公猴。”

三位阁老皆执国政，名列公侯。齐雅秀以“公猴”谐音与“母狗”为对，巧戏三位阁老，一时京城大传其妙。

是狼是狗

纪晓岚到某尚书家赴宴，同座有某御史，亦是个滑稽之辈，见一狗从厨房前走过，就假装问道：“是狼是狗？”

纪晓岚急忙对答说：“是狗。”

尚书又问：“何以知之？”

纪晓岚说：“狗与狼有不同者二：一则视其尾之上下而别之，下垂是狼，上竖是狗；一视其所食之物而别之，狼非肉不食，狗则遇肉吃肉，遇屎吃屎。”

这写的是封建官僚之间以官职相谑。“侍郎”与“是狼”同音，意思是指纪晓岚。“上竖”与“尚书”同音，“遇屎”又与“御史”同音。利用“同音双关法”互嘲，亦得修辞之妙。

一桶姜山

相传乾隆皇帝寿诞，百官进献礼品，奇珍异玩，列满金殿。宰相刘墉却悠然提着一桶生姜走上殿来，献给皇帝。

众臣哗然，乾隆大惑不解，问刘墉是何用意。刘墉道：“请皇上细看这生姜是何形状？”乾隆端详了一会儿，说：“朕看好像层层叠叠的山啊！”

刘墉道：“正是，臣以为满朝大臣所献礼品均不及臣的贵重。臣所献乃是‘一桶（统）姜（江）山’。愿皇上永镇大清天下。”

乾隆听了，龙颜大悦。

以“一桶姜山”音谐“一统江山”，刘墉之所以能拿平常之物换取皇帝的喜悦，是因为他抓住了统治者的心理，不仅在于修辞的妙用。

王次公借驴骂僧

建安南陵王次公，一日放驴，误入贵安寺和尚的麦园，踩伤和尚不少麦子，和尚大骂不已。王次公的仆人听到了，回奉告诉主人。

第二天，王次公便跨上毛驴，带着仆人去见那和尚。王问僧人：“夜来秃驴吃了和尚多少麦？此驴在家本无事，才出家便无理！”

随即叫他的仆人过来，说：“去却鞍辔，牵那秃驴进来打，且看我打它下唇和上唇也动。”

王次公话中的“秃驴”明指毛驴，暗骂和尚；“出家”明指毛驴离开王家门，暗指和尚出家为僧；“和上唇也动”的“和上”，谐音指“和尚”。

嘲客不辞酒

有客久饮不去，主人便说一故事与他听：

外道多虎伤人，有客贩卖瓷器，忽撞见一虎开口近前，其客慌忙将一瓷瓶投之，其虎不去，客又将一瓶投之，又不去，一担瓷瓶投之将尽，只留一瓶，乃高声曰：“畜生畜生，你去也只是这一瓶，不去也只是这一瓶！”

主人明里骂虎，暗里骂不辞酒的贪杯客人。用借意双关法，正所谓指桑骂槐。客人闻此言，惭愧而去。

呆鸟树倒不知飞

有客到人家久住不去，主人厌之。一日，引客至门前闲望，忽见树上有一鸟大如鸡，主人说：“且待取斧斫树倒，捉此鸟与吾丈下饭。”

客人道：“只恐树倒时鸟飞去了。”

主人说：“你不知道，这呆鸟往往树倒不知飞。”

主人此话明里说树上之鸟，暗里却是嘲讽客人久住其家而不知离去。

酒后失话

著名书法家费新我有一次对客挥写孟浩然《过故人庄》诗，当写到“开轩面场圃，把酒话桑麻”时，一不留神，漏掉了“话”字，旁观者都面有惋惜之色。

可费老却胸有成竹，坦然自若，只见他写完此诗，在下面用较小的字补了“酒后失话”四字，旁观者不禁抚掌称妙。

因为这“酒”字后面少了个“话”字，以示缺如；又表歉意。因为那天费老的确喝过一点酒，似乎是酒后漏此“话”字，敬请原谅。

就怕老爷这张画

古时候，有一个县官喜欢画虎，却总是画得不像，把虎画成猫。

一天，他又画了一只虎，问一个差役，差役说画的是猫，结果遭到县官一顿训斥。又问另一个差役，这个差役看了看，也像猫，却不敢直说是猫，就答道：“老爷，我不敢说。”

“你怕啥？”

“我怕老爷。”

县官挺生气，就又问：“我怕谁？”

“老爷怕皇上。”

“皇上怕谁？”

“皇上怕老天。”

“老天怕什么？”

“老天怕云。”

“云怕什么？”

“云怕风。”

“风怕什么？”

“风怕墙。”

“墙怕什么？”

"墙怕老鼠。"

"老鼠怕什么？"

这时，差役指着挂在墙上的画，答道："老鼠什么都不怕，就怕老爷这张画！"

说了半天，画的还是像猫。前一个差役直说是猫而受斥责，后一个差役没有直说，而是转弯抹角地绕了一圈，表达的仍是"画的是猫"这一概念，他用的是委婉法和双关法。

东坡与小妹互嘲

北宋大文豪苏东坡脸长，小妹出句嘲之曰：

去年一点相思泪，今日方流到嘴边。

小妹额头高，东坡反唇相讥，出句曰：

莲步未离香阁下，额头已到画堂前。

小妹听罢，又嘲东坡多须，出句曰：

欲叩齿牙无觅处，忽闻毛里有声传。

兄妹相对大笑。

而已而已

从前，有位塾师不管授课批卷，好用"而"字，有时也真用得出神入化，相当巧妙。他的学生见了，也在作文中乱用一通，老塾师在学生的卷上批道：

而不知而可而而不而不可而而而而而今而后而已而已。

学生见了莫名其妙，只好拿着卷子去问老师。老师告诉他，应该这样读：

而不知而：可而而不而，不可而而而而。而今而后，而已而已！

第一、第七个"而"字是"尔"的假借字，同"你"；第二个"而"是名词，指"而"的用法；第三、第五、第六和第九个"而"字用如动词；第四、第八个"而"是转折连词；第十、第十一个"而"是陪从连词；第十二、十三个"而"是语气词。

在短短的23个字中，用了十三个"而"字。意思是：你不知道"而"字有多种用法，应该用"而"的地方你不用"而"，不该用"而"的地方你却用了"而"。从今以后，罢了罢了！

老师问学生："你明白了吗？"

学生一琢磨，说："懂了。"

三角三角几何几何

建国前，北京的一次大学考试，有如下一道数学题：

三角几何共八角三角三角几何几何？

此题似以古文作文字游戏，实则以一词多解法考学生的语文阅读能力。若加上新式标点符号，小学生也能做出来。

即：《三角》《几何》共八角，《三角》三角，《几何》几何？答曰：《几何》五角。加书名号的"三角"、"几何"是书名，没加书名号的"三角"是价额，"几何"是疑问代词，即多少钱。

白居不易

唐代大诗人白居易，年轻时赴都城

长安，去拜谒大诗人顾况。他自报姓名叫“白居易”，顾况听闻，开玩笑说：“长安米贵，白居大不易呀！”

当打开白居易的诗卷，读到他的诗句“野火烧不尽，春风吹又生”时，即赞叹道：“有诗如此，居亦易矣！”受到顾老先生的夸奖，白居易从此名声大振。

豪　言

戴季陶家曾雇用一位理发匠，月薪三十六元。某日，戴夫人命其往花园中割草，该理发匠说：“我素来擅长顶上功夫，殊不愿做此下层工作。”

理发匠利用语词的歧义，把理发的职业说得冠冕堂皇，又把“花园中割草”说成“下层工作”，暗含着他只可做“上层工作——其实是理发”。妙就妙在“别解”上，以幽默风趣的语言回绝了东家的不合理分派，使东家不便发作。

孙秀才大闹天宫

古时候，有姜、黄、秦、孙四位秀才聚饮于酒馆，点了七菜一汤。爱占小便宜的孙秀才为显其才学，提议每人各以自己的姓氏开头说一人名或物名，并一句俗语成一歇后语，谁说的能与菜对上号，谁便吃这盘菜，说不出的罚掏钱作东。

姜秀才首先说：

我姓姜，是姜太公——渭水钓鱼。

说完，用筷子夹起一条全鱼大嚼起来。

接上来黄秀才说：

我姓黄，是黄鼠狼——田边拖鸡。

说罢，便把一盆鸡汤端到自己身边。

这时，秦秀才傻了眼，略一思索便道：

我姓秦，是秦始皇——并吞六国。

接着，把剩下的六盘菜全揽了过来。

孙秀才“偷鸡不成倒蚀一把米”，见此情景，气不打一处来，心想：你们这样狠，我也不能让你们白占便宜。于是皱了皱眉，说：

我姓孙，是孙悟空——大闹天宫。

言毕站起身，一把掀翻了桌面。一场好宴终成残局。

葡萄架倒了

一县官极惧内，见吏呈押文案，面有伤痕，问其故。吏托辞回答说：“昨夜葡萄架下乘凉，风起架倒，面目被伤。

县官也曾被内人戏谑,不信他的话,就说:"你莫要支吾,想必是老婆打伤的。"于是传呼吏妻到厅,大骂道:"丈夫是妻子的天,天是可以欺负的吗?罪不应恕,该打八十大板。"

没想到县官夫人在厅后偷听,就抛石打出,推倒公案,骂道:"她女流之辈,岂可责她?"县官吓得惊叫吏人道:"你夫妇且回去,我衙里的葡萄架也倒了。"

家岳母的女儿

黄炎培性极诙谐,自续鸾胶,闺房以内,韵事流传。新娶太太年龄颇轻,白发红颜,相得益彰。

一夕,有冒失鬼冲进来访黄,乍见黄太太,问曰:"此是第几位令媛了?"

黄徐徐以答:"不敢,她是家岳母的独生女儿。"

聪明的媳妇

从前有个员外,小名阿九,给儿子娶了个聪明、漂亮的媳妇。日子长了,他发现媳妇很有礼貌,任何情况下她都绝对不提"九"这个字音。

员外非常得意,经常在人前夸赞媳妇的孝心和美德。员外的几位好友不以为然,有意要考察一下这媳妇的才能。私下与员外商定,如员外之言不实,就罚他做东,请大家喝酒。

阴历九月初八这天,九个老头拎着酒壶,拿了韭菜,到员外家邀员外于九月九日登高喝酒。员外故意回避,叫儿子媳妇出来应答。

媳妇把客人送走后,是这样来禀告员外的:

来了四双一单的白头翁,左手提着玉浆壶,右手拎的扁茎葱,明天恰逢重阳节,邀爹前去喝几盅。

媳妇说的"四双一单",就是"九","重阳节"是"九月九日","玉浆"指代"酒","扁茎葱"指"韭菜","几盅"也指的是几杯酒。几个发"九"音的字眼儿,全让这个媳妇巧妙地避开了。

媒婆巧语

一个媒婆为一小伙子说媒。男方问姑娘长得如何,媒婆写了帖子:"小脚不大周正乌黑头发没有麻子。"(古人写字是不加标点的)

男方一看,以为是说女方"小脚不大,周正;乌黑头发,没有麻子"。觉得虽无闭月羞花之貌,沉鱼落雁之姿,却也无可挑剔,便应下这门亲事。待迎娶过来,见新娘是个点脚(走路略瘸),秃头,又长了一脸麻子,真气得要死!找来媒婆算账,指责她扯谎行骗。

媒婆却不慌不忙,说道:"是你甘心愿娶的呀!帖子上写得清清楚楚嘛,是'小脚不大周正,乌黑头发没有,麻子'。这怎可怪我?"

男方听了,虽然知道是媒婆狡辩,却因白纸黑字,也无可奈何,只有自认倒霉了。

乃夫为毒虫所袭

据传，古时候有个书生，言必古语且喜欢咬文嚼字。一天晚上，他突然被蝎子蜇了一下，疼痛难忍，便手捂伤口，文绉绉地呼喊妻子："贤妻，迅燃银灯，乃夫为毒虫所袭！"

妻子不懂文言，只听他说些什么，并不明白，还以为丈夫在诵读古文。书生疼急了，忘了斯文，顺口叫道："老婆子，快点灯，我让蝎子蜇了！"

马如飞救场

相传，现代演唱家马如飞才思敏捷，善于应变。某日，他在弹唱《珍珠塔》时，一不留神，把"丫环移步出了房"误唱成"丫环移步出了窗"。听众大哗。

马如飞发觉念错了唱词，接着补上一句："到阳台上晾衣裳。"于是"起死回生"，听众马上报以掌声。

唱着唱着，又不慎将"六扇长窗开四扇"误唱成"六扇长窗开八扇"，这更糟，一般说来是"不可救药"了。可是马先生并不惊慌，他灵机一转，接唱道："还有两扇未曾装。"听众大加喝彩，台下一片掌声。

误唱的戏词虽都不合逻辑，荒唐可笑，然而经演唱家两句补救，又皆顺理成章，"化腐朽为神奇"。

成语新解

淞沪战争时，十九路军退至第二道防线，总指挥部移驻苏州。参谋长黄强某日在苏州农校演讲，讲至精警处，忽高声曰："现在各处受过兵燹的区域，真是鸡犬无惊，夜不闭户，道不拾遗。"

当时听众愕然相顾，黄强接着说："因为鸡犬宰烹殆尽，自然无惊。门户拆毁，尽充薪料，自然无门可闭。终于行人绝迹，那有遗物可拾？"

鸡犬无惊，夜不闭户，道不拾遗，是令人向往的太平景象，经黄氏解说，原来是一片凄惨的光景。

答令尊

古代，有一父亲教导儿子说："凡人说话要活脱些，不可一句说死。"

儿子问："如何才叫活脱呢？"

这时，正好邻居来借几件东西，父亲指着来人说："比如这家来借东西，不可竟说多有，不可竟说多无，只说也有在家的，也有不在家的，这话就活脱了。凡事都可类推。"儿子记下了。

一天，有客来到门口，问道："令尊翁在家么？"

儿子答道："也有在家的，也有不在家的。"

巧女难皇帝

有个皇帝骑在马上，脚踩着马镫，身子向上一挺，问巧女："你说我是上马，还是下马？"

巧女知道皇帝故意在捉弄人，便不

做正面回答，而是走到门口，一只脚踩在门外，一只脚跨在门槛上，反问皇帝：“你说我是进门，还是出门？”

小时了了，大未必佳

孔融，字文举，10岁那年随父亲到洛阳。见名人李元礼时，他能问答如流，语不相让。

李元礼赞叹说：“很遗憾我快要死了，来不及见到你富贵发迹啊。”

孔融说：“公不会死的。”

李元礼说：“为什么？”

孔融回答说：“古语云：‘人之将死，其言也善。’您刚才所言不善。’”

这时，大夫陈韪后到，听了这话，就说：“小时了了，大未必佳。”

孔融说：“想来您在小的时候，必当了了。”

止风药

有僧人、道士、医生一同渡河，中流遇风，舟楫危甚。船夫叩求僧人和道士说：“两位老师，各祝祈止风何如？”

僧咒曰：“念彼观音力，风浪尽消息。”

道士咒曰：“风伯雨师，各安方位，急急如律令。”

医生也复咒道：“荆芥、薄荷、金银花、苦楝子。”

船夫问：“这些都是什么东西？”

医生答道：“我这几般都是止风药。”

舟人请僧、道“止风”，此处“风”指的是一种自然现象；医生所谓“我这几般都是止风药”，“风”指的是中了风湿、风寒等。一个“风”字，在船夫和医生的话中风牛马不相及。

避孔子塔

北宋刘贡父晚年患有风病，甚为所苦，鼻梁都塌断了。

一天，刘与苏东坡等数人聚会小饮，各引古人语相戏。东坡戏刘贡父说：

大风起兮眉飞扬，

安得壮士兮守鼻梁。

座中大笑。刘贡父恨怅不已。后来他的鼻子既断且烂，忧愁而死。客戏之曰：

颜渊、子路微服同出，市中逢孔子，惶怖求避，忽见一塔，相与匿于塔后。孔子既过，颜渊曰：“此何塔也？”子路曰：“所谓避孔子塔也。”

前者为东坡之戏，后者以“避孔子塔”谐“鼻孔子塌”。

访友题“凤”

三国时期魏国文学家嵇康，年少时勤奋好学，才华出众。出仕后，官拜中散大夫，世称嵇中散。

嵇康与当时的吕安同样具有任性、傲世、清高的习性，因而相处十分友好，每逢想念的时候，尽管相距千里之遥，也要即刻乘车去看望。

有一天，正当嵇康外出，吕安前去看他。当时，嵇康的哥哥嵇喜出门相迎，请客人到屋里就座，吕安认为嵇喜庸俗，不肯进去，只在门上写了个“鳳”字，立刻就走了。

嵇喜不理解“鳯”字的含义，以为吕安把自己比作神鸟凤凰，感到十分欣慰，故一直保留着。后来有人告诉他，吕安所写的是一个字谜，意在讽刺他是个“凡鸟”，嵇喜这才恍然大悟！

“凤”字的繁体字为“鳯”，拆开即为凡、鸟，用以比喻庸才。吕安自命清高，不但不领他人好意，还刻意讥讽他人，很失礼仪！

方口与尖口

唐代有个姓“單”（简体为单）的进士，就试于主考官，主考官将“單”中的方形“口”写成了尖口“厶”。

单生告诉他说：“我单氏虽是卑微的宗族，但姓氏不愿被人转换。”

主考官轻率地说：“方口、尖口有什么值得辨别呢？”

单生回答说：“假若不值得辨别，那么‘台州吴儿县’就可改作‘吕州矣儿县’，可以吗？”主考官无言相对，露出一副窘态。

清代著名才子纪晓岚，于乾隆二十四年担任山西乡试主考时，发现一个考生将“口”写成“厶”。出于关心，纪晓岚便找那考生谈话，指出他书写得不规范。那考生不知厚薄，极力狡辩，硬说“口”与“厶”可以通用。纪晓岚于是将那考生呵斥出去，并给一纸，上书十六个字：

私和句勾，吉去吕台，

汝若再辩，革去秀才！

“口”与“厶”显然不相同，不可随便混淆。若将汉字部首张冠李戴，势必会破坏语言文字系统的规范性。

参考文献

[1] 温端政. 新华语典 [M]. 北京: 商务印书馆, 2014.

[2] 温端政. 中国歇后语大辞典 [M]. 上海: 上海辞书出版社, 2011.

[3] 刘元. 中华贤文趣语精编 [M]. 哈尔滨: 哈尔滨出版社, 2007.

[4] 杨振业. 最奇趣的妙语故事 [M]. 北京: 海潮出版社, 2006.

[5] 智华. 中华国学句典全读本 [M]. 北京: 中国纺织出版社, 2011.

[6] 刘晓敏. 句典 [M]. 北京: 海潮出版社, 2010.

[7] 王庆新. 古今趣联五百笑 [M]. 北京: 金盾出版社, 2006.